U0687187

20 世纪中国图书馆学文库·51

藏书建设与读者工作

沈继武 编著

圕 國家圖書館出版社

本书据武汉大学出版社 1987 年 10 月第 1 版排印

前　言

　　《藏书建设与读者工作》是高等学校图书馆学专业基础课教材之一，也是中央广播电视大学图书馆学专业用书之一。

　　本教材包括《藏书建设》与《读者工作》两大部分。它系统概述了图书馆藏书建设与读者工作的基本理论、基本知识和基本方法，对于具体方法技术，未作详细阐述。因此，它是一本概论性的教材。

　　本书是在作者多年教学所写讲稿的基础上整理而成的。1985年，《湖北高校图书馆》杂志社，将《藏书建设》与《读者工作概论》编入"图书馆学自学丛书"之五、之六，内部出版。本书在编写工作中，广泛吸取了国内外有关研究成果，参考引用了许多同行专家的论著中的观点与材料。杨建东同志对《藏书建设》教材的整理给予了大力帮助，并根据大纲，编写了第六章。北京大学吴慰慈和张树华同志，分别审阅了《藏书建设》与《读者工作》教材，并提出了宝贵的修改补充意见。在此，谨向有关论著的原作者、本书的直接帮助者和审阅者表示谢意。

　　由于编者时间有限，水平有限，需要修改补充的内容无力及时完成；缺漏之处在所难免，敬请专家与读者批评指正，以便今后修改充实。

沈继武

1987 年 4 月于武汉

目　录

藏书建设

1

读者工作

8

藏 书 建 设

第一章 文献资源概念系统

"资源",就其字面的含义,《辞海》解释为"资财的来源。一般指天然的财源。"就其引申含义,可理解为对人类社会有价值的物质财富和精神财富的源泉。物质财富是自然的,天生的,不断地生长、开发,再生长、再开发;精神财富是社会的、人造的,不断地创造、利用,再创造、再利用。它们都处于不断生长、发展的过程。一般来说,在时间、空间范围内将长久地存在、繁衍,不会枯竭。

文献,作为一种物化的精神财富资源,它的实质是符号化的知识信息,是人类思想和智慧的结晶。知识信息处于流动状态,反映知识信息的文献,也处于流动状态。文献的创造、生产、贮存、加工、传递和流通,是文献流的纵向发展过程;文献的生长、老化、分布和利用,是文献流的横向发展过程。纵向发展过程的各阶段,都有专门的业务职能部门,如新闻界、知识界、出版界、发行界,图书馆界、档案界、情报界等等,各司其职,但它们都要研究文献的横向发展过程及其规律,作为开展业务工作的基础研究。

文献资源研究中有一系列的概念,其中,最基本的概念有三种:图书文献及其构成要素,图书馆藏书及其特点,藏书建设及其内容。

第一节　什么是图书文献

一　图书文献的基本概念

图书文献具有双重含义:个别专指含义和集合通用含义。前者是后者的基础,后者是前者的抽象概括。我们可从广义和狭义两方面来认识,着重掌握集合概念。

就广义而言,图书文献泛指一切知识情报的载体,是人类记录与传播知识或情报的信息载体。它包括图书、报刊、资料、文献及其他形式的信息载体。这就是说,图书文献是各种信息载体的综合体,是各种载体发展的结果。要认识这种综合体概念,就需了解各种载体的形式特点与概念。

就狭义而言,图书、资料、文献、情报载体等,都有各自相对独立的专指概念。随着它们的不断发展和使用,相互间的交叉渗透日益加强,彼此间的界线变得更加模糊,以至人们在认识上和实践上很难将它们截然区别开来。对它们的专指概念,通常主要从外形特征上进行相对区分。

1. 图书的概念

"图书"的概念,是由书籍演变发展的集合概念。古代的图书是指地图、法令、户籍等文献典籍,以手工缮写、拓印线装形式为主;近代的图书是指书籍、期刊、报纸、图片等出版印刷;现代的图书泛指各种知识载体,包括书刊资料印刷品、手稿、缩微复制品、视听资料以及计算机磁带、磁盘资料等等。狭义的图书主要是指以纸张为材料、具有完整装订形式的各种印刷品。

2. 资料的概念

"资料"的概念,是指具有独立知识单元的书面材料,包括成本书、刊、小册子中的篇章片断材料,以及单篇零页书面材料。狭义的资料,专指单篇零页的书面材料。如一篇文章,一页图纸,一组数据,一本专题汇编等对读者学习、研究有参考使用价值的有关书面材料。《辞海》1979年版中对资料的解释是:"为工作、生产、学习和科学研究等参考需要而收集或编写的一切公开或内部的材料,通常指书籍、期刊、小册子、简讯、汇编、图表、图纸等。"

3. 文献的概念

"文献"的概念,古今有很大变化。古代的文献指典籍与宿贤。我国南宋哲学家、教育家朱熹解释说:"文,典籍也;献,贤也。"典籍指国家重要的典册和书籍;宿贤指重要的作者。现代的文献,从狭义来说,专指具有历史保存价值和现实使用价值的书刊文物资料,包括各学科重要的书刊资料,以及历史文物档案材料;从广义来说,泛指多种物质材料的知识信息载体,包括纸书知识载体、缩微知识载体、声像知识载体、磁带知识载体、光盘知识载体等。

4. 情报的概念

"情报"的概念,原属军事术语,是指以侦察手段或其他方法获得的有关敌方的情况通报,是采取军事行动对策的重要依据之一,简称敌情通报。后来,情报一词的含义进一步引申发展,泛指一切最新情况的通报。情报作为交流、传递中的信息,广泛应用在经济、政治、科学技术、社会生产和社会生活的一切领域。科学研究活动所需要的情报,主要是科学技术情报,包括自然科学情报,社会科学情报,应用技术情报,以及综合科学情报。

情报作为一种信息内容,它与知识是相互对应的概念。情报属于知识的范畴,是知识范畴中比较特殊的部分。只有具备一定条件的知识,才能称之为情报或情报知识,而一般知识并不等于情报。

情的含义是什么?情报是指具有交流、传递意义并能解决用户实际问题的新的知识和消息。简括地说,只有新的、活的、实用的知识或信息,才能称为情报。情报的特征在于:首先它是新颖的,即新的发明创造,新的知识成果,新的技术方法,才具有情报意义;其次它是有针对性的和实用性的,只有当发生源所发出的知识信息适合用户的需要,并能解决问题时,这种知识信息才能被吸收源所接收,才具有情报价值;再次它是动态的,只有处在交流、传递过程中的知识信息,才具有情报作用。当然,情报的新颖性、针对性、实用性和运动性特征,只具有相对意义,就具体的情报知识而言,它们因人、因时、因地、因条件而异。

情报与图书、文献、资料并非是等同的概念,它们之间具有交叉关系。就其范围和来源而言,情报分为两种:一种是载体情报(指人造载体),另一种是非载体情报。载体情报来源于图书、资料、文献之中,图书文献是情报的主要来源,占情报量的70%以上,称文献情报。非载体情报来源于各种社会实践与交流活动,以及对实物的观察、体验,如会议、交谈参观、旅游、通讯、实验等活动中获得的情报信息,又称为活情报。所以,图书文献本身虽然不等于就是情报,但它们蕴藏着情报,含有丰富的情报量,是重要的情报源,可供开发利用。

现代图书、资料、文献的概念,既有各自特定的含义,又有相互共同的含义。其特定含义,简括地说,图书是指完整成型的纸张载体印刷品;资料是指单篇零页的书面材料;文献是指有一定价值的各种知识载体。其共同含义,表现在它们有共同的内容、属性、结构和作用等方面。它们都是人们将一定的知识、情报内容,用文字或其他信息符号记录在纸张或其他物质材料上,提供读者在不同时间与空间范围内阅读参考,作为社会保存和传递、交流的文化资源。

图书、资料、文献的概念含义,其共性多于个性。它们都是知识情报界、图书文献部门共同的研究对象和使用对象,只是研究与使用的角度、着重点以及深广程度不同而已。在实践中,因很难用准确而严格的标准将它们的界线划分清楚而普遍采用它们共同性的概念含义。人们自由地使用它们,有时单独地使用"图书"的概念,"资料"的概念,或"文献"的概念;有时组配地使用复合概念,称为"图书资料","文献资料","书刊资料","图书文献","知识载体","情报载体","知识情报载体","信息载体"等等。图书馆界传统习惯使用"图书"、"书刊资料",现在也使用"文献"概念;情报部门主要使用"文献",也包括图书、资料或文献资料的概念;资料部门主要使用"资料",但也包括书刊资料或文献资料的概念。

基于上述认识,图书、资料、文献,或图书文献,或文献资料,它们具有共同的含义,它们的通用概念,可以概括地表述为:

图书文献是人类记录与传播知识或情报的信息载体。

这个概念所包括的含义,反映了图书文献的性质、结构、内容和作用诸方面,具有共同特征。这个完整的概念,缺少任何一方面都不能成立。

二 图书文献的构成要素

图书文献,无论其形式和内容如何千变万化,其共同之处都是由五项要素构成的,并形成为一定的层次结构;内容、材料、符号、方式和形态等。其中,前三个要素是图书文献最基本的要素。

1. 信息内容

信息内容是指书刊文献中所表述的思想意识,所反映的知识、情报内容的信号与消息。这是图书文献的灵魂所在。只有记录并传播知识或情报内容的载体,才能称之为书刊文献,否则,不过只是些帐单、清册、记事或符号而已。图书文献的基本功能,就在于记录并传播人类所积累和创造的知识成果。情报信息,包括人类对自然、社会和人类自身的认识、经验、方法、理论。文献的编著者、出版发行者、保存传递者,主要是通过一定的载体形式,向今人或后人传播、交流知识情报信息内容;而文献的阅读者,也主要是阅读参考书中的知识情报内容,然后再创造新的知识情报,编著新的图书文献,传递给新的阅读者。如此循环往复,推动图书文献的增长与更替,推动人类文明的发展。所以,知识就是财富,知识就是力量,它对于人类社会的发展,对于物质财富和精神财富的创造,起着重要的推动作用。这种知识信息,散见在人类的头脑中,系统记录在图书文献之中。图书文献的知识情报内容,可以随着载体材料本身保存和交流,是社会物化的知识财富。

2. 载体材料

载体材料是知识情报存贮的依附体,又是知识情报传播交流的媒介体。世上的物质材料成千上万,并非都能记录和传播知识情报。只有具备记录和传播知识情报信息的物质材料,才能称作载体材料。

所谓载体,是指具有知识情报信息的物质实体,即信息内容与物质材料的结合体。人类传播与交流知识信息的媒介体,可以分为三大载体:

第一载体是人的大脑载体,即体内载体。它也是一种自然载体,一种活载体。它通过眼、耳、口、手等多种器官活动,接收、存贮、加工并输出知识情报信息,实现自动化的输入、存贮、传递等过程。人脑载体存贮知识,容量数以亿万计,能量之大超过任何其他载体。但是,人脑载体存贮的时间有限,所存贮的知识是离散的知识,经验的知识,未经系统组织和符号化的知识,不通过口头表述和书面记录,就无法被人阅读。不过,人脑载体是创造知识的中心,是一切知识情报存贮与传播的发源地。

第二载体是实物载体,或称天然载体,即凝聚在物质材料上的知识载体,包括动物、植物、化石、金属以及工艺品、样品、文物等载体。实物载体存贮的知识信息,是一种零碎的、非系统性的知识,主要用来宣传、纪念、欣赏、标示,而不以传播知识为目的。它是能够为人类所认识和吸收,而不作为交流、传递的知识载体。它的知识容量小,体积大,较笨重,易保存,不易传输。

第三载体是人工载体,或称文献载体,是人类专门加工制作的纤维材料和光电磁化材料,是专门用于记录和传播知识情报的载体。它存贮和传播的知识,是经过加工处理的系统化与符号化的知识,是人们相互间能直接阅读与交流传播系统知识的专门信息载体。现代图书文献,就是指的各种人工载体,即第三载体。

现代图书文献的载体材料,主要有纸张、胶片、胶卷、磁带、磁盘、光盘等等。

知识、情报,是人类社会特有的精神意识,它看不见,摸不着,分散存贮在人体大脑中。只有将人脑中的知识、情报记录在一定的人造物质材料上,变为一种凝聚的物化知识实体,能方便地保存、加工、交流转移,才能使人们随时随地看得见,听得到,能感知,能识别,能阅读。只有这样的文献载体,才能为人类相互认识、吸收,才能长期系统地保存和远距离地传播交流。

3. 信息符号

信息符号又称信息媒介,它是揭示信息内容的标识,表达知识情报的手段,记录与传播文献知识的媒介。现代图书文献的信息符号,主要有文字、图形、编码、声频、视频等等。不同载体的文献,使用不同的信息符号。其中,语言文字是人们相互交往最通用的信息符号,是表达知识情报内容最主要的书写形式,具有可读、可记、可理解的性能;声频、视频符号,是富于直观性、形象性、动态性的信息符号,能识别和理解它的人更为广泛、普及,识字的不识字的人都能接受它表示的内容;各种数字代码符号,是一种密码,经过人工编排处理,加工转换,所代表的信息内容,不仅人能识别,而且电脑系统也能识别和处理,实现人机对话,使信息符号的存贮、传递与交流,发展到更加高级的阶段。

4. 制作方式

文献载体的生产制作方式,反映了物质生产方式与科学技术发展的水平。现代图书文献的制作方式,可分为手工缮写、刻制方式、机械印刷方式(包括打字印刷、排版印刷、光电印刷、复制复印等)、录制复制方式,以及电脑自动输入存贮方式等。手工制作方式最悠久,最简便,因而最普及,它是机械方式及自动方式的基础。机械印刷方式生产量大,能满足社会的广泛需要,目前仍然是图书文献最主要的生产方式。电脑自动存贮方式,是文献载体现代化生产方式。

各种制作方式生产的图书文献,在数量、规格、速度和深度方面,适应社会的不同需要。以出版印刷为主的多种制作方式并存并用,反映了现代图书文献的综合生产方式。

5. 载体形态

载体形态是指图书文献的外部单元形式。这种外部单元形式,既有出版发行的装订形态,又有图书文献部门的收藏单元、流通单元及计量单元形态。纸书知识载体有手写品和印刷品,它们的形态包括各种散装(单页、活页、折叠页等)、册装(线装、简装、平装、精装、套装等);非纸知识载体有各种复制品,包括盒装、匣装、袋装、盘装,作为胶片、胶卷、磁带、磁盘的外部形态。图书文献部门,统计各种载体的出版、销售、收藏、流通单元,有多种计量单位:种、册、卷、套、件、盒、盘等。一般说来,纸书载体用种或册作统计单位,非纸载体用件作统计单位,有时将它们称为收藏单位,销售单位,或流通单位。

图书文献是一种特殊的社会产品,既是精神产品,又是物质产品。在五个组成要素中,第一个要素——信息内容,直接体现了精神产品性能,具有知识、情报价值;第二个要、素——载体材料,直接体现了物质产品性能,具有商品价值和保存、流通价值;第三个要素——信息符号,是使信息内容与载体材料相互结合的媒介,是沟通社会信息交流的手段,也是图书文献存在和发展的标识,具有交流与转化价值。三者构成图书文献的基本要素。第四个要素——制作方式,第五个要素——载体形态,分别体现了图书文献生产方式和发展水平。

三 文献载体的演化特征

文献载体是符号化的系统知识存贮体。其中,信息符号和载体材料经历了不同的发展阶段,具有明显的特征。

1. 信息符号的发展

从古代至近代,语言文字符号几乎是图书文献唯一的信息符号、尽管载体材料和制作方式发生了很大变化,但总是沿着文字符号表达知识的轨道前进,始终没有脱离和突破书面语言文字的表达方式。至现代以来,文献记录媒介出现了重大突破,形象化的音像符号及自动化的编码符号进入了图书世界,打破了文字符号的一统天下,改变了文献记录媒介的传统的概念形象。在科学技术高度发展和广泛应用的时代,人们逐渐懂得,除了文字符号作为书写印刷媒介可以保存和流传以外,声频符号通过传声器、放大器变成电信号,录制在不同的材料上,可以存贮不同内容的音响资料,通过扬声技术装置,可以传播扩放,再现原声现象;同祥,图像符号转换成的视频电信号,通过光电摄像显影技术,既可以保存,又可以显示其原物动态形象;数字代码、穿孔编码与曲线编码符号,按一定的程序设计方案,通过电脑系统存贮、加工转换和输出,成为人与机器能共同识别的信息记录媒介。

现代图书文献信息符号的特征是,综合运用语言文字、图形、声频、视频、编码等多种信息符号的形式,实现高速度、大容量存贮,长时期、远距离传播的性能。

2. 载体材料的发展

图书文献的载体材料,经历了数千年的发展,先后采用了三种材料类型：天然材料，人造纤维材料，光电磁化材料。

古代最早记录文字的材料是天然载体材料，如龟甲、兽骨、金石、泥陶、竹简、木牍、缣帛等。其中，龟甲、兽骨、金石、泥陶上的文字记载，是以稽查、考证、纪念、保存为目的而不是以传播知识为目的的。它们的信息密度小，体积重量大，难以搬运流传和复制扩散，主要具有文物档案保存性质。它们虽然在一定程度上起到书的作用，但不算正式的图书。

正式图书的出现，应以竹简、木牍、缣帛为标志，它们经过人工加工修饰，是专门记载和传播知识信息的文献工具。这些经过加工处理的竹木材料和纺织材料，作为图书文献载体，为纸书的产生奠定了基础。

人造纤维材料的产生，纸的发明和印刷术的应用，兼顾了竹木简策和缣帛的优点，克服了它们的笨重和昂贵的缺点，使图书文献进入到社会化的生产、保存、传播的新时代。纸书材料轻便，密度大，成本低，流传阅读方便，从古到今，一直是图书世界的最主要的载体材料。

人造纤维材料的进一步发展，是光电磁化材料在图书文献中的运用。一大批新型载体材料出现了，如胶纸、胶片、唱片、磁带、磁盘、光盘、穿孔纸带、复制材料等等，它们同纸书材料相比，重量轻，密度大，强度高，适宜大规模自动化生产，适应社会化存贮和传播知识情报信息的需求水平，因而具有更加广阔的发展前景。

现代图书文献的载体特征是，各种载体材料并存并用，相互补充，相互结合，从制作、出版、发行，到收藏、流传、利用，更加广泛普及，向着轻量化和高密度方向发展。在当今的图书文献世界，在生产领域，销售领域，收藏领域，流通领域，纸书载体材料仍然占据主要地位。而非纸载体材料的发展数量和速度，逐渐趋于超过纸书载体材料的势头。可以预料，未来的图书文献世界，纸书材料本身将不断更新改造，纸书与非纸书载体材料的结合，将取代纸书的主导地位,文献载体材料的综合发展,将进入到更加高级的阶段。

四 图书文献的社会作用

图书文献是人类思想与智慧的结晶,它是人类社会发展到高度文明阶段的产物,它是知识内容与载体材料有机结合而成的物化精神财富。图书文献产生于社会,受益于社会,作用于社会。它记载着古今中外的一切知识,不仅保存和延续着前人征服自然、改造社会的经验与智慧,创造与发明,而且,作为一种精神资源,为社会的物质文明和精神文明建设发展,广泛传播与交流新的信息源、知识源和情报源,成为人们组织生产活动、科学活动、文化教育活动以及欣赏娱乐活动不可缺少的良师益友。

高尔基说,图书是人类进步的阶梯。莎士比亚说,图书是全世界的营养品。人们爱书,写书,购书,藏书,读书,用书,终身受益于书,就是因为图书文献具有广泛的社会作用。概括地说,图书文献具有五个方面的社会作用:保存人类文化,交流思想经验,传播情报信息,普及科学知识,丰富精神生活。

五个方面的社会作用,是指图书文献整体来说的。就具体的个别的图书文献而言,它们的社会作用,分别侧重在某一方面或某几方面。这五个方面的社会作用,反映了图书文献本身的社会价值,即保存价值,交流价值,传播价值,普及价值,娱乐价值。概括起来,就是保存价值和使用价值。

图书文献本身的社会作用及社会价值,能否充分有效地发挥,取决于开发利用的程度,最终取决于图书文献的生产领域,销售领域,收藏领域和流通领域工作效益的提高,以及综合功能的增强。

第二节 什么是图书馆藏书

一 图书馆藏书的概念

图书馆藏书是一个集合概念,是指图书馆收集、整理、保存并为读者利用的所有图书文献。简言之,它是图书馆收藏和使用的一切书刊资料之总和。藏书,不是指某一本书,也不只是指某一种书,它是由许多成分、类型、数量的图书文献构成的,并有其形成发展的过程。

图书馆藏书有一个收藏和使用过程,否则就不能称为藏书。首先,藏书要经过馆员精心地选择收集,按照一定的原则和标准进行,不能随心所欲。凡未经过选择收集而临时存放在馆内的书,包括通过馆际互借为读者借阅或调阅的书,不能算作本馆的藏书;虽经收集但作为交换和赠送而暂时储备的书,以及收集不当,已作剔除暂存馆内的书,也不能算作本馆的藏书。其次,藏书还要经过馆员的加工整理。藏书整理要按照一定的科学方法和技术规则进行。凡未经分类、编目、登记、加工的书,不能进入书库,不能投入流通使用,还不能算作藏书;虽经整理加工,但不符合规定要求的,也不能算作藏书。再次,藏书还要经馆员组织保存在书库中,投入流通参考。藏书的组织保管要按照一定的条件和要求进行,凡未组织在各种书库的书,不能向读者借阅参考,不能算作藏书;缺乏必要的设备条件,不符组织要求的书,以及失去使用价值而决定剔除的书,也不能算作藏书。总之,只有符合图书馆的任务和读者的需要,经过收集、整理、保存,并为读者利用的图书文献,才算图书馆藏书。

图书馆藏书是一个发展的文献资源体系。随着知识量和文献量的增长,藏书只有不断发展,才具有生命力。藏书发展表现为不断补充新书,又不断地剔除失效书的过程。一般说来,补充新书的数量总是大于剔除失效书的数量。当藏书发展到一定规模之后,就会引起图书馆整体结构的一系列变化,如藏书成分的划分,藏书布局的调整,读者范围的扩大,干部队伍的充实,建筑设备的增加,工作要求的提高等等。

图书馆规模的划分,以藏书数量为主要标志。一般说来,5万册(件)以下藏书规模的图书馆,只能算是图书室;5万至20万册(件)藏书规模的图书馆,称为小型图书馆;20万至50万册(件)藏书规模的图书馆,称为中型图书馆;50万至100万册(件)藏书规模的图书馆,称为大型图书馆;100万至500万册(件)藏书规模的图书馆,称为超大型图书馆;500万册(件)以上藏书规模的图书馆,称为特大型图书馆。特大型以上藏书规模的图书馆,在中国和世界范围内,只是那些屈指可数的少数著名图书馆。它们的藏书宏富,历史悠久,长达数百年至上千年的收集积累,荟萃了古今中外人类优秀的文化典籍。绝大多数的中小型图书馆,也有十几年至几十年的藏书积累时期。虽然各国图书馆藏书发展的数量、速度很不平衡,只占本国图书文献总量的一小部分,但是,它们收藏图书的系统完整程度,开发利用程度,社会价值作用,却是任何其他图书事业机构不能比拟的。不同类型图书馆藏书的类型、范围、重点及发展方向,各有特点,自成体系。整个地区以至国家范围的图书馆藏书体系,更加全面系统,广泛完整。这种藏书体系,不断收集补充,又不断剔旧更新,不断开发利用,又不断转化为新的图书文献,形成永不枯竭而浩瀚的文献资源流。

藏书是图书馆的基本构成要素之一,是开展各项工作的基础条件,是满足读者需求的保证条件。图书馆的存在,取决于它的藏书、读者、干部、方法和建筑设备等五项构成要素,藏书是五项要素之首。由于大批藏书的收集保存,才促使"藏书楼"、"图书馆"因此而得名;由于藏书的流通使用,才吸引大批读者到图书馆来;图书馆的干部、建筑设备和方法技术,也是由于藏书的存在和读者的需求而存在和发展的。当然,仅仅有藏书,而没有利用藏书的读者,没有开展工作的干部,没有科学的方法技术,没有必要的建筑设备,藏书也不可能存在和发展。因此,藏书和其他要素之间,相互依存,共同发展。就图书馆工作而言,藏书工作是基础工作,读者工作是传递知识情报的前沿工作。无论过去、现在,还是将来,藏书在图书馆的基础地位与保证作用,都始终存在。

二 图书馆藏书的特点

图书馆藏书属于整个社会图书文献的重要组成部分,它是高度组织化的藏书体系,同分散在社会上其他机构及个人家中的藏书,既有共同之处,又有不同特点。馆藏书刊与非馆藏书刊共同之处,表现在相同的构成要素,相同的性质与作用。图书馆藏书的特点,区别于非馆藏之处,主要表现在以下五个方面。

1. 藏书的加工特点

馆藏书刊是图书馆的财富,为了便于组织、保管、检索、利用,必须进行一系列的加工处理,如在书刊上加盖图章,打印财产登记号,装贴书袋,贴印书标、书号,并配各种目录卡片。馆藏每一本书刊,都要进行科学与技术加工程序,打上图书馆特有的标记符号,成为整个藏书体系中组织化、序列化的组成部分。这既是开展工作的需要,又与其他馆藏书刊及非馆藏书刊相互区别。而社会上非馆藏书刊,则没有这样严格复杂的加工标记。

2. 藏书的系统性特点

图书馆藏书是一批系列化的藏书体系,而不是杂乱无章、彼此孤立的混合体。藏书的系统性是由藏书的整体性、序列性决定的。每一个图书馆,都依照一定的范围、重点,收藏一定数量和质量的各类书刊资料,形成一个相对独立的藏书体系;每个图书馆的藏书体系,又是整个系统、整个地区图书馆范围更大体系的分支体系。每一个图书馆都要按照一定的组织系统,如分类的,主题的,字顺的系统等等,将各类型书刊资料进一步划分为相互联系、相互区别的序列,以保证准确有效地提供不同的读者检索利用。同时,通过书目检索系统,将各部分藏书加以联系协调,形成全馆藏书以及馆际间藏书整体化体系。

藏书的系统性特点,贯穿在藏书的收集、登记、分类编目、组织排列、检索利用等各个工作环节之中;表现在藏书本身的内容范围的纵向发展和类型形式的横向联系;反映了藏书的实用性与相关性需要。非馆藏书刊扩散在社会各处,缺乏图书馆这样的环境条件,不可能做到馆藏书刊在时间和空间上的高度集中、严格的组织、科学的序列、高效的检索手段,以及整体性的结构功能。

3. 藏书的目录检索特点

庞大的藏书体系,必须要配置完善的目录检索工具。图书馆藏书与图书馆目录密切联系,相互结合,有机统一在图书馆各个部门、各项工作环节之中。

目录是揭示、宣传藏书的手段,也是读者检索、利用藏书的工具;藏书是目录反映的对象,是目录揭示的依据。藏书的内容、体系通过目录组织全面系统地展现在读者面前,便于读者了解,检索和利用。没有目录,藏书的揭示、组织、检索、利用是不可想象的,各种藏书如石沉大海,读者如在大海捞针。目录的功能,主要在于通过著录和组织,多角度、多途径地揭示、报道藏书,起到宣传图书,指导阅读,检索文献,咨询参考的作用,它是帮助读者打开知识大门的钥匙。图书馆目录并不是机械地反映藏书,而是创造性地反映藏书。藏书只能单线排列,目录却可以多头组织。藏书处于流动之中,目录处于相对静止状态。因而目录反映的藏书比书架上陈列的藏书更加全面系统,更加广泛深入。完善的图书馆目录体系,健全的目录制度,规范化的目录著录标准,是读者有效地检索藏书和利用藏书不可缺少的工具。非馆藏书刊,不可能有那些深入细致的目录著录,庞大而完备的目录组织体系。

4．藏书的公共使用特点

图书馆藏书是供给广大读者公共使用的资源。所谓公共使用,就是为读者群免费使用、反复使用和长期使用。藏书的公共使用特点是由藏书的开放性决定的。

藏书的形成和发展,依赖于社会物质生产和精神生产的发展水平。藏书的收集、组织、宣传、流通,要适应社会的需要。藏书的社会价值体现在读者使用藏书的广度、深度以及所产生的实际作用。为此,图书馆藏书的使用面应尽可能地扩大,吸引更多更广的读者;图书馆藏书应尽可能为读者免费阅读,并提供良好的使用条件;图书馆藏书要为读者反复使用和长期使用,尽可能地提高其使用频率和延长使用时间,充分发挥藏书的使用效率。

相比较而言,图书馆藏书作为一种社会文献资源,要为社会最广大的读者充分有效地开发利用,以实现资源共享的目标;而非馆藏书刊,主要受收藏者支配,为所有者及少数人所使用。它的使用范围、使用程度、使用效率有限,不具备馆藏资源公共使用的特点。书店等图书发行系统,虽然拥有广泛大量的读者群,但它们的书刊是以商品销售为主的流通形式,不以免费借阅、咨询参考为宗旨,同馆藏资源的公共使用有质的区别。

5．藏书的保存性特点

图书馆藏书作为一种文献资源体系,最集中、最大量、最稳定、最持久地保存着古今中外人类社会所创造的知识情报成果,为读者长期广泛地参考使用,提供了可靠的保证。书的保存性特点,是由藏书的集中性和稳定性所决定的。图书馆藏书体系凝聚了各种有价值的知识情报资料,经过长期积累和使用检验的选择,形成了稳定的核心部分和相关部分,被完整地保存在良好的贮存空间,作为备查参考之用。各种出版物保存期限的长短,取决于它们的内容价值和有效使用寿命。价值高的长效书将永久地保存在贮存中心，其他出版物分别保存不同的年限，直至完成它们的使用寿命。

藏书的保存是为了利用。保存和利用相互依存，相互结合，互为条件。专门保存藏书的版本图书馆，寄存图书馆，以及国家和地区的图书保存中心，也是为了今后以及后代人参考利用，否则，完全不被利用的藏书，就失去保存的意义。一般图书馆抽出一部分有价值的藏书，作为保存本单独存放，限制公开流通，也是为了较长时期备查参考使用。而非馆藏书刊，则不具备馆藏系统的保存条件与保护设施，没有大量、集中、稳定而持久的保存特点，也没有国家、社会所赋予的保存任务。

总之，藏书的上述特点表明，藏书是图书馆的主要资源，藏书资源取之不尽，用之不竭。它产生于知识创造者的精神活动，发展于出版发行者的生产与销售活动，存贮和开发于图书馆工作的追加劳动，利用于阅读者的智力活动，从而发生一定的社会效益，直接间接地转化为新的物质财富和精神财富，构成藏书资源的形成发展过程。这也是藏书资源潜在的社会价值转化为现实的社会价值的过程。

第三节　什么是藏书建设

"藏书建设"一词具有多种含义。

就实践活动而言，藏书建设指的是图书馆藏书的收藏工作。它与目录工作共同构成图书馆的基础工作，为开展读者服务工作奠定基础，创造条件，做好准备。

就理论研究而言，藏书建设指的是对有关图书馆藏书收藏活动原理与方法的系统研究，苏联称之为"图书馆馆藏学"。它与图书馆目录学、图书馆读者学等构成图书馆学应用分支学科系统。

就专业教育而言,藏书建设指的是图书馆学专业开设的一门课程。它的范围包括藏书建设的实际工作与理论研究两方面的内容。

这三种"藏书建设"的概念含义,存在着质的区别。这里所说的藏书建设,是指的理论研究的概念而言的。

一 藏书建设的概念

藏书建设理论应研究藏书系统形成发展的全过程及其规律。它的概念由藏书采访演变而成,又远远超出藏书采访的含义。50年代初,藏书建设还是作为藏书采访或补充的同义词出现的。60年代,"藏书建设"这个词开始被赋予新的含义,表示从藏书补充到藏书组织或典藏的整个过程。70年代以来,藏书建设已形成为完整的系统概念,它的含义有了进一步的分化与引申。藏书补充区分为选择与采集,并引申到藏书的复审与剔除;选择与复审作为两个相互联系的阶段,又是一个系统发展过程,苏联称为初选与复选的理论;采集与剔除作为两个相互联系的程序,又是一个藏书发展与调整的技术处理过程。藏书补充、藏书调整与藏书组织的规范,引申出对藏书结构体系的研究,也称藏书模拟。80年代以来,随着新技术革命的冲击,信息的渗透及其社会作用的强化,人们对藏书资源有了新的认识。有人主张将藏书建设纳入整体的"文献资源建设"系统范畴进行研究,也有人提出将藏书建设概括为"图书馆馆藏学",建立完善独立的分支学科体系,并对它的基础知识——文献学的有关部分,进行系统地研究。

关于藏书建设的概念,有几种不同的表达方式,反映了各自的认识内容。

1. 认为藏书建设就是藏书补充或藏书采访的同义词,它与藏书整理及藏书组织相并列,成为"藏书与目录"的一部分。

这是一种传统的看法,这种看法对藏书建设的概念含义理解过窄,用原有的含义解释新出现的名词概念,未把藏书建设看作一个完整的全过程。

2. 认为藏书建设是藏书形成的全过程,即从藏书的入藏到利用,再从藏书的利用到入藏循环反复,螺旋上升的全过程。提出藏书的补充,藏书的组织,藏书的保管,藏书的利用以及一系列方法步骤,都是藏书建设过程。

这种看法的合理之处在于,把藏书建设看作是一个形成发展的全过程,并注意研究读者对藏书的利用。但是,将藏书利用这个影响因素也纳入藏书建设的范畴,将读者工作的内容包容在藏书建设的概念之中,造成藏书建设含义范围过宽,是使特定概念外延扩大化的倾向。

3. 认为藏书建设是一个搜集、积累、组织的系统的藏书体系,这个系统藏书体系,是通过规划、补充、登记、组织、协调,建立检索网络,组成存贮中心来完成的。

这种看法的合理之处在于,强调了建立系统的藏书体系,并明确藏书形成过程中的规划与协调的阶段。不足之处是没有将藏书的调整剔除环节纳入藏书形成过程之中。

4. 苏联斯多利亚洛夫等认为,藏书建设是"一切图书馆藏书补充、组织和管理过程与措施的总和"。提出藏书补充过程,其内容包括藏书的补充和剔除两个方面,其过程分为初选与复审两个阶段;藏书组织过程包括藏书登记、科学与技术加工、藏书布局和保管等各环节,以便读者利用和馆员开展工作;藏书管理过程,通过信息反馈过程来控制、调节藏书成分、藏书规模,实现藏书结构体系的发展与图书馆的任务及读者需求相符合的状态。他们认为,藏书建设必须符合图书馆的任务和读者的需求,这是一条规律,是苏联一切类型图书馆藏书建设现代理论的基础。

藏书建设的三相结构如图 1—1 所示:

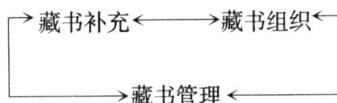

图 1-1　藏书建设的三相结构

后来苏联捷廖申在藏书建设的三相结构的基础上,又增加一相——图书馆藏书模式,成为四相结构,其相互间的过程建立了正向与反向的联系。

藏书建设的四相结构如图 1—2 所示:

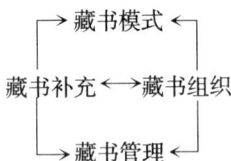

图 1—2　藏书建设的四相结构

苏联有关藏书建设的概念,既反映了藏书形成的全过程,又反映了各构成部分之间的逻辑联系及其规律,全面系统而又高度概括,具有较强的理论体系。

参考上述各种认识,可用通俗的语言表述藏书建设的理论研究概念如下:

所谓藏书建设,就是研究符合图书馆任务与读者需求、系统地建立、发展、规划、组织藏书体系全过程的理论。简言之,就是研究藏书体系形成发展的全过程及其规律的理论。

藏书建设的概念由三个具体含义构成:藏书建设的规律,藏书发展的过程,藏书结构体系,三者缺一不可。

第一,藏书建设的规律。总的说来就是:藏书形成必须符合图书馆任务和读者需求的原理。这个相符合规律,体现了 藏书建设的总目标。藏书建设是为了藏书利用,藏书利用只有符合图书馆任务和读者要求才能实现;藏书利用的程度和效果,取决于藏书成分、藏书规模满足图书馆任务和读者需求的程度和能力。因此,努力克服差距,尽量达到相符合的最佳要求,这是藏书建设必须遵循的规律。无论在理论上,还是在实践上,都要把相符合的原理贯彻到藏书建设的全过程中去。

第二,藏书建设是藏书形成发展的全过程。这个过程以建立基本藏书为起点,然后通过不断地选择、补充,复审、规划、组织、管理,实现其动态平衡发展。这是一个相互联系、相互依存循环上升的发展过程。其中,藏书选择与补充,是藏书发展的基础。一旦停止补充,也就终止发展,藏书就失去了生命力,失去了现实的知识情报价值;藏书复审和规划,是藏书发展的继续完善过程,是纯洁藏书、精化藏书的重要环节;藏书组织是藏书发展的归宿和藏书利用的起点,是藏书发展和藏书利用的中间环节;藏书管理是藏书发展的控制、调节反馈环节,是实现藏书体系结构最佳化的途径。

第三,藏书建设的要求是体系化,实现两种藏书体系:整体图书馆藏书资源全面集中化的藏书体系,个别图书馆藏书资源重点特色化的藏书体系。

藏书体系化,既是图书馆藏书特点的反映,又是藏书社会价值的体现。每一个具体图书馆,必须在一定范围内形成有重点、有特色的藏书体系,以适应本馆的任务和本馆读者的基本需求,并能满足本馆以外的社会专门需求。每一个系统,每一个地区,以至全国范围内,确立一个或若干个基础好的图书馆,作为中心图书馆,或贮存图书馆,建立内容全面、类型多样、系统完整的藏书体系,以满足不同范围读者的广泛的社会需求。

二 藏书建设的研究内容

藏书建设既然是研究藏书体系形成发展的全过程,它的内容,必然以系统的方法研究藏书形成过程中各阶段的特点及其相互关系的总和。其构成部分有五个方面的内容。

1. 藏书基础模式研究

建立原始基础藏书,并为馆藏发展模式确定藏书建设原则、收藏范围、收藏重点、补充标准和制订藏书补充计划,是形成藏书体系的基础和进一步发展藏书的依据。

作为奠基阶段的原始基础藏书,需要达到一定规模的藏书量,一定范围和重点的藏书体系,使之与图书馆的性质、任务相符合,与读者的类型及需要相符合。在此基础上,为藏书体系的进一步发展提出基本模式。基础藏书的奠定,基本模式的提出,有一个形成过程,并非一朝一夕所能完成,它为藏书体系的发展和完善,起着方向性作用。

2. 藏书补充发展研究

藏书补充是新书入藏和滞书剔除的不断发展过程,而补充过程的实现,取决于符合要求的选书过程。

选书过程,包括入藏前新书的初选和入藏后藏书的复审或复选剔除。初选是在入藏前的馆外图书文献源中进行的,既要遵循一定的原则标准,又带有一定的偶然性和随机性。由于受多种因素的影响,所以,补充中的失误可能是不可避免的。复审或复选是在入藏后的馆内图书文献源中进行的再选择,它是对初选结果的充实、发展和修正。

无论初选与复选,作为藏书发展过程中相互联系、相互作用的两个阶段,都要按照相符合的规律,收集适用的藏书,剔除失效的藏书,建立与完善科学合理的藏书体系。

3. 藏书体系规划研究

藏书体系规划分为两种:一馆藏书体系规划和多馆藏书体系规划。

一馆藏书体系规划,要求一馆之内各种类型藏书(包括不同学科、不同语种、不同水平、不同载体形式等方面),按照特定需要,安排入藏范围、数量、比重、层次级别,形成有内在联系和特定·功能的藏书结构,建立有重点有特色的专门化的藏书体系。

多馆藏书体系规划,要求馆际间新书采购分工,原有藏书保存、利用协调、调剂余缺等方面,按照社会整体需要,保持最佳经济效益,统筹规划,合理布局,分工协调馆际间藏书资源共存共享,形成相互依存、相互联系的藏书体系,建立不同范围跨馆的整体化、综合化的藏书体系。

规划两种藏书结构,建立两种藏书体系,必须研究并制定出藏书发展方针、规范和标准,改变各自为政、自行其是、互不相关、平行重复的藏书发展状态。

4. 藏书组织管理研究

藏书组织是对入藏图书文献进行一系列布局、排列、清点和保护的过程和措施的总和。正确地组织藏书的作用,在于长期完整地保存藏书,充分有效地提供利用藏书,有区分地满足读者的各种需要,保持藏书处于最佳流动状态。保存性强的藏书部分,要保持其完整性、稳定性和可检性;流动性强的藏书部分,要保持其实用性、现实性和针对性。不断入藏新书,不断剔除滞书,不断借出,又不断归还,经常进行藏书的调配、调整和重新排列组合,使藏书流的有序运动,沿着一定的方向发展。

藏书管理存在于藏书建设过程之中,它通过藏书利用中的效果、统计、评价等信息反馈,控制藏书,调节藏书,影响藏书补充与藏书组织,使藏书过程处于最佳状态,保证藏书结构体系与图书馆任务和读者需求相符合。

藏书组织与藏书管理,是一种工艺性和技术性很强的活动,必须从宏观决策的整体系统出发,精心设计,精心操作,才能实现藏书建设过程的最佳化。

5. 藏书对象研究

藏书建设的实质是文献资源建设。藏书建设的对象是图书文献。尤其现代图书文献的特征与类型,图书文献的增长规律,分布规律,老化规律和利用规律,既是藏书建设研究的对象,又是藏书建设的基础。只有研究文献类型学或文献载体学的基本知识,熟知文献源的特征、类型与规律,并运用这些知识和规律建立藏书,发展藏书,规划藏书和组织藏书,才能建立符合实际需要的藏书体系。否则,离开文献知识与规律的研究,不可能搞好藏书建设。

上述五项内容之中,文献研究是搞好藏书建设的基础;藏书奠基、藏书发展、藏书规划、藏书组织等,是藏书体系建设过程的有机构成部分。藏书建设理论研究的五项内容,也是图书馆馆藏学的研究内容。

参考文献

1. (苏)斯多利亚洛夫·阿列菲也娃著、赵世良译《图书馆藏书》第一编,第 5~29 页。书目文献出版社 1983 年版。
2. 胡世炎:《苏联图书馆藏书建设理论发展现状》。《全国高等学校图书馆藏书建设学术讨论会》论文 1984 年。
3. 肖自力:《我国文献资源建设和高校图书馆的使命》。《大学图书馆通讯》1984 年第 6 期。
4. 周文骏:《概论图书馆学》。《图书馆学研究》1983 年第 3 期。

第二章　现代图书文献的特征与类型

　　现代图书文献是现代科学技术发展的产物,它的特征、类型及规律,直接受科学技术发展的制约,并给科学技术发展以能动的反作用。

　　科学技术发展,经历了原始综合——专业分化——新的综合与分化时期。自本世纪50年代以来,科学技术发展的最主要特点是高速度和综合化趋势。从发展速度上看,由于生产的发展,国家和社会的重视,科学研究领域日益宽广,科研队伍日益扩大,科技成果大量涌现,其进展速度呈指数增长。新的发明、发现,从研究试验到推广应用的周期愈来愈短,新技术、新产品更新换代的速度愈来愈快。科学技术迅速发展的趋势,给社会生产和生活的改善,带来直接的效益。从发展方向上看,科学技术的纵向分化和横向扩展的结果,是分支学科越来越多,综合学科、边缘学科不断出现,学科之间交叉渗透现象更为突出,科学技术的综合化与整体化发展趋势更为明显。这种高速度和综合化的发展趋势,直接影响图书文献的特征、类型及发展规律。

第一节　现代图书文献的特征

　　现代图书文献的发展特征,表现在数量、形式、内容、分布、时效等五个方面,反映了文献增长、分布、老化的使用规律。

一 数量庞大,增长迅速

现代图书文献,以巨大的数量,以很高的速度在急剧增长。

据统计,全世界印刷品图书(简称图书),50年代有20多万种、60年代有40万种、70年代有60万种、80年代有70万种投放图书市场。平均每20年,图书品种增加1倍,图书册数增加2倍。

期刊出版品,50年代有2万种,60年代有4万种,70年代有8万种,80年代有20万种,平均每7~8年增长1倍。

每年出版的文献资料400万种,科技文献量平均每7~8年增长1倍。新兴学科的文献量增长的幅度更大,增长的速度更快。计算机科学、原子能科学、环境科学等的文献量,几乎每2~3年翻一番。据国际图书馆学会预测,到1987年以后,全世界各种文献量每年将超过12000万(册)。平均每天出版文献达30万件,每分钟出版印刷品2000页。

关于文献增长的规律,许多学者都在研究探索,并取得了初步成果。美国文献学家D.普赖斯研究出科学文献增长与时间呈指数函数关系的增长率。他统计了期刊在世界范围内两个世纪增长的情况:1750年为10种,1800年为100种,1850年为1000种,1900年为10000种。发现期刊每50年增加10倍。同时,普赖斯又以物理学文献的载文量进行统计分析,也发现每年增长5%~7%,每间隔10~15年文献翻一番。据此,普赖斯得出期刊与文献量均按指数增长的规律,是"与任一既定时间内科学发现的总量的大小成比例"。从理论上说,在过去某一段历史时期内期刊呈指数增长的规律。在某一学科领域内文献按指数增长的规律,适合于一定历史时期和一定学科,不能推而广之用于测定未来期刊的增长和一切学科文献的增长;从实际上说,文献增长的规律应反映各种影响制约因素,如最大数量,不同时间,不同质量,科学发展,物质条件,经济条件等等。事实上,文献增长到一定数量临界点以后,就不可能再按指数增长,而是稳定增长。同时,文献的增长和文献的老化有密切关系。不同文献类型、不同学科文献在不同历史时期,有不同的增长规律。这些不同规律,许多专家学者都在继续研究探讨。

关于图书馆藏书量的增长规律,美国图书馆学家赖德,对美国主要大学图书馆从 18 世纪以来的藏书历史资料进行了统计分析,认为大学图书馆藏书量平均 16 年增长一倍。我国各类型图书馆由于原来基础差,藏书增长速度较其他国家更为迅速,各类型图书馆藏书增长速度是不平衡的。总的说来,最新图书文献品种的收集不全不快,仍有文献资源贫乏之感,而且由于库房紧张,工作效率不高,文献资源开发利用程度较低,这就给文献资源的收藏、检索、利用提出了更高的要求。

二 形式复杂,文种多样

图书文献生产突破了传统的纸书印刷方式,声、光、电、磁现代技术和化学塑胶新材料的广泛应用,使现代出版物发生了重大变化,出现了纸书印刷品与缩微资料、声像资料、机读资料、光盘资料等多种文献载体并存的局面。图书文献的生产方式,由笔墨时代到铅与火的时代,再过渡到光电时代,形成手工缮写、机械印刷与光电存贮相结合的综合生产局面。纸型文献载体,生产、加工、保存、传递简单、阅读直接、方便,不受严格条件限制,符合人们的传统习惯;非纸文献载体,生产快,体积小,质量轻,信息密度大,便于长期保存。其中,声像资料还有形象性、动态性和直感性特点。两者相互补充,互相依存,都有广阔的发展前景,在相当长的时期内将共同发展。有人预言,未来的图书馆将无纸书印刷型书刊。这种断言未免过于武断。据奥地利科学院预测,到 2000 年时,纸书印刷型的科技文献占 45 ~ 60%,缩微或其他载体占 20 ~ 30%,靠联机终端提供知识情报只占 15～30% 左右。所以,综合收藏与使用多种载体文献类型,这是现代图书馆的一个明显特点。

世界各国用于记录图书文献的语言文字符号多种多样。据报道,各国出版的科技期刊连续出版物所采用的文种就有 70～80 种之多,比较集中的文种分布也有 7～8 种。其中,英文期刊占 50% 左右,德文、俄文各占 10% 以上,法文占 7%,日文占 3%,西班牙文占 2%,中文和其他稀有文种共占 8% 左右。

据联合国教科文组织公布的调查材料表明,世界各国发表的文献中,英文文献量约占 2/8,但全世界有 2/8 的科学技术人员不懂英文。世界各国出版的期刊中,有 1/2 的刊物,是用一半左右的科学家所不懂的语言文字出版的。

三 内容广泛,分散交叉

现代社会,学科林立、枝叶蔓生,数以千计的学科领域,数以万计的研究课题,研究内容涉及到一切知识部门。研究成果的分布,呈现两种状态:一是广泛分散,二是重复交叉。

文献的广泛分散表现在两个方面:

第一,同一专业文献,分散刊登在许多专业刊物上。例如,据苏联情报所统计,1332 篇地球物理学文献,刊登在地球物理专业杂志上的只有 402 篇,仅占 32%,其余 912 篇则分散发表在 317 种相关专业或综合专业刊物上,约占 68%。另据美国麻省理工学院统计,电工学文献只有一半登载在电工专业杂志上,另一半则登载在物理、机械、化工、生物等其他专业刊物上。化学化工的文献虽然比较集中,但也有 1/3 的文献散见在其他专业刊物上。

第二,除综合性、边缘性刊物以外,许多学科与专业性刊物发表的文献涉及多种学科领域。这是科学研究相互联系,相互交叉渗透的结果。根据对 1129 种常用西文期刊的调查表明,其中,内容涉及物理、化学、土建、原子能、机械、电工、地学等 7 个学科的杂志占 7%,涉及 6 个学科的占 13%,涉及 5 个学科的占 16%,涉及 4 个学科的占 22%,涉及 3 个学科的占 16%,涉及 2 个学科的占 15%,涉及 1 个学科的仅占 11%。这就是说,内容涉及 4 个学科以上的期刊,占期刊总数的近 60%。内容只涉及 2 个学科以下的,仅占期刊总数的 25% 左右。由此说明,科学研究人员查找本专业文献,仅仅掌握本专业刊物是远远不够的,还必须善于了解和利用相关专业的出版物。

文献的重复交叉表现在五个方面:

第一,同一篇科技文献用多种形式发表。例如,一篇会议论文或技术报告,先在刊物上发表,又出单行本,再收入汇编本或论文集。如美国武装部队技术情报局的技术报告,有 60% 既出单行本,又在期刊发表。美国国防基金会的技术报告,有 95% 既出单行本,又在期刊上发表。

第二,同一件技术发明可以用多种文字发表,一件发明可以同时向许多国家申请专利而获得专利权,利用多种文字或几个国家公布同一内容的专利说明书。据统计,世界各国每年公布专利说明书的重复率为 65% 以上。其中,美国与加拿大的专利说明书的重复率高达 87.2%。

第三,世界各国相互翻译出版大量内容相同的书刊文献。据联合国教科文组织《信使》杂志报道,1976 年有 73 个国家相互翻译出版图书达 4 万多种,约占世界图书出版种数的近 10%。西方国家对俄文期刊逐期整本地翻译,仅译成英文的就有 200 多种。而苏联翻译西方各国的文献品种与义种远远超过英美及日本。据苏联印刷杂志社透露,苏联翻译的外国文献量,比美国多 3 倍,比日本多 3.5 倍,比英国多 8 倍。

第四,许多杂志社同时出版内容完全相同的印刷型和缩微型两种版本。例如,日本的四大报纸《朝日新闻》、《读卖新闻》、《每日新闻》、《日本经济新闻》,美国的四大科技报告等,既出印刷品,又出缩微品。印刷品供一般读者阅读,缩微品供文献部门长期保存参考。

第五,各国出版商为追求盈利,大量出版发行热门书和新型学科书刊。许多书刊由于销售量大,商品价值高,受到出版商重视,争相出版发行内容雷同而略加改头换面的出版物,造成图书文献大量重复交叉。

书刊的广泛分散,给文献收集工作带来很大困难,难收全,以致可能产生重大遗漏;而书刊的重复交叉,又给文献收集工作造成许多麻烦,难收准,以致可能产生重复浪费。为此,图书馆必须疏通情报信息,提高筛选能力,力争收全收准,减少遗漏,避免不必要的重复。

四 载文聚散,分布有序

各学科专业文献在期刊上的载文率,既相对集中,又高度分散,呈现出分布有序的离散规律。其表现是:相当数量(1/3 ~ 2/3)的专业论文相对集中刊载在少量的专业期刊中;其余数量的专业论文却高度分散刊载在大量非专业期刊中。按照专业文献载文率的分布规律,可确定专业核心期刊和相关专业及相邻专业非核心期刊。这就是著名的“布拉德福文献离散定律”。

英国化学家和文献学家布拉德福,在长期从事文献工作实践中,首先发现电技术文献约 1/3 登载在本专业少数几种期刊上,约 1/3 登载在 5 倍数量的力能学、交通运输等相关学科期刊上,另外 1/3 登载在 25 倍数量的相邻学科期刊上,然后对其他专业文献分布通过书目、文摘进行大量统计分析,并采用等级排列技术,描述文献载文比率。1934 年他首次发表论专题情报源一文,揭示了定期刊物载文率的离散规律。1948 年他在《文献工作》专著中,最终完成了他的文献离散定律,并绘制出曲线。他指出:“如果把科学期刊按其关于某一学科的文章刊载的数量多少,以渐减顺序排列起来,在所得的清单中,可以分出直接为此学科服务的期刊所形成的核心,和另外几个组或区,其中每一组或每一区期刊所载的文章数量,同核心区中的期刊刊载的文章数量相等。这时,核心区中的期刊数量与相继各区中期刊的数量成 $1: n: n^2$ 的关系。"

布氏定律表明,某一学科文献在期刊上载文量的多少,是随着该期刊与本学科的疏密程度发生增减变化的。关系越密切,载文量越多,期刊的种数就越少;关系越疏远,载文量越少,期刊的种数就越多。按专业文献载文量多少,可以将期刊划分成三个区域,每一区域中期刊登载某一学科文献数量,是该学科所发表文献总数量的1/3,而三个区域的期刊数量之比成几何级数分布。其中,第一个区域为核心区,是载文量最高的少数几种核心期刊。第二区域为相关区域,是载文量中等的数量较多的期刊。第三区域为相邻区域,是载文量最低而数量最多的期刊。布拉德福在1948年提出的文献离散经验公式是:

$$P_1: P_2: P_3 = 1: n: n^2$$

P 代表不同区域期刊种数,n 代表布拉德福常数,按已分析的数据,n 的数值约为 5。

根据布氏定律公式,在理想的情况下,248 种期刊可以分成三个区:核心区有 8 种载文量最高的期刊,第二区有 $8 \times 5 = 40$ 种载文量中等的期刊,第三区有 $8 \times 5^2 = 200$ 种载文量最低的期刊。所有这些期刊,当发表的某一学科文献的累计数为 600 篇时,平均每个区的全部期刊应刊载大约 220 篇该学科文献。其中,核心区期刊平均刊载 27.5 篇,第二区平均刊载 5.5 篇,第三区平均刊载 1.1 篇。

根据布氏定律公式,运用书目、文摘杂志以及《科学引文索引》等工具进行统计分析,可以测定各门学科的核心期刊、相关期刊、相邻期刊的具体品种与数量。

布氏定律表明,每一学科或专业的文献,在科技期刊群中分布,总是相对集中在少数专业期刊中,同时又高度分散在数量庞大的相关专业与相邻专业的期刊中。专业核心区期刊,种数不多,本学科文献载文率高,情报信息量大,与本学科关系最密切;相关区期刊,种数较多,本学科载文率中等,情报信息量次之,与本学科关系较密切;非专业相关邻期刊,种数很多,本学科载文率低,情报信息量小,与本学科关系较疏远。一般来说,核心期刊的载文率必须在50%以上,而且读者的借阅率高,引用指数较多,从量与质两方面测定才比较合理。核心区期刊与后续各区期刊种数的比例为 $1:n:n^2$。

在布氏定律的基础上,人们又进行了大量的研究工作,一方面验证布氏定律的真实性与普遍性,另一方面寻求更为严格精确的数学公式。在众多的研究中,较为突出的是英国的布鲁克斯,他于1968年用数学公式验证并发展了布拉德福的经验公式。

研究布氏文献离散定律,测定各学科的核心期刊,对于图书情报工作有广泛的现实意义。

首先,图书情报单位用有限的经费保证订购质量好,使用率高的核心期刊。

第二,向科研人员提供核心期刊,便于他们迅速准确地掌握本学科、本专业或本课题的最新成果及研究动向,减少他们用以查阅专业文献的时间。

第三,根据各学科文献在不同期刊上载文率的增减变化,分析科研新动向,预测新知识、新科学出现的程度,有助于新兴学科的建设。

第四,利用文献离散原理,测定核心文种,核心出版社,以及核心书刊在各类读者中流通利用的分布规律,以便掌握读者的阅读倾向与咨询重点,提高服务效果。

五　时效性强,新陈代谢频繁

科学技术的迅速发展,生产技术、产品设计、工艺流程的不断更新换代,使知识与情报的新陈代谢频繁。图书文献内容随着岁月流逝,逐渐陈旧老化,有效使用时间日益缩短,失效周期日益加快。旧的文献被新的文献所代替后,其使用的读者越来越少,使用频率越来越低。文献的有效使用期称为文献寿命;文献的失效老化期称为文献更新期。文献寿命的衰减,就是文献老化、文献更新的开始。文献寿命的长短,表现在不同文献类型的有效使用期与不同学科文献的老化失效期方面,是以读者使用时间作为判断标准的。

各种类型的文献,有不同的有效使用时间。据苏联《发明问题》杂志统计,各类文献的平均时使用效为:图书著作为 10 ~ 20 年,期刊论文为 3 ~ 5 年,科技报告为 10 年,学位论文为 5 ~ 7 年,技术标准为 5 年,产品样本为 3 ~ 5 年。西方国家认为,80 ~ 90% 的科技文献的使用寿命为 5 ~ 7 年。日本就是根据这种认识,将科技文献的保存时间规定为 5 年,5 年以后就开始进行剔除处理。

各种学科的文献,有不同的老化期限。1958 年,美国科学家贝尔纳在其发表的《科技情报的传递:用户分析》一文中,借用放射性元素衰变过程中"半衰期"这一术语,来描述文献的老化率。1960 年,美国图书馆员伯顿和物理学家凯普勒合作,共同研究科技文献的"半衰期",从文献的使用引文数据来判断。他们对文献半衰期下的定义是:"现有活性文献中一半的出版时间。"所谓"现有活性文献",指的是现在正在被读者利用的文献。而半衰期就是指这些正在被利用的文献中,其 50% 的文献发表年限距利用年限的年龄区间。另一种通俗的说法是:各学科被利用的文献总量中,一半文献失去利用效率所经历的时间,称为文献的半衰期,或半生期。

伯顿和凯普勒统计了9个学科的文献半衰期,其他人后续补充统计了几个学科,如表2—1所示:

学　　科	文献半衰期	用以统计的杂志数
地理学	16.1 年	
地质学	11.8 年	6
数学	10.5 年	10
植物学	10　年	8
化学	8.1 年	8
生理学	7.2 年	7
机械工程	5.2 年	2
社会学	5　年	
化学工程	4.8 年	3
物理学	4.6 年	9
冶金学	3.9 年	3
生物医学	3　年	

表2—1 文献半衰期统计表

文献的利用衰变与文献增长有密切关系。某学科文献增长越快,新出现的文献利用的频率增多,旧的文献利用越少,文献的半衰期越短。所以,应从文献的增长与老化两个因素计算它的半衰期。同时,文献老化与更新在使用中呈现出复杂多变的现象,半衰期的测定与描述,只是它的主要特点而已。

研究文献的使用寿命,掌握文献老化与更新周期,直接关系着藏书建设的全过程。藏书的补充与剔除,发展与组织,保存与利用,以至数量与质量,品种与复本,无不受文献新陈代谢规律的制约,并在实践中加以应用。

总之,现代图书文献的特征,主要表现在数量增长,形式多样,内容广泛,分布离散,时效频繁等几个方面。

第二节　现代图书文献的类型

现代图书文献的构成要素，反映了它们的多种属性：知识内容，出版形式，载体形态，信息符号，著作单元等。任何一种或几种属性皆可以用作划分图书文献类型的标志。图书馆藏书建设，对图书文献的分类，立足于文献的收藏和利用，采用综合标志，并以出版形式为系统，结合知识内容、载体形态、信息符号及著作单元等标志，有层次地划分图书文献类型。按出版形式为主的综合标志分类，现代图书文献有以下各种类型，每一类型又可细分若干类型，并各具特点。

一　图书著作

图书著作即狭义的图书，又称书籍。它以印刷本为主，也包括手抄本。它是一种比较系统成熟而又完整定型的出版物。它的历史悠久，流传广泛，数量庞大，影响深远，至今仍然是主要的文献类型。

图书著作的形式特征是，完整定型的装帧形式，首尾衔接，结构严谨，积叶成册，自成体系。它由封面、书名页、篇章目次、正文、出版页、封底组成一个独立的整体。每书正文部分篇幅少则几万字，多则几十万字至上百万字，围绕一个小的主题，分层次系统地展开。每书页码，少则几十页，多则九百页至上千页，装订成单行本、多卷集或丛书集。

图书著作的内容特征是，主题突出，内容系统、完整，论述全面、深入，知识成熟、稳定，供读者系统地学习阅读和研究参考，从而获得历史的或现实的、理论的或方法的系统的知识体系。由于图书著作的撰写和出版周期过长，它反映的内容是以往知识的概括总结,不是最新的情报信息。因此,它的知识价值重于情报价值,但它仍不失为重要的情报源之一。

小册子是一种篇幅小、页码少、装订简单的书。联合国教科文组织规定,49页以下的书称小册子,作为国际间图书资料的通用统计标准。有些国家对小册子的页码数量有各自具体规定标准。有的定为100页,有的定为64页,有的定为47页,还有的定为6页。小册子区别于一般图书的特征是,装帧简单,出版及时,现实性强,内容较专,时效较短,有些具有时代意义的长效论著,将代之以论丛集的形式汇编成书,供长期学习参考。大多数短效性小册子,这时不予保留。

图书著作按内容性质和使用对象,可细分为:政府文件汇编,科学专著与论文集,生产技术专著,科普与通俗读物,文学艺术著作,教材与教科书,参考与检索工具,少年儿童读物等。

二 期刊

期刊又名杂志,定期或不定期连续刊行,有统一的名称,固定的版形、开本和篇幅,用连续的卷期或年月顺序编号,汇集若干作者分别撰写的多篇文章、资料或线索,由常设编辑人员编辑出版。

期刊的种类,按内容性质或使用对象,可细分为:理论性或学术性刊物,工艺技术性刊物,文学艺术性刊物,宣传报道性刊物,知识普及与娱乐性刊物,资料与检索性刊物,综述与述评性刊物等。

期刊具有多种特点:内容广泛,知识新颖,出版周期短,情报含量大,流通范围广,作者与读者人数多。不同种类的期刊内容,几乎汇集了人类的一切知识成果,它涉及到社会的经济、政治、思想、科学技术、文化教育、文学艺术以及社会生活发展的广泛领域。它发表文章快,出版周期短,及时反映新理论、新技术、新方法、新动向,迅速传播最新的知识情报信息,成为最主要的情报来源之一。据统计,各类期刊占情报总含量的65%以上。它的发行速度快,流通范围广,社会各界读者都可以挑选到适合自己需要的期刊内容。它能连续发表有关专题的研究成果,开辟学术讨论园地,提供参考资料,开阔眼界,启迪创造思路,交流思想、见解,探讨共同关心的问题。

学术性期刊具有明显的作用:有助于培养和发现人才,提供学习、研究和发表学术论文的条件;有助于检阅科研成果,以论文发表为标志,检验单位与个人的学术水平;有助于评定业务职称和学衔,通过评审和引文统计,确定在各级专业刊物上发表的代表性论文的学术质量与研究水平;为一切科学研究,创造发明传递学术信息,推动学科建设和学术发展。

由于期刊有这些特点和作用,因而它有效地适应了社会发展的广泛需要,促进了社会经济和科学文化的提高,成为人类社会与生活中不可缺少的精神食粮。

期刊产生于 17 世纪的法国和英国。1665 年法国的《科学家杂志》,英国皇家学会的《哲学会刊》以及《伦敦公报》,是世界上最早的几种期刊。期刊从创刊至今 300 多年来,无论在形式和内容上,还是在性质和职能上,都有很大的发展变化。18 世纪以前,期刊基本上是一些学术团体,政府机构和教会组织出版的,内容多是学术论文、官方公告和教会通讯报告之类。办刊的目的主要为了学术交流和情况通报。内部组稿,印刷数量少,发行面窄,非盈利性、非社会性。1750 年只有 10 种期刊,1800 年只有 100 种期刊。19 世纪以后,期刊出版和利用发展较快,不仅数量增多(1850 年前后,期刊增加到 1000 种以上),而且内容由综合向专业发展。随着科技文献检索的需要,还出现了索引、文摘、书目、辑要一类的检索刊物。近年来还出现了综述、综论、进展、快报、动态、信息等各种类型刊物。不同性质、不同对象、不同形式的期刊竞相发展,时事报道性的,文艺欣赏性的,学术与教育性的,娱乐与消遣性的,科学普及性的期刊,以及专为妇女、儿童、家庭、生活出版的期刊,图文并茂形式的期刊画报,五彩缤纷,争奇斗艳。期刊由少数团体、机构控制,发展到社会各阶层、各行业、各学科、各团体兴办,成为印刷品中最大量、最活跃的文献类型。

当前期刊的出版发行与社会需求之间,还存在一些问题。首先,期刊从组稿、编辑、印刷、发行到与读者见面的周期过长,即文献时差过长,影响情报的及时传递交流。其次,期刊文献量的激增与分散交叉,给读者检索文献过程中检全、检准、检快增加了新的困难。再次,期刊的价格持续上涨,给用户和读者带来很大的经济负担。据统计,美国、英国、法国、西德、荷兰等发达国家期刊的平均上涨率,以每年 10~25% 的速度递增,随之而来的是期刊销售量逐渐下降。

为了改变现状,更好地适应社会需求,期刊的出版发行面临着变革的趋势。首先,采用先进的印刷制版技术,缩短出版周期,增加月刊、半月刊、周刊、半年刊和季刊。同时,增加发行渠道,减少中间环节,缩短文献时差,使期刊文献尽早与读者见面。其次,采用"双版制"办法,先发表论文摘要、论文缩写,再将全文打字原稿缩印出版,或将全文原稿寄存"预印本交换中心"或编辑部,或辅助资料服务处,或手稿寄存库,然后,再由这些单位向需要的用户报道、查询与复印。前者称"短文版"、"提要版",后者称"全文版"、"复印版"。再次,采用"在版文摘"制,将作者撰写的论文全文和论文文摘同时出版或先后出版。同时,加强文摘刊物、索引刊物、报道刊物的出版发行,增加专业刊物,分化综合刊物,满足读者检全、检准、检快的文献需求。第四,采用纸皮书廉价刊物出版,降低生产成本和销售价格,同时加强缩微和计算机存贮系统,减轻用户与读者的经济负担,扩大销售量。

期刊在图书馆的入藏量和读者利用率的增长,已超过图书著作和其他文献类型。在国内外科学与专业图书馆,期刊的购置经费最多,入藏超过总文献量的半数以上,而借阅量、复制量、引用量,占各类图书文献总量的80%以上,尤其是自然科学技术方面表现更为突出,形成持续上升的发展趋势。

报纸也是一种期刊。它和杂志相同的方面是,有统一的名称,有常设的编辑机构,定期连续出版,每期汇集许多文章、报道、资料、消息;不相同的方面是,时间性更强,出版周期更短,以最快的速度宣传报道最新消息,内容更加广泛,版面较大,多为对开或四开,以单张散页形式出现,出版量大,发行很快,拥有读者面广、人数多,超过任何出版物。

报纸是一种新闻出版刊物,以时事、政治、经济、现实新闻为主,并兼容其他内容。它是时代的晴雨表,具有宣传、报道、评论、教育、参考、咨询等多种社会职能,是社会绝大多数人每天阅读的必需品,也是各种信息情报知识的来源之一。报纸有日报、双日报、三日报、周报、旬报等不同出版周期之分;有综合性、专业性不同内容之分;有全国性、地方性不同范围级别之分;还有不同行业、不同学科、不同单位、不同对象之分等等。许多大型报纸出版社,在出版单张报纸的同时,还按月出版大开本合订本报纸,小开本合订本报纸,还有个别报社出版缩微本印刷型报纸,以供图书馆等收藏单位长期保存参考。

1979年英国创立了一种电视报纸,即贮存和提供各种最新消息与资料的电脑中心。用户通过电话线路,将电视机与电子设备接通电视报纸贮存中心,就可通过电视屏幕"阅读"所需要的报纸内容信息。80年代以后,电视报纸贮存中心在西方国家普遍推广起来。

三 特种文献资料

特种文献资料是指出版形式比较特殊的科学技术文献资料,包括科技报告、政府出版物、会议文献、学位论文、专利文献、技术标准、产品样本等。特种文献又称丛刊,或不定期的连续出版物。

它介于图书与期刊之间,似书非书,似刊非刊,称为图书化的期刊,期刊化的图书。这类文献总的特点是数量大,增长快,每年出版约100万件左右,占全部文献量的1/5;内容广泛,类型多样,涉及科学技术、生产生活各个领域;保密性强,出版分散,有不同密级程度,有的公开发表,有的内部发行,出版周期很不固定,收集比较困难;现实性强,情报价值高,从不同领域及时反映当前科学技术的发明创造、进展动态、研究水平及发展趋势。它们对于国民经济、生产技术和科学研究有直接参考应用价值。

1. 科技报告

科技报告也称研究报告或技术报告。它是研究课题进展情况的实际记录与研究成果的系统总结。它的内容范围主要是尖端学科的重大课题,由国家主管部门组织较强的专家班子参加研究,代表一个国家有关专业的科研水平,论述专深具体,资料准确可靠,情报价值高。初次公布以密级资料形式内部打印交流,经过,定时间逐步解密,再公开发表。科技报告往往由某一机构负责编辑出版,机构名称作总的固定名称,每一报告为一册,篇幅长短不一,先单独打印装订成单行本,冠上总名称及流水号,然后再汇集成丛刊。公开征订的科技报告汇编,又称"特刊"或"丛刊"。

美国政府发表的四大科技报告著称于世。

AD 报告,是美国国防部武装部队的技术情报局研究报告,内容为军事技术、国防工程等。每年发行 2 万余篇。报告来源有10000 多个单位,主要是美国国防部所属的各科研单位。

PB 报告,是美国商务部出版局技术报告。内容侧重民用工程技术方面,如土木建筑、城市规划、环境保护等。每年发行 8000 ~ 10000 件左右。

NASA 报告,是美国国家航空与宇航局研究报告。内容侧重于航空和宇宙航天技术方面的文献,包括技术报告、技术札记、技术备忘录、合同户报告、技术译文、特种出版物等。

AEC—ERDA—DOE 报告,这个报告是同一个报告的多次改称。其中,AEC 报告是美国原子能委员会报告,于 1946 年建立。ERDA 报告是美国能源研究与发展署的研究报告,于 1974 年由 AEC 报告改名而来。DOE 报告是美国能源部的研究报告,于 1977 年 10 月由 ERDA 报告再次改称。内容主要为原子能及其他各种能源的研究、开发利用。

2. 政府出版物

这是各国政府及其所属部门公开发表的文件。联合国教科文组织给政府出版物下的定义是:"根据国家机关的命令,并由国家负担经费而出版的一切记录、图书、刊物等,均称政府出版物"。可见,政府出版物并不是图书文献的一种单独类型,而是由政府出版发行的各种图书文献的总称。其中,以连续出版物居多。

政府出版物分为行政性文件和科技文献两大类。前者包括法令、条约、政府报告、会议记录及调查统计资料。后者包括研究报告、技术政策、科学、教育、文化等统计资料。它们在未列入政府出版物之前,有的已发表过,有的是初次发表。它们对于了解各国政治、经济、法律、文化、教育、科学技术发展情况、方针政策及组织规划,是不可缺少的重要参考资料。许多国家政府都设有专门文献出版机构,组织专家学者编辑出版政府文献,并指定一些图书馆作为"寄存图书馆"或"文献保存中心",全面系统地收藏政府出版物,以供备查参考。

由于政府出版物在出版前后,往往用其他形式发表,所以重复率高。例如,美国每年报道的 2 万件政府出版物中,就有 1500 件在四大报告中公开发表过。英国几乎把政府技术报告的公开部分,全部列入政府出版物,所以给采访人员带来不少麻烦。

3. 会议文献

这是在国际国内各种学术会议上宣读或交流的论文、报告和编辑的文献资料。它分为预印本和会议录两种类型。预印本是指开会前经选定的论文、报告、材料,由作者单独印成单行本,提交会议参加人员,有的还对外出售。会议录又称会后文献,是指选择会议的学术报告、交流论文、文献资料及讨论纪要汇编成册,出版发行。

学术会议论文,大多有较高的质量,独到的见解,新颖的课题,反映了一定时期内某一学科,某一专业,某一主题领域最新研究成果、研究水平和发展趋势,是科研人员所需要的重要参考资料,是了解各国科技水平、动态、发展趋势的重要文献资料。

4. 学位论文

这是研究机构、高等学校的大学生、研究生为获取学士、硕士或博士学位撰写的学术论文或毕业设计。大学生的毕业论文和毕业设计,作为一种科研训练成果,反映了他们的调研能力、分析综合能力、文献驾驭能力。而具有一定学术质量的硕士或博士学位论文,是学生在导师指导下,经过长期调查研究,收集大量文献资料,作了全面系统的论述,提出的独创性见解,具有较高的学术水平和参考价值,是重要的情报资料。

学位论文属于非卖品,存放在图书资料部门保存参考,并向读者提供复制件。其中,有的内部发行单行本或汇编本,有的在专业刊物上公开摘要发表。各国都有博士检索论文工具。

5. 专利文献

专利是各国政府用法律形式保护科学技术发明创造的一种制度,也是通过经济措施奖励发明创造的一种手段。

按照专利法的规定,某项新技术、新产品、新工艺、新材料的发明人或受让人向政府专利机构申请登记,经审查批准为专利后,即获得该项发明在一定时期内的占有权。凡他人利用此项发明从事产品生产,必须按规定付给专利所有者一定的报酬。

专利制度最初产生于 15 世纪。意大利东北部城市威尼斯,于 1416 年 2 月 20 日,颁布了世界上第一个专利法。资本主义生产推动了专利的普及。英国于 1617 年建立由政府和法院审批的产品经营特权,1624 年颁布专利法,1852 年成立英国专利局。美国于 1790 年通过专利法,1836 年成立美国专利局、目前世界上有100 多个国家成立了专利制度,70 多个国家成立了专利机构。我国也成立了专利局,颁发了专利法,建立了专利出版社。

专利文献是有关专利申请说明书、批准公报及分类、文摘索引等记录载体材料的统称,主要是指专利说明书及其报道与检索工具。

专利说明书是专利申请人向政府递送的技术发明创造的书面材料。在说明书中,申请者要写明发明的具体内容、目的、特点、工艺过程与结论,并附上图表及各种数据。

专利公报是各国政府专利局每年公布的正式专利报道文件,收列经审批认可的专利项目及简要内容,分期分批连续发表,提供专利情报,具有法律效力。

专利文摘、索引是非政府机构编辑出版的专利资料的检索工具。它汇集专利的名称或主要内容,以供系统查找参考。

专利文献的特点与作用主要表现在:

第一,它是反映世界科技发明动向的原始情报资料。它的内容广泛,情报新颖,除了医药、食品以外,从日常生活用品到尖端技术产品生产工艺、设备、材料,几乎反映了所有技术领域的最新创造发明成果。

第二,它是一种实用性很强的技术情报资料。它的信息内容具体实际,偏重方法技术,附有结构图表与数据,有效期在 15～20 年。国外估计,专利文献具有的技术情报信息密度约为 40% 左右,比其他技术情报文献的信息密度高 70%。我国许多技术领域比先进国家落后 15～20 年,所以,国外专利文献资料,对我国发展科学技术,具有很强的实用价值。

第三,它是一种公开出版发行的文献资料,发表及时,检索工具完备配套,收集比较容易,查找比较方便,是科技人员利用率高、经济效益显著的文献类型。

6. 技术标准

这是对产品及零部件的质量、规格、生产过程与检验方法所做的技术规定,是从事生产设计的技术人员和管理人员必须遵循的技术规范。标准化、规范化是现代化生产技术的必要条件和基本特征之一。

技术标准资料,按审批机构与应用范围标志,可分为四种类型:国际标准或区域标准、国家标准、部标准、企业标准。各种技术标准一旦形成并经审批公布,便成为法规性技术文件,具有一定的法律约束力。一个国家的各种标准资料,反映了这个国家的经济状况、技术政策、生产水平和资源开发程度。国外技术标准文献,对于我国研制工农业新产品,提高工艺操作水平,具有参考借鉴作用,并有助于实现产品品种的系列化和零部件的通用化过程。

随着生产与科学技术的发展,技术标准资料也不断新陈代谢。我们要注意收集适合我国国情的技术标准文献,包括不同时期制定与补充修订的标准资料。

7. 产品样本

这是有关已投产定型产品的商业宣传品,包括产品目录、产品说明书、广告资料、产品总览、年鉴、手册等。大多数作为免费馈赠品,以配合产品流通宣传,扩大产品销售。

产品样本资料,所宣传介绍的是已出厂产品的性能、用途、规格等,技术成熟,数据可靠,直观性强,既有简要文字说明,又有外观照片、内部结构图,对于技术人员在产品造型、设计、试制、改造以及引进国外技术与设备等方面,都有参考价值。

产品样本是一种廉价的技术情报资料,世界每年出版几十万件,各国都有专门的技术图书馆和文献情报中心集中收藏。我国科技情报所的样本馆,是集中入藏国内外产品样本的文献中心。

特种文献资料主要指上属 7 种文献类型。

8. 其他特种零散资料

档案资料,包括文书档案和科技档案,是记录各种事实过程的卷宗材料,保密性强,供内部查考使用。原始档案材料,以手稿与打字件为主。

地图是各种规格的单张直观材料。

图片、照片、像集是规格不等的宣传陈列品和展览资料。

乐谱是一种单张活页式音乐曲谱艺术作品。

上述零散资料印刷品,规格不同,体形各异,不能装订,通常单独保管在不同型号的文件夹、文件盒、资料袋中。

在科技界,有十大科技文献之称,它们包括:科技图书、科技期刊、科技档案、科技报告、政府科技文献、会议文献、学位论文、专利文献、技术标准、产品样本等等。

四 缩微资料

缩微资料又称缩微复制品。它以感光材料为载体,用照像复印方式,将纸书文献在感光材料上复制而成,包括缩微胶片、缩微胶卷和缩微卡片等。它是在各种印刷品基础上发展起来的高倍率复制文献。

照像复制技术有 100 多年的历史,用它复制书刊资料开始于本世纪二三十年代。但它的发展很迅速,目前许多技术先进的国家纷纷建立了缩微出版公司,专门制作缩微胶卷与缩微胶片文献资料,供用户订购。文献缩微化是现代出版物及图书情报工作的发展趋势。

1. 缩微复制品的优点

(1)体积小,质量轻,信息密度高,节省存贮空间。一般缩微倍率为 1/20～1/40,超缩微倍率为 1/150～1/200,比印刷品书刊节省书库面积 95%。

（2）复制性能好，既可缩小，又可放大，复制任意数量，不走样，不变形。

（3）制造迅速，成本低廉。缩微胶片资料的价格，只相当于印刷品的1/10～1/15。例如，美国政府出版的四大报告，印刷品每件为10美元，而缩微品每件只需0.85美元，仅此一项每年可节省外汇50万美元。英国专利印刷品每年一套需要17万美元，而缩微胶卷只需4000美元。

（4）规格统一，存贮标准，便于实现保管、检索与传递的自动化。能将任何规格的印刷文献摄制在统一型号的缩微载体上，使文献的存贮形式整齐划一，适于机械保管、计算机检索和自动化传递。

（5）保存期长，不易变质损坏。普通印刷品一般只能保存100年左右，而缩微胶卷在一定温度、湿度条件下，可以保存500年左右。并且可以通过再复制，以达到永久保存。

缩微复制品的缺点是：文字图像小，不能直接阅读，必须借助阅读放大机；使用不方便、不自由，容易使眼睛疲乏，效果不如印刷品；保存与使用条件严格，设备投资费用大。

2. 缩微文献的种类

（1）缩微胶片

这是一种透明的缩微复制品，它是利用一种专门的缩微复制照像机，将文献拍在单张的感光软片上。感光胶片规格有105毫米、75毫米、70毫米和16毫米等几种。一般使用的规格为105毫米×148毫米。缩微胶片按其对文献的缩微倍率分三种类型：普通缩微胶片，每张可拍摄60～98页文献；超缩微胶片，每张可拍摄2500～3200页文献；特超缩微胶片，每张可拍摄22500页文献。

（2）缩微胶卷

这也是一种透明的缩微复制品，它是用成卷的胶片连续拍摄而成。每卷胶卷的长度因存贮文献资料的数量与篇幅长短而定，有 30 米、50 米不等。两卷同一长度的 16 毫米和 35 毫米缩微胶卷,可分别缩摄 1400 页和 2800 页文献。缩微胶卷适用于复制成套的文献资料,如过期的丛书、多卷书、期刊、报纸及其他连续出版物等,便于长期保存和提供复印件。

(3)缩微卡片

这是一种不透明的缩微复制品,实际上就是缩微照片。它的大小和普通硬纸目录卡片相仿,一般规格为 75 毫米 × 125 毫米,它们的缩微倍率为 1/24,单面每张可摄 40～60 页文献,双面则增加一倍。在缩微卡片的上端,印刷的文献名称编号等著录标目,肉眼能直接看清楚。按照普通硬纸目录卡片组织方法,将缩微卡片排列在缩微目录盒中,可以直接查阅使用。

五 视听资料

视听资料又称声像资料或直感资料。它是以电磁胶质材料为载体,以电磁波为信息符号,将语言声音和文字图像记录下来,通过视听设备存贮与播放知识情报信息的动态文献资料。人们"阅读"视听资料,脱离白纸黑字缮写印刷的传统纸书形式,通过电传放映机械设备收听收看录音录像载体,获得动态性知识情报信息。音波的震动,文字的变换,图像的形体动作,通过录音磁带、录像磁带,在收录机、放映机屏幕上有规则的旋转运动,直接传入人的耳膜和视网膜,实现"阅读"过程。

视听资料阅读效果的特点是:动静交替,声情并茂,形象逼真。首先是它的动态效果,大全宏观宇宙天体,小至微观原子结构、人的视力无法直接观察的物质运动变化状态,以及人的视力虽然可直接观察,但受到时间、空间条件及人的生理机制限制而不能观察其全过程的自然景物、社会变迁、生态发展、形态动作,通过电子技术的放大与缩小方法、加速与减慢方法,运用剪辑组合手段,集中展现出动静交替的画面,使读者直接观察阅读。

其次是它的音响效果,通过人们可以接受的声频,播放人工语音,自然声音,达到以声传知,以声传情,声情并茂的效果。读者直接听到音响变化,直接体验到情感色彩,并相应产生情感共鸣。

再次是它的形象效果,通过声音形象、形体形象以及文字形象等造型技术,使人闻其声、见其形,产生生动的、逼真的直接感受,显示出科学与艺术的结合,实现其科学观察、信息传播、情感交流的过程。总之,以动态、音响、形象效果为特征的视听资料,对于研究实体现象的应用科学,以及文艺体育活动,具有独特的作用,是静态的书面资料所不可比拟的。

视听资料按其感官接收功能可分为三种类型:

1. 视觉资料

视觉资料,也称录像资料,包括显示形象与视频符号的投影资料和非图影资料,如照像底片、摄影胶卷、幻灯片、无声录像带、无声影片与摄影照片、传真照片等各种形象记录资料。

2. 听觉资料

听觉资料,也称录音资料,包括播放人工语言、自然语言、声频符号的系统资料,如唱片、录音带、录音膜、电传广播音响资料等各种发声记录资料。

3. 音像资料

音像资料,也称音形资料,包括播放显示声频与视频同步出现的声音形象相结合的综合资料,如有声影片、电视片、配音录像带、电传录像资料等各种显像显声录制资料。

随着声像技术与电子技术的发展,专门声像资料出版社的建立,视听资料日益增多,它们在图书情报工作中的应用更加广泛普及。图书馆与情报所已将视听资料纳入文献收藏系统,配备相应的视听电器设备,开辟专门的视听阅览室,扩大视听服务项目和服务对象,使阅读者、观众、听众成为三者一体的读者群系统,共享图书馆文献资源。

六 机读资料

机读资料是通过电子计算机存贮阅读的资料。它是以磁化材料为载体,以数字代码与文字图像为信息符号,用编码与程序设计的手段,通过电子计算机存贮与传播知识情报信息的文献资料。电脑是一种自动化信息加工传输装置。信息加工传输过程是:首先,进行编码与程序设计,将人工语言符号转换成电脑能识别的机读语言代码,输入到电脑的存贮器中。然后,加工转换成信息库系统,当需要检索阅读时,再通过电脑转换器将机器语言变为人工语言,按一定指令,自动输出用户所需信息,自动打印在纸袋上,或显示在终端屏幕上。

电脑文献资料的特点是:高密度、大容量存贮信息,高效率、多功能加工转换信息系统,高速度、远距离传输文献信息。现代计算机技术与现代通信技术和现代缩微技术的结合,将使文献信息的存贮、处理、传输系统结构功能,向着更加纵深和广阔的方向发展。

机读资料按存贮载体可分为穿孔纸带、穿孔卡片、磁带、磁盘、磁鼓及记忆档案库等,其中,磁带、磁盘是主要的机读资料载体类型。

1. 磁带

磁带是由一定规格的磁化塑料薄膜环绕圆轴特制而成。其宽度为 0.5 英寸和 1 英寸,长度为 800～1000 米,厚度为 50 微米和 37 微米,信息记录密度为每英寸 20～30 个二进制信息组,磁带道数为 9 道和 16 道。磁带的优点是:存贮容量大,记录速度快,成本低廉,质量稳定,能长期保存、多次使用而不破坏信息等。在磁带上存贮的机读资料,通常在市场上出售,目前磁带存贮的主要是二次文献。

2. 磁盘

磁盘是表面涂有磁化物质可转动的塑料圆盘存贮器。机读文献信息记录在圆盘表面磁层上。磁盘存贮信息数据容量大,存取快,保留时间久,装置比较固定。磁盘是一种小型轻量化载体。磁盘的直径为7~8英寸,磁盘片厚度为0.1英寸~0.2英寸。信息数据由排列在同心磁道上的磁化极点来表示。在一个主轴上安装若干个磁盘构成一个磁盘组,磁盘组是一种随机存取设备,可永久安装,也可拆换安装。

此外,磁鼓是一种有磁化涂层的转动鼓,存取信息非常快,但容量小,价格贵,常常将存贮的数据转移到磁带上。因此,它只是作为一种随机存贮转换设备。

七 文献载体的新类型

60年代以来,随着新技术革命浪潮的冲击,文献载体出现了许多新的类型,如直感图书、电视唱片、光学录像盘与光盘、立体资料等。

1. 直感图书

这是一种纸书与录音膜或录像带相结合的文献。书中附有磁性录音膜,打开书本,接通小型读书器,就能一边听录音一边对照阅读文字符号;书中附有磁性录像带,打开书本,接通微型电视机,按电钮,荧光屏上就会显示文字图像,同时听到声音。

2. 电视唱片

唱片式文献载体,是把文献录入电视唱片。如同照像那样,直接通过电视摄影机,拍摄文献原件,将文字转换成电信号,经过信息处理后记录在母片上,印成的母片再复制大量的复制唱片,通过电视播放机播放。一张直径为30厘米的电视唱片,可存贮50000页资料。

3. 光学录像盘与光盘

光学录像盘是一种模拟化存贮设备,采用低功率的激光束记录数字信息,通过低功率阅读器,反射视频和声频信号,显示在电视屏幕上,以供收听收看。

光盘是一种数字化的图像与数据存贮设备,全称是"光学数字录像盘"。光盘安放在与微型电脑相连接的录放机中,通过大功率的激光束将信息记录在光盘表面上,通过电脑随机检索,打印纸带,或屏幕显示。光盘能同时存贮文字数据、声像信息,兼容印刷品文献和声像资料,存贮信息密度高。一张3.5英寸的光盘,可全文存贮50万页文献资料,检索速度快,几秒钟就可检索出所需资料。耐高温严寒,随写随读随停随改,寿命长,价格低,是一种理想的信息存贮传播媒体。

4.立体形象资料

激光在三维空间进行全息摄影实现存贮与显示的立体形象资料,又称三维全息资料。这是激光技术、全息摄影、立体声像技术相互结合发展,运用于文献信息处理过程产生的结果。立体形象载体资料刚出现不久,数量和比重甚小,但是,它的实际效果却优于平面载体文献。在图书世界,作为新崛起的一种文献载体类型,它有旺盛的生命力和广阔的发展前景。

八 三级文献类型

在图书情报界,广泛流行着第一次文献、第二次文献、第三次文献的概念。三级文献类型划分,主要依据于文献信息的加工次级与加工方式,反映了文献信息的内涵与外延,也反映了文献在使用中的不同用途及相互关系。

1.一次文献

一次文献是指作者最初发表的原始文献,反映了科学研究与设计试制活动的直接成果,其主要内容是首次发现或系统总结的新知识、新技术、新观点、新论证,或者对已知思想观点与事实材料的新理解、新探讨。诸如期刊论文、专著、科技报告、专利说明书、学术会议论文、学位论文、技术标准等资料,都属于一次文献。一次文献是读者参考学习的最基本最原始的文献资料。

确定一篇文献是否是第一次文献,是根据文献的内容,而不是根据载体形式。一篇文献,只要它在内容上具有第一次文献的特征,不管是手稿、铅印品、复制品、缩微品、视听资料、机读资料等等,就始终是第一次文献。第一次文献又称第一级文献和第一手资料。

2. 二次文献

二次文献是对原始文献群的信息特征系统检索、组配、加工、报道的文献资料。为了便于读者全面了解和准确查找所需一次文献资料,将广泛分散的原始文献汇集起来,按照一定的体例序列,进行加工整理,组织编排,描述其形式特征,揭示其内容要点,以便广泛、系统、完整地报道某一学科、专题领域的文献资料。诸如各种书目、索引、文摘、题录、简介等资料类型,都属于二次文献。其中,索引和文摘是二次文献的代表。索引反映著作的篇章内容、标题名称和篇名;文献反映著作与论文的简要内容。它们都是一群原始文献的系统浓缩、加工提炼的产物,又称为"文献的文献"。二次文献具有检索与通报一次文献的双重功能,因此,又称通报性文献和检索性文献。它的主要作用在于,系统反映原始文献信息,帮助读者用很少的时间浏览较多的文献信息,提供检索所需的文献线索。

3. 三次文献

三次文献是对原始文献群的内容进行系统综合、分析、评述而编写的文献资料,即高度浓缩加工的再生科研文献。

三次文献是在一次文献成果的基础上产生的,它可以利用二次文献成果,作为检索文献线索的途径,也可以不经过二次文献直接利用一次文献群的内容成果。

三次文献可分为综述研究类和参考工具类两大文献类型。综述研究类文献是在大量原始文献成果基础上对科学技术的发展趋向进行分析研究、综合评述的产物,诸如专题述评、总结报告、动态综述、进展通讯、信息预测等。参考工具类文献,是在大量的原始文献内容反映的原理、定律、事实、方法、公式、数据及统计资料的基础上,筛选出稳定、可靠而有用的知识,编写成供查阅参考的工具书文献,诸如手册、大全、年鉴、指南等。

三次文献来源于一次文献,高于一次文献,是以一次文献为基础的再创性文献。它不仅筛选出大量有用的一次文献信息内容,加以分析综合,组织编排,而且赋予了新的认识和见解,形成为新的文献情报资料。

三级文献区分法,不能包罗一切文献类型,对于介于一次文献与三次文献之间的文献,无法用特定标志归类,如教科书、编译文献及百科全书等,不易简单归入某次文献之中。

关于三级文献概念及划分方法,各国文献情报界并未取得完全一致的看法,主要对第三次文献的概念特征及划分存在着分歧。苏联和日本有关专家学者,不同意划分第三次文献,认为第三次文献,有的属于第一次文献,也有的属于第二次文献。因此,它们采用二级区分法,认为原始文献即一次文献,凡对原始文献进行加工整理产生的各种文献,通称二次文献,不再勉强划分第三次文献。也有主张,将文献级别概念改称为"原始文献"和"派生文献"两个术语。原始文献含义与一次文献含义相同。派生文献就是对原始文献情报加工的所有文献,包括简易加工的书目、索引、题录等资料,复杂加工的文摘、题要等资料,以及情报研究加工的综述、述评、动态、预测等资料。

从第一次文献到第二次文献再到第三次文献,是一个由博到约,由分散到集中,由无序到有序的情报信息发展过程。一次文献是读者掌握信息的直接对象,二次文献是读者检索原始文献信息的主要工具,三次文献是读者掌握情报源的主要资料。它们是开展科研活动不可缺少的基础条件。

总之,现代图书文献的类型突破了纸书载体印刷品的传统模式,采用多种载体材料记录文字图像,传播情报信息。在今后相当长的历史时期,将是纸书与非纸载体各种文献形式长期并存,相互补充,相互结合,共同发展的局面。纸书文献由于十分普及,阅读传递简单方便,对照参考运用自如,不受空间与设备条件的限制,因此,不仅不会被非纸文献取代,而且会更加高速优质地向前发展。而缩微、机读、视听资料文献,由于适应现代科学文化发展的特殊需要,在生产、保存、检索、流通领域,以小型化、轻量化、高密度化的优势取胜于纸书文献,具有更加普及的社会发展趋势。

参考文献

1. 北京大学图书馆学系、武汉大学图书馆学系合编:《图书馆学基础》第100~110 页。商务印书馆 1981 年版。

2. 中国科学技术情报研究所编译:《科学交流与情报学》第 183~192 页。科学技术文献出版社 1980 年版。

3. 顾镜清:《关于学术杂志的几个问题》。《图书情报工作》1981 年第5 期。

4. 宓浩:《图书馆——情报学引论》第 106~144 页。华东师范大学图书馆学系 1984 年。

5. 章达:《试论布拉德福定律在图书情报工作中的应用》。《云南图书馆》1981 年第 3~4 期。

6. 赖茂生:《新的情报技术》。《大学图书馆通讯》1985 年第 1 期。

第三章　藏书建设原则

　　一切图书馆在建设藏书的过程中,都应当遵循一定的原则。藏书建设原则是藏书建设过程中客观规律的反映,不是主观意志的产物。

　　藏书建设是藏书形成发展的全过程。藏书建设原则,不仅适用于藏书的建立与补充,也适用于藏书的规划与调整,还适用于藏书的组织与管理。因此,不能把藏书建设原则仅仅看作是采访原则或补充原则。

　　藏书建设原则,实质是选书原则(包括初选与复选)。藏书建设原则,既是实践经验的总结,又是科学思想的概括,它必然随着时代的发展、国情的变化而相应地发展。根据当代图书馆发展的共同特点,结合我国的国情,我国各类型、各系统、各层次级别的图书馆,在当代藏书建设中共同遵循的原则有四项:实用性原则,系统性原则,发展与剔除原则,分工与协调原则。这四项原则,无论建设一馆藏书资源,还是建设多馆藏书资源,都不能违背。因为它符合任何图书馆的实际需要,符合社会读者的广泛需要,也符合藏书资源自身发展的规律。

第一节 实用性原则

实用性原则,是指建设藏书资源必须符合图书馆实际使用的需要,或针对实际使用需要的目的,建设藏书资源,又称为针对性原则,或目的性原则,苏联称为相符合原则。说法不一,但意思相同。

现代图书馆藏书资源,不是为收藏而收藏,而是为使用而收藏。只有符合实际需要,才能被使用,才能发挥藏书的作用,收藏才有意义。

实用的实质是有用,而有用的依据是什么呢? 实用的对象主要表现在三个方面:符合图书馆的类型、任务的需要,符合读者对象的需要,符合地区或单位的特殊需要,并应将这三个方面的实际需要结合起来,统一起来。

一 符合图书馆的类型及任务的需要

任何图书馆都隶属于一定的类型,各类型图书馆都担负着主要社会服务任务,图书馆的主要任务是藏书建设的主要依据之一。

图书馆类型的区分法有多种标志,如所属系统、工作范围、学科性质,服务对象或用途等等。其中,首要的和基本的标志是用途和工作范围,而其他则作为进一步细分的标志。

按照用途和工作范围,图书馆的类型可区分为:国家图书馆、公共图书馆、高等学校图书馆、科研单位图书馆、技术图书馆,以及各种形式的大众图书馆等。一级区分的图书馆类型,按照所属系统、学科性质,进一步进行二级区分。如国家图书馆可分为综合性的中央公共图书馆,国会图书馆,以及专业性的科技图书馆等;公共图书馆可分为省级、市级和县、区级图书馆等;高等学校图书馆可分为综合大学、师范院校、专业院校和基础大学等不同性质的图书馆;科研单位图书馆可分为综合性的、文科、理科及工科等专业性的图书馆等;技术图书馆可分为不同技术领域的图书馆;大众图书馆可分为不同读者成分的大众图书馆等等。

各种具体类型的图书馆,除了共同性任务以外,分别担任为社会某些方面服务的主要任务,要求相适应地建设有关范围和重点学科与类型的藏书资源。国家图书馆的主要任务,是为中央和全国政治、经济、科学、文化服务,全面收藏国内外文献资料,成为全国综合性图书文献收藏中心;各级公共图书馆的主要任务,是为地方经济、文化、科学服务,收藏地方综合性、通用性图书文献资料,成为地方综合图书文献收藏中心;高等学校图书馆的主要任务,是为教学和科学研究服务,系统收藏以若干专业为重点的教学、科研用书,以及综合教育书刊;科研单位图书馆的主要任务,是为科学研究服务,全面收藏有关学科和专业的文献资料;技术图书馆的主要任务,是为了发展生产技术服务,专门收藏有关生产技术领域的文献资料;各种形式的大众图书馆的主要任务,是为广大群众普及科学文化教育服务,选择收藏一般科学文化知识方面的通俗书刊。

二 符合图书馆读者对象的需要

藏书建设的实用性,在符合图书馆任务需要的同时,必须以图书馆的正式读者对象为出发点,以满足读者的需要为直接目的。读者对象的具体类型成分,各类型读者的特点、阅读需要及对书刊文献的利用情况,是藏书建设的主要依据之一。

各类型图书馆的读者群结构,大都是由两种以上的读者成分构成的。如高等学校图书馆的读者成分,主要是教师读者、学生读者、研究生读者等;省级公共图书馆的读者成分,主要是专家读者、大众读者、干部读者等;科研单位图书馆的读者成分比较单一,主要是科研人员读者,也有管理人员、技术人员读者等。一般说来,可以将不同成分的读者群划分为两大类型:专家读者和大众读者。这两类读者所需要的图书文献,在范围与重点方面,都有不同的特点,前者主要反映专业研究检索需要,后者主要反映基础学习阅读需要。这些需要的内容,分别受到不同职业、专业、工作、学习任务的制约,也受到他们自身发展及兴趣爱好的影响,其实质反映了社会生产、生活的共同需要和个性发展的特殊需要。

读者的研究需要与读者阅读需要的满足程度,直接体现在藏书的现实利用情况及其效果之中。藏书流通量的大小,读者满足率的比重,藏书利用以后所产生的社会效益和经济效益,是综合评价、检验藏书资源建设的数量、质量及结构体系的最终依据,也是预测未来潜在性需要、从而制定并修改藏书发展计划的主要依据之一。

各级各类图书馆,都要依据具体读者对象及其需要特点,建设相适应的藏书体系。省级公共图书馆,藏书建设要突出各类专家读者的研究、设计、创作等需要的重点藏书,又要全面兼顾各类大众读者的学习、阅读、欣赏等需要的一般藏书。收藏书刊的类型、类别、文种、水平等方面,做到广度与深度的结合,重点与全面的结合,形成学术性、情报性与知识性、教育性的区别和统一,并按照两类读者的利用方式,分别加以组织布局。科研单位图书馆,藏书建设要突出专家读者的专业研究需要,又要兼顾他们对相关专业学习参考的需要,收藏专业书刊、外文期刊及情报资料为重点的藏书体系,形成学术性、情报性强的系统藏书。高等学校图书馆,藏书建设既要突出教师、科研人员的专业教学、科研用书的需要,又要兼顾学生专业学习和课外阅读的需要,收藏以教学、科研为重点的多学科、多层次的专业藏书体系,建立具有教育性、学术性、情报性相结合的藏书系统,建立学校图书馆与系资料室两级藏书组织,满足不同读者的多种需要。

总之,了解各种读者群的特点,研究他们的具体需要内容,掌握他们利用藏书的现状、效果及发展变化规律,建设相符合的藏书体系,是藏书选择、补充、调整、组织、控制等过程各环节必须遵循的基本原则之一。而读者需要与图书馆任务之间存在着相互一致的关系,因为图书馆的任务,主要是通过建设相适应的藏书,满足读者的需要来实现的。

三 符合地区或单位的特殊需要

省、市、县、区等各级公共图书馆,是独立建制的社会组织,它的藏书建设要符合本地区经济、文化、科学、教育的特殊需要。各部门、各单位所设立的图书馆是附属性的组织,它属于本部门、本单位的组织部分,如附设在各级各类学校、科研单位、厂矿企业、事业团体以及国家机关的图书馆等,其藏书建设都要同本单位的特殊需要相符合。

我国的国情特点,决定了省级公共图书馆的藏书建设特点。

我国历史悠久,幅员辽阔,人口众多,经济文化不够发达。全国有 22 个省,5 个自治区,3 个直辖市。每个省区人口都有几千万,甚至上亿,工、农、交通、科、教、文、卫事业都有相当规模,差不多等于一个至几个中型国家。在长期的自然变迁和社会发展中,逐渐形成一个一个行政、经济、文化区域。沿海与内地,平原和山区,汉族和少数民族地区,自然资源分布与经济文化发展不平衡,使每个省区都有自己不同的经济特点和地区特点。

各省级公共图书馆,除了全面入藏综合性、通用性的藏书以外,还必须系统收藏反映本地区历史发展和现实发展的具有地方特点的图书文献。作为地区收藏中心,不仅要面向本省,而且要顾及全国的有关研究需要。许多大型省级公共图书馆,经过长期积累,已经形成了具有地方特点的藏书体系。这种具有地方特点的藏书体系,包括地方文献和地方所需专业书刊资料两个方面。

所谓地方文献,根据著名图书馆学家杜定友的创见,是指有关地方的一切书刊资料。就其范围来说,地方文献包括三部分:史料、人物和出版物。

第一部分,地方史料,也称地方志,泛指记载本地区经济、文化、史地、自然资源的一切文献史料。全省范围的地方志文献,无论是过去编的,现在编的,无论是省志、州志、县志、乡志,都应尽全收集,不得遗漏。

第二部分,地方名人及其著述,泛指本地区著名历史人物,近代、现代知名人士的著作及传记。着重收藏与本地区有关的知名人士及著述,包括作家、学者、科学家、领袖人物、社会活动家、革命先烈、英雄模范等人及其反映本地区特点的著作与传记。

第三部分,地方出版物,泛指本地区编辑出版的正式与非正式出版物。着重收藏那些反映地区特点与地区成果的地方出版物,尤其要收藏有价值的地方出版物。掌握时间界线和内容界线,实行两宽两严的政策。以1949年新中国成立为标志,古书、旧书从宽,新书从严;以是否反映地方情况为标志,反映地方内容的从宽,不反映地方内容的从严,以保持地方出版物的地方特色。

所谓地方所需专业书刊资料,是指符合本地区经济文化现实需要与长远需要的有关专业学科图书文献,反映本地区国民经济、文化建设、科学研究、社会发展等具有优势地位的特殊需要,形成省级公共图书馆新的藏书特色与藏书重点。能否形成这种新的藏书重点系统,关系到省图书馆在本省经济文化建设中的地位与作用的问题。各省级馆所在中心城市,有的冶金、钢铁、机械制造等重工业占优势,有的化工、纺织、电子、仪表等轻工业占优势,有的商业、贸易、旅游、交通运输等占优势。省级公共图书馆要依据本地区的经济建设优势和科学文化发展特点,来确定新的重点藏书系统,以适应地方经济文化和科学技术发展的特殊需要。同时,还要考虑本地区其他类型图书馆藏书资源的基础与分布状况。作为与其他图书馆藏书建设的分工协调,避免重复平行地发展藏书。

省级公共图书馆不能孤立地将本馆藏书作为一方,而应将本地区各馆藏书资源作为一方,将本地区的社会需要作为另一方,组织馆际藏书资源共建共享,共同满足本地区的社会需要。

附设在各单位的各类图书馆,包括研究单位、教育单位、生产单位和机关团体的图书馆,藏书建设要反映本单位的特点及其特殊需要。

所谓本单位的特点,主要指全面系统收藏本单位的所有图书资料,包括单位、个人、集体的著述,编辑出版的书刊资料,也包括反映本单位情况的书刊资料。

所谓本单位的特殊需要,是指本单位具有独特优势的人员、项目、产品所需要的有关重点书刊资料。这些特殊需要,主要依靠本单位图书馆负责收藏解决。

总之,三符合的实用性原则,是一切类型图书馆藏书建设最首要、最基本的原则。只有按照三符合的原理建设藏书,才能避免盲目性,做到有的放矢。

第二节　系统性原则

在建设实用性藏书的同时,必须要求藏书的系统性。

藏书的系统性,又称藏书的连贯性,它有两层意思:一是指重点藏书的系统完整,二是指全馆藏书的相互联系,有比例,成体系。这两方面允分反映了图书馆建设有组织、有序列、比例合理的藏书体系。

藏书建设为什么要以系统性为原则? 系统原则的具体要求是什么? 对此,要有明确的认识和明确的回答。

一 系统性原则的依据

藏书建设以系统性为原则,是由三个客观因素决定的:出版物的系统性,读者需要的系统性,保存与传递的系统性。

1.出版物的系统性决定了藏书的系统性

出版物的系统性表现在两个方面:出版物内容的系统性,出版物出版发行的连贯性。首先,各种学科类别,各种载体类型出版物记载的知识情报内容,在时间上从古至今,在空间上从中到外,有一个不断继承与延续的纵向发展过程,也有一个不断交流与联系的横向扩散过程,两个过程的分化与综合,形成多种客观知识体系,贯穿在庞大的日益增长的出版物之中。出版物知识内容的系统性与载体形式的多样性混合在一起,造成一种较杂乱的现象。要反映出版物知识内容内在的系统性,必须排除杂乱现象,进行系统地选择、补充、调整、组织。其次,各种学科类别、各种载体类型出版物的出版发行,大多具有计划性和连贯性特征,绝大多数的出版物都是一次性出版发行。这种出版发行特点,为有计划地系统收集出版物,提供了可能条件和机会。尤其是时效性强的报刊杂志、丛书丛刊、多卷书等连续出版物,逐年逐期按计划连续出版,每种书刊又是一次性出版,出版发行新书刊的时间周期短,如不及时订购,随意中断,就会残缺不全,失去机会。至于那些非计划公开出版发行的内部书刊,更要掌握信息,抓住时机,及时补充。

2.读者需要的系统性决定了藏书的系统性

图书馆藏书的使用对象,是由不同层次的年龄结构、文化结构、知识结构组成的读者群系,他们对藏书资源的需求和使用,在类别和类型上,在时间和水平上,在范围和深度上,从现象上看好像广泛杂乱、变幻莫测,实际上却有一定的专指性和系统性。尤其从事系统学习和系统研究的读者群,更表现出循序渐进阅读的需求,和专门深入地参考检索的需求。要满足各种读者的系统需求,就要求藏书建设过程始终保持各类出版物的合理比例,系统收集,分别组织,做好总体规划,使藏书的系统性同读者需求的系统性相一致。

藏书的系统性,还反映了读者对文献时间需求的紧迫性。读者对那些情报性强,失效周期快,现实意义大的书刊资料,要求及时获得,先睹为快。图书馆收集和提供时间性强的出版物,要尽量做到及时收集,及时整理,及时同读者见面,尽量缩短文献出版发行与收集之间的时差,尽快缩短文献收集整理与提供读者使用之间的时差。收集、整理、使用越及时,文献的情报价值越大。尤其那些具有现实经济效益、科学效益和教育效益的图书文献,其时效更为突出。反之,如果藏书建设缺乏时间观念,增大文献出版发行与收集、整理、使用之间的时差,不仅失去图书文献的情报价值,而且会失去读者。

3. 保存和传递的系统性决定了藏书的系统性

保存和传递图书文献资源是所有图书馆的基本职能。这一基本职能,既区别于图书文献的销售部门,又区别于图书文献的档案部门。销售部门作为商品流通设施,以尽快出售书刊为宗旨,它贮存的图书商品只是暂时的,在一定时期内要销售出去,然后再进一批新的图书向读者出售。它不能长期积压旧书占据库房,这样会影响新书入库与销售。因此,它不具备长期系统保存各类书刊的职能。档案部门的职能是长期保存原始文献资料,满足有关部门的特殊查考需要。它不是作为系统知识情报载体传递的机构,不具备广泛的社会传递使用的职能,只有图书馆才具有长期保存和广泛传递图书文献的职能。

保存和传递职能的本身,要求有科学的藏书系统。保存和使用价值是与藏书的系统性成正比的,系统性愈强,保存和使用的社会价值愈大,反之,藏书的系统性愈差,它的社会价值愈小。因此,就一定意义上说,藏书的系统性,实质上是藏书社会价值的标志。

当然,藏书保存期限的长短,使用范围的广泛程度,不同类型图书馆,不同类别与类型的图书文献存在着相当差距。保存书刊的年限,一般来说,大众性图书馆要短些,科学与专业图书馆要长些,而参考中心图书馆、寄存图书馆、版本图书馆等,则要长久保存藏书资源。图书文献本身的有效使用年限,以及它拥有的读者人数,决定了它的保存期和使用面。但是,无论是何种图书馆,总要在相当长的年限和相当广的范围,为社会保存和传递有价值的系统藏书资源。

二　系统性原则的要求

系统性原则是藏书建设客观规律的反映。如何遵循系统性原则?系统性原则有两方面的要求:一是建设系统性的藏书,二是进行系统性的藏书建设。

1. 建设系统性的藏书

所谓建设系统性的藏书,就是要求藏书的系统性同出版物的系统性、读者需要的系统性、保存与传递的系统性相一致。具体地说,首先,要求馆藏中重点部分、特色部分与连续出版物部分,系统完整,全面配套。各类型图书馆根据主要任务和主要读者需要,将某些学科、专业或专题范围的图书文献作为重点藏书;将长期积累的某些类型珍贵书刊资料作为特藏。这些重点藏书与特藏,要保持它们的历史连续性和稳定性。对于需要选购的工具书、丛书、多卷书、期刊及其他连续出版物,要保持完整无缺,成龙配套,不能随意中断。其次,要求一般藏书的选择要有关联性和代表性,要挑选有关学科中最主要、最基本、最有价值的部分,以符合一般读者的学习需要和阅读水平。再次,要求全馆藏书相互联系,各学科、各类型藏书之间,保持合理的比例。如大众图书馆,社会政治图书占20%左右,自然科学技术书刊占30%左右,文艺和通俗读物占50%左右。而科学与专业图书馆,科学技术书刊占65%以上,社会政治图书和文艺书刊只占 30% 左右。再如,期刊和外文资料,大众图书馆只占 15% 左右,而科学与专业图书馆则占 50% 以上。总之,系统性藏书是一个有区分、有重点、有层次、有适当比例的藏书体系。

2. 系统地建设藏书

系统地建设藏书是实现藏书系统性的保证。系统地建设藏书,是指长期积累,计划补充,及时收集与调整的过程和要求。

有重点有特色的藏书系统,是图书馆工作者长期选择系统积累的结果。每一个时期有价值的出版物出版发行周期短,广泛分散,社会需求量大,图书馆必须做好补充计划,抓住时机,及时收集,并根据读者需求预测预报,制订长远发展计划。这种长期性、计划性、及时性的要求,是保持藏书连续性、完整性和情报价值的关键。三天打鱼,两天晒网,会导致藏书的残缺不全;临时突击,乱采滥购,会导致藏书的比例失调,重复臃肿;拖拖拉拉,坐失良机,会导致藏书的情报性能减弱,老化现象严重。系统性藏书,是个日积月累的过程,往往需要十几年,几十年,甚至上百年有计划、有步骤而又及时选择、调整才能形成。短期突击、花钱购书的暴发户,不可能建设系统性藏书。

系统地建设藏书,除要求藏书建设人员本身具有良好的业务素质外,还要熟悉馆藏,熟悉书源,熟悉读者需求,要做到这三个方面,必须对馆藏、书源、读者需求进行调查研究。

第三节　发展与剔除原则

藏书建设的发展是指新书的增长;藏书的剔除是指滞书的代谢。新陈代谢是一切事物生存发展的客观规律之一,也是藏书建设的规律之一。实用性藏书的产生,系统性藏书的形成,都是通过不断发展新书,又不断剔除滞书实现的。新书的增长与滞书的剔除,是藏书发展过程相互联系两个方面。只有不断发展新书,藏书才具有生命力;只有不断地剔除滞书,藏书才能健康地发展,才能有效地组织藏书提供读者利用。

藏书发展的目的,是为了最大限度地满足读者的社会需求;藏书发展的速度和数量,反映了国家的经济能力和社会的科学文化水平,也反映了图书馆自身的条件。不同类型、不同规模的图书馆,对藏书发展有不同的要求,但是,任何图书馆要想存在和发展,都要将藏书发展作为必要条件,一旦终止发展,就必然失去存在的基础。

一 发展与剔除的原因

图书馆是一个社会开放系统,藏书资源是一个动态体系,它本身就是一个新陈代谢的过程,藏书的发展与剔除,是外部原因与内部原因共同作用的结果。

藏书发展与剔除的外部原因,是由出版物的不断增长衰退,社会需要的不断提高和更新所决定的。藏书发展要与出版物的增长保持一定的比例,才能反映新的知识情报内容;藏书剔除要与出版物的衰退相一致,才能反映知识情报的老化与转化规律。社会各领域对出版物的需要数量质量的提高,内容品种的更新,要求藏书发展剔除与之相适应。

藏书发展与剔除的内部原因,是由图书馆的任务和读者的需求所决定的。具体表现在以下三个方面。

1. 为了保存人类的优秀文化成果

保存有参考价值的藏书,其实质是保存优秀文化成果,既是图书馆的基本职能和任务所要求的,也是读者的现实需要和长远需要所决定的。保存藏书要处理好继承和发展的关系,满足当前需要,兼顾未来发展;还要注意知识情报的老化与更新规律,及时入藏有长远保存价值的优秀书刊,不断剔除无长远保存价值的失效书刊。剔除失效书刊与保存文化遗产是一致的,剔除是为了更好的保存人类优秀文化成果。该剔除的不剔除,该保存的就会被湮没。就藏书建设而言,鱼龙混杂,泥沙俱下,不仅无益,反而有害。

2. 为了保持藏书利用的活力

藏书是为了让读者利用的,尤其各种辅助性藏书,要直按组织读者流通使用。在相对稳定集中有序的藏书系统中,各种书刊由于读者的使用而处在流动状态。静止是暂时的,流动是经常的。为了保持经常的流动性,减少暂时的静止性,保持藏书的利用活力,要源源不断地补充读者所需要的新书,保留长效书,剔除积沉失效的滞书,使各种滞书退居二线、三线,或清除注销,以便提高藏书的流通率和使用效果。

3. 为了建立结构合理的藏书体系

藏书建设是一个系统工程,既要有总体规划,宏观目标,又要有具体设计,微观控制。它的特点在于,边建设,边利用,建设藏书与利用藏书同时进行。在建设中利用,在利用中建设,不断调整建设与利用的关系,使之形成相互依存、结构合理的良性循环系统。

藏书发展的总体规划目标,在宏观上要保持藏书总量的发展,同读者的藏书保障率,干部的平均工作量,建筑设备的可容量等比例合理。藏书发展的具体设计控制,在微观上要精心安排各种藏书成分的选题、类型、年限、品种、复本和内容的比例标准,同读者的实际需求数量与水平、经费的分配标准、出版物的出版发行供应量等协调一致。结构合理的藏书体系,在宏观上沿着静止水平的方向稳定发展,在微观上则朝着动态水平的方向变化发展。这就要求在藏书的发展与剔除过程中,始终坚持按照实际情况有区分地选择图书文献的原则。

二 滞书剔除的范围

滞书,相对流通的活书而言,是指长期滞留在书架上、读者少用、不用或无用的书刊资料。滞书剔除,是指图书馆将馆藏中一部分流通率低、不流通、或不适合公开流通的书刊,从藏书中分离出来,按不同使用价值分别处理,以提高藏书使用活力和使用效率,腾出空间,让更新、更适用的书刊充实馆藏。藏书使用中,不断地出现滞书,需要不断地进行分离,因而剔除滞书,是一个长期反复的过程。一般说来,历史愈久,藏书愈多,入藏量愈大的图书馆,滞书剔除的任务愈重。尤其那些一直未剔除过滞书的图书馆,其滞书数量超过全馆藏书总量的30%以上的,更需要集中进行一次大规模的剔除活动,然后转入经常性的定期或不定期的剔除工作。

剔除既然是对一部分藏书的撤离、转移、注销的活动,而且是在馆内已入藏书刊中进行的,剔除对象就不会太单一。概括地说,滞书范围有以下5个方面:

1.复本过多长期压架的书刊

在一定时期,为了满足读者集中使用的基本需求,有些热门书、紧俏书、指定参考书,采购量大,供应分配量多,供求基本平衡。但是,当大量读者集中使用期一过,便出现一些书刊复本过多而长期压架的现象。这些书虽然对本馆读者仍然有使用参考价值,但现实使用读者人数大大减少,以致大量复本积压浪费,占据书架空间,并影响使用价值的发挥。因此,无论流通书库、参考书库,还是保存书库,都应该剔除过多的复本,保留基本够用的复本数量,减少书库拥挤,保持藏书平衡。

2.内容含毒不宜公开流通的书刊

图书馆作为公共文化设施和思想教育阵地,要向广大读者提供健康有益、真善美的精神食粮,不能容忍宣扬反动、迷信、凶杀、淫秽等假丑恶的书刊公开流通,毒害群众。固然,图书馆要收藏一部分有政治思想毒素并有一定参考价值的书刊,以便提供有关部门和读者了解、研究、批判使用,但不宜向一般读者公开流通,甚至宣传推荐。必须根据区分服务的原则,有区分地组织藏书。在一般读者借阅使用的一线辅助书库中,对凡是政治思想违背或反对四项基本原则,宣扬极左或右的观点,内容迷信、荒诞、离奇、淫秽等不健康的书刊,要按照有关规定,一律撤离出一线书库,视其参考价值,转入参考书库或提存书库。

3. 残缺破损已无法流通的藏书

一般说来,流通量越大的书,破损越快、越严重。为了延长流通时间,保证使用寿命,图书馆对借阅辅助书库的藏书,采用装订加固、修补的措施加以保护。但是,书刊材料本身毕竟有一个老化损耗的过程,读者长期反复接触翻检,加速了书刊的自然损毁的过程。图书本来是为读者利用的,通过利用被逐渐损耗,从而完成其使用寿命,是一种正常的自然损耗。投放在一线书库的书刊,尤其在开架书库的书刊,应该是复本书刊和复制品资料,不要求长期保存参考。据苏联图书馆专家统计研究表明,精装纸书印刷品,平均流通100次就残缺不堪,不能再修补继续流通使用了。据计算,在每年流通藏书总数中,约有1%的精装书和10%~20%的平装书不能再继续使用。因而,图书馆每年可按1.5%至2%的比例从流通藏书中报销藏书合理损耗率。

4. 陈旧过时的书刊

书刊的有用性随着书龄的增长而衰退。从出版日期以来在读者使用中所经历的年限,称为书龄。一般来说,书龄的长短,同书刊的情报价值成反比,同内容更新的需要成正比,同读者的利用率成反比。当然,使用价值高的长效书例外。书龄标准剔除法,作为最一般的剔除标准,在于将各种书刊中出版时间久远,内容陈旧过时的书刊,从多数读者借阅的常用书库中剔除出去,代之以近期出版的新内容的书刊。书龄的确定,主要参考各类型出版物的有效使用年限,如图书著作为 10～20 年,期刊及连续出版物为 3～5 年,特种文献资料有 3 年、5 年、7 年、10 年等类型。同时还要参考各学科文献的半衰期指标,如冶金学为 3.9 年,机械工程为 5.2 年,化学为 8.1 年,地质学为 11.8 年等,分别将 4、6、9、12 年前出版的上述有关学科的图书,从常用书库中剔除出去。至于参考书库和提存书库,保存书刊的年限更长,剔除的书龄更高。不同的书库,不同的读者需求类型,有不同的剔除选书标准,但是,无论什么书库,都要剔除陈旧失效无参考价值的书刊。

5. 实用性差、流通率很低的书刊

除了全国和地区为数极少的特大型图书馆及保存中心以外,绝大多数图书馆没有必要、也不可能收藏、保存包罗万象的出版物。有限的经费,有限的保存空间,要求建立实用性强,质量高,数量合理的藏书系统,而不允许收藏并保存那些实用性差、流通率低、读者不用或罕用的书刊。实际上,许多图书馆都收藏并积累了一大批实用性很差的书刊,长期完好地陈放在书架上睡大觉,长年累月既无人借阅,又无人查考,耗费了资金、人力,占据着有限的空间,增加了馆员的工作负担,浪费了书刊的潜在情报价值,不能发挥它们应有的作用。这些书刊的内容质量及时效性都是好的,或比较好的,只是它们的主题内容、文种、水平深度等不符合本馆的任务和读者的实际需要,以至造成长期压架而无人问津的状况。主要原因是采购中的盲目性,只考虑书刊本身的内容质量,而不熟悉馆藏范围、结构、读者成分及需求类型所造成的。因此,应将这些实用性差、流通率很低的书刊从书库中清理出来,减轻书库负担,调整到需要它们的图书馆的读者中去。

总之,复本过多、内容含毒、残缺破损、陈旧过时以及实用性差的滞书,应当分别加以剔除或处理。

三 剔除方法与处理办法

滞书剔除关系着科学藏书体系建设,必须积极、慎重而有计划、有组织地进行。在统一认识,调查研究,掌握情况的基础上,制订计划,确定范围,选择切实可行的方法,对滞书逐类审查、逐种鉴别,并做好善后处理工作。

滞书剔除,根据国外的经验,有以下几种方法可供参考。

1. 使用统计法

用以前藏书的使用情况统计,预测未来藏书的去留。这是科技书刊有效的剔除方法。

(1)外借流通统计

检查外借书刊流通记录,在一个长时间内,如 3 年、5 年、7 年,统计全部外借书库中的藏书,或统计其中的样本书,如长期无人借阅,或从未流通过,可以剔除。其结论是:7 年来未流通过的书,可以从藏书中撤离。随着计算机在流通管理中的应用,为统计数据的收集、计算,提供了方便的条件。

(2)书龄或滞架统计

书龄统计是按照书龄增长而利用衰退的原理,以确定书刊出版日期、版权日期、进馆日期、编目日期为起点,以在规定的年限范围内流通的次数为标准,把低于流通标准次数的书刊作为剔除对象。

滞架统计是按照书刊老化更新而利用衰退的原理,确定书刊两次利用的间隔时间,超过规定指标时间的作为剔除对象。

(3)馆内阅览统计

馆内阅览的利用率大大高于外借流通的利用率。据专家估计,它们的比例高达 5∶1。书刊在馆内阅览的利用情况很难统计。通常采用的方法是,找一些重点读者,统计他们使用书刊的次数,或通过对取阅书刊的归架统计,或在书刊中贴上表格由读者利用时填写来了解书刊的利用情况,作为剔除书刊的参考数据。

此外,还可把馆际互借记录,引文统计分析,作为期刊和专著剔除的参考指标。

2. 架上复审法

由馆员直接在书架上剔选图书。对多余的复本书,过时的超龄书,已被新版取代的旧版书,以及实用性差流通率很低的滞架书,或在复审过的图书中放进书条,提出处理建议,征求读者的意见;或抽出剔除书刊的目录卡片,征求专家读者的审查意见,然后再作剔除或保留处理。

滞书处理,应参照其潜在的参考价值和保存价值程度,有区别地确定归宿,而不是简单地丢弃或报废。具体有以下几种处理办法:

1. 内容含毒不宜向一般读者公开流通开放的书刊,可视其毒素程度及研究参考价值,从流通书库中撤离出来,分别迁移到参考书库、提存书库或寄存图书馆加以存放,有控制地提供研究参考。

2. 本馆实用性差、流通率低的书刊,按照它们的使用对象与使用范围的需要,采用编制书目或进行书展的方法,征求接收单位,用交换或调拨的方法,移交给对其有需要的图书馆入藏流通参考,以便发挥它们的应有作用。

3. 复本过多、部分陈旧过时、图书馆无保存价值而对有关读者尚有一定参考价值的书刊,采用展销折价出售的办法,处理给读者个人。

4. 内容完全陈旧过时,纸张装订残缺破损,已无阅读参考价值的书刊,采用报废化浆的办法处理。

滞书剔除的准确无误,与馆员的素质及对馆藏使用情况的熟悉程度有很大关系。对于一时难以判断的书刊,如实用性差,部分陈旧过时而利用率低的书刊,剔除时应保留品种,减少复本,经过一段时间再作判断。最理想的办法是建立全国性和地区性的藏书保存中心,或寄存书库,集中保存各馆只有少数读者偶尔参考查用的图书文献,以避免各图书馆分散保存那些罕用的书刊,造成人力、经费、空间的浪费、藏书内容的平行重复的收藏现象。

第四节　分工与协调原则

藏书建设的分工与协调,是指图书馆之间,从全局出发,统筹规划藏书建设,建立一馆和多馆的藏书体系,形成相互合作、相互依存、资源共享的文献资源保障体制。分工协调,资源共享,是现代图书馆藏书建设的发展趋势。

一　分工协调建设藏书的必然性

藏书建设为什么要遵循分工协调的原则?主要有三个方面的客观原因。

1. 藏书资源共存共享的发展趋势

在当代社会,随着人类知识量的迅速增长,文献量的增长呈现出"爆炸"的趋势。国家的经济建设和社会发展,对文献资源的需要也日益提高。图书馆藏书作为文献资源最大量、最集中、最经济的收藏与交流系统,必须要同文献的增长与国家的需要同步发展。这种同步发展的趋势,要求图书馆全面收藏图书文献,全面满足社会的需要。如何实现两个全面要求?依靠每一个图书馆独自经营、孤立地、分散地建设"小而全"的藏书体系,不考虑协作、整体规划和资源共享,试图由本馆的力量满足本单位读者的全部需求,是不可能做到的。只有依靠整体规划,开展馆际间的分工协调,建立互相合作、相互依存、资源共存共享的系统,才能实现两个全面要求。

2. 图书情报一体化的发展趋势

科学技术的发展是经济建设和社会发展的关键,而科学技术发展的基础在于教育的普及与提高。图书与情报则是现代科学、教育、文化发展的两翼。加强科学技术情报、经济情报传递交流的职能,是图书馆和情报所的共同任务。图书情报一体化,图书情报工作的集中管理和分工协调,是世界发达国家的国策。这种一体化的发展趋势,反映在领导体制的统一规划、机构管理的责任范围、藏书建设及各项业务工作的分工协调之中。苏联、美国、法国等国家情报局,全面领导与协调本国的图书情报工作。英国在1974年将原来分散的5个国家级图书情报机构——大英博物院图书馆、国立科学技术外借图书馆、国立科学与发明图书馆、国立中央图书馆和英国全国书目有限公司,合并为英国图书馆,成为全国图书情报中心,并具有世界影响。我国除了中国科学院图书馆系统实现了图书情报一体化之外,其他图书馆和情报所,由于部门分割,仍然处于各自为政,重复平行的状态。

3. 图书馆事业的整体化和自动化的发展趋势

图书馆事业经历了三个历史发展阶段:个体阶段——封闭式的分散独立活动;集体阶段——半开放式的局部范围内单项业务协作活动;社会化阶段——全开放式整体规划全面协调活动。所谓社会化、整体化,是指相互依存、全面规划的图书馆系统,不是各图书馆简单相加之和的混合体。在总体规划、全面布局的指导下,各个图书馆作为分支系统,确定自己藏书建设的范围、重点、职责及发展方向。各馆的藏书建设要纳入整体设计之中。

所谓自动化,是指以电子计算机为中心的现代技术在图书馆的应用。读者对文献资源检索范围扩大,检索速度加快,要求藏书建设实现跨馆、跨地区、跨国家的联合协调方案,并建立自动化的网络组织。

二 分工协调的目标与内容范围

分工协调的目标,要求建立两种相互联系又相对独立的藏书体系。一种是各级各类图书馆,要建立一馆的有重点有特色的专门化的藏书体系。这种藏书体系,应当实用性强,系统性强,符合宏观规划与规范要求,能够满足本馆读者的绝大部分需要。对于各级各类图书馆藏书体系结构,有关主管部门和咨询部门,需要研究设计出最基本的规范方案,以便各馆有个参考标准,作为藏书建设的评价、检查依据。另一种是各地区和全国范围的整体图书馆群,要建立多馆的类别齐全、类型多样的综合化的藏书体系。这种藏书体系,应当辐射面宽,整体性强,能够满足社会的广泛需求。就全国范围而言,有关专家研究认为,较为理想的方案是建立三级藏书保障体制。

第一级,各省、市、自治区,由大型图书馆与情报中心分工协调,建立地区级综合性的图书文献系统,共同满足本地区80%以上的文献需求。

第二级,全国独具优势的专业图书馆、专业情报部门、重点高等学校图书馆,在专业领域内形成国家级收藏中心,建立全国性专业文献收藏中心,面向全国,解决各地所不能解决的需要,满足15%的文献需求。

第三级,国家图书馆、综合性科学研究图书馆和情报所,集中收藏昂贵而罕用的资料,提供全国利用。建立全国综合性文献保存中心,满足5%的文献需求。

三级保障体制的藏书体系,是一个大胆的设想,要真正实现,必须克服目前存在的许多困难。

分工协调的内容包括两个部分:一是新书采购的分工协调,二是旧书调整的分工协调。

新书采购,重点在外文原版书刊方面。馆际间协调收集方针规定,各馆负责按学科、专题或文献类型分担收藏;某些罕用而昂贵的资料合作采购;合作缩微复制,提供复制品;建立联合书展制度,编制新书通报等等。

旧书调整,在各馆复审与剔除的基础上,建立协调中心,通报各馆藏书余缺书目,开展馆际间书刊交换与调拨,或成立联合书库或储存图书馆,集中收藏罕用与昂贵书刊资料,合理布局文献资源。

分工协调的范围,包括四种范围:部门或系统范围,地区范围,国家范围,国际范围。在各种范围之内,再按专业组、专门组,对不同文献级别收集、加工,进行分工协调。

三 发达国家藏书协调模式

世界各发达国家,根据不同的历史背景和国情特点,采用了多种藏书协调模式,他们的经验和方法很值得参考借鉴。

1. 苏联

苏联的图书馆和情报系统,互相依赖,紧密配合,从上到下集中,图书、情报分工,组成三级文献保障体制:15 个加盟共和国分别建立地区性图书情报网,并形成地区内跨部门、跨系统的专业组协调中心,作为一级保障中心;1966 年部长会议发布命令,7 个全苏专业情报所(工业、医学、农业、建筑、科技情报分类编码、标准规范、专利和技术经济)组成全苏专业情报网,按学科、按出版物类型协调,分工负责专业文献情报收集,作为二级文献保障中心;全苏超大型图书馆,包括列宁图书馆、萨尔蒂柯夫·谢德林图书馆、全苏外文书籍图书馆、国立公共科技图书馆、科学院图书馆、莫斯科大学图书馆等,协调建立苏联综合性文献收藏中心,作为三级文献保障中心,并在中央、加盟共和国、州和经济区,分别建立不同级别的寄存图书馆体系,通过中心图书馆开展馆际藏书分工协调。

2. 美国

实施著名的法明敦计划、480 号公共法案及三级期刊保障体制。

著名的法明敦计划,从 1942 年至 1972 年,持续了 30 年。由 60 家研究图书馆自愿合作集资购书,对外国出版物联合采购,保证外国有用的出版物至少购入一本,并及时登入国会图书馆的联合目录,提供互借与复制。此方案起草于康涅狄格州的法明敦,故称法明敦计划。此计划 1948 年正式实行,对西欧地区各国的资料按国会分类法类目分工,对其他地区各国的资料按地区分工,选书也由各馆自己负责,由协作委员会协调。这一计划对美国图书馆藏书建设起了重大作用。后来由于集资困难和工作机构的矛盾而停止。

和法明敦法案交叉进行的 480 号公共法案是,用国家出卖剩余农产品获得的专款,购买当地资料,由国会图书馆负责主持,英语资料分藏美国 300 家图书馆,非英语资料存于 40 家图书馆。该法案从 1961 年开始执行,于 80 年代中期结束。

美国的地区合作计划,开始于 1950 年,由集中贮存罕用资料,节省各馆空间,发展到合作采购专门化、罕用而昂贵的资料,如国外学位论文、国内外缩微胶卷、罕见期刊等,成员馆遍及美国和加拿大,资金一部分由各成员馆缴送,一部分由美国政府资助,其中研究图书馆中心影响很大,已由中西部中心发展为全国性的中心。

70 年代,美国图书馆和情报科学委员会建议,全国开始搞期刊中心。其期刊协调计划分为三级保障体制:第一级,各单位、州和地区收集 2000 种左右最常用的期刊,解决 80% 左右的要求;第二级,新建期刊中心,收集 45000 种左右刊物,在 80% 之外,再满足 15% 左右的需求;第三级,由国会图书馆、美国医学图书馆、美国农业图书馆等国家图书馆,满足其余的 5% 左右的需求。目前,第二级由研究图书馆中心承担,所收期刊已达 60000 种。

3. 英国

英国图书馆的藏书协调,由于经费紧张,基本上是采用以集中为主,以分散为辅的方式,建立中央和地区两级文献保障体制。

1974 年新组建的英国图书馆外借部,成为全国期刊资料收藏中心,采集 7 种主要类型的文献:各种语言的期刊,英文的专著,报告文献,会议录,不列颠博士论文,国内外的官方出版物。现在拥有 300 多万册图书和期刊,250 万件缩微资料,51500 种现刊。每年接到 286 万多件复制的要求,其中,48.5 万件来自国外,这些要求的 93.3% 由本馆解决。其余的资料由其他图书馆分担收藏,由 26 家图书馆负责非洲国家和地区的资料,33 家图书馆负责视听资料,一些大学图书馆负责拉美地区、斯拉夫语种及东欧的资料,伦敦的公共图书馆负责收集绝版小说,并组织地区的合作。

地区范围,全国分为 12 个图书馆协作区,每一二个区成立一个地区图书馆署,作为办事机构,协调藏书建设分工负责,组织馆际互借,其中 6 个呈缴本图书馆,保证本国出版物完整齐全地收集保存。

4. 联邦德国

联邦德国是采用分散的方式,建立单位、地区、全国的三级文献保障体制。

1949 年开始,制订并实行由联邦德国研究协会负责组织的特别收集计划。计划要求,联邦德国研究协会负责制定收集政策,协调分工,经费补贴,监督管理等项工作。按 27 个大的专题和 105 个学科类目,分别由 4 个中央专业图书馆、17 所大学和学院图书馆、30 多个专业图书馆承担任务,各自在一定领域提供国家级的文献收藏,成员馆采集国外文献和特种资料的经费,本馆提供 25%,协会资助 75%。全国划分为 7 个外借区,编制联合目录。本地区不能满足需求时,由全国专业图书馆提供免费服务,形成单位图书馆、地区图书馆、全国专业中心图书馆三级分工协调组织。

5. 日本

日本采用的是分系统按学科分工收集资料的办法。

日本国会图书馆,广泛收集资料,力求成为国家的文献保障中心。

日本科技情报中心,集中编辑文摘(科技文献速报),建立计算机检索数据库。

日本文部省组织大学图书馆建立全国学术情报系统,分工协调收集一次文献,建立二次文献的联机检索系统,生产三次文献和专门数据库。这个系统主要集中在 7 所大学图书馆,其中,以东京大学图书馆为中心枢纽,从 70 年代开始,按学科分工负责收集国外杂志,收藏的图书占全国一半以上,学术情报资料占全国 60%以上,经费统一列入文部省的计划。

6. 北欧四国采购协调计划

北欧四国图书馆采购协调计划,又称"斯堪的纳维亚计划"。为较小的国家解决有限的经济力量与全面收藏世界文献资料的矛盾,提供了成功合作的范例。

北欧的芬兰、瑞典、挪威、丹麦,是 4 个小国家。他们从 1957年开始制订并实行一项采购世界文献资料的国际合作计划。这些国家相互合作的基础,是建立在共同的政治、经济、文化体制,相邻的国土,有限的经济条件,需要广泛收集与利用世界各国的文献资料等一致性上的。四国的 15 所研究图书馆和大学图书馆共同参加。按照合作计划,采购北欧以外的出版物,各国之间按地区、按文种或按主题分工收集,然后编制联合目录,并开展国际互借或提供复制品。在采购分工时,从各国历史情况和原有基础出发,保证书刊资料的系统完整性,也考虑现实情况和发展需要,做到分别收藏,共同使用。

各国图书馆藏书协调的共同之点:

(1)图书馆不只是文化保存与传递机构,而且是人类知识情报的存贮与传递中心,建立知识库,通过国家图书馆系统和情报系统进行整体规划。

（2）文献资源的发展一家一户做不到，文献是可以共用的，不像其他消费品用一次就完了。社会的支持促进了地区、国家整体协作协调计划。

（3）统一规划协调机构及权威组织：西德研究协会、苏联部级委员会、英国的英国图书馆、日本的文部省、美国的国会图书馆、情报委员会等都发挥了重要作用，联合国建议成立实体机构。

（4）有稳定的经费。

（5）文献建设同联合目录、二次文献及现代化手段相结合，检查、调节、反馈功能完善。

（6）有固定模式：集中、分散，二者结合，从本国国情出发。

四　我国图书馆藏书的协调

我国图书馆藏书的协调，起步较晚。1957 年国务院批准的《全国图书协调方案》开始，经过五年的努力，奠定了初步基础。1963 年国家有关部门曾对全国文献资源总体规划作过初步设想，但由于十年动乱，工作中断，设想未能实现。现在，虽没有全国性总体协调规划，但是，全国地区性、系统性、中央级的藏书协调活动正在恢复和发展。

中央级图书馆，类型多样，基础雄厚，藏书面向全国。国家图书馆，中国科学院图书馆，中国农业科学院图书馆，中国医学科学院图书馆，中国地质图书馆，中国军事科学院图书馆，中国科学技术情报研究所图书馆等等，相互之间存在着自然分工，各有侧重，在外文原版书收集方面，有一定协调关系，形成全国性文献资源保障体制。

国务院下属各部委，各自形成从中央到地方纵向图书馆系统。其中，公共图书馆系统、高校图书馆系统、科学院图书馆系统，组织较健全，资金统一分配调拨，同级不同地区图书馆之间，上下级不同层次之间,都有一定的协作协调活动。此外,医学、农业、地质等专业图书馆系统,也有较好的协调基础。

地区范围内不同类型图书馆之间的分工协调开展较经常、普遍,有组织,有规划,有活动,但发展不平衡。

地区藏书协调机构分两种:一种是地区综合性协调机构,如地区中心图书馆委员会,或地区图书馆协作委员会,负责本地区各类图书馆之间的全面协调与分工;一种是地区专门化协调机构,如地区高等学校图书馆工作委员会,地区公共图书馆协作组,以及地区医学、农业等专业协作组,负责同一系统同一类型图书馆间的协调活动。

地区范围内藏书的分工协调,主要是外文原版书刊的新书采购,原有藏书的调剂余缺。采购分工,首先按系统按学科分组,如综合组,社科组,自科组,专业组等,各组充分协商,制定专门组的协调方案,明确各馆的收藏范围、重点及具体书目,然后由中心馆委员会办理统一订购业务,同时制订新书通报、联合目录、互借与复制细则,进行全面的协调活动。原有藏书的协调,是各馆编制余缺书目,通过协调机构相互交换书目,然后直接进行馆际间书刊交换、调拨,互通有无,调剂余缺,扩大书源。

馆际间藏书建设的分工协调,必须在统一认识的基础上,健全组织,做好整体规划,落实具体措施,并将藏书的协调与联合目录的编制及馆际互借等结合起来。尤其各单位附设的图书馆,除保证本单位读者的需要之外,还要对社会同行专业读者开放。只有解决好所有成员馆都对外开放的问题,变馆藏为国藏,实现地区范围、全国范围资源共享的局面才有希望。

藏书建设的四原则互相联系,互相补充,缺一不可。其中,实用性原则是最基本的原则,系统性原则,发展与剔除原则,分工与协调原则是具体原则。它们全面反映在藏书建设的全过程中。违背任何一项原则,都会破坏藏书建设的完整性,违反其建设规律。

参考文献

1. 北京大学、武汉大学合编：《图书馆学基础》第 110～116 页。商务印书馆 1981 年版。

2. 保罗·莫谢著、晓明译：《藏书管理——复审和剔除的过程》。《藏书建设译文集》，全国高校图书馆工作委员会 1983 年 10 月。

3. 肖自力：《我国文献资源建设与高校图书馆的使命》。《大学图书馆通讯》1984 年 6 月。

4. （苏）斯多利亚洛夫·阿列菲也娃著、赵世良译：《图书馆藏书》第 92～116 页。书目文献出版社 1983 年版。

5. 庄子逸：《大学图书馆藏书增长的控制》。《大学图书馆通讯》1985 年第 1 期。

6. 胡耀辉：《西德、挪威、瑞典、丹麦四国图书馆事业考察记》。《图书馆学通讯》1984 年第 1 期。

第四章　藏书发展规划

藏书发展规划,是从宏观上研究藏书的系列范畴及其相互制约的关系,以便藏书发展达到科学化、合理化的要求。具体地说,就是研究如何控制藏书数量的增长,确定藏书的重点范围,选择藏书的品种内容以及与它们相对应的藏书质量,一般藏书,藏书复本,协调它们之间的相互关系。中外古今图书文献的入藏比例关系,贯穿在藏书的系列范畴之中。

第一节　藏书的数量与质量

不断地发展藏书的数量,使之达到最佳状态;不断地提高藏书的质量,使之达到最优状态;不断地协调藏书的数量与质量的关系,使之达到和谐一致的状态。对此,需要分别加以研究解决。

一　藏书数量

藏书数量,包括藏书总量和藏书增长量。它们的发展程度,取决于藏书增长速度。

藏书总量即藏书累积量,是指截止一定时期,某一个图书馆,或一定范围内所有图书馆经过积累所达到的藏书数量。例如,截止 1980 年底,北京图书馆藏书总量为 10598137 册;全国省级公共图书馆藏书总量为 5637 万余册。藏书总量一般指总复本数量,还可分别统计馆藏中不同学科、不同类型、不同文种书刊资料的各自累积数量。

藏书增长量即藏书净增量,是指一定时期内,某一个图书馆,或一定范围内所有图书馆藏书增加的数量。例如,全国县级以上公共图书馆,1980 年累积藏书总量为 19800 多万册,至 1984 年底,发展到 24855 万册,4 年内共增藏书 5000 万册左右。每个具体图书馆,由于经费等条件不同,每年藏书递增的数量不尽相同。总的趋势是,随着人类知识量与文献量的激增,馆藏量每年都在增长,累积量也日益增多。

总藏量的发展变化,取决于增长速度的大小。藏书的增长速度,是指年平均增长量与总藏书量的比值。比值越大,增长速度越快。增长速度的加快,导致藏书总量的成倍增加。当藏书总量达到一定规模以后,就要控制藏书的增长速度。这是我国和世界各国图书馆界普遍关心和研究的问题。

从 1949 年至 1984 年底,35 年来,我国三大类型图书馆,藏书总量与增长量都有很大发展。

全国县以上公共图书馆,由 391 所发展到 2217 所,总藏书量由 2600 万册增长到 24855 万册,藏书增长 9 倍多。

全国高等学校图书馆,由 133 所发展到 905 所,总藏书量由 794 万册增长到 25000 万册,藏书增长 31 倍多。

中国科学院系统图书馆,由 17 所发展到 140 多所,总藏书量由 63 万册增长到 1700 多万册(件),藏书增长近 27 倍。

30 多年来,三大类型图书馆藏书成几倍、几十倍地增长,说明原来的基础差,数量少,后来的发展速度快。据估算,藏书总量超过 100 万册以上的图书馆已有近百个,超过 200 万册以上的图书馆也有 50 个左右。预计未来 15 年的藏书增长幅度,以每年增长 10 万册计,虽然相对速度的比值减小,但绝对增长数量肯定会增加,超大型图书馆的数量及总藏书量的增长趋势,也是肯定无疑的。

历史长久的超大型图书馆,藏书的发展速度和增长数量过快过大,已经带来一系列严重困难问题,如空间紧张,设备短缺,人员不足,利用率降低等。

首先,空间紧张问题已日益突出。

图书文献需要一定的存放空间和阅读空间。书库和阅览室空间的建设,无论如何也赶不上藏书的增长,因为藏书的补充简单而便宜,经费的投资是小量、分散的。而房屋建筑的增加则复杂而昂贵,经费的投资是大量集中的。当藏书发展到一定规模,达到并超过空间可容量时,便出现书库饱和,书架超载的状态,如果继续增加新书,必然导致一部分藏书无法正常存放展开,只有打捆堆放。许多大型图书馆,由于空间紧张,书库拥挤不堪。书刊存放面积降低规定标准,无法存放的书刊象货物一样堆积如山,既得不到保护,又无法利用。这部分未能上架而打捆的藏书,占公共图书馆和高等学校图书馆总藏书量的 10% ~20% 。

藏书面积标准有不同规定。国际图联标准:闭架书库图书是181.8 册/m²;开架书库图书是 143 册/m²。英国标准:闭架书库图书为 248 册/m²;开架书库图书为 215 册/m²。国内一般标准:闭架书库图书是 300~350 册/m²;开架书库图书是 200~250 册/m²。实际上,我国绝大多数图书馆,藏书面积都达不到最低标准。由于多年积压超载,不少图书馆刚建造好一幢新馆,很快就要饱和,又要考虑建造第二幢。

其次,设备短缺问题也日趋严重。

随着藏书的增加,应相应地增添存放、检索与利用的设备,设备费与购书费应成比例地列入经费预算。据计算,每增加 10 万册新书,应增加 250 个书架,100 万张卡片,10 个目录柜,以及阅览桌椅等等。设备购置费与书刊购置费的最低比例不少于1: 10。若每年 30 万元的购书经费,必须相应有 3 万元以上的设备费。但由于藏书增长过快,空间紧张,经费拮据,阅览空间逐步缩小,书架及阅览桌椅的购置不能保证。许多图书馆只购书不添设备,造成书刊得不到充分反映和充分利用。

再次,藏书利用率降低现象较为普遍。

藏书增长过快,只补充不剔除,新书和旧书,流通率高的书和流通率低的书混合排列在一起,增加了工作量,减少了利用率,提高了拒绝率。据初步统计,大型图书馆藏书流通率仅占馆藏的 30% 左右,而陈旧过时,流通率很低的书刊占 30% 以上。据测算,藏书在 10 万册左右的图书馆,读者每次借书时间只需要 2 ~ 3 分钟;藏书在 50 万册左右的图书馆,读者每次借书时间需要 10 ~ 15 分钟;藏书在 100 万册左右的图书馆,读者每次借书时间需要 30 分钟以上,无形中延长了查目录、提取图书和排队的时间。

此外,藏书增长过快,人员补充跟不上,不仅业务干部数量不足,而且人员的业务素质和知识结构不符合要求,许多咨询工作无法开展,忙于应付图书的加工整理和一般借阅。

上述情况说明,藏书无限制地发展,超过了图书馆空间可容量,也同设备、人员、管理和利用发生了尖锐矛盾。尤其是大型图书馆,藏书膨胀导致了工作负担的加重,各项工作失去平衡。因而,藏书越多越好的观念开始动摇。书多为宝与书满为患的情况同时都在起作用。如何解决藏书增长所产生的矛盾呢?

重要的问题,不仅在于说明情况,而且在于研究解决矛盾的方法和措施。解决矛盾的途径要从两方面入手:一方面改善物质条件,适当增加经费投资,新建、扩建馆舍,添置必要的设备,整个图书馆事业费用要纳入国民经济计划,按比例、按标准、按计划进行,保证图书馆工作的基本条件。在这一方面,第六个五年计划以来,国家的投资已经大幅度地增长,仅教育系统 900 多所高等学校图书馆,新建与扩建馆舍总面积已超过去 30 年的总和。人员与设备成倍增长,已经大大缓和了空间、设备和人员的紧张状态。但是,光靠有限的经费投资,远远满足不了藏书增长的需要。另一方面,必须研究如何控制藏书增长速度,探索合理数量,制定各级各类图书馆总藏书量的发展标准。

控制藏书增长速度,主要通过按比例地剔除滞书,建立储存图书馆,开展文献缩微与复制工作等办法实现。

70 年代,英国的巴里、丹彤、阿金森等人提出"藏书发展稳定状态理论",其主要论点是,大型图书馆不要无限制地发展藏书数量,应当在藏书发展到一定规模时,控制增长速度。在一个相对时限内,入藏新书的数量与剔除旧书的数量保持一定的平衡比例,使图书馆藏书发展处于相对稳定低速增长的状态。英国大学拨款委员会接受了这一理论,并开始在英国高等学校图书馆实行。英国政府接受了这一理论,并用拨款方式控制藏书数量。但英国一些老大学反对这一决定,认为这是慢性自杀。

计算合理的藏书规模,控制藏书总量的增长,各国都有不同的规定。英国大学拨款委员会规定,大学图书馆馆藏规模的最低标准为 10 万册。美国提出以 5 万册为基数,按读者类型和研究课题的需要,计算藏书数量增长的公式。苏联从确定读者图书保障率入手,计算藏书的最低规模。如保障率为 8～12 册,乘以读者总数,得到基本藏书量。日本文部省规定,4 年制大学,人文科学院校 1000 人为 5 万册。自然科学院校 1000 人为 3 万册。每增加1000 人,人文科学院校增加 1 万册,自然科学院校增加 5000 册。每个学生每年平均增加 2 册以上,作为起码标准。

我国对高等学校图书馆藏书量指标也有明文规定。由教育部编制,经国家计委和建委审定通过的《一般高等学校校舍规划面积定额》,1979 年 12 月 31 日起实行。其中规定:"理、工、农、医、体各科规模为 5000 人时,藏书 70 万册,3000 人时藏书 50 万册,2000 人时藏书为 22 万册,500 人时藏书为 13 万册。文科及政,法、财经科,规模为 3000 人时藏书为 66 万册,2000 人时藏书为 50 万册,1000 人时藏书为 30 万册。全国重点高等学校及个别老学校,现有藏书量已超过上述指标者,可在现有藏书量的基础上适当预留发展余地进行规划。在规划时注意对过时期刊及复本书籍的经常性处理,不要使藏书量无限增加下去。"这个规定考虑了多方面的因素,文科藏书指标高于理科藏书指标,人均藏书量与学校规模成反比。

制定合理藏书量或最佳藏书量的理论依据,是布拉德福的文献分布定律和文献利用规律。按照情报的聚散原理,确定最佳藏书量需考虑两个指标:一是读者对藏书的利用程度,称为藏书的流通率,或称藏书的利用率;二是读者需求的满足程度,称为读者满足率,或称读者可得率。

藏书流通率,用全年藏书流通量除以全馆总藏书量,即全馆藏书一年流通的册次与全馆藏书总册数之比。如全馆藏书总量 100 万册,年流通量 50 万册,则流通率 $= \dfrac{50}{100} = 0.5$;当流通量上升到 100 万册时,则流通率 $= \dfrac{100}{100} = 1$。即平均馆藏每册书每年流通一次。实际上,馆藏书刊流通量很不平衡,有的流通几次、十几次,有的一年流通不了一次。据统计,苏联图书馆的流通率为 1.4 ~ 3,其中大众性图书馆流通率高于科学性图书馆。日本图书馆藏书流通率为 4。美国的大学图书馆流通率接近 1。我国图书馆流通率偏低,在 0.25 ~ 0.4 之间。最佳的流通率应在 0.5 ~ 1 之间。

读者满足率,指藏书在多大程度上满足本馆正式读者的借阅数量需求,即读者实际获得册次占读者要求借阅册次的比率。据研究,满足率不可能很高,不能要求 100%地满足读者需要。也不能太低,不应低于 60%以下。应探索经济合理的百分比。苏联教材《图书馆藏书》认为,满足读者的全部要求,比只满足 75%的要求,其藏书数量须增加5—15倍。就是说,如果100万册的藏书可以满足读者75%的要求,那末,要满足100%的要求,必须将藏书量增加到500~1500万册,这既不经济,又不合理。按照情报分布原理,读者的大量需要集中在少量的核心书刊中,用本馆藏书满足本馆读者需求的比率,控制在80%左右,比较经济合理,其余的20%的需要,可以通过兄弟馆藏及其他途径加以解决。

藏书流通率与读者满足率之间,存在着相互制约的关系。当藏书达到一定数量之后,要提高读者的满足率,就要增加一些读者不常用的书、一般读者使用较少的书。这些罕用书、备用书增加过多,常用书的比例就会减少。反之,如果提高藏书的流通率,就必须集中增加那些常用书的数量,减少那些罕用书的数量,这样,就降低了读者满足率的百分比。据英国图书馆外借部对期刊流通率的统计分析,发现读者需求的86%集中在20%的期刊品种上,其余14%的需求,则分散在80%的期刊品种上。美国的托斯威尔认为,一个学院图书馆,很小一部分书即可满足要求,99%的使用记录集中在40%的藏书中。我国一些图书馆对藏书使用情况做抽样调查,调查结果证明,绝大多数的常用书占整个馆藏的20%~30%。由此可见,按照60%至100%的流通率和80%的满足率,作为确定最佳藏书量的指标比例,是经济合理的。可以设想,大型图书馆在15年左右期限内,有计划地控制藏书总量及增长量的发展速度,是可能的和有益的。

在实践中,控制藏书增长速度,控制最佳藏书量的发展,要从多方面入手,如精选书刊,剔除滞书,分工协调,建立储存图书馆等,进行综合治理。

研究合理的藏书量,不仅有现实意义,还有长远意义。在解决建筑空间、设备、人员、经费方面,可以提高经济效益;在解决藏书质量、工作规范、服务效果方面,可以提高社会效益,发挥图书馆的更大作用。

二 藏书质量

藏书质量,是就书刊资料的内容、实用性、效益而言的。综合评价藏书质量,必须从内容、构成、使用三个方面全面衡量,才具有完整的意义。

1. 藏书的内容质量

藏书的内容质量,主要反映选择入藏的各学科门类、各种类型图书文献本身的知识情报价值。图书文献内所反映的知识情报是否有价值,看其是否具有科学性、现实性和参考性,即是否具有科学价值、现实价值和参考价值。

科学价值表现在思想观点、学术观点明确清楚,论证的系统充分,事实材料的准确可靠,表达的全面深刻等方面。

现实价值表现在知识情报内容同当前的实际情况及研究需要的一致程度,与现实的使用水平相符合的程度,即是否对现在有用及有用的程度。

参考价值是指书刊内容是否具有长远的参考作用和潜在的使用价值。内容的相对稳定性、普遍性决定其使用的时效性。

图书文献的内容质量选择,最好的是科学价值、现实价值与参考价值三者的统一;其次,是科学价值与现实价值,或者是科学价值与参考价值的一致;再次,至少要保证其中任何一种价值。否则,不具有其中任何一种价值的书刊,没有起码的内容质量,就谈不上藏书质量,就没有必要收集、整理和提供读者使用。

2. 藏书的构成质量

藏书的构成质量,指的是藏书的体系结构的质量,也即是藏书体系结构的科学合理程度。藏书体系结构是否科学合理,其衡量标准是看其体系结构的广度、深度、新度的科学性及各部分比例关系的合理程度。

藏书的广度,主要表现在藏书的学科、类型、文种及参考工具书的配备是否全面广泛和相互联系。核心书刊是否完备,相关书刊是否广泛,外文书刊比例程度,期刊及内部资料的品种丰富程度,各种参考工具书和检索工具的配套程度等等,是衡量藏书广度价值的具体内容。

藏书的深度,主要指重点专业书刊的系统完整程度,包括各个时期、各个国家、各种主题范围、各种代表著述的图书文献是否齐备。

藏书的新度,主要指各学科领域的最新书刊和新学科资料在藏书中所占的比重,及其能否反映各学科的新进展,最新研究成果以及最新的知识情报内容,这是衡量藏书质量中情报含量的具体标志之一。

3. 藏书的使用质量

藏书的使用质量,主要指满足读者需要的程度及通过使用所产生的社会效果。藏书的内容是否同读者的需要和实际接受水平相符合,藏书的数量对读者的保障程度和满足程度如何,各种书刊被读者利用的时间和频率(多少时间使用一次、若干次或不使用;被多少读者使用,少数人利用,还是多数人利用)怎样,特别是各种书刊被读者使用后产生的社会效益和经济效益如何等等,是衡量藏书使用质量的综合标志。判断藏书的使用价值,只有通过读者反复使用所产生的效果,才具有最终的说服力,这对于已经补充入藏的书刊,是直接判断的依据。对于未来补充的书刊,是一种间接判断的依据。图书馆补充新书的计划,总是根据过去和现在读者使用书刊的评价信息,米作为参考依据,加以制定修改、控制调节的,从而使补充计划的实施同读者的需要基本相符。

衡量藏书质量的三个方面,不可偏废。其中,应以使用质量为主要依据,结合内容质量与构成质量综合评价。因为,藏书本身的内容质量和构成质量,最终都要通过读者的使用实践来加以检验。

三 数量与质量的关系

藏书数量与质量之间,存在着相互依赖、相互制约的对立统一关系,通过读者使用进行控制和调节。

1. 相互依赖的统一关系

一定的数量包含着一定的质量,一定的质量又表现为一定的数量。质和量相互依赖,不可分离,统一在藏书体系和读者需求之中。藏书体系和读者需求,既要求最佳的数量,又要求最佳的质量。保障率既有数量的保障,又有质量的保障,才算是真正的保障。流通率既有数量的流通,又有质量的流通。同样,满足率既有基本数量的满足,又有较高质量的满足,才算真正的满足。否则,只满足数量,不满足质量,或只满足质量,不满足数量,其结果只能是一种似是而非的满足,实际上没有满足。所以,为了满足需要提供使用的藏书,是含有一定质量的数量,和表现一定数量的质量,应当是二者的有机统一。

2. 相互矛盾的对立关系

矛盾对立关系主要表现在藏书补充方面。数量和质量属于两种不同的概念。数量是指数目的多少,是可数的因素,可计量的单元。质量是指内容的优劣,是不可数的因素,不可计量而可评价。藏书的数量与质量是两种不同的表现形式,它们之间不能简单地直接划等号。它们除了相互依赖的统一关系以外,还有相互制约相互矛盾的对立关系。藏书质量的高低与藏书数量的多少,不存在正反比例关系。藏书补充过程中,片面追求数量,不精心选择适合读者需求水平的书刊,乱采滥购,盲目增加数量,就会影响甚至降低藏书的质量;相反,片面强调质量,不顾读者基本数量的需求,保障率太低,满足率太少,也会导致藏书数量贫乏,缺乏吸引力,增大拒绝率,失去读者。因此,必须全面处理好数量和质量的矛盾,调整好二者之间的关系。

3. 正确处理数量与质量的关系

一般说来,在藏书建设实践中,片面追求数量,忽视质量的倾向,比较普遍和深远。许多藏书丰富、规模宏大的图书馆,常常收进了大量缺乏使用价值和保存价值的书刊,耗费了许多人力和时间,影响了工作效率。补充时未经严格筛选,好坏搭配,滥竽充数,入藏后又未进行复查和剔除,因而藏书质量不高。

为了克服重数量轻质量的倾向,首先要强调质量,在保证质量的基础上,控制数量的增长,满足读者对藏书质量和数量两方面的需求。具体说来,可以从设计最佳保障率入手,计算最佳藏书量,控制增长率,保证藏书质量。日本规定,文科大学生人均保障率为50册,理科学生为30册。这种规定符合他们的阅览和复制条件及服务方式。国内测定的比例众说不一。其中,有一种意见认为,根据学生在校4年学习20~30门课程,总计需借220~340册书,每学年平均借书55~85册,除去各种因素,可将学生的最佳保障率订为65~100册。教师的保障率:每人每次可借册数×全年可借次数×2(外借与阅览),即为20×6×2=240册。研究生与教师相同,职工的保障率为4×6×2=48册。最佳藏书量=学生保障率×学生总人数+教师保障率×教师与研究生总人数+职工保障率×职工总人数。例如:某大学6000名学生,1000名研究生,2000名教师,2500名职工,图书馆规定教师、研究生可借书20本,职工可借书4本,借期均为2个月。最佳藏书量:

$$65 \sim 100 \times 6000 + 240 \times (2000 + 1000) + 48 \times 2500$$

$$= 390000 \sim 600000 + 720000 + 120000 = 1230000 \sim 1440000 \text{ 册}$$

藏书增长率,根据统计测算定为4~5%。每年剔除适当比例的滞书,使总藏书量处于低速稳定增长的状态。

此外,通过建立最佳藏书结构,确定核心书刊,以及建立储存图书馆等措施,控制藏书数量,提高藏书质量,建立科学藏书体系。

第二节　藏书的范围与重点

任何一个图书馆,藏书都有一定的范围,范围就是界限。界限有宽窄之分,范围有大小之别。藏书是有界的。藏书的范围要根据本馆的社会服务任务和读者的类型成分,相应地选择入藏一定的学科、类型、语言文种和水平深度的图书文献。随着任务与读者的变化发展,藏书范围逐步扩大。但这种扩大仍然是有界限的,范围以外的书刊原则上不收集,特殊珍贵的图书,只能个别地选择,留作参考。在藏书范围之中,对于各种学科、类型、文种、水平的图书文献,根据需要情况,又要进一步区分哪些属于重点范围,哪些属于一般范围。重点藏书与一般藏书有不同的数量和比例要求,各种藏书不能等量入藏,平行发展,要建设有重点有层次的藏书体系。没有形成重点藏书系统的图书馆,不算一个好的图书馆。

一　重点藏书

什么是重点藏书? 如前所述,重点藏书就是指根据图书馆的主要社会任务和主要读者对象的需要所选配的某些学科、专业或专题范围内系统完整的书刊资料。重点藏书是馆藏范围中核心部分和主体部分,反映藏书的个性,代表藏书的发展方向。各级各类图书馆,都要建立有特色的重点藏书。

科研单位图书馆,应紧密结合本单位的科研方向及任务,重点收藏有关学科所需要的国内外科技情报资料,进行分析、研究,为本单位制订规划、计划,确定研究课题,并为研究人员的科研工作服务。

高等学校图书馆的重点藏书,应从本校的专业设置和发展方向出发,围绕教学、科研规划用书需要,重点收藏国内外书刊资料,保持其完整性和连续性,形成具有本校专业特色的教学、科研藏书体系。

省级公共图书馆的重点藏书,是在综合性藏书的基础上,突出地方性特点,以本地区国民经济和科学研究所共同需要的地方文献、社会科学以及有关综合科学、边缘科学和应用科学技术书刊为重点藏书。

例如,辽宁省图书馆所在地沈阳市,是东北地区最大的综合性工业城市之一。辽宁省馆在 50 年代,逐步形成以采矿、冶金、机械、电力等工业技术为重点的藏书体系。60 年代,随着石油工业兴起,又新增加了石油、化工、建材等学科技术领域系统书刊资料,作为藏书建设的新补重点。70 年代,随着城市环境卫生综合治理的需要,重点藏书又增加了综合性环境科学类书刊资料。

天津市解放前是个殖民化的商业消费城市,工业只有纺织、食品部门。解放后,重工业和轻工业全面发展,成为我国主要工业基地之一。天津市图书馆除了传统的地方文献、明清史料为重点收藏以外,还以钢铁、石油、化工、造船、纺织、电子、仪表等工业技术资料为重点藏书系统。尤其注意积累拳头工业(如海洋化工和天津地毯享有国际声誉)方面的资料。

广州市解放前是消费性商业城市,解放后除发展纺织、造纸、制糖、罐头食品等轻工业以外,还发展了化工、造船、汽车、橡胶、建材等重工业,继续发展了牙雕、玉雕、广彩、广绣、檀香扇等传统手工业,并形成商业、旅游业中心之一。广东省中山图书馆的重点藏书分三大部分:社会科学,以地方文献和文史资料为重点;自然科学,以基础学科、边缘学科、参考工具书为重点;应用科学,以轻、重工业、手工业以及商业、外贸、交通、旅游业、环境保护等书刊资料为重点。

各馆的重点藏书,在一定历史条件下,逐步积累形成,具有相对独立的稳定藏书系统。一旦形成重点,就要巩固、健全和发展。

对重点藏书的要求:第一,要做好调查研究,使之真正符合客观实际,针对性强;第二,要做到书刊资料全面系统,及时补充;第三,要保持其稳定性,保证购书经费及各类书刊的合理比例,调整其局部变化。

二 一般藏书

一般藏书是指馆藏范围中重点藏书以外的所有藏书,它包括一般读者学习提高所用的基础书刊,普通参考工具书,业余阅读欣赏的文艺书刊和通俗科普读物,以及综合性、边缘性与相关学科的书刊资料等等。它反映并满足广大读者多方面的需要。一般藏书虽然不如重点藏书那样系统完整,价值连城,但它也是藏书范围中必要的组成部分,是各级各类图书馆具有共性的藏书。它的特点是:学科、类型广,读者使用面宽,数量大,流通率高,现实性强,是广大读者不可缺少的学习阅读资料。因此,对一般藏书的重要作用不能低估,必须认真筛选。

三 重点藏书与一般藏书的关系

重点藏书与一般藏书都是藏书范围的必要构成部分。总的说来,它们各自相对独立,向着一定的方向发展,但具体说来,它们的构成成分,许多具体的书刊资料,具有双重作用。对它们的划分,因人、因时而异,不存在绝对不变的固定标志。二者之间的关系,首先是相互依存、相互补充的关系,是基础和提高的关系,是主干和分支的关系,失去一方,就会影响另一方。没有良好的基础藏书相配合,重点藏书的发展和利用就会受到很大限制;没有系统的重点藏书,一般藏书就缺乏长远的发展方向,无法满足读者提高的需要,无法完成主要社会服务任务。其次,是相互交叉、相互转化的关系。有些书既是一般读者的学习参考书,又是科研读者的研究参考书,如综合性参考工具书,同时作为学习和研究的助手。在文艺作品中,通俗的文艺作品,如武侠小说、传奇小说、侦破小说、言情小说、推理小说等,主要是业余阅读欣赏读物。而反映重要事件与哲理的长篇名著,如俄国著名作家列夫·托尔斯泰的《战争与和平》《安娜·卡列尼娜》《复活》,中国著名作家矛盾的《子夜》等等,既是有一定水平读者的业余、课余读物,又是文学专业的教学、科研用书。一些综合性、基础性、边缘性学科的书刊,成为不同专业、不同读者对象共同学习参考的资料。一些相关学科、新兴学科的书刊资料,现在作为一般藏书收藏,随着新的专业设置,新的研究课题上马,将转化为未来的重点藏书。如武汉大学50年代至70年代,只有11个系,20多个专业。80年代由于开放、改革,面向社会,发展到5个学院,32个系,60多个专业,15个研究所等,出现了许多新的重点学科、重点专业、重点研究课题。随着科学发展的相互渗透,综合交叉,知识的老化更新速度加快,专业藏书范围不能太窄,专业研究人员的知识面必须扩大,知识需要不断更新,他们除了查阅本专业的资料外,还要学习相关专业的基础书刊,也需要一般性读物,充实自己的基础知识,扩大知识面。所以,根据这些错综复杂的关系、变化发展的因素,在突出重点藏书的同时,必须重视一般藏书的建设发展。

第三节　藏书的品种与复本

藏书的品种、复本、复本率,是藏书数量与质量,藏书范围与重点的具体化。尤其复本量指标的合理与否,是藏书发展的关键之一,它直接关系到藏书的质量和读者使用的效果。

一　基本含义

图书品种,多指不同内容图书的种数,包括内容完全不同、基本不同、局部不同的书,都分别具有图书品种的含义。一种内容的书构成一个品种书,不同内容的书构成不同品种的书。在这个意义上,图书品种指内容而言。

藏书品种,除按内容区分以外,还有形式的区分。内容相同而形式不同的书,也是不同的藏书品种。例如:同一内容书的评注本、翻译本、特殊装帧本、影印本,都是不同品种的藏书。在这个意义上,藏书品种指内容或形式而言。

图书复本,泛指两本以上,内容和形式完全相同的重复书。

关于复本(即藏书复本)的含义,国内外看法存在着分歧,解释不尽相同。

中国社会科学院语言研究所编的《现代汉语词典》上解释:"同一种书刊收藏不止一部时,第一部之外的称为复本"。

日本《新选　国语词典》上解释:"在图书馆,同一种图书有二册以上的时候,从第二册开始的图书为复本"。

这两种解释的复本含义相同。首先,都肯定复本必须是二册或二册以上;其次,都肯定必须是同一种书或书刊;再次,都肯定复本书必须是第一部之外,或从第二册开始。第一本不算复本,只有一本也不能算复本。

于鸣镝在《复本数学模式初探》一文中认为:"所谓复本,是指收藏同一种出版物的册数,有时也叫'复本量'或'复本数',都是这个意思"。并认为,"图书馆通常所说的复本是包括'第一部'在内的。例如:我们说'某书复本量 10 本'时,说的是总共购进 10 本书,而不是 $1 + 10 = 11$ 本"。

于文的看法,似乎表面上违反了复本的常规含义,但他的理解符合图书馆藏书的实际意义。复本的出现主要是为了满足读者的相同需要,这种相同需要表现在同一个时间、不同时间、不同地点、不同方式等。一种书只有一册时,本无所谓复本,但是为了计算和统计的需要,也可将单本书,叫做一个复本。在这里,品种和复本在数量上是一致的,都是一,一种一册。

品种和复本,都属于数量范畴,都是可数的因素,但两者的数量性质不同,前者表现不同内容的数量,后者表现相同内容的重复数量。品种数量称种数,复本数量称册数、本数或件数,作为藏书统计单位。

复本率有多种理解:一是复本量与读者人数之比,即复本率 $=\dfrac{复本数}{读者人数}$。意思是指读者人数人均占有某种书的数量比率;二是复本量与品种量之比,即复本率 $=\dfrac{复本数量}{品种数量}$,意思是指每类藏书的品种平均占有的复本数量比率;三是馆藏复本数量指标,包括馆藏中所有种类书刊的平均复本量,各类书刊的平均复本量,各种书刊的不同复本量。其中,馆藏一切种类书刊的平均复本量,各类书刊的平均复本量的最高与最低限量,称为"图书复本标准",或"藏书复本基数表",是藏书采购必须遵循的基本依据。这里,主要指第三种理解。

二 品种与复本的关系

选择图书品种,确定复本数量,取决于读者的具体需要和图书馆的经费条件。读者类型及需求类型千差万别,但仍然有规律可循。一般说来,科研用书课题专深,品种多而全,复本少而精;指定学习主要参考书,品种不多,使用时间长而集中,复本数量大,借阅人数多,不能用其他书代替;一般学习参考书,需求量大,品种多而范围广,复本随品种增加而减少;雅俗共赏的热门书,读者面广,需求量大,阅读时间集中而时效短,复本量随时间发展大起大落,逐渐变成冷门失效书,等等。读者对各种书刊的需求,有的集中,有的分散,有的广泛,有的专深,有的时间长,有的时间短。这种需求,反映了书刊品种与复本数量多样化的特点。书刊品种与复本的比重关系,即多与少的关系,同时存在着4种形式:种多册少,种少册多,种多册多,种少册少。图书馆有限的经费与读者多种需求之间,存在着一定的差距,处理和调整好品种与复本的关系,涉及到许多方面的问题,如当前需要与长远需要,重点读者需要与一般读者需要,共同需要与特殊需要,满足读者需要与保证藏书质量,等等,都必须权衡轻重,分析利弊,全面合理解决。

在实践中,由于品种与复本关系处理不当,容易产生增大拒绝率与积压浪费降低藏书质量两种不良倾向。

在有限的经费和空间条件下,要进行各类书刊补充,增加品种数量,就要减少复本数量;增加某些书刊复本量,就要相对减少其他书刊品种。需求量大的书刊复本过少,会增大拒绝率,降低满足率,影响服务效果;而复本量过多,虽然能满足现时多数读者的集中需要,但随着时间流逝,就会造成积压浪费,影响藏书质量。品种过少,不能满足参考研究的需要,造成内容贫乏,情报信息量不足,影响藏书长远发展。

处理好藏书品种与复本的关系,要从实际出发,调查研究,区别对待,不能一刀切,必须因馆而异,因书而异,因需而异,将图书馆情况、书刊情况与需求情况三者妥善结合起来。

专业性科研图书馆,读者研究课题的用书需要广泛分散,主要贯彻"种多册少"的精神。

省级公共图书馆,对两类读者的不同用书需要,分别采用"种多册少"和"种多册多"的精神。

高等学校图书馆,读者用书需求复杂多样,分别采用4种精神原则:科研用书"种多册少";指定主要教学参考用书"种少册多";主要教学参考用书及重要课外读物"种多册多";一般参考用书及一般课外读物"种少册少"。

读者对各种类型、类别的书刊,有不同的品种与复本的需求。外文原版书刊,品种要精选,不购复本;外文影印书刊,适当购置少量复本;中文古旧书,品种要精,复本要少;中文新书,品种要多,复本量适当放宽。各类别书刊,复本量悬殊很大,依据读者需求量的多少,使用时间的长短,集中与分散的程度,复本最高的达百册以上,中等的达 10 册以上,低的 2 册左右,平均复本量 5 册左右。

同类书的品种与复本之间,在一定的条件下,具有正向转化关系,即品种向复本转化,品种可以代替复本。同类别书刊,总的复本数量依据现实读者人数确定。同类别书刊的品种之间,基本内容、体裁形式相同,信息量与使用价值大体一致的,增加同类书刊的品种数量,减少每种书的复本数量,总的复本数量不变,品种可以代替复本。增加同类书的品种,等于增加同类书的复本,品种起到复本的作用,又超过复本的功能,能更好地满足读者对同类书的数量与内容的要求。例如:十名读者同时需要阅读外国长篇名著小说,并非都专门研究某一外国作家的某种名著,可以选择两种方法满足他们的需求。一种是购置同一品种 10 册复本书,一种是购置指定阅读内容图书品种书 4 本,再购置内容价值相同的另外三个品种书各 2 本。两相比较,总的复本数量相同,但后一种方法优于前一种方法,因为它扩大同类品种书 3 倍,减少同类复本 1.5 倍,提高了藏书质量。这样,同类书中所有的品种数量都成了复本数量。但须注意两点:第一,不等价的书,品种与复本不具有转化关系;第二,等价的品种书只能向其他品种复本书转化,复本书不能代替品种书,不能逆转。因为,事物具有不可逆转的普遍规律,品种的内涵大于复本的内涵,内涵大的可以代替小的,小的不能代替大的。

我国图书馆藏书发展的现状,普遍存在着品种量小,复本量大的现象。因此,总的趋势是扩大品种量,降低复本量,提高藏书质量,认真研究并制定合理的复本标准。

三 复本量指标依据与标准

过去,复本量大小,往往受到许多非正常因素的影响,难于做到科学合理。例如:经济落后,经费无保障,一年四季大起大落。第一季度无钱或借债买书,第二季度还债买书,第三季度无人买书,第四季度突击花钱买书;政治运动冲击一切,配合运动高于一切,运动性图书人手一册;书源供应的不正之风,影响复本量合理比例,采购盲目无计划等等。现在,政治安定,经济发展,政策正确,非正常因素大大减少,正常因素占主导地位。

正常情况下,制定合理的复本量指标的依据,有以下几个主要因素:

1. 现实读者人数

共同需要某一类、某一种书的读者人数,称现实读者人数。现实读者人数与该种类书的复本量成正比。通过统计,可以估算出各类出版物现实读者人数的近似值。教学参考用书不难调查。

2. 限借册数与期限

限借册数多少,期限长短与复本量均成正比。每个读者一次可借书册数多,意味着同一时期有更多读者对同一类出版物有借阅需求,复本量相应增大。每次借书期限长,意味着某种类书在一定时间内,满足读者人数少,续借概率只在 20% 左右,复本量相应增多,才能满足较多读者需求。

3. 出版物的有效期

出版物的有效使用期限长短,同复本量成反比。出版物的使用期长,意味着使用次数多而分散,在现实读者人数不变的情况下,比使用期短、使用次数少而集中的出版物,所需复本量要小。

4. 流通口数与保存本数

流通分支部门数量、保存本数量与复本数量成正比。流通分支部门多,分馆、阅览室、外借处,以及需要保存本的数量增多,意味着同一种类出版物需要数量大,复本量相应增多。

5. 流通损耗与丢失率

出版物在流通使用中,损耗率、丢失率与复木量成正比。出版物流通使用过程中,自然损耗与人为丢失,都是不可避免的。流通量愈大,现实读者数愈多的出版物,损耗与丢失量愈高,在保证应有的使用年限的条件下,复本量相应增多。据国外计算,年合理损耗率为1.5%~2%。合理丢失率为0.5%。

6. 其他因素

影响复本量还有其他一些因素。如:出版物的文种通用与否,价格高低,使用范围宽窄,水平深浅难易程度,借阅方式与借阅制度等等,都是选购各种类出版物复本量多少的综合考虑因素。

上述因素,有的属于变化数量,有的属于基本稳定的常量,计算的结果是一种近似值。选择可计算的几种因素,列出一个复本指标参考公式,还是有意义的。于鸣镝在《复本数学模式初探》和《复本数学模式补正》两文中提出的计算科技出版物复本量参考公式是:

$$D \approx \frac{Lr}{12E}(1 + C) + S + K + W$$

D——复本数   例如已知

r——现实读者人数   121 人

L——借阅期限(以月为单位)   3 月/人本

12——一年的月份数

E——出版物的有效期(年)   3 年

C——续借概率   20%

S——分馆需要量   2 本

K——保存本数   1 本

W——自然损耗数与丢失数   2 本

那末

$$D \approx \frac{3 \text{ 月/人本} \times 121 \text{ 人}}{12 \text{ 月/年} \times 3 \text{ 年}}(1+20\%)+2 \text{ 本}+1 \text{ 本}+2 \text{ 本}$$

$$\approx \frac{363}{36} \times \frac{6}{5}+5$$

$$\approx 10 \times \frac{6}{5}+5$$

$$\approx 17$$

这是一种书的复本量。随着借出期限和读者人数的增减,复本量上下浮动。一类书的复本量除以品种数,就得出每种书的平均复本量。如这类书的品种数是5,则 $D \approx \frac{17}{5}=3.4$ 本。同一类书中不同品种书的复本量,依据内容价值,流通量大小等,在总复本量不变的情况下,各种书复本量有高有低。

复本书主要出现在现实读者人数比较多的学校图书馆和公共图书馆。

高等学校图书馆,中文图书复本量和复本率指标,主要依据学生、教师、职工等读者类型对各种类型图书文献使用的集中与分散程度,区分为三部分用书需求,分别确定和计算出各部分用书的数量指标。

1. 学习用书(即教学参考书)

学习用书分选读教学参考书和必读教学参考书。复本率指标,即参考书与读者人数的比例是:

选读的复本率 1:10~1:5

必读的复本率 1:3~1:2

2. 研究用书(即研究参考书)

研究用书分主要研究用书、一般研究用书、备查参考书和贵重参考书制定最高与最低复本限量。

主要研究用书 6~8 册

一般研究用书 3~5 册

备查参考书 1～2 册

贵重参考书 1 册

3. 课外读物（即一般用书）

课外读物分为一般读物（包括科普书、社科书、综合性图书）和重要读物（如优秀长篇小说、各类热门书），制定最高与最低复本限量。

一般读物　4～8 册

重要读物　10～30 册

高校图书馆，全馆藏书平均复本量为 5 册左右，即平均每种书的复本率为 1:5。

省级公共图书馆，全馆藏书平均复本量为 6 册左右。全馆藏书成分，按学科划分成 45 个左右基本类目，各类图书复本量，凭经验估算本地区现实读者人数多少，各类书品种多少，分别确定最低与最高复本量限额。一般类别出版物，最低品种取最高复本 3、5、8 册不等；最高品种取最低复本 2 册；科普读物、基础书刊、外语、课本、语法及字典、辞书工具书为 5～10 册左右；文学类出版物复本量最高，其中，文学理论、诗歌为 3～5 册，文学史、报告文学、短篇小说为 6～8 册左右，现代优秀中长篇小说为 10～20 册，中外古典文学名著为 20～30 册左右。这种经验复本量，最低与最高数额幅度较大，其精确度比计算复本量更加概略模糊，还缺乏规范性指标。

参考文献

1. 北京大学、武汉大学合编：《图书馆学基础》第 112～114 页。商务印书馆 1981 年版。

2. （苏）斯多利亚洛夫·阿列菲也娃著、赵世良译：《图书馆藏书》第 69～91 页。书目文献出版社 1983 年版。

3. 乔瑞泉、吴慰慈：《大型图书馆应当控制藏书的增长速度》。《四川图书馆学报》1983 年第 1 期。

4. 肖自力:《探索合理的藏书数量》。《图书馆通讯》(山西)1981 年第 2 期。

5. 肖自力:《关于改进我国图书馆藏书建设的意见》。《大学图书馆通讯》1983 年第 6 期。

6. 刘祯臣:《高校图书馆藏书建设的数量与质量问题》。《全国高校图书馆藏书建设研讨会》论文,1984 年 9 月。

7. 邓广宇:《复本问题研究》。《全国高校图书馆藏建设研讨会》论文,1984 年 9 月。

8. 张学华:《高校图书馆藏书的复本问题》。《全国高校图书馆藏书建设研讨会》论文,1984 年 9 月。

9. 于鸣镝:《复本数学模式初探》。《黑龙江图书馆》1983 年第 2 期。

10. 于鸣镝:《复本数学模式补正》。《黑龙江图书馆》1984 年第 2 期。

第五章　藏书结构体系规范

　　图书馆藏书建设的目标,是建立科学的藏书体系,以适应图书馆承担的任务和读者的广泛需求。

　　所谓藏书体系,是指各部分藏书成分之间在发展过程中所形成的具有特定功能的有机整体。藏书体系的多种成分,包括不同学科范围、不同类型载体、不同语言文种、不同水平程度的出版物。这些不同内容与形式特征的出版物,在收藏与利用的过程中,各自具有特定功能,分别满足特定需求。建立科学的藏书体系,就是将它们结合起来,构成相互联系、相互制约的有机整体,共同发挥更大更高的功能作用。各级各类具体图书馆,要朝着专门化的方向发展,建设有重点有特色的藏书体系,满足本单位、本地区读者的基本需求;实行协调与合作的群体图书馆,朝着综合化、整体化的方向发展,建设多维的综合性的藏书体系,全面满足社会读者的共同需求。

　　无论是建设一馆的藏书体系,还是多馆的藏书体系,都是一种复杂而庞大的文献资源工程建设,要有一个总体规划方案和设计蓝图。在藏书体系的总体蓝图中,最重要最核心的支柱,就是藏书的框架结构。科学的藏书体系的建设,关键取决于合理的藏书结构的设计。可以说,藏书结构是藏书体系的组织法。

第一节　藏书结构

藏书结构,是指依据图书馆的任务和读者需求,对多种藏书成分要求达到的收藏级别所安排的比重与构成。藏书结构,实质上是一个人为设计的系统藏书组织和框架模式。这个框架模式,制约藏书补充的范围与重点、数量与比例,制约藏书组织的划分与布局、排列与组合,也制约藏书管理的控制与调节、开发与利用。最佳藏书结构的设计,规定了科学藏书体系的正确发展方向。

藏书结构的含义,有四个内容:藏书的依据,藏书的成分,藏书的级别,藏书的比重。其中,藏书依据是藏书结构建立的出发点和归宿;藏书的成分、级别、比重,是藏书结构的构成内容、要求及其数量关系。它主要体现在藏书框架级别之中。因此,层次级别的框架设计,又是藏书结构的核心部分,重点部分。

一　藏书结构的引进与研究

70 年代,是世界发达国家藏书建设理论研究与实践活动蓬勃发展的年代。在新技术革命和科学革命浪潮推动下藏书建设领域出现的一系列新的理论观点和政策措施,有力地促进了藏书建设实践活动走向体系化、规范化和网络化。其中,美国的"五级藏书制"是藏书结构理论的新观点、新措施,使人耳目一新,引起了国内同行的强烈反响。

美国图书馆协会资源与技术服务部资源分部藏书发展委员会,是协会有关藏书发展活动的中心。它的主要任务有:①研究美国图书馆藏书资源现状,协调藏书发展计划,编写阐明选书方针的指南;②评价和推荐藏书发展的选择工具;③提出选书人员应具备的素质和应进行的培训等。藏书发展委员会,于 1974 年 7 月 9 日的纽约会议,决定成立由一些委员和顾问组成的专门小组,负责起草一系列藏书发展指南。各小组分别起草并修订的指南,先后获得委员会或上属部门通讯投票通过:

《藏书发展方针规范指南》初版,1976 年 8 月资源与技术服务部理事会通过,修订稿于 1978 年夏季理事会通讯投票通过。

《图书馆藏书效用评价指南》,1978 年夏季理事会通讯投票通过。

《图书馆藏书复审指南》,1978 年夏季理事会通讯投票通过。

《图书馆资源预算分配指南》,1979 年理事会冬季会议通过。

上述 4 个指南译文,都汇集在《藏书建设译文集》中,由全国高等学校图书馆工作委员会秘书处编辑出版。

其中,《藏书发展方针规范指南》文件,制定了五级藏书结构框架,并对方针规范的指导原则、内容作了详细说明,对学科领域、资料形式作了具体分析。

80 年代初,国内行家引进了藏书结构理论,全文翻译有关文件、论文。有的还针对我国图书馆的现状与条件,作了适当调整,拟出藏书等级的初步方案。尤其高等学校图书馆,开展对五级藏书等级的热烈讨论,并结合不同类型学校的学科专业特点,运用五级藏书制框架,研究和探索具体藏书结构模式,为进一步制定高校图书馆藏书结构规范,奠定了初步基础。

二 藏书结构的依据

藏书建设实用性原则和分工协调原则,要求藏书结构的设计必须以图书馆的内外环境条件为综合参照依据,服从并服务图书馆的任务与读者需求。这是一种正向制约与被制约关系,不是双向关系,更不是反向关系。当然,结构的合理程度对任务与需求产生着重大影响。制约藏书结构的主要依据,有 6 个因素:

1. 图书馆的类型与任务

各级各类图书馆，虽然都有藏书结构，但是，需要研究的图书馆类型与级别，主要是省级公共图书馆、高等学校图书馆和科学单位图书馆。这三大类型图书馆，在性质和任务方面存在很大差异：省馆侧重文化性质，科研馆侧重研究性质，高校馆侧重教育性质；省馆担负地区综合服务任务，科研馆担负专业科学服务任务，高校馆担负教学与科研双重服务任务。在高校类型中，具体专业设置、科学研究方向和培养学生的层次级别，又有较大差别。文科院校与理工院校，担负培养博士研究生的大学与只担负培养专科和本科大学生的普通大学，在学科范围、水平深度、外文语种资料等方面要求区别很大，因而有不同的藏书级别要求。

2. 读者类型与需求类型

藏书结构起中介作用，它要与需求结构、知识发展结构相一致。不同读者对象产生不同需求类型，决定不同藏书级别要求。读者及其需求的详细类型，是一个多层次、多级别的结构系统。省级公共图书馆的大众读者与专家读者，两种读者群的详细分类，可区分出不同行业、不同职业、不同专业、不同年龄、不同文化程度、不同兴趣爱好的各种具体读者成分。他们的多种需求类型，包括研究、教育、娱乐、一般咨询、参考等，反映了读者对知识情报的实际需求水平和不同吸收能力。高校图书馆的教师、研究生、学生及职工读者，又可以进一步区分出不同学衔、不同学位、不同年级、不同职务的具体读者成分。他们的用书需求，表现出不同范围、重点、层次级别以及集中与分散的程度。

3. 出版容量的实际状况

各学科各类型出版物范围的宽窄，国内外公开出版与内部出版物品种数量的多少，直接影响图书馆收藏的系统完整程度。以及可能达到的收藏级别。使用面宽，出版容量大，品种数量多的出版物，择优选择的机会多，可以从众多的出版物中，选择实用性强的核心出版物，确定其基本品种数量，保持比例的连续性。而对使用面窄,出版容量小,品种数量少的出版物,可以全面完整地收藏所有的出版物品种,了解出版发行动态,通过出版物的综合书目工具,统计历年来有关学科、类型出版物的平均出版量,作为制定收藏级别的书源参考依据。

4. 原有藏书基础与特点

全面调查统计馆藏资源情况,摸清藏书成分中各学科出版物在文献类型、中外文语种、水平程度等方面的品种数量及其比例关系,掌握原有藏书基础、优势与薄弱环节,查明现存藏书的实际水平、能力已经达到的实际级别,预测未来藏书的发展方向,以及经过努力可能达到的程度。任何藏书结构的设计,总要在原有藏书密度的基础上,规划未来藏书搜求深度,将藏书密度与搜求深度结合起来。脱离原有藏书基础设计结构框架,就会失去现实依据,即使设计得再理想,也是难于实现的空中楼阁。

5. 地区藏书资源分布状况

一馆藏书结构的设计,要纳入本地区各级各类图书馆整个藏书体系的规划范畴,并成为一个有机的分支结构系统。这样,就要调查了解本地区协作协调和合作的成员馆藏书资源分布状况,特别是要掌握同一类型、同一级别兄弟图书馆的资源分布状况。通过地区内馆际藏书联合目录、各种专题目录等检索工具,做到相互了解,相互通报,互为依据,减少不必要的平行重复现象,避免重大遗漏和空白领域的产生,推动资源网络化的实现。藏书结构的规范,既包括一馆藏书结构的微观设计,又包括多馆藏书结构的宏观规范。

6. 经费设备条件

经费支付能力,设备承受能力等等,是藏书发展的物质条件。藏书结构的设计,必须以现有的物质条件和发展的可能限度为依据。只有建立在一定物质基础上的设计方案,才具有合理性和可行性。经费设备条件,尤其会影响外文书刊、特种类型出版物、缩微资料、视听资料的入藏以及各类书刊的复本比例。

上述各项制约因素,本身都处于相互联系发展变化之中。藏书结构的设计与调整,必须综合考虑各项制约因素的特点与联系,在发展变化中求其动态平衡。

三 藏书类型

图书馆藏书有多种类型。藏书类型是藏书成分的具体化,是出版物在图书馆空间范围的组织单元和使用对象。藏书类型怎样划分呢?它与出版物的类型划分方法基本不相同。出版物类型划分,主要采用单线平面方法,将各种图书文献按照形式特征,并结合内容、形态、符号及著作单元等标志,划分成一条龙式的几个组成部分平行展开,形成一个系统,不涉及出版物更多的属性,不研究各种属性之间的立体交叉结构关系。而藏书类型的划分则不然,它要考虑出版物的多种属性,研究出版物在图书馆环境范围中的复杂关系及其地位作用,多线条、多角度地揭示出版物的广泛特征,为建立多维立体网状藏书结构服务。

多种藏书类型,从知识内容到载体形式,从语言文种到国别地区,从出版时代到出版范围,从加工次级到水平程度,充分反映了图书文献的广泛特征。概括起来,大中型图书馆共有 9 种以上的藏书类型。

1. 各种知识门类的藏书

按出版物知识内容分类,大的学科可粗分为三大学科、五大学科、七大学科不等。如社会科学、自然科学、技术科学、哲学、马列主义科学、数学、思维科学,以及综合科学、边缘科学等等。二级类学科可详分为几十个学科,小的分支学科可细分为几百个或 2000 多个学科。

按学科类别标志区分藏书,分别建立综合性藏书的图书馆、多科性藏书的图书馆和专科性藏书的图书馆,反映现代科学技术高度综合交叉与高度分化的趋势。综合性图书馆收藏一切知识门类的书刊;多科性图书馆收藏一组或几组大的相关学科的书刊;专科性图书馆收藏某一个或几个具体学科中若干专题范围的书刊。所有的图书馆,都要收藏一些共同性的有关学科领域的书刊,如马列主义、哲学、政治社会科学、综合性参考工具书等等。

2.各种专题领域的藏书

按出版物知识内容所表述的专门名称或名词术语分类,可具体划分出一系列主题、专题范畴,每一个专门化的主题、专题范畴,汇集了各种知识内容的书刊。为了满足读者专题内容的检索和参考研究需要,各类图书馆要按照一系列专题表或主题表范畴,收藏有关专业的专题或主题领域的书刊。这种专题表或主题表,可以在分类法类目体系的基础上,将类目间的上下从属关系,组配成相互关联的并列关系,建立几十个或几百个相对独立的主题或专题,然后按主题或专题范围,收集、组织、排列,揭示藏书。

3.各种出版形式与著作载体的藏书

按照出版物的出版形式和著作载体形态分类,可将藏书类型划分为7种大的类型:图书著作、期刊、特种资料、缩微资料、视听资料、机读资料、立体资料等。还可划分为5大类型:印刷型、缩微型、视听型、机读型、综合型等。每一大类再细分为若干小类。苏联《图书馆藏书》教材,按出版物类型,将藏书划分6个基本藏书部分:印刷品藏书、复制资料藏书、未发表资料藏书、声像资料藏书、机读资料藏书、立体资料藏书。每一种藏书部分,又进一步细分至—级二级具体藏书单元。现阶段,除少数图书馆以外,我国大多数图书馆还未收藏系统的缩微资料、视听资料和机读资料。

4.各种语言文字的藏书

按照出版物的语言文字分类,可将藏书类型划分为中文(汉语)、外文、少数民族语言文字藏书类型。各种类型的科学图书馆,藏书成分都是由多种文字的书刊构成的。其中,外文书刊所占的比例不等,少的占 15% 左右,多的占 40% 左右。外文书刊中,英文书刊占 50% 以上,俄文、日文、德文、法文等文种书刊各占一定比例。各种外文书刊的分布比例,与书刊出版量和读者掌握的语种熟练程度相适应。

5. 各种水平程度的藏书

按出版物的文化水平分类,可将藏书划分为幼儿读物、小学教育读物、初中教育读物、高中教育读物、大学教育参考书、学术研究资料藏书;也可以粗分为初等水平、中等水平、高等水平等 3 种水平程度的藏书。其中,中等和高等水平程度的藏书,不仅包括一般的文化知识水平,还包括不同专业知识水平程度。相同文化知识水平的读者,因不具备其他专业的系统知识,一般说来,不容易理解或读懂同等水平的其他专业书刊。各级各类图书馆收藏的书刊,一般要兼容两种或两种以上水平程度的藏书类型,以适应不同阅读对象的不同阅读需要。

6. 各种不同历史时期的藏书

按出版物的历史时期分类,可将藏书划分为古代的书、近代的书、现代的书,以及当代的书。古代书主要指古籍线装书,如宋版书、元版书、明版书等;近代书主要指建国以前的旧平装书,如北阀战争时期的书,土地革命时期的书,抗日战争时期的书以及解放战争时期的书;现代与当代书主要指建国以后的新书,尤其是 70 年代、80 年代出版的新书。历史较久的大中型图书馆,一般都收藏了不同历史时期的藏书。有些学科的书刊,具有从古至今的历史发展的系统性,有些期刊和连续出版物,累积几十年以来的完整收藏,成为史料和珍藏。

7. 各种出版范围的藏书

按出版物的出版范围分类,可将藏书类型划分为政府出版物、地方出版物、单位内部资料、专业会议资料、个人手稿、国际组织出版物等等。这些不同范围的出版物的系统收集入藏,成为某些图书馆独具特色的藏书类型,专门组织保管,供专门查阅参考。

8. 各种不同用途的藏书

按出版物的用途分类,可将藏书划分为教学用书、科研用书、自学参考用书、思想教育用书、文化生活用书、参考工具和检索工具用书、业余欣赏用书等等。各种不同用途的藏书类型,根据使用对象的目的、水平程度、使用方式、数量等特点,确定不同收藏要求与级别。

9. 各种加工级别的藏书

按出版物的加工级别分类,可将藏书划分为一次文献、二次文献、三次文献类型。各类型图书馆,尤其是科学性图书馆,要加强二次文献和三次文献的收集、加工、编制工作,提高收藏级别,满足读者多层次、多级别的参考检索需要。

此外,藏书类型还可按照使用与存放方式,划分为外借藏书、阅览藏书、交换藏书、储备藏书、提存藏书等等。

上述各种藏书类型的分类系统,从多种角度揭示和展现了藏书成分的广泛特征,说明了藏书结构本身错综复杂的关系。

四 藏书级别

各种藏书类型,在整个藏书体系中,具有不同的地位与作用。因而,从整体结构功能出发,要求它们的入藏范围、数量、水平,分别达到一定的标准。按照需求程度,将各种藏书类型划分成有层次的收藏级别,并规定各级别所应达到的收藏目标。藏书级别是藏书结构的框架规范。制定一个最基本的藏书级别框架规范,作为各级各类图书馆藏书结构共同参照的标准,是检查藏书质量的具体依据和基本方法。

美国图书馆协会下属部门,1976 年制定并通过的《藏书发展方针规范指南》(以下简称《指南》),提出一个五级藏书框架模式。这个模式,是按照读者需求种类和保存任务,结合原有藏书密度和现在搜求深度,分别用 A. B. C. D. E5 个字母代码表示五级藏书的不同标准要求。

美国的五级藏书制的含义是:

A. 完整级。图书馆在需要的、明确而有限的领域中,尽可能合理地努力搜集包括全部记录知识的有意义的著作(出版物、手稿、其他形式)。这种搜求深度的目的,是保持一种"特藏";目的即使达不到,也要竭尽全力。

B. 研究级。这一级藏书要搜集写学位论文和独立研究所需要的主要出版的原始资料,包括研究报告、新发现、科学实验结果和其他对研究者有用的情报。也包括该领域中重要的参考书,广泛选择的专著,广泛的期刊收藏,主要的索引和文摘。

C. 学习级。是保证大学本科生和研究生课程需要、满足独立学习要求的藏书,能保持有限的或一般目的所需要的学科知识就够了,比研究级的程度要低一些。它包括有关该学科范围广泛的基础专著,较重要著作的全集,二流作者的选集,代表性的期刊、参考工具书和基本书目资料的精选品。

有的学院图书馆员提出,需要把"学习级"加以改进,以适应那些没有完整级和研究级藏书的图书馆的需要,使其能更明确地制定藏书发展方针,以便图书馆网作资源计划。我们为这类机构列出两种下属级供选用:

①高等学习级。是保证高年级本科生课程和硕士培训计划需要的藏书,也可供独立学习用;需保持有限的或一般目的所需要的学科知识,比研究级的程度要低一些。包括该学科古往今来范围广泛的基本著作,较重要作者的全集,二流作者的选集,以及代表性的期刊、参考工具书、基本书目资料的精选品。

②初等学习级。是保证本科生课程学习的藏书。包括从以前出版的基本专著(如以《选择》杂志所选的书为代表)中作合理的选购,辅之以有启发意义的回溯性专著(如以《学院图书馆用书》

为代表);广泛选购较重要作者的著作;选择二流作者最有意义的著作;选择主要的综述性的期刊;搜集该学科内最有影响的参考工具书和书目资料的新版本。

D.基础级。是高度精选的藏书,用以介绍和认识学科;并指出在其他地方的各种可用资料。包括该领域中主要的字典、词典、百科全书、主要著作选择、历史概述、重要书目和一些主要期刊。

E.最低级。除了某些学科领域的基本的著作以外,基本上不再选购其他图书。

有些学科领域可能完全在图书馆的藏书范围之外,这些学科的类号在分析中可以划去,或用"0"表示"不入藏"。

关于级别的意义,《指南》指出,"一份书面藏书发展方针对任何图书馆都是需要的:(a)可以使选书人员的工作与既定目标始终保持一致,从而形成较强的藏书,更合理地使用资金;(b)可以告之图书馆人员、读者、行政人员、托管人员和其他人现存藏书的范围和性质,以及资源继续发展的计划;(c)提供有助于预算分配的情报"。

关于级别定义的实用性,《指南》指出,"只有在一种很客观的意义上使用","完全可能大多数图书馆在任何领域都不具有完整的藏书。同样,不负责博士培训计划的学院图书馆和不面向专业研究的其他类型图书馆可能没有任何藏书能属于这里定义的研究级。定义的目的在于描述资料题目和形式的范围与差异;并不解决同一种书复本的可得性问题。"

关于资料的语言代码,《指南》分别规定出:

"F.全部可用语言(即没有不搜集的)

G.英语

H.拉丁语系

J.日耳曼语系

K.斯拉夫语系

L. 中东语言

M. 亚洲语言

N. 非洲语言

P. 其他语言"

关于学科领域的专题界限或主题词结构,《指南》指出,各馆对学科类目所需要的详细程度不尽相同,但提出一个一般的分类索引便于相互间进行合作资源规划,建议在国会图书馆图书分类法的基础上,稍加修改组成 500 个类目,标出类号和类名混合语言,作为各馆分析藏书的专题表或主题表。

关于资料形式结构,《指南》认为需要一个专门性的资料形式或基本结构框架,并列出了 7 种资料形式例子:A. 报纸;B. 缩微品收藏;C. 手稿;D. 政府出版物;E. 地图;F. 视听资料;G. 数据磁带。各种资料类型可进一步按专门复分表详细分类。并指出,无论学科结构,还是资料形式结构,都要按照级别代码、语言代码、时期、地区、收藏形式、负责初选的部门或选书人等 6 个内容分析和识别藏书。

肖自力在《试论藏书结构》一文中提出,"根据美国若干图书馆的作法,针对我国图书馆的现状与条件,试拟出一个藏书等级的初步方案,以供讨论参考"。

甲级(完整的藏书):努力搜集某专题领域的所有的知识记录,不管其内容的水平、文种、出版形式,著作形式如何,以搜集齐全为准。例如:一个国家的版本图书馆对本国正式出版物的收藏,一个地区馆对本地和有关本地的出版物的收藏,应该达到这个水平。一个专业馆,如鲁迅纪念馆对鲁迅和有关鲁迅的出版物的搜集,应该达到甲级收藏的水平。

乙级(研究水平):乙级藏书以满足独立研究的需要为目标,对高等院校来说,要能满足教师、研究生和高年级学生学习和研究的需要。因而必须收集该专业领域中各种不同学派的有代表性的全部著作,包括主要外国文种的著作、论文集、会议录、进展与现状、期刊。不仅要有现期刊和新书,也要搜集回溯性的基本资料,包括尽可能完整的主要过期期刊、参考工具书和书目资料及其他有关文献。科研单位所定的研究领域,大学中招收研究生的专业,其藏书应该达到这个水平。

丙级(大学水平):丙级藏书以满足大学生和个人自学大学课程的需要为目标。应当搜集全部基础著作,重要著者所写的全套著作和有关的评论、优秀教科书、参考书、工具书、书目资料、范围比较广泛的基础期刊。针对我国的情况,也应包括经过精选的外文教科书。科研单位的相关领域,大学中招生或准备招生的学科,以及一切打算帮助青年自学达到大学水平的图书馆,在其有关专业领域的藏书,应该达到这个水平。

丁级(基础水平):这是经过精选的藏书,以介绍人们认识不同的专业领域为目标,应搜集公认代表作家的基本著作、基础教科书、参考书、书目资料、代表性的期刊。原则上不收外文书刊。研究单位和大学图书馆,在其可能有关专业领域的藏书,应该达到这一级水平。大学生文化修养和开阔视野所需要的书刊资料,也属于基础水平。

戊级(最低水平):这是指藏书范围之外的专题领域,只选收少量很基本的著作或工具书,以备不时之需。

上述五级藏书方案,是针对整个图书馆藏书的划分,不限于同类学科图书的划分。五级藏书划分满足需求目的的不同。就高校图书馆藏书而言,甲级完整状态的要求,以适应本院校重点研究的课题需要为目的;乙级研究水平的要求,以适应一般性研究课题需要为目的;丙级大学水平的要求,以适应大学生的基础训练需要为目的;丁级基础水平的要求,以适应师生扩大知识面需要为目的;戊级最低水平的要求,以适应读者备用需要为目的。

五级藏书制的引进,新五级藏书方案的提出,使国内图书馆界的研究逐渐深化:除对各级各类图书馆藏书级别总体方案讨论以外,还分别对各分支结构进行研究和分析,不少行家提出藏书的学科结构,专题结构,文献类型结构,语言文种结构,水平程度结构,以及读者需求类型结构等等。这些分支结构的具体研究,属于藏书比重的范畴。

五 藏书分支结构与比重

藏书分支结构及比重是藏书结构的具体化,它主要表现为各种分支结构的具体藏书成分数量大小、经费多少及其比例轻重关系。藏书比重研究,主要通过数量关系反映质量水平。

藏书比重同出版物的出版量、现实读者人数、购书经费等因素直接相关。藏书的数量比例关系研究,必然要深入到藏书成分的具体范畴领域才有更大的实际价值。这些具体分支结构范畴,主要包括学科(或专题)范围、级别水平、语言文种、出版时间、出版物类型等等,它们分别构成藏书的分支结构系统。

《关于藏书结构框架的设想》一文,为我国高校图书馆设计了一个多层次的藏书结构框架方案。

1. 关于藏书的学科结构

根据《中图法》简表,结合有关实际情况,提出一份学科类目表,共计 209 个学科,其中,社会科学 61 个,自然科学和工程技术 148 个。从需要的发展趋势,还可以进一步细分成更多的类目或专题。

2. 关于藏书的等级结构

从现已提出的三级、五级、七级等不同级别主张相对比,五级提法比较合理。其中,乙级、丙级、丁级等三级,适应我国当前大多数高校专业教育与研究的实际状况,符合读者的初级、中级和高级等三级需求水平。

3. 关于藏书的时间结构

时间结构反映了出版物源远流长、新陈代谢与推陈出新的纵向发展系统,既是读者查询知识情报的回溯性需求,又是图书馆入藏与剔除藏书的年限标记。按照藏书的时间顺序,采用近详远略的办法。例如:1900 年以前的出版物,可总记"—00",以后则直接配两位数字作标志。如搜集的学科资料从 1950 年起,就记"50—";如到 1965 年终止,就记"50—65";如规定某学科只保留二十年的资料,二十年前的剔除,就记"＝20";具有长久保存价值的出版物,可直接采用公元纪年标记收藏的时间。

4.关于藏书的语文结构

文种表示藏书的收藏水平、读者需求水平的因素。一般图书馆的常用语种代码,可按《世界语种代码》国家标准的有关规定使用。即 z 汉语;e 英语;p 法语;d 德语;n 日本语;r 俄语;s 西班牙语,p 葡萄牙语;w 表示收藏各种实用语种的资料。

5.关于出版物类型结构

出版物类型复杂,各具特色与作用,是读者查询的具体目标,也是图书馆选择入藏和分别管理的对象。出版物类型代码可简化为 10 大类:00 图书(包括 01 教科书、02 专著、03 会议文献等);10 期刊、报纸;20 资料(包括 21 政府出版物、22 研究报告、科技报告、23 学位论文、24 内部交流资料等);30 技术标准文献(包括 31 专利文献、32 标准文献、33 产品目录和说明书等);40 古籍(包括 41 善本书、42 一般线装书等);50 图谱(包括 51 地图、52 乐谱);60 档案资料;70 检索类书刊;80 新型载体资料(包括 81 缩微资料、82 声像资料、83 磁带资料、84 光盘资料等);90 全部实用的资料类型。

6.关于藏书结构一览表

用以上 5 个层次结构系统及代码,分析一馆藏书现状及发展方向,可编制结构一览表,作为藏书结构的设计蓝图(见表5—1)。

表5—1 藏书结构一览表

现状\计划\学科领域\项目	等级结构	时间结构	语种结构	文献型类结构	收藏过程负责人
A_1	乙→甲	50→	Z. e→W	00→$\begin{matrix}00\\10\end{matrix}$	×××
A_2	乙→	50→	Z.e→Z.er	00→	×××
…	…	…	…	…	…

关于五级藏书的数量比例关系。一般说来,有以下概略分析:

完整级藏书:搜集某学科(或专题)领域所有的知识记录,作为重点专业或博士点专题方向,达到最全面最高级的研究水平。学科专业范围窄,出版量不大,现实读者人数很少,购书总经费比例小,品种全,1个复本。

研究级藏书:搜集有关学科领域的资料,满足独立研究需要,作为重点专业或硕士研究方向,反映较高的学术水平。学科面较广,专业范围较宽,出版量较大,现实读者人数较多,外文出版物品种与经费最多,但使用分散,复本数量少。

大学级藏书:搜集各专业课程有关的出版物,满足低年级大学生和自修大学课程学习教材和参考书需要,达到大学专科水平。学科范围广,专业数量多,出版量最大,现实读者人数多,使用集中,复本量最大,品种多但外文书少,经费比例仅次于研究级藏书。

基础级藏书:广泛精选各学科、专业、专题领域的基础书刊、代表性出版物,满足广大读者开阔眼界、涉猎广泛知识、增进文化修养的需要,达到初级水平。学科范围非常广泛,出版量很大,现实读者人数最多,但属于非重点藏书,不收集外语著作,品种量大,复本量除少数种类较多外,一般较少,经费比例不大。

最低级藏书:藏书范围之外的专题领域,选择数量很少的基本著作或工具书,备用参考。

(关于五级藏书的数量比例关系,请参看表5—2。)

表5—2　五级藏书数量比例表

比例 级别 项目	学科 范围	出版 数量	读者 人数	经费 比例	品种	复本
完整级	窄	小	少	少	全	1
研究级	较宽	较大	较多	最多	多	少
大学级	宽	大	多	多	多	最多
基础级	最宽	最大	最多	较多	较多	较少
最低级	最窄	最小	最少	最少	最少	1

五级藏书概括了整个藏书范围,其数量比例两头小,中间大。甲级水平最高,乙级经费最多,丙级复本量最大,丁级读者面最宽。各级藏书的具体数量指标,要通过统计精确计算。

第二节　三大类型图书馆藏书体系

省级公共图书馆、高等学校图书馆、科技专业图书馆同属于科学性图书馆,都肩负着为科学研究服务的任务。因此,都要建立具有较高水平的科学藏书体系。但是,由于它们承担的主要任务的性质与内容不同,主要读者类型与需求类型各异,因而,藏书的重点和要求各具不同的特点,各自建有独具特点的藏书体系。

一 省级公共图书馆藏书体系

"省（自治区、市）图书馆工作条例"于 1982 年 12 月通过,作为文化部文件颁布。"条例"明确指出,省馆是"综合性的公共图书馆","是向社会公众提供图书阅读和知识咨询服务的学术性机构,是全省的藏书、图书馆目录和图书馆间协作、协调及业务研究、交流的中心"。

省馆的主要任务有 6 条:

①宣传马列主义、毛泽东思想,宣传党和政府的政策、法令,向人民群众进行共产主义和爱国主义教育;

②为本地区的经济建设和科学研究提供书刊资料;

③传播科学文化知识,提高广大群众的科学文化水平;

④搜集、整理与保存文化典籍和地方文献;

⑤开展图书馆学理论和技术方法的研究、对市（地）、县（区）图书馆进行业务辅导;

⑥在省（自治区、市）政府有关部门的领导下,推动本地区各系统图书馆间的协作和协调。

关于藏书建设,"条例"第三条规定:

"省馆应根据本省社会主义物质文明和精神文明建设各个领域的需要,结合原有藏书基础,确定书刊资料补充原则,通过多种途径,有计划、有重点地补充馆藏,逐步形成具有地方特色、适合当地读者需要的藏书"。

"本省（自治区、市）的正式出版物和有关本地区的地方文献资料应尽全收集"。

"要注意藏书的完整性,对重要的报刊、丛书、多卷书和其他连续出版物要力求配齐"。

"应有计划地清理和剔除藏书中不必要的多余复本"。

"馆藏书刊资料,要有步骤地向缩微化过渡"。

"应建立保存本书库"。

省馆根据其性质、主要任务及读者需求,应建立地区综合性科学藏书体系。这种藏书体系的基本特征表现在三个方面:

①内容范围的综合性与通用性,搜集古今中外各种知识门类、各种出版类型的书刊资料,以适合本地区各种专家读者与大众读者多方面需要。

②重点特色的地方性:以搜集本地区经济建设和科研所需的书刊资料为重点,以本地区有关地方文献为特色,以及搜集历史上所积累而成的某些特藏书刊。

③水平程度的科学性:搜集的书刊资料,内容深度上和学术文化水平上要反映出初级、中级与高级三种层次结构,数量品种上反映出重要出版物的系统完整配套程度。

省馆藏书体系的具体要求:

①全面收藏各知识门类的基本理论著作、通俗书刊和新的情报资料。

马列主义经典著作,各学科的经典著作,党和政府的政策、法令文件,主要领导人和各学科带头人的重要著述,各学科代表性的基础书刊,通俗性科学文化宣传读物,普及教育读物,优秀的文艺作品,以及新兴学科的书刊等,要全面系统地选择入藏。其品种要广泛,复本量控制在满足读者基本需求的限度以内。

②重点收藏适合本地区需要的有关通用学科书刊,参考检索文献,图书馆学情报学资料。

重点收藏的学科类别,主要是哲学社会科学,文史资料,通用性的自然科学与技术科学,图书馆学与情报学等。外文原版书刊的重点要与其他类型图书馆分工协调。重点收藏的图书文献类型以印刷品书刊为主,重要的期刊、报纸、丛书、多卷书及其他连续出版物力求配齐。综合性参考检索文献要保持完备。

③要尽全收集本地区出版物和地方文献,作为特藏部分,应达

到完整级水平。

二 高等学校图书馆藏书体系

"高等学校图书馆工作条例"于 1981 年 10 月 15 日通过,作为教育部文件颁布。

关于藏书建设,"条例"第四条规定:

"高等学校图书馆应根据学校教学和科学研究的需要及馆藏基础,通过多种途径,有计划、有重点地补充国内外书刊资料,逐步形成具有本校专业特色的藏书体系。"

"采集书刊资料应以教学、科学研究用书为主,兼顾课外阅读的需要。"

"要注意保持重要书刊资料的完整性和连续性,注意收藏本校的出版物和学术文献。"

"应有计划地进行书刊资料的剔除工作。"

高校馆根据学校性质、专业设置、教学与科学研究任务,应建立多学科多层次的科学藏书体系。这种藏书体系的基本特征表现在三个方面:

①藏书的教育性。反映培养人才为目标的用书性质和内容,包括各层次学生教学用书的基础藏书,课外阅读用的思想教育、综合教育等辅助藏书。

②藏书的学术性。反映科学研究用书为重点的水平深度,包括有关专题领域内不同学派、不同类型、不同文种、不同级别的重要书刊资料的系统重点收藏,达到研究级水平。

③藏书的专业性。反映学校教学与科研用书的专业范围与专业特色。无论综合大学、师范院校、文科与理工科院校,都要建立多科性的专业藏书体系,搜集几组大专业范围的相关学科的书刊资料。

高校馆藏书体系的具体要求:

①专业与有关专业教学、科学研究用书，重点系统入藏。

这部分重点藏书，从学科范围来说，是指学校专业设置中基础较好、力量较强、科研方向明确的专业学科用书；从级别要求来说，属于乙级研究性的书刊资料；从水平程度与读者对象来说，包括三个层次级别：即适合高年级大学生、硕士研究生、助教需要的初级研究水平用书，适合讲师及中级研究人员需要的中级研究水平用书，适合副教授以上及高级研究人员需要的高级水平用书（当然，只是相对而言，中间有交叉）；从文种来说，包括中文和各种实用外文书刊资料；从资料类型来说，除图书著作外，期刊、内部资料、其他连续出版物以及重要的参考工具书和检索资料也应全面系统地搜集。

②学生教学参考用书，多层次按比例入藏。

学生教学参考用书属于学校基础藏书部分。这部分藏书内容范围，是指专业设置、课程设置所需要的必读和选读主要教学参考书（包括公共基础课、专业基础课、专题课、专题选修课不同层次的教材、教学参考书、实习用书，以及其他文献资料），以中文书刊为主，适当选择少量外文原版教材作参考。各种层次的教学参考书和文献资料，以达到大学水平级为目标，依据学生现实使用人数、出版量及内容质量，分别确定其复本比率和复本限量，以便有计划按比例地入藏。

③思想教育、综合教育及其他课外阅读用书，全面广泛选择入藏。

除了专业教学、科研用书以外，还有各种必备的业余与课外阅读用书（包括政治理论、思想修养、道德法纪、科学技术、文学艺术、文化知识、社会生活等方面的书刊资料），这些书刊资料，内容广泛，形式多样，是全校师生员工，尤其是全体学生读者所需要的共同性藏书。这些共同性藏书，对于扩大读者知识面，开发智力，丰富文化生活，培养创造性与开拓性精神，以至促进德、智、体全面发展的人才成长,都具有不可忽视的作用。高校图书馆应当全面广泛地选择这些书刊资料,使之达到基础级和大学水平级的水平。

④建立图书、资料、情报三位一体的藏书系统。

高校的图书、资料、情报收藏体制,存在着三种状况:一是高度集中,或以集中为主,分散为辅。主要图书、资料、情报的收集、加工与传递,集中在图书馆,情报资料工作设立专门部并有专人负责;二是高度分散,或以分散为主,集中为辅。各专业的图书情报资料,由系图书资料室独立负责,图书馆只负责全校共同需要的图书资料,情报室单独设在学校科研部门,与图书馆没有联系;三是集中与分散相结合,全校国书资料情报统一归口由图书馆集中管理,系资料室专门开展专业资料的收集加工工作,情报咨询室属于图书馆的分支部门,面向全校重点科研服务。上述三种状况,第三种较为合理。它既集中统一管理全校图书资料,又加强情报调研工作,密切了三者联系,实现了图书、资料、情报三位一体的藏书体制。

三 科技专业图书馆藏书体系

科技专业图书馆类型中,中国科学院系统图书馆具有代表性。1978 年 12 月通过和颁布的《中国科学院图书情报工作暂行条例(试行草案)》明确指出,图书情报工作是科学研究工作的耳目、尖兵和参谋,必须走在科学研究工作的前面。科学院的研究工作,侧重基础,侧重提高,侧重自然科学的新理论,新技术,新材料,新工艺,解决国民经济和国防建设中综合性的重大科学技术问题。图书馆系统的主要任务之一,是紧密结合本院、本地区、本所的研究方向任务,重点收藏有关学科和相关学科国内外科技文献,调研国内外与本单位、本部门有关的科研情况和发展趋势,收集国内外科技情报进行分析、研究,为全院、地区、所,制订科技政策、规划、计划,确定研究课题,为科学研究工作服务。

科学院系统图书馆,要建立三级藏书体系:院馆是全院图节情报中心,要建立综合性科学藏书体系;院地区图书馆是本地区院内图书情报中心,要建立多科性科学藏书体系;所情报研究室是本所情报资料中心,要建立专科性科学藏书体系。

科学院图书馆藏书体系的具体要求是:

①有关学科中外文科技期刊及其他连续出版物品种齐全,系统完整;

②新兴学科科技情报资料广泛及时收藏;

③有关自然科学经典著作及科技史料重点收藏;

④各学科基本理论著作及参考工具书和检索文献择优收藏;

⑤全院系统图书情报资料一体化的藏书发展体制。

其他专业研究部门图书馆、厂矿企业部门图书馆,要结合本部门研究任务和技术发展方向,分别建立专业情报与技术情报藏书体系。

参考文献

1. 肖自力:《试论藏书结构》。《图书情报工作》1981 年第 1 期。

2. 陈鸿舜:《美国图书馆藏书建设的新观点和新措施》。《黑龙江图书馆》1982 年第 4 期。

3. 肖自力译:《藏书发展指南》。《藏书建设译文集》,全国高校图书馆工作委员会 1983 年 10 月。

4. 肖自力译:《藏书发展方针规范指南》。《藏书建设译文集》1983 年 10 月。

5. 蒋志伟:《五级藏书制的实践与探索》。《全国高校图书馆藏书建设研究会》论文,1984 年 9 月。

6. 《关于藏书结构框架的设想》。《全国高校图书馆藏书建设研讨会》论文,1985 年 3 月。

7. 《省(自治区、市)图书馆工作条例》,文化部文件文图字(82)第 1548 号,1982 年 12 月。

8.《中华人民共和国高等学校图书馆工作条例》,1981 年 10 月 15 日。

9.《中国科学院图书情报工作暂行条例(试行草案)》,1978 年 12 月。

第六章　书源与书目

　　为了迅速有效地收集图书文献,必须掌握书源和书目,这是做好图书馆藏书建设工作的基础。出版社的出版物,是图书馆藏书的主要来源。因此,要了解书源,首先要了解和熟悉国内外的出版社,掌握出版社的类型、特征、性质、任务和出版范围,以便通过出版社了解图书的性质、类型、学术水平和使用价值,这有助于选择图书,更好地进行藏书补充。

　　在浩如烟海的图书世界,要准确地掌握图书出版动态、市场销售情况,还必须通过各种渠道搜集出版信息,即要搜集出版书目,它是发行系统宣传报道书刊的工具,也是采访人员进行图书选择、评介及审定的依据。搜集书目是搞好采访工作的起点。缺乏必要的书目,信息不灵、闭目塞听,很难想象能订购到符合需要的图书。因此,掌握书刊的出版、发行情况,了解书源和书目,是藏书建设中一项不可忽视的基础工作。

第一节　我国出版发行系统

　　解放前,中国的出版发行事业十分落后。新中国成立后,政府成立了专门领导出版工作的国家机关,着手在全国范围内建立新型的社会主义性质的出版事业,将过去分散经营的书店统一为全国性的国营出版企业，将兼营出版、印刷、发行的新华书店分工专业化。从1951年起，出版与发行机构分别建立了各自独立的专门化系统。

一 我国出版系统

我国出版社，经国家出版局和有关主管部门批准成立，1956年共有101家，1980年增至174家，1982年为243家，1984年已发展到400多家。其中，出版图书比较经常的计有150多家。据统计，1949～1979年，全国出版图书总计505781种（其中，新出图书有335185种）。从1949～1982年，出版图书达530多亿册。

国家出版局是全国管理出版事业的行政机关。其主要任务是：监督执行国家在出版工作方面的方针政策，协调出版、印刷、发行工作的关系，统一安排新闻报刊和图书的出版用纸和印刷物质的分配，协助出版单位组织著译界的力量，组织各类图书的出版。

我国各出版社都有特定的出版范围，明确的方针任务和具体的业务分工。按照不同的隶属领导系统、不同的内容范围、不同的文献类型和不同的读者对象，可将出版社划分为多种类型。

按隶属领导系统划分：有属国家出版局直接领导的出版社，如人民出版社，生活·读书·新知三联书店，商务印书馆，中华书局等。据1980年统计，直属国家出版局领导的出版社计有14家。国务院各部委大都有自己管辖的出版社，如交通部领导的人民交通出版社，财政部领导的中国财政经济出版社等。据1980年统计，中央机关、国务院各部委领导的出版社计有71家；属各省、市、自治区出版局领导的地方出版社，计有87家。另外，还有属军队系统领导的出版社（如属中国人民解放军总政治部领导的解放军文艺社和中国人民解放军战士出版社）等。

按内容范围划分：有综合性出版社（如各省、市、自治区领导的人民出版社）、多科性出版社（如中央一级出版社，出书范围一般都按专业分工,出版若干学科的图书)、专业出版社(国务院各部委管理的出版社大都是专业出版社,如农业部领导的农业出版社,石油工业部领导的石油工业出版社,纺织工业部领导的纺织工业出版社等)。

按文献类型划分(即按图书文献的类型、著作载体形态)划分:有专利文献出版社、技术标准出版社、地图出版社、红旗杂志出版社、扬子江声像资料出版社等等。

按读者对象划分:有中国少年儿童出版社、中国妇女出版社、北京盲文出版社、中国人民解放军战士出版社等等。

我国出版社遍布祖国各地,包括远至边陲的西藏也有自己的综合性出版社以及出版科技、美术、少年儿童读物的专业出版社。但是,北京和上海是我国出版工作者荟萃之地。北京是全国的出版中心,上海是重要的出版基地,全国有一半以上的出版社集中于这两个城市;它们出书面向全国。各省、市、自治区的出版社,是本地区的出版中心,出书立足本地,面向全国。

下面介绍几家在我国影响较大、出书经常的出版社。

人民出版社

人民出版社是全国性的政治理论书籍出版社,也是政治、哲学、社会科学的多科性出版社,成立于1950年12月,是新中国出版事业中历史最久的一家全国性出版社。该社主要编辑出版马列主义及党和国家领导人的著作,党和国家的重要文献,政治读物,哲学、社会科学等方面的著作和基础知识读物,还翻译出版外国政治学术著作和资料。

该社设有期刊编辑,编辑出版三种杂志,即《新华月报》、《新华文摘》和《人物》。

生活·读书·新知三联书店

三联书店的前身是生活书店(成立于 1932 年)、读书出版社(成立于 1936 年)和新知书店(成立于 1935 年)。这三家出版社,从 30 年代起,曾经出版过大量进步书刊,向国民党统治区和海外读者宣传马列主义和中国共产党在各个时期的主张,在进行思想启蒙教育方面作出了贡献。1948 年 10 月,三店合并成立三联书店。新中国成立后,由上海迁往北京。

三联书店主要出版社会科学书籍,其中包括社会学、经济学、逻辑学、现代史、近代史、革命斗争史、世界史、各国现状及现代名人传记等。三联书店还担负着出版海外学者以及爱国友好人士的著作。从 1979 年起,三联书店还编辑出版《读书》杂志。

商务印书馆

商务印书馆是中国近代出版事业中历史最久的出版社。1897 年 2 月 8 日创办于上海,1954 年迁往北京,在香港等地设有分馆。

商务印书馆初期以编印中小学教科书和翻译介绍西方的思想和文化著作为主。1905 年成立股份有限公司,出版范围扩大为社会科学、自然科学、应用技术、文学艺术、儿童读物、大中小学教科书、中文语文词书和各类专业工具书等,并编辑出版几十种杂志,印行珍本善本古籍。80 多年来共出版图书 23000 多种,在普及文化和介绍新知方面作出了重要贡献。在编印的刊物中,《外交报》是我国研究国际问题最早的杂志。《东方杂志》从 1904 年创刊到 1948 年终刊,是我国创刊杂志以来发行期最长的刊物。在出版的工具书中,《辞源》的编纂历时 18 年,开辟了中国新式辞书以语文为主兼收百科的新格局。《中国人名大辞典》、《中国古今地名大辞典》,以及动物、植物、矿物、医药、教育等大辞典,都具创始的作用。《韦氏大学字典》和《综合英汉大辞典》是外语辞书中的佼佼者。

解放后,商务印书馆出版的中外语文辞典工具书达150种以上,汉语词典中的《新华字典》印数达1亿册,创工具书印数世界最高记录。

新中国成立后,根据国家规定的出版专业方针,出版的主要任务为编译出版世界哲学社会科学方面的学术著作,介绍各国哲学、政治、经济、历史、地理方面各流派的著作,编纂汉语和各种外语词典、工具书、教材、研究著作及普及读物等。

中华书局

中华书局于1912年创办于上海,是一个有70多历史的出版社,是旧中国著名的出版企业之一。新中国成立后迁往北京。从1957年起,它成为我国整理出版中国古籍的专业出版社。其业务范围是:①有计划、有选择地整理、出版中国古代和近代文学、历史、哲学古籍,各类资料汇编,各种历史年表、历表、索引、大事记等专业工具书,影印某些珍本、善本或重要古籍;②出版有关中国历史、古典文学和古代哲学方面的研究著作;③出版一些选本、译注本和知识读物,以及《中国历史小丛书》;④有选择地出版一些外国学者研究中国文史哲方面的专著,此外,还编辑出版有《文学遗产》、《文史》、《学林漫录》、《文史知识》等杂志。

科学出版社

科学出版社是中国科学院领导下的综合性的自然科学和技术科学出版单位,成立于1954年8月。其出版任务与中国科学院的科研任务基本适应,同时面向全国。以"侧重基础、侧重理论、兼顾普及"为出版方针。主要出版国内科学界的科研成果、资料和科学论著,各学科的学报和学术期刊、参考书、工具书,还翻译介绍国外最新出版的学术著作和优秀图书。从1954年至1978年,累计出书6381种,近几年每年出版图书300多种,2000万册左右。

据 1979 年统计,科学出版社出版的期刊有 57 种,既有综合性的学术期刊《中国科学》、《科学通报》,又有高级和中级的自然科学和新技术的学报和专业杂志,还有一部分科普期刊。

书目文献出版社

书目文献出版社成立于 1979 年 2 月,是文化部领导的"事业单位、企业管理"的专业性出版社。该社的宗旨是为了繁荣和发展我国的图书馆事业,交流全国各图书馆的情况,促进理论研究和学科建设,使图书馆工作和图书馆事业在"四化"建设中发挥更大的作用。

该社的主要任务是:一、编辑出版图书馆学、目录学、版本学等方面的书刊资料;二、编辑出版全国性中外联合目录、图书分类法、编目业务用书以及中外图书目录卡片、索引、文摘等;三、有选择地出版北京图书馆藏书中有价值的绝版文献;四、承印有关文件和材料。

关于台湾的出版业情况:

50 年代初期,台湾省图书出版社共有 100 多家。近几年来台湾出版业发展较快。据统计,台湾省的多种出版社至少有 3000 余家,其中,已登记的有 2000 余家,有一定规模的占三分之一,经常出书并有发行体制的,只有 100 多家。30 多年来,台湾省共出版图书 12 万种,每年以六七千种新书数量出版发行。以社会科学方面的图书为最多。

台湾出版社有三种类型:一类是属于台湾当局出资经营的,如正中书局、黎明文化公司等;二类是民营企业,如商务印书馆、中华书局、开明书店等;三类是社团出版部门,如徐氏基金会等。

台湾出版各类杂志 2300 种,到 1979 年止,公开发行的 1772 种,内部发行的 500 余种,平均 7800 人有一种杂志。在 1700 多种杂志中,以工商类杂志最多,约占总数的五分之一。据 1979 年统计,台湾还有唱片录音出版商 278 个,每年出版约 500 余种,其中国语歌曲占 70% 以上。

关于香港地区的出版业情况:

香港地区出版商不少,据统计,参加香港第五届图书展览会的出版商计有 132 家。其中,规模较大的有三联书店、商务印书馆、中华书局等。由于香港是一个工商业城市,不是文化学术区,高等学校不多,所以,出版的书籍中较多的是外语学习用书、文艺小说、家庭生活情趣等方面的图书。有些关于自然科学、计算机、经营管理、对外贸易方面的出版物,大多是入门性质和适应于实务的图书。近年来,一些英美大出版商,纷纷在香港扩展业务或成立机构,在香港印刷后,大部分销往其他地区。

二 我国书刊发行系统

我国书刊发行实行统一管理、分散经营、多渠道流通的体制。我国各出版社,大都设有读者服务部,出售自己出版的书刊。有一些杂志社、报社,将自己编辑出版的报刊自办发行,不通过发行系统发行。除此以外,我国公开出版的绝大多数图书、报刊均通过发行系统采用征订、选购、邮购等办法,向广大用户批发,零售。

解放以后,我国书刊发行逐渐形成了一套网状组织结构和发行网点。它们在业务上的联系是纵横交错,在地区上的配置是星罗棋布。这些发行网点,按服务方式分,有固定和流动两种;按网点规模分,有大、中、小型;按经营范围分,有综合与专业两种;按经济性质分,有全民所有制、集体所有制和个体所有制三种。

我国书刊发行机构和发行渠道有下列数种:

1. 新华书店

新华书店于 1939 年 9 月 1 日在延安创办,毛泽东同志为她书写了店招。解放前的新华书店,是统管书刊出版、印刷、发行的综合机构。建国后,实行分工专业化,新华书店成为全国统一经营、统一管理的全民所有制的图书发行企业。据 1983 年底统计,全国共有各种类型的售书点 101544 处,其中,国营新华书店门市部 8000 多处。1980 年统计,全国新华书店共发行图书 630 多亿册。在我国,新华书店在整个图书市场上已经处于主导地位。它每年的图书销售额占全国图书销售总额的 97%,是全国图书发行网的主体。

新华书店的销售部门主要有:

门市部(包括城镇的综合、专业门市部和农村的集镇门市部)。

书亭(其营业规模比门市部小,一般设在大专院校、宾馆、车站候车室或市区街道上)。

内部发行部(负责"内部发行"图书或"限国内发行"的图书供应工作)。

机关团体服务部(主要接待各机关、学校、企业、事业等单位的公款购书以及对这些单位的图书馆、资料室供应图书)。

邮购部(一般设在大中城市书店,专为偏远地区读者办理函购业务)。

批发部(负责对集体、个体书店及其他社会发行网点的批发业务)。

新华书店有综合与专业之分。综合性书店经营各种类别的图书,但图书品种往往配备不齐。近几年来,在各大中城市相继开办了许多专业书店,据 1983 年底统计,全国专业书店已达 490 多处。专业书店按读者对象分,有少年儿童书店、少数民族文字书店、外文书店等;按图书专业类别分,有科学技术书店、医药卫生书店、文史哲书店、学术书店、农业书店、技术标准书店、教育书店、高等教育书店、大专教材书店、古籍书店、音乐书店、图片图册书店、体育书店、艺术书店、工具书书店、书法碑帖书店、视听教材书店等;按图书版别分,有省版书门市部、地方版门市部等等。

2. 中国书店和古旧书店

这是专门经营旧书、古书的收购和出售的机构。先是通过各种方式收购,然后再出售给读者和用户。该机构的名称,在北京的叫"中国书店",在上海的叫"上海书店",在各省市自治区的一般均叫"古旧书店"。

中国书店于1952年成立于北京,30多年来,该店在抢救、发掘中外古旧书刊方面作了重要贡献。该店向全国各地派出大量收购人员,通过坐收、串门收、访书、交换,以及定期到废品站拣选等方式,收集了大批文化典籍,从1954~1982年,共收购中外古旧书刊3048万部(册),其中有不少珍本、善本和重要文献资料。1979年以来,该店还与有关单位合作,抢救古书木刻版40多万片。中国书店在北京设有19个内外销售门市部,仅1981年1月~9月,售出古旧图书达132万部(册)。各省市自治区的古旧书店,也在古旧书刊的收集和出售方面做了大量工作。

3. 中国国际书店

中国国际书店是中国经营国内书刊出口的贸易机构,成立于1949年12月。开始时是统办书刊的进、出口业务,从1964年起,将书刊的进口与出口业务分开经营。国际书店专营书刊的出口业务,对外副名称为"中国出版物中心"。

中国国际书店经营出口品种涉及中国出版的所有学科的各种书刊,包括各种文字的马、恩、列、斯和毛泽东著作以及美术出版物、唱片、中国画原作、木版水印画和民间手工剪纸等。30多年来,国际书店出口各类图书不下数万种,包括用30多种外国文字出版的图书1500多种。1979年该店出口报刊330余种,与世界170多个国家和地区的800多家代销书店建立了业务联系,联系的国外报刊长期订户达数10万户。1979年,该店的书库流通量约为3000万册以上,直接出口的书刊达2804万册,其中,报纸杂志的出口数量为1100余万册。

为了便利各国读者订购中国出版物,中国国际书店除了接受外国读者来函邮购外,还在世界各大城市都设有代销点,在国内许多机场、车站、港口、宾馆等地加强了外文书刊的出售工作,来华外宾和旅游者可在这些地方订购我国外文书刊。

4. 中国图书进口公司和外文书店

该公司成立于 1973 年,是国家科委领导下的以引进国外图书、期刊等资料为主的国营专业贸易公司。

该公司的主要任务是,负责调查、了解、汇总国内各单位的需要,制订计划,引进国外的书刊资料。其范围是:引进国外出版的社会科学和科学技术图书(包括文献、专利、标准、地图等)、期刊,以及与书刊有关的视听资料、设备(如磁带、缩微胶卷、影片、录音机、录像机、复印机等);还经办引进各国音响资料,如唱片、乐谱、录音带、唱盘等。该公司已与世界 100 多个国家和地区的出版社(商)、学会、协会、书店、代理商等单位建立了经常性的业务联系,以订购、代销等多种形式,每年引进国外书刊资料约 70000 余种,1500 余万册。

中图公司引进的图书资料并不是自己直接发行,而是通过全国各省、市、自治区的外文书店和新华书店的外文部发行。全国除西藏以外,都建立了外文书店,其门市部和售书店计有 200 余处。

中图公司还经办两项很有意义的业务:一是成立目录资料室,搜集世界各国出版物的最新目录、厂商产品介绍,以及世界主要高等学校、学会、协会、研究中心等资料,供全国各单位和读者参阅查询;二是成立国外新书样本室,经常陈列各国新书样本,每三个月轮换一次,每批陈列 6000 ~ 7000 种,并到全国一些大城市展出。样本由各国出版社提供,这实际上已成为常设性的国外新书展览,为有关单位和读者看样本选订新书创造了有利条件。

中图公司经常举办世界各国图书展览。1978 年首次举办的大型《外国科技书刊展览》,在国内九大城市巡回展出 20000 余种书刊资料,观众达 60 万人次。近几年又连续举办了若干国家的书展,历次参观书展人数已逾 200 万人次。

为报导世界各国出版情报、动态、名著评介等,该公司在原《国外书讯》基础上,创办了《世界图书》月刊,每期发行数万份。

5. 世界图书出版公司发行部

世界图书出版公司经国家出版局批准于 1987 年成立。它的主要任务是:与国外书刊版权所有者签订版权转让合同,公开影印出版国外书刊资料;翻译出版国内急需的有较大参考价值的国外科学技术图书、经济管理图书、各类工具书和综合性图书。

世界图书出版公司编印发行的《W 图书征订目录》不定期出版发行,分期介绍已与国外出版商或作者签订了重印版权合同、在我国重印出版发行的外文专著、教材、语言工具书和参考书以及台湾版中译本图书等。由于需要支付一定的版权费,这类图书的价格将略高于国内同类图书的价格。

《W 图书征订目录》由世界图书出版公司发行部向全国各地外文书店及新华书店外文部发行。国内科研单位、高等院校、图书馆及个人读者,均可通过外文书店(部)订购或选购《W 图书征订目录》中将出版发行的图书。

6. 邮局

邮局是我国公开出版的报纸、杂志统一计划发行的最重要的渠道。在旧社会,邮政部门不办理报刊发行工作。那时报刊,一部分由报刊社交邮政局寄递;一部分依靠报馆和书店销售。建国后,由于报刊出版的种数和份数有很大发展,许多报刊社纷纷委托邮局发行。1952 年 12 月,国家颁布了"关于改进出版物发行工作的联合决定"文件,实行"邮发合一"的发行方针,从 1953 年 1 月 1 日起,公开出版的报刊,总发行由邮局负责,从而统一和加强了我国报刊的发行工作。到 1954 年止,全国报纸 94.3% 由邮局发行,杂志 79.6% 归邮局发行。为了满足零购读者的需要,发行部门还保持了一定的零售比例,如各地的报刊门市部就是为此而设置的。根据1981年统计,邮局发行的报刊已达2500多种。

除邮局发行以外,我国各地、各单位和许多学术团体,还创办了许多内部报刊,这些内部报刊品种很多,据1978年不完全统计,仅内部发行的期刊就有5000种以上。它们除少数通过邮局发行外,大部分只在同行业或相关的单位中发行,其发行工作大多由各报刊编辑部自己分发交邮局寄递,不列入邮局发行计划之内,邮局只承担分拣和投递任务。这部分内部发行的报刊,专业性较强,学术价值较高,但收集较困难,图书馆采访人员要特别注意采访。

7. 农村基层供销社售书点和国营商业售书点

供销社售书点,就是在农村乡政府所在的供销社,设置图书文具部或图书专柜,从本县书店批进图书,零售给读者。供销社兼营图书在我国已有近30年的历史,是新华书店在农村发行阵地上的主要依靠力量。

国营商业售书点,就是在国营百货商店内,设置图书专柜、专架,代新华书店常年或季节性地销售图书,这是在城市内弥补新华书店网点不足而采取的补充销售图书的措施,也是多渠道发行事业中的一条重要渠道。

上述两种售书点,都具有点多面广、布局合理、管理健全、有较好的物质条件、不需要国家投资另起"炉灶"等优越性,既可补充发行网点之不足,又可节约人力、物力、财力,见效快。据1983年底统计,全国有供销社和国营商业办的售书点共计69548处,是图书发行事业中不可忽视的力量。

8. 城镇集体与个体书刊销售点

集体所有制售书点,是发行网点的重要组成部分。其主办单位主要有三种:一是由各单位组织职工家属(待业青年)办的集体书店、书亭;二是城市街道组织待业青年办的集体书店、书亭、书摊,三是公社出资金、出人力办的公社书店。这些集体书店,有的

144

专营图书,有的兼营其他商品,有的卖书又租书。集体书店的图书由国营新华书店批发,在货源上有保证,有一定比例的畅销书,但不经营"内部发行"读物和非出版单位编印的出版物。

个体售书点是个体所有制性质的零售网点,是国营新华书店的补充力量,二者之间的关系是业务批销关系,在货源分配、销售范围方面,与集体书店享有同等待遇。

据 1983 年底统计,全国各地集体、个体售书点总计 15738 处,它们在图书发行方面起了不可估量的作用。

9. 各单位自办发行的售书点

出版社、报刊社自办发行,实际上是产销合一,是书刊发行的渠道之一,起着辅助和补充作用。自办发行的形式有多种,如自办全部本版书的发行、自办部分专业图书的发行、本版书委托书店寄销,以及在某些大中城市书店搞特约经销等等。据 1983 年底统计,出版社自办发行的有 113 处。但根据文化部和教育部的规定,大专教材和中小学课本,统一交新华书店发行,出版社一律不能自办发行。

第二节　外国出版发行系统

一　外国主要出版机构与特征

世界各国出版社数以十万计,大部分集中在西欧、美国、日本、苏联等发达国家。其中,部分出版社出书稳定,出版量大,久负盛名。而大部分出版社都是起伏不定、一年出不了几本书的小出版社,或几年才出版一本书的"皮包出版商"。真正具有一定声誉的出版社不满 1000 家。

世界各国出版社大体上有以下几种类型:

一是综合性出版社。这类出版社历史悠久,规模较大,出版编辑力量雄厚,有计划地组织各界名流学者撰稿,出版的自然科学和社会科学图书、期刊,一般质量较高。营业范围广泛,除在本国设总公司外,还有国外设有分公司,或代理机构和经销点。如美国的威利出版公司,英国的培加蒙出版社,西德的斯普林格出版公司和荷兰的联合科学出版社等等。

二是专业性出版社。这类出版社规模不大,出版书刊内容比较专,有的只出版某一学科或几个学科的图书,富有专业特色,学术价值较高,深受用户的关注。如美国出版数学书的美国数学会出版社,日本出版化学化工书的东京化学同人社等。

三是参考工具书出版社,包括词典、手册、百科全书、书目、索引等。如美国专门出版书业方面参考工具书的鲍克公司,苏联的百科全书出版社,西德的朗恩沙伊特出版社等等。

四是教科书出版社,这类出版社出版的图书,主要是教科书,也出版专著,可作为研究参考书。如美国的韦斯利出版公司和利顿教育出版公司等。

五是大学出版社,这类出版社与一般的商业性出版社不同,它不专门出版教材,多数是出版本校专家教授的学术著作,同时接受一部分社会上的来稿。如英国的牛津大学出版社,美国的哈佛大学出版社等。世界上几乎所有的国家都有大学出版社。

六是政府出版机构,专门出版政府部门出版物以及一些保密资料。如世界上政府出版物出版数量最大的美国,其出版机构遍及美国国会、联邦法院、国务院、国防部等几百个单位。英国政府出版物的出版、发行机构是皇家出版局。法国、联邦德国、日本的政府出版物,均由政府各机构的出版部门出版发行。

七是学术团体出版机构,主要出版学术活动所产生的科技文献资料。如会议文献、科技报告、学科专论、标准、工具书、技术资料汇编等等。出版品种较多,发行方式日趋商业化。如美国的电器与电子工程师会,英国的皇家化学会等。

西方各国的出版社都有全行业组织,有的国家只有 1 ～ 2 个,如英国的"出版商协会"、"学术与专业团体出版社协会"。有的国家同时存在许多协会,如美国有五大出版协会,其中,"美国出版商协会"地位最高,成立于 1950 年,共有 300 多个会员出版社。此外,还有一个由各国出版社共同组成的"国际出版商协会",参加者都是世界上著名的出版社、出版商,通过它可以了解出版发行动向。

下面介绍几个出版业发达国家的出版机构:

1. 美国的出版机构

美国的出版业,无论是出版物的品种、销售数量还是出版物的水平、质量等,均处于世界出版业的前列。美国各种类型的出版社计有 5000 余家,除了近千家"微型出版商"和报刊出版商外,具有一定规模的大、中型商业出版社共有 1200 余家。其中,历史悠久,出书质量较高的大、中型出版商也有 300 余家。每年出书 50000 余种,加上美国联邦政府各部门的出版物,共计 80000 余种,居世界出版业的前茅。

美国出版社的类型:

一是商业书出版社——主要出版小说和非小说两大类出版物。其出版物均是通过零售书店公开出售,所以称为"商业书",其内容几乎涉及文化领域各个学科和门类。商业书出版社包括一些经营规模较大的综合性出版社(如普兰蒂斯·霍尔公司,哈珀罗公司),和一些专业出版社(如专门出版政治与国际问题图书的普雷格公司,专门出版法律书籍的澳兴纳公司等等)。此外,美国的各大学出版社也都列为商业书出版社,主要出版一些比较严肃的非小说类出版物,包括社会科学和基础科学、医学方面的书籍,大专院校专业学术性著作等等。

二是专业图书出版社——主要出版理、工、农、医各学科的专著。专业图书出版社包括规模较大的综合性出版社(如学术出版社、约翰·威利父子公司、麦格劳·希尔公司、普莱南出版公司),还有一些中小型专业出版社(如出版医学护理图书为主的桑德斯公司、托马斯公司、施普林格公司等),以出版石油化工等技术专著为主的海湾出版公司、石油出版公司、化学橡胶公司,以出版农业、食品工业专著为主的阿维公司、伯吉斯公司等等。

三是教科书出版社——主要出版中小学课本和一部分大学教材。美国的教科书出版社有600多家,其中比较著名的有埃迪森·韦斯利出版公司、利顿教育出版公司、霍顿·米夫林公司等等。

四是纸皮书出版社——以出版小开本的平装廉价小说为主,其内容涉及传记、古典小说、参考工具书。大部分内容以科学幻想、惊险、侦探等小说为主。出版发行量从几万册至几十万册,有的甚至高达百万册以上。每年出版纸皮书10000余种,几十亿册,价格比精装本便宜10倍,深受读者欢迎。美国的纸皮书出版商计有500余家,其中大部分是"皮包出版商",具有相当规模、出版质量较高的为数不多。较有名的是班垣图书公司、沃纳图书公司、瓦伊金出版社、塔普林格出版公司等等。班垣公司出版的"号外版"图书,能在几天、甚至几十小时出版一本图书,成为突击出书的先驱,引起国际出版界的轰动。

美国出版社在国际上有影响的为数不少,如威利父子出版公司、麦格劳·希尔图书公司、韦斯利出版公司、诺伊斯资料公司、普雷格出版公司等等。

2. 英国的出版机构

英国的出版社号称有4000多家(其中有一些是外国在英国的出版社或分公司),实际上只有2000多家,70年代最高的数字是1976年的2265家,1980年上升为2382家,近年来已达到2400多家。而规模较大、出书经常的只有360家,它们是英国出版商协会的会员,每年出版新书35000种,占全国总数的80~90%。

英国的出版机构,根据其历史背景,可分为下列几种类型:

一是大学出版社,如牛津大学出版社和剑桥大学出版社。英国出版业的开创主力,应该说是这两个大学出版社。二是历史悠久的独立出版社。这类出版社是当前英国出版业的主力,如巴特沃斯公司、麦克米伦公司和钱伯斯公司等。三是50年代以来新成立的商业出版社。这类出版社,出书经常,业务活动面广,在许多国家和地区设有分支机构或代办处,如培加蒙出版社、海登父子公司等。四是英国资本的出版集团,主要是英国出版商协会的主要成员。如联合图书公司、国际出版公司等。五是外国资本的出版集团,主要是受美国资本控制的出版集团。如汤姆逊·克罗威尔集团,科利尔·麦克米伦·普雷格集团等。六是纸皮书出版社。它以廉价书大批量销售为经营目标,如企鹅图书公司、新英国文库公司等。七是专业出版社(包括技术出版社和政府出版社两大类)、技术出版社(如麦克唐纳与埃文斯公司)、政府出版社(如皇家出版局等)。八是学会、协会出版社(如皇家化学会等)。

英国出版社在国际上有声誉的是培加蒙出版社,剑桥、牛津两个大学出版社。

3.法国的出版机构

法国的出版社,据近年统计有2700家左右,其中期刊出版社和学会、协会、皮包商型的出版社占大多数,出书经常的出版社只有500多家,大型出版社只有80家。每年出版图书25000多种,总印数近4亿册。从上述情况看,法国的出版业,比美、英、联邦德国、日本稍为逊色。

"法国全国出版商公会"是法国主要出版社组成的同业组织,成立于1892年,参加该公会的出版社有351家,是法国出版业最有代表性的组织。

法国最有名的大出版社有10家,如阿歇特出版社、拉鲁斯出版社、马松出版社、博达尔出版社、唐纳出版社、法国大学出版社、埃罗尔出版社、弗拉马里翁出版社等。其中阿歇特、拉鲁斯和马松等出版社，都有 150 多年的历史，是法国资格最老的大出版社。近年来，它们出书范围越来越广，在国外设有众多分公司或代办机构，成为国际性的跨国出版公司。特别是拉鲁斯出版社出版的百科全书畅销全球，享有很高的声誉。

法国出版社出版的图书大体分为 9 大类，即：教科书、科学技术书（包括企业管理、经济学）、人文科学书、文学书、百科全书与词典、艺术书与礼品书、青少年读物、实用书（年鉴、地图、旅游手册等）和视听出版物等。近几年来，文学书和百科全书的出版发行，一直居于领先地位，据 1978 年统计，这两类书的出版品种数占全年出版物总品种数的 45.6%。

在法国出版社中，值得一提的博达尔—杜诺—戈基埃·维拉尔公司，它是目前法国出版科技图书的主要出版商之一。该公司是 1971 年由上述三家出版社合并而成。其中，杜诺出版社成立于 1791 年，是法国科技出版商的老前辈；戈基埃·维拉尔出版社成立于 1863 年，以出版理科书籍为主；博达尔出版社是第 2 次世界大战结束时 1945 年才成立的，专门出版教科书，以中、小学教科书为主，兼及大学科技教科书及其他门类的出版物，以经营中小学课本起家，成为后起之秀。到 1971 年，在激烈的竞争中，博达尔吞并了另外两家历史悠久的老前辈，成为法国科技界和出版界的重要新闻。合并后的该公司，在国内除杜诺和戈基埃·维拉尔两个子公司外，在国外还有 10 多个分支机构和联号，成为赫赫有名的国际性的跨国出版公司。

法国出版业基本上是实行一种自由经济体制，政府一般不干预出版社的活动，而只起一定的指导作用。

4. 联邦德国的出版机构

联德国的出版社，据 1983 年统计共有 2500 多家。每年出书

100 种以上的占 3%,不满 10 种的占 70%,出书在 1～100 种之间的占 27%。重要的出版社有 300 多家。联邦德国是西欧各国中出版业最发达的国家。

联邦德国出版图书,据 1982 年统计,有 60000 余种,新书与再版书的比例为 4:1。科技书占首位,其次是小说,占 20% 左右。1951～1981 年间,共出版图书约 100 万种。

专业和技术刊物是联邦德国出版业的一个重要部分,每年出版各种期刊 2900 余种,其作用甚至超过图书。

联邦德国的出版社集中在慕尼黑、汉堡、西柏林、法兰克福、斯图加特和科隆等城市。尤其是慕尼黑,是仅次于美国纽约的出版城市。那里集中了 300 多家出版社,1982 年共出图书 10000 余种,占全国出版图书品种的 1/2。

联邦德国的出版社中,规模最大、在世界上闻名的是斯普林格出版社。它创立于 1842 年,是世界上最大的、久负盛名的大型科技出版社之一。它以出版图书品种多、学术水平高而闻名于世。每年出版新书 650 种以上,以自然科学、医学、工程技术图书为主。其中,60% 的图书是以丛书形式出版的,医学图书占 1/3。它还出版 20 多种期刊、手册、文摘等。该社在全世界 10 多个国家和地区设有分支机构和代理处。1964 年还在美国纽约成立了斯普林格纽约出版公司,专门出版英文书刊。

联邦德国在国际上较有影响的出版社还有绍尔出版社、朗恩沙伊特出版集团和保罗·帕赖出版社等等。

5. 日本的出版机构

日本的书刊出版业十分发达,享有资本主义世界"出版王国"的称号。现在全国共有出版社 4000 多家,其中,专业出版社 2000 家,全部是私人经营的独立企业。大多数出版商是小本经营,历史较短,多为第 2 次世界大战后建立的。只有 55 家出版社成立于 18 世纪,424 家成立于 1945 年前。出版社主要分布在东京(占

80.2%）、大阪（占 4.7%）和京都（占 3.4%），其余分布在全国各地。据 1984 年统计，日本全年出版各类图书 32357 种，再版图书近 30 万种，印数在 10 亿册以上。出版报刊 18000 种，其中学术性期刊 4000 种。

日本出版业的最大特色是大量翻译国外图书文献，引进尖端技术情报。凡是日本所需要的或较有价值的外国图书，都有日文译本，选题和出版都比较快。

日本出版图书的品种丰富多彩，应有尽有。近年来，全集、丛书、文库本的出版占很大比重，百科全书、辞典的出版量也很大。日本比较有名、出书经常的出版社有丸善书店、日刊工业新闻社、东京大学出版社、岩波书店、平凡社、讲谈社和小学馆等等。其中，丸善书店是日本最早的出版社，于 1869 年开业，主要出版摘自英美的科技书刊，书刊质量一般较高；日刊工业新闻社于 1946 年成立，以出版工程技术方面的书刊著称，每年出书 70 余种，期刊 10 多种；岩波书店创立于 1913 年，至今已出版书籍 13000 余种，每年出版新书 300 多种，再版书 2000 多种，所出图书涉及社会科学各个门类，还出版大量工具书。从出书种数看，在日本占第 6 位。此外，出版社科图书的出版社还有平凡社、中央公论社，出版工具书的有小学堂，出版农业书刊的有养贤堂，出版医学书刊的有南山堂和医齿药出版株式会社等等。

6. 荷兰的出版机构

荷兰在西欧众国家中是一个小国，可它的出版业是世界上最发达的国家之一，享有国际声誉。全国共有出版社近 500 家，约有 1/4 集中在首都阿姆斯特丹、这些出版社中，多数规模不大，每年出书 10 种以上的只有百余家，而 10 家最大的出版社生产了全国大约 60% 的图书。据 1978 年统计，荷兰全年出版图书 13393 种，占当年全世界的第 8 位，平均每百万人有 957 种书，成为按人口平均计世界出书最多的国家之一（当年美国平均每百万人为418种）。

荷兰出版各门类图书是基本稳定的,文学书所占比重最大,往往超过40%;科技书占18～20%左右。荷兰出版业的一个重要特点是译自其他文字的出版物很多,占全国出版图书的20%以上,主要译自英文,还译自德文与法文,其中英文译作约占翻译作品种数的60%左右。荷兰出版的报刊计有5000种左右,其中国际上刊物、英文科技刊物比较多,刊物定价高,有些刊物主要靠在国外销售。

荷兰的出版社正趋向集团化。有3个最大的出版集团:荷兰联合出版公司、埃尔塞维尔公司和克吕韦尔学术出版集团。其中,荷兰联合出版公司,是全世界出版界第15家最大的出版集团之一,创建于1964年,拥有数十家出版社、发行公司和印刷厂,其贸易额在荷兰居首。它主要出版各门类杂志、教科书、各种参考书、百科全书、科技书和文学书等。每年出书650余种,杂志发行量占荷兰杂志市场的80%,在世界上10多个国家和地区设有分支机构和销售处,是一个十足的国际性跨国出版公司。埃尔塞维尔出版公司,是荷兰最大的科技图书出版集团,在国外的子公司有100多个分号,每年出版新书500余种,期刊400余种。该公司有400多年历史,是资本主义世界最大的出版公司之一。

7.苏联的出版机构

苏联和美国一样,是世界上出版业最发达的国家。据统计,苏联每年用60种国内民族文字和50种外国文字出版图书,每年出版图书和小册子80000多种,总印数达17亿册。60多年来,苏联共出版300多万种图书,总册数520亿,使用了152种文字(其中包括89种苏联各民族文字)。此外,苏联还出版8000多种报纸,印数达17500万份。出版的杂志5230种,总印数超过31亿份。从上述数字看,苏联的出版业在世界上是数一数二的。

苏联出版的图书大体上有下列类型:其一是社会科学图书。

苏联一贯重视社会政治、经济等方面的图书,其中,马列主义经典著作的出版居首位。据 1983 年统计,苏联共出版马、恩著作达 12365 万册,用 92 种国内外文字出版。列宁著作用 118 种文字出版,印数为 56070 万册,印刷了 14000 多次。其二是科技图书。这类书的出版品种和数量很大,内容涉及自然科学各个领域,公自然科学和数学方面,每年出版图书约 10000 种,近 2 亿册。据 1979 ~ 1983 年统计,苏联在技术、工业、运输、通讯和公用事业方面出版的图书超过 135000 种,总印数 82400 万册;农业方面 32000 种,2 亿多册;医学方面 17000 种,16600 万册;高校教材 17000 万册,各种专业教材的总印数几乎达到 20 亿册。其三是文学作品和儿童读物。这类书出版数量不断增长。1976 ~ 1980 年,共出版文艺图书 13 亿册,近 5 年出版青少年读物大约 25 亿册。儿童出版社是苏联的大出版社之一,每年出书 600 多种,2 亿多册。其四是艺术图书。这类图书每年出书 1800 种以上,印数 2600 万册。其五是语言图书(各种语言工具书、科技词典、俄语教材、中小学课本等)。仅 1980 年一年,就用 29 种文字出版了各种语言图书。其六是翻译图书。苏联在出版翻译书籍方面,在世界上占领先地位,共翻译出版了 150 个国家的图书,印数达 218,600 万册。根据联合国教科文组织的统计资料,苏联的翻译出版物是英国的 5 倍,是日本、美国和法国的 2 倍。每年出版外国作者的著作 2000 多种。

苏联的出版社是由国家集中管理的,数量不算太多,但大多数出版社出书量很大,各出版社采用专业分工的办法出版图书。属于中央级、加盟共和国级和州级的出版机构,共计 230 个,其出版系统几经变化,近年来还在不断调整。苏联著名的出版社有科学出版社、化学出版社、无线电出版社、和平出版社、苏联百科全书出版社、苏联俄语出版社、苏联苏维埃俄罗斯出版社、苏联军事出版社和苏联建筑出版社等等。其中,科学出版社每年出书在 1000 种以上,仅 1981 ~ 1982 年,两年中该社出版苏联科学家的著作就有

1800 多种。苏联百科全书出版社,是苏联最大的辞书出版社,于1925 年创立,从 1926～1980 年共出版 530 卷百科全书,印数达 8 亿册。苏联军事出版社于 1919 年成立,专门出版军事方面的图书。60 多年来,共出版图书 121,000 种,印数达 61 亿册。现在每年出版书籍 2500 余种,总印数为 7000 万册。

苏联各加盟共和国,出版书刊数量也是很大的。如乌克兰加盟共和国,每年出书 5000～6000 种,总印数达 1 亿 6000 万册;亚美尼亚加盟共和国每年出书 1000 种以上,印数达 1000 万册;哈萨克斯坦,1945 年以来,共出版图书 3 万多种,印数达 3 亿册等等。

资本主义国家出版社的特征是:私有、盈利、竞争、垄断、跨国公司、不稳定状态;部分出版社注重学术,讲究声誉和影响。

资本主义国家的出版社,基本上都是资本家私人经营的,美其名曰是出版社,实际上都是出版商。他们经营的出版社,大起大落,弱肉强食,不断出现,不断倒闭,互相吞并,处于不稳定状态。基础雄厚的出版社,在竞争中成为国际性的跨国公司,在国内外设有许多分公司或代办机构,具有很强的垄断性。

在新型的出版商中,能站住脚跟的,往往是那些专业性强、学术水平高的中小型出版社。在激烈的竞争中,他们注意出版新兴学科书刊和畅销书刊,保持情报价值,发挥专业优势,使自己处于不败之地,不断发展。例如,法国的博达尔,从经营中小学教材起家,用巧妙的管理手段,先后吞并了两个老大的出版社,发展成后来居上的跨国出版公司。

上述现象,均是资本主义制度下出版商经营出版业必然出现的特征。资本家为了获得高额利润,必然要竞争、垄断。竞争、垄断的结果,必然是使出版社大起大落,不断出现吞并、合伙现象。胜利者成为跨国公司,失败者不是倒闭,就是惨淡经营。

还有一部分出版机构,如学术机构、公司企业、政府部门及其研究机构等等,它们的出版物,如期刊、特种文献和其他学术出版物,比较注重学术价值和情报价值,比较讲究声誉和影响。这些出版机构出版的书刊,学术性和实用性很高,对促进人类文化的发展是有很大影响的。这样的出版社,在资本主义国家中还是为数不少的。

二　外国书刊发行系统

外国书刊发行均有一套完整的管理系统,其宗旨是,通过各种方式,以最快的速度使图书与读者见面,使流通渠道畅通无阻。

外国发行系统,其模式不尽相同,但大多数是通过出版社、批发代理商和书店这三个环节建立书刊发行系统,即各国书刊发行的三大渠道:出版社发行、代理店(商)发行和书店(商)发行。

1.出版社自办发行

国外一些大中型的出版社,大多数自己承担发行业务,它们既是出版机构,也是发行机构。通过它们订书,联系比较方便,直接订货,直接发货,可减少中间环节。订货集中,数量大,折扣也大,还可以省去手续费。同我国有业务联系的大多数是这些自办发行的出版社。

出版社自办发行有两类:

第一类是出版社直接接受订户订货,直接向用户发行。例如,美国的威利父子公司设在纽约的总公司,由国际组的两个发行部负责对外销售。在国外的分公司中,许多设有联营书店和代销店,负责图书直接销售。韦斯利出版公司设在国外的销售机构,几乎遍及世界上主要国家和地区。荷兰的联合出版公司所设的销售和发行中心,除负责本公司各类出版物的销售以外,还为其他出版公司代销发行图书。美国的麦格劳·希尔公司,所出版的图书中有70%是大中小学教学用书。这些教学用书的发行,都是通过各类学校的行政部门、在校内的书店,甚至还有不少销售员来代理公司发行。

第二是出版社直接向书店和图书俱乐部供应图书，不通过批发商这个中间环节，这也是出版社自办发行的一种形式。美国和南斯拉夫等国家中，有不少出版社是采用这种方式发行。例如，美国的西蒙·舒斯特出版社多年来直接与书店建立联系寄售图书。为了吸引更多的书商前来订书，他们给予书店优惠折扣和采取分期付款的办法。该社负责人认为，批发商退货率高达50%，而书店退货率很少超过20%，这是直接通过书店销售图书的理由。

出版社向图书俱乐部直接销售图书，也是出版社自办发行的一种形式，它如同出版社向书店销售图书一样。现在有不少国家的出版社同时采用这两种发行方式。例如荷兰有三个图书俱乐部，即荷兰图书俱乐部、荷兰图书图片读者协会和欧洲国际俱乐部，共有会员200万人左右。这种图书俱乐部并不是供人借书、看书和娱乐的场所，实际上是各家出版社的代售店。据1982年统计，荷兰所出版的1亿多册图书中，有26%是通过这三家图书俱乐部投入市场的。

2. 代理商发行

在国外，众多的中小型出版社大都本身无发行力量和仓库空间，纷纷委托代理机构从事书刊发行。这样，专门为出版社办理发行业务的代理商（批发商）就应运而生了。它们是出版社和零售书店的中间环节，起着传递图书信息、市场销售情报和贮存图书的独特作用。其工作任务是批发、分配、调整、贮存和协调书刊发行业务。代理商发行书刊，一般都效率高、服务好，备有较大的仓库贮存图书，发行不收邮费，且办理邮购业务。通过他们订书，可节省时间，查询事宜比较方便。不足的是要花一笔可观的手续费。

各国代理商中，中型代理商所代理的出版社数量往往不多，或具有专业性。而大代理商所经营的门类几乎无所不包。他们经营的业务范围广，规模大，实力雄厚，发展成为具有垄断性的国际图书批发公司。例如，美国有3家大图书批发公司，其中贝克·泰勒公司不仅是美国最大的,也是世界上最大的图书批发公司。它与上千家国内外的出版社、几千家书店有业务往来。接受 20,000 多个图书馆的订单,办理邮购业务。库存书 25 万种,1000 多万册,备有很大的仓库,仅东部的分公司房屋面积就有 14,000 平方米。日本现有 3 个全国性的批发机构,其中最大的两家是东京出版贩卖株式会社(简称"东贩")和日本出版贩卖株式会社(简称"日贩")。这两家垄断了日本图书发行的 30% 。就"日贩"而言,他与 2500 家出版社和 8000 家书店有贸易往来,每天用 1000 辆卡车从出版社运进 100 万册图书和 200 万册杂志,然后将这些书刊分发给全国 8000 多家书店。由此可见发行工作量之大。英国的代理商共有 600 家之多,分为图书代理商和期刊代理商两种,他们多半是零售业务与邮购代办业务兼顾。例如史密斯父子公司就是英国图书报刊的国内批发代办销售发行公司,是英国最大批发兼零售的发行中心,几乎垄断了英国纸皮书销售的一大半。波兰负责全国图书批发的机构叫做"书库",实际上就是批发店,其下设有分书库。书库决定订数,出版社决定印数,即使出版社自办发行,也要与书库协商,在印数上取得书库的同意。可见,波兰的批发店(书库)的权力是很大的。

3. 书商(零售书店、书商)发行

书商发行是国外图书发行的主要渠道。目前全世界共有书店和销售图书的营业点 50 多万个。

近几年,国外已出现了由若干个书店组织起来的"联合书店"或"连锁书店",有的国家称为"联号书店"。这种大型化的书店,便于各零售书店统一管理,便于电子计算机的应用,加强了书店之间的联系,可以最大限度地满足用户的需要,在客观上促进了图书发行的社会化。例如,美国的沃尔登书店,是美国最大的连锁书店,1981 年就已拥有全国各地的 850 家联号。美国的多尔顿书店,也拥有 700 多家联号,仅在纽约就有 40 家联号。

在一些小型书店逐渐向专业书店过渡的同时,大型书店也开始向更大规模的"图书超级市场"转化。世界上最大的书店,基本上都是图书超级市场。例如美国的博恩斯·诺贝尔书店,日本的八重洲图书中心和三省堂书店,法国的弗纳克书店,加拿大的"世界最大书店",英国的福伊尔书店等等。上述大书店中,要数座落在美国纽约的博恩斯·诺贝尔书店为最大,书店总面积4000平方米以上,出售的书20万种,400万册,以定价9折吸引读者。该店还设有一个特价部,将滞销书降价出售,都标上"一元书"的标签。法国的弗纳克书店有15个分店,出售的书给读者以8折优待。国外的这种图书超级市场,大都不惜用较大折扣、以薄利多销的办法来争取读者,因而图书销售量大,且快,使众多的小书店无法与其竞争。

苏联全国有17,000多个书店,42,000多个书亭,形成国内庞大的图书销售网。但苏联,还有东欧各国以及亚洲的一些国家,图书进出口工作,多由一家公司经营。例如,苏联的 "苏联国际图书公司"就是专管书刊进出口的大公司。它成立于1923年,现在已与世界上140多个国家和地区的1000多个公司、组织和出版社建立了外贸关系,每年还在数十个国家举办1500多次书刊展览。该公司对外出口的图书,品种繁多,文种多样,数量很大,仅出口的报刊就有5000多种。该公司还经营进口业务,据称,每年从其他国家进口书刊达70,000多种。该公司对我国书刊进出口所占份额很小。1981年,苏联向中国出口书刊为67.3万卢布,占第12位,除去经互会各国则占第3位。书刊占苏联向华出口总额的比例也不大:1981年为0.008%强,1980年为0.005%强。苏联从中国进口书刊更少,1981年只有0.4万卢布,占苏联从中国进口总额的0.00004强,1980年为0.8万卢布,占0.00005强。

第三节　采集出版物的目录

在全面调查国内外出版发行的动态之后,要高效率、低费用地采集符合需要的书刊资料,还须掌握和使用各种出版物目录。

出版物目录有多种类型:按出版物目录的来源分,有出版发行机构编制的书目和图书情报部门编制的书目;按文种分,有中文出版物目录和外文出版物目录;按学科门类分,有社科书目和科技书目;按出版物目录的用途分,有征订书目和参考书目;按出版物目录的载体形式分,有印刷型、缩微型、声像型和机读型目录;按出版物目录的文献类型分,有图书目录和期刊目录等等。在图书馆内,采访人员习惯于先按文种分,然后再按文献类型分,在直接利用书目进行采购时,又常常依据书目的用途,将书目区分为征订目录和参考书目。

一　中文出版物目录

中文出版物目录,按其用途可分为征订书目和参考书目两类。

1. 中文书刊征订目录

征订目录是采访人员在订购书刊时,直接使用的目录。该种目录所收录的书刊,均是即将出版的书刊。其作用是,目录先于书刊出版,既可宣传报道,又可供用户见目选书,这对书刊的计划发行,对图书情报部门有目的、有计划地采选都有十分重要的意义。

我国目前编制的中文书刊征订目录有:

①《科技新书目》。由北京、上海两地新华书店发行所编印出版,邮局公开发行,4 开版面,报纸形式,为半月刊,每期 16 版,每月 10 日、25 日出版。本报是预告及征订中央一级出版社和北京、上海两地出版社将要出版的科技图书的工具性报纸。每本书著录

的项目有书名、著者、出版社、开本、页数、字数、估价、大约出版日期、内容简介、读者对象等等。

②《社科新书目》。由新华书店北京发行所编辑出版,邮局公开发行,为半月刊,每期 16 版,报纸形式,每月 10 日、25 日出版。本报纸是预告及征订中央一级和北京地区各出版社将要出版的社会科学类图书的工具性报纸。著录项目与《科技新书目》相同。

上述两个书目,均不包括全国各地方出版社的出版物,有一定的局限性。

③《标准新书目》。由新华书店北京发行所编印出版,邮局公开发行,半月报,每期 4 开 4 版。本书是预告及征订标准资料的一种工具书。该报中开设有"国外标准新书目介绍"专栏,主要登载我国刚刚采集进来而尚未见诸报道的国外最新出版的标准资料目录,供读者向中国标准化综合研究所标准馆办理借阅或索取复印手续。

④《上海新书目》。由新华书店上海发行所编印,4 开 8 版,向全国公开征订上海各出版社出版的社会科学类的图书。

⑤各省、市、自治区出版发行单位编印的《征订目录》,征订本地区出版的图书。例如,广东各出版社和广东省新华书店联合主编的《广东新书目》,江苏各出版社和江苏省新华书店联合举办的《江苏新书目》,新华书店重庆发行所编印的《重庆新书目》,四川省新华书店编印的《四川新书目》,山东省各出版社和山东省新华书店联合编印的《山东书讯》等等。这些地方出版发行单位编印的《征订目录》,大都未通过邮局公开发行,不少是赠送,因而得来不易,往往影响用户征订。还有许多机关、团体、高等学校、科研机构自行编辑出版的各种书刊资料,也常常因为出版信息不灵,难于征订。因此,要求采访人员要注意搜集出版目录,通过多种渠道捕捉出版信息。

⑥《全国报刊目录》。由各省邮政汇兑发行处编印,收录中

央、省、市、专区各级报纸杂志，收订时限一般为全年、半年和季度进行。每年9月左右印发，征订第二年的报刊。

报刊目录编排分两大部分，即报纸部分和杂志部分。先按省市地区秩序组织，再按报刊代号顺序排列。著录内容有符号、代号、名称、价格。报纸的代号都是单号：1、3、5、7、9、11……杂志代号都是双号：2、4、6、8、10、12……。"目录"中的符号是对订阅者的一些规定和注意事项。1985年《全国报刊目录》中的符号有"△"符号表示凭证订阅，如《解放军报》、各地军区的报纸等。"×"符号表示限"地"、"市"级局发行，其他"县"局不可收订。如《福建侨乡报》、《合肥晚报》、《湖南人口报》、《富民周报》、《江西青年报》等。"※"符号表示限各大中城市发行，如《广东农垦》，云南的《春城晚报合订本》、《边疆青年》等。

⑦《内部书征订目录》。新华书店北京发行所编印。本目录征订各书，均为内部发行或限国内发行的。内部发行的图书，一般分为两类：一类是只限国内发行，不对国外发行。这类图书在封面、书名页或版权页等处注有"只限国内发行"的字样；另一类是对国内也限制发行的图书。这类图书在封面、书名页或版权页注有"内部读物"、"凭证发行"的字样。凡内部发行的图书，要求各地新华书店严格按照各书规定的读者对象和供应范围在机关内部征订，并在书店内部出售，不得随意改变和扩大。不得公开陈列，亦不能批发给集体和个体书店、书摊及城乡供销社和一般商业门市部出售。

该目录的前身是原《京内社》、《京内科》两种内部发行和限国内发行的图书目录。从1986年1月起改为现名。每月一期，32开8面，每月5日出版。

2.中文书刊的参考书目

参考书目不是直接订购图书的目录，而是供采访人员订购图书时参考的目录。该目录中的图书均已出版发行，图书便可根据这类目录检查馆藏,需要选订和补订的单位,也可根据此种目录作参考。

中文书刊的参考书目主要有:

①《全国总书目》。由国家出版事业管理局版本图书馆主编(1955年以前由新华书店总店编辑出版),它是反映我国图书出版情况的综合性统计书目,逐年编印,内部发行。它是根据全国各出版单位向国家版本图书馆缴送的出版物样本编成的,由中华书局出版。收录我国各正式出版单位当年出版发行的各类图书。

《全国总书目》有三个部分:第一部分为分类目录,对所收录图书进行分类编排,对部分跨类的图书在相关类中作了互见。第二部分是专门目录(也称专题目录),包括"少年儿童读物目录"、"少数民族文字图书目录"、"外国文字图书目录"、"盲文书籍目录"、"翻译出版外国著作目录"和"工具书目录"等等。各专门目录收录的图书,除少年儿童读物外,均编入分类目录。第三部分是附录,包括"报纸杂志目录"、"丛书索引"、"出版者一览表"等。这样编排图书,是为了提供多种检索途径,便于查找。

《全国总书目》除反映我国正式出版单位出版的公开发行的图书外,尚反映一部分内部发行图书,因此也可以作为查找内部科技图书之用。

《全国总书目》是当前我国收录图书最全的一种图书目录,具有国家总书目的性质,是图书馆采购书刊工作必备的参考工具书。它的作用有二:一是可以了解全国图书出版情况和报刊发行情况;二是可以查对馆藏书刊,作选购和补购的参考。

②《全国新书目》。由国家出版事业管理局版本图书馆主编,按月出版,由邮局公开征订发行,它及时报导新书出版情况,包括新版、重版和重印图书,而且对其中重要图书还作了简明的内容提要。它还经常刊登出版消息、新书预告、书刊出版动态,是采购新书不可缺少的参考工具书。《全国新书目》与《全国总书目》两者

是相辅而行的,前者的职能在于及时报导,而后者是前者的累积本。

③《中文科技资料目录》。是由科技出版社出版的检索工具期刊。这套目录共有 21 个分册,每一册报导一个专题的资料目录。有的是双月刊,有的是季刊,收录国内公开、内部的科技期刊、科技资料译文(不收录密级资料),由邮局统一发行。

这套目录是在 1977 年 7 月全国科技情报检索刊物协作会议以后,按统一的规定,统一的著录格式,由各有关的专业单位,情报所和图书馆分别编制的,是我国检索刊物体系中的一部分。每一件科技资料都著录有编辑出版机构的名称,每一分册都列出引用期刊一览表,提供了大量科技资料和科技期刊的编辑出版的线索,是图书情报部门选购这类出版物的重要参考工具。

④《中文科技期刊联合目录》。1979 年由中国科技情报研究所编辑,科学技术文献出版社出版。此目录是在《中文科技资料目录》21 分册所选用科技期刊的基础上,并结合中国科技情报所的馆藏而编辑的。它收录了我国各单位出版的中文科技期刊4551 种,分为分类目录和字顺索引两部分。它是目前了解国内科技期刊(主要是内刊)最完整的一种期刊工具。

⑤《中文科技资料馆藏目录》(双月刊)。由中国科技情报研究所编辑。由于该所收藏丰富,因此具有全国性的意义。这也是收集国内内部资料的一个重要线索。

⑥《中文图书卡片征订目录》。由书目文献出版社编印出版,专供用户订购中文图书提要卡片用的,收录了北京、上海地区出版的社会科学图书,以及全国各地准备出版图书的情况,其作用已超出订购卡片的范围,它与《科技新书目》相配合,预告全国图书出版情况,对了解全国图书出版的动态,及时选购图书有重要参考作用。

此外,各出版社编辑出版的专业范围、专门类型图书文献的参考书目,各大中型图书馆和专业图书馆编辑的馆藏目录等等,都可以作选购图书时的参考工具。

二 外文出版物目录

外文出版物目录有两大部分:国内编印的外文书刊目录和国外编印的外文书刊目录。国内编印部分,包括国内影印外文书刊征订目录和国内选编原版外文书刊征订目录,国外编印部分包括出版社书目、书店书目、在版书目、国家书目等多种类型的书目。

1.国内编印的外文书刊目录

我国对国外图书文献的引进,分为两种方式:引进原版和择优影印。两者就内容来说完全相同。就形式来说,除色彩、明晰度、质料差别外,其他也基本相同。就一般用户来说,影印件可以说是原件的复本,或副本。原版书质地好,进口及时,符合特殊用户的需要。但价格昂贵,需要外汇,非一般用户能负担。而影印版图书由国内出版,价格便宜,不需外汇,可大量供应。原版书与影印书的价格之差,高达几倍至几十倍。据中国医科大学图书馆统计,该馆 1980 年入藏的外文书,平均每册价格,英文影印书 3.10 元,原版书 79 元,原版书价格约是影印书的 25.5 倍;日文影印书 3.60元,原版 83 元,原版书价格约为影印书的 23 倍。以上说明,英、日文图书原版比影印版要高 25 倍之多。若购原版书 100 册,可购影印书 2500 册。当然,原版书在某些方面的优势是影印书不能代替的,如时差因素,图谱细微结构分辨需要,外形设计色彩需要等等,是特定研究工作所必须的,因此,进口原版与择优影印国外图书是十分符合国情的。

建国以来,我国引进原版书刊的专门机构是中国图书进口公司。影印外文书刊的机构是内部交流单位。它们分别编印了外文书刊目录,供国内广大用户交流与选购。

①国内影印外文书刊目录

国内影印外文书刊目录,作为内部交流使用,几经变动,目前共编印有下列目录:

《外文图书 F 目录》

本目录原为 32 开本,从"F189 期"起,改为四开报纸型,每月一期。每期分为三部分:第一部分"理工版",包括数学、天文学、力学、物理学、能源工程、自然科学(总论)、技术科学(总论)、电子技术、计算机科学、土木建筑工程、环境科学、矿业工程、地质学等专业;第二部分是"生物农医版",其内容范围包括生物学、农业科学、医药卫生等专业;第三部分是"理工版",其内容范围包括化学、化学工程、食品工业、轻工业、冶金学、机械工程、运输工程、军事等专业。

《外文图书 S 目录》

本目录为月刊,收录国外社会科学图书以及语言工具书,也收录部分港、澳、台地区的社会科学图书。1986 年又增加经济、文学、哲学、历史、法律、教育、音乐以及图书馆学等类的图书。

《苏联图书 E 目录》

本目录为季刊,第 17 其以前,自两地两个单位分别编印、出版发行,从第 18 期起,则由一个单位统一编目、出版、发行。它的选题范围是以俄文版为主的苏联科技、经济、语言和工具书类图书。

《外文图书 A 目录》

本目录收录国外社会科学图书、语言工具书、语言录音带、经济管理、会计、审计等类图书。

《外文专题选集期刊特辑 N 目录》

本目录不定期出版,收录国外专题论文集、累积索引、增刊和产品样本等。

《外文国际专业会议 P 目录》

本目录收录国际科技会议文献,其内容涉及科学技术各个领域。

《外文特种刊物 R 目录》

本目录不定期出版,主要收录几个主要资本主义国家政府报告、研究报告、技术报告,其中以美国的 PB、AP、ERDA、NASA 等四大报告为主。

《外文技术标准 BZ 目录》

本目录不定期出版,收录世界各国的技术标准资料。

《外文图书 SN 目录》

本目录不定期出版,主要收录外文期刊有关的累积索引、过期刊物、专题编辑等。本目录从第 4 期起,又增加了社会科学、企业管理、财贸、语言工具等方面的图书。

《中文图书 G 目录》

本目录收录香港、台湾地区出版的图书。

《外文现期期刊目录》

本目录分三部分分别编印:第一部分主要收录除生物、医学、农业以外的资本主义国家外文现期期刊。1986 年度共有外文期刊目录 2140 种。另外还附有新增外文期刊 177 种。目录中刊号后面的"△"符号,系指恢复品种;卷号后上角有" + "符号,系指按年度跨卷供应。第二部分《外文现期期刊目录》,主要收录生物科学、医药卫生和农业科学方面的期刊。1986 年度共收录外文期刊目录 729 种。第三部分《外文现期期刊目录》,主要收录社会科学各类期刊和军事科学类期刊。1986 年度收录外文期刊目录品种,有社会科学 109 种、军事科学 2 种,共计 151 各。刊号下有" ★ "符号只是限供应单位。

《俄文现期期刊目录》

本目录主要收录苏联科学技术方面的书刊。

我国对于国外书刊的政治审查有明确规定:只删去专门攻击、污蔑我国和专门制造"两个中国"的文章、漫画、图片,以及黄色、没有参考价值的广告。对个别段落和语句涉及的政治问题和属于意识形态方面的问题,为保持资料的完整性和参考价值,均不予删减,希望使用单位加强管理。

为了便于国内读者查找内部影印书刊,有关单位还分别编印了几种检索、影印书刊的目录工具。

②国内选编原版外文书刊征订目录

中国图书进口公司是我国办理各类型出版物引进工作的专门机构。它根据世界各国的文献出版情况,定期编印各种外文书刊征订目录,通过各地外文书店或新华书店外文部及时发往全国订户,作为选购外文原版图书的依据。

我国选编的原版外文书刊征订目录,其具体名称几经变化:1978 年第 215 期以前其名称为《资本主义国家新书简报》。1978年第 215 期以后改名为《资本主义国家新书收订目录》。1979 年第 222 期以后又改名为"新书收订目录",分为《美洲、大洋洲新书收订目录》、《西欧各国新书收订目录》、《亚洲、非洲新书收订目录》、《苏联、东欧各国科技新书预订目录》、《罗马尼亚、南斯拉夫新书目录》等等。1982 年,中国图书进出口公司内部机构调整,成立第二图书部和文献部,其征订目录又改为《BA 目录》、《BB 目录》、《BC 目录》和《SD 目录》等等。1984 年,这套目录又换了新名,一直使用至今。原版外文书刊目录,名称如此多变,给采访人员带来不少麻烦。中国图书进出口公司应总结经验,摸清国外出版发行情况,选编出内容质量高,且名称相对稳定的外文书刊目录,这对外文书刊采访工作是十分有益的。

国内选编原版外文书刊目录,目前有如下数种:

《外国学术团体新书 L 征订目录》。由中国图书进出口总公司第二图书部编印,月刊,收录主要资本主义国家,如美国、英国、联邦德国、法国、日本以及南亚、非洲等国家和地区的学术团体出版的新书,包括社会科学和自然科学各类图书。所收图书按类编排,目录后附有西文书名索引。

《外国社会科学新书 S 征订目录》。由中国图书进出口总公司第二图书部编印，月刊，该目录主要收录资本主义国家的社会科学各类图书。目录后附有台湾、香港和澳门地区出版的图书目录。台湾的图书，大部分未印出版年代，新版书和旧版书很难辨认，采访人员须谨谨慎慎选订。

《外国科学技术新书 T 征订目录》。由中国图书进出口总公司第二图书部编印，月刊。主要收录世界各国，其中主要是资本主义国家出版的科学技术各门类图书，目录后附有南朝鲜图书和港台图书。

《外国丛刊目录》。由中国图书进出口总公司编印。此目录共二版，第一版名称是《外国丛书、丛刊、年鉴目录》，现名是第二版。收录范围是介于图书和期刊之间的连续出版物和缩微资料，以资本主义各国为主，尤以美国、英国、日本、法国、联邦德国、荷兰等国的丛刊收录最多，占目录品种总数的 80%。第一版收录丛刊 3008 种，第二版收录丛刊 3304 种。国外丛刊的售价奇贵，特别是那些情报、信息、咨询公司出版的丛刊，售价往往每页高达 100 美元，订户要根据自身经费情况量力而行。本目录只接收长期订户。其收订与发行有两种渠道：一是外国商业出版社的丛刊，收订与发行均由本地外文书店负责；二是外国政府、学协会、国际组织等非盈利性机构的丛刊，由该目录编者的外国丛刊组，负责收订和发行。

《进口社会科学图书 CC 预订目录》。由中国图书进口中心（北京 2825 信箱）编印，月刊，主要收录世界各国社会科学图书，后附有台湾、香港地区的图书目录。

《台湾香港地区新书征订目录》。由中国图书进出口总公司、广州分公司编印，月刊，专门收录港台地区社会科学和自然科学方面各类图书。

《苏联出版科技图书 ST 预订目录》。由中国图书进出口总公司图书一部编印,半月刊,主要收录苏联出版的科技图书以及语言工具书。本目录主要是从苏联出版的"HK"目录中选编出来的。S 和 T 是"苏联"和"图书"两个词语汉语拼音的起首字母。目录中以俄文图书为主,也有少量苏联各民族文字和英、法、德、西等文字出版的图书。

《东欧各国出版新书 DT 预订目录》。由中国图书进出口总公司图书一部编印,月刊。D 是"东欧"词语汉语拼音的起首字母。该目录收录民主德国、波兰、捷克、匈牙利、保加利亚、罗马尼亚、南斯拉夫等七国用英、俄、德、法等通用外文出版的科技图书,以民主德国的图书为主。

苏联和其他东欧国家的社会科学图书,我国尚未选编出目录,均用这些国家的原文目录征订。

另外,中国图书进出口总公司,还编印了收录罗马尼亚和南斯拉夫两国图书的《RT》目录,和收录朝鲜民主主义共和国书的《KI目录》,因均为油印目录,这里不作介绍。

《外国报刊目录》。由中国图书进出口总公司编印,是订购国外原版报刊的主要目录。该目录 5 年出一版,第 1 版(1961 年)收录报刊 15664 种;第 2 版(1965 年),收录报刊 14645 种;第 3 版(1970 年)收录报刊 11222 种;第 4 版(1975 年),收录报刊 17644 种;第 5 版(1980 年),收录报刊 22017 种;第 6 版(1985 年),收录报纸 560 种,社会科学期刊 7197 种,自然科学期刊 16410 种,总计24167 种。

本目录收录范围,主要是参考价值大的美、英、法、德、日、俄等语种的报刊,其他语种出版的报刊,只选主要品种,对不能通过贸易方式订到的品种一般未收进目录;苏联一些部委情报机构出版的刊物,因其出版情况时有变化,亦未收录。每种期刊著录了刊号、刊名、创刊年代、刊名变更、编辑、出版者、定价、中文译名和内容简介等等。

170

《港澳台报刊目录》。中国图书进出口总公司编印,这是目前我国订购港澳台地区报刊的最全面的一个征订目录。目录分5部分:一是香港部分、二是澳门部分、三是台湾部分、四是索引、五是参考索引。前三部即是收录这三个地区出版的报纸和期刊目录。"索引"是将前三部分的报纸和期刊,按汉语拼音字顺排列。"参考索引"部分所列报刊是供参考用的,包括过去所有编过刊号的报刊。但有些是已经停刊或变化了的,有些因不能通过贸易途径订购或材料不确等原因而不准备收订的。

港澳台地区出版的报刊,大部分是用中文出版的,但也有不少是用英文出版的。这两种文字出版的报刊,本目录均收录。

2.国外编印的外文书刊目录

国外编印的书刊目录品种多,数量大,用途各异。我国图书情报部门一般是通过贸易渠道(有选择地向国外订购)和非贸易渠道(通过交换、赠送获得)进行收集。这些目录中有些被中图公司选编入各种原版书刊征订目录,有些直接被订阅单位利用,但也有不少仍未被开发利用。归纳起来有下列类型:

①书商广告、出版预告和出版周报

这是国外出版社和书商为了推销图书而印发的书目。在形式上有单页、书本式、卡片式和缩微型。印刷考究,出版及时,且有内容简介。利用它作为选订国外原版的工具,可以大大提高外文图书的引进速度和订到率。但应注意的是,这些书目中的介绍,带有明显的广告性,失真情况不少,利用时要十分慎重。这些书目大多数是赠送,可通过中图公司与外国书商索取,也可通过各单位直接与国外的出版社、书商或学协会索取。有些周报则需要订购,如《英国书目周报》、《法国书目》等等。

②在版书目

这是各国现在仍在印刷发行,或在一个国家内、一种语言范围内有出售和有库存可以买到图书的目录,也叫"库存书目"或"在售书目"。它一般由大的出版公司、出版协会等汇编出售。目前，全世界大约有90多个国家出版在版书目。它的使用特点是不仅能了解各国图书出版情况，而且还能知道书的存货、缺售或绝版，以及价格变动、书商名称，并附有出版名录。但在版书目一年才出一次，报道较迟，而且著录比较简单，这对选书人员十分不利。举例如下：

《美国在版图书》，由鲍克公司出版，每年修订一次，分作者篇和书名篇，1983年版收录13900家出版社的在版图书591100种。著录项目有：作者、书名、价格、出版社、出版年代、卷数、美国国会图书馆编号、国际标准书号等。每年春季还出版一册补充篇，收录正篇出版以后新增的图书。

《英国在版书目》，由英国惠克特出版社出版。1874年创编，已有100多年历史。1985年收录10588家出版社在版图书389035种，按作者、书名和主题的字顺编排，还附英国出版社最新名址录。从1978年起，该出版社还出版《英国在版图书》月度缩微胶片版，其特点是出版快，内容准确，并注有价格变化，绝版情况等。

《德国在版图书目录》，由联邦德国书商协会和出版商会编印，收录了联邦德国、瑞士、奥地利、西柏林各出版社的在版德文图书。

此外还有《国际复制出版物目录》，分为图书与连续出版物期刊、年刊两卷，该目录分别收录世界各国出版的图书和期刊的复制本。用它可作为了解和采购已经绝版的图书或过期刊物。

③国家书目

国家书目又称全国书目，即在各自国家内部出版或发行的全部图书和其他出版物目录。它是一种登记性书目，收集一个国家在一个时期内出版的全部图书，一般由国家图书馆或有关书目机构编辑出版，它具有著录详细、准确和收录齐全等优点，因此它是采购人员不可缺少的工具。不过,从国家书目查得的图书,还得经"在版书目"查核后才可知是否可以买到。现举几个国家的大型国家书目的例子:

《美国图书出版记录》,月刊,几乎收集了美国所有出版的图书(包括《出版商周刊》中收的全部图书),是美国出版的图书较完整的记录。但不收政府出版物、重版书、小册子和少于50页的书。每期既收上个月出版的图书,也事先预告新书书讯。后附著者和书名索引。

《1876～1949年美国图书出版记录累积》,《1950～1977年美国图书出版记录累积》,这两个大型书目是《美国图书出版记录》的多卷累积本。前者收书625000条,后者收书900000册。该书目的1～10卷按杜威十进分类法排列,第11卷书目是小说和青年读物;第12卷为非杜威分类法排列书目;第13卷是著者索引;第14卷是书名索引;第15卷是主题指南。这是一套反映美国全部出版物情况的大型书目。

《惠特克五年累积书目》,本书目收录了英国出版的全部图书。已出版的有:1939～1943年本(著者和书名混同按字顺排列);1944～1947年本、1948～1952年本(著者和书名分别按字顺排列);1953～1957年本(著者、书名和主题混同按字顺排列)。

另外,目前国际上出版的大型书目比较著名的有,美国国会图书馆编的《1956年以前全国出版物联合目录》,英国博物馆编的《印刷版图书总目录》,法国的《国家图书馆总目录》,还有联邦德国、日本等都编制有大型国家书目。

④报刊目录

世界上最著名的报刊目录有以下几种:

《乌利希国际期刊指南》,由美国鲍克公司编印出版。创刊于1932年,其名称几经变动,1965年出11版时定为现名,1969年出13版开始改为双年刊,报道世界上正在出版的报刊,最新的第21

版选录各学科重要期刊 65000 种。目录按分类编排,并编有书名和主题索引、国际标准期刊编号、出版商地址等索引。这本目录是同类目录中最重要最常用的期刊工具书。

《年刊与不定期连续出版物国际指南》,这是《乌利希国际期刊指南》的姊妹篇,但在收录出版物的类型上有分工,前者收一年定期出版两期以上的刊物,后者收各种连续出版物,一般是年刊、双年刊和每年少于一期的期刊或不定期刊以及介于书和刊之间的出版物。收录刊物按 200 个主题分类排列,收录 35000 条。

《乌利希季刊》,是上述两部书目的增补,及时反映新出版的刊物、刊名的变化、停刊或合刊等新情况,每期列出刊物约 2500 条。

《连续出版物出版指南》,收录上述三种目录的所有出版者,即 181 个国家中的 63000 个出版机构,罗列了它们的连续出版物 90000 种。后面附有出版者名称索引。

《标准期刊指南》,也是美国出版的报刊目录。1979~1980 年出版第 6 版,收录美国和加拿大出版的期刊 68000 种,除一般商业和专业期刊外,还包括 300 多种日报、政府出版物和内部刊物,并附有内容简介。

《英国期刊联合目录》,由英国巴特沃斯出版公司出版。1955 年出版 1~4 卷,收录英国各图书馆入藏的 17 世纪至 1950 年的各国期刊 140000 多种,以后几年一期,至 1976 年开始改为季度目录,附年度累积本。

另外,国际上有名的报刊目录还有英国《威灵氏报刊指南》、《德国期刊目录》、《日本杂志总览》等等。

⑤书刊缩微目录和机读目录

国外许多图书馆对所收藏的报纸、期刊、珍本书、绝版书,甚至政府文件和学位论文,均进行缩微储存。利用缩微目录采购缩微书刊资料是十分重要的途径。这方面有影响的书目有:《在版书刊资料缩微指南》(收录 300 多个出版社出版的缩微书刊计 70000 多条)、《即供书缩微》(收入经过筛选的书目 84000 条,可根据用户的要求制成缩微胶卷供应。分著者、书名和主题三部)。此外还有《在版书刊资料缩微主题指南》等等。

机读目录最著名的是美国国会图书馆的机读目录(即 MARC),它收录了美国国会图书馆进行版权登记和该馆入藏的全部图书。一年记录总量约有 250000 条,几乎收录了英、美、加、澳、新等英语国家的出版物。由于版前编目,每周发行,且著录全面,报道及时,提供定题资料服务,因而为书刊采访人员提供了全面可靠的信息。

关于苏联的图书目录工具,主要是苏联国际图书公司编印的《苏联新书》,每周一期,全年 52 期,它是预报苏联出口图书的主要目录。其中,社会科学和文艺图书约占 1/2,科技图书约占一半。此外还有《图书通报》和《苏联图书年鉴》,前者为周刊,收录苏联各种语言出版的各类新版图书与小册子;后者是前者的累积本。它们是了解苏联出版全貌的工具书。了解苏联期刊出版情况的工具是《苏联期刊出版年鉴》。

除上述以外,书商刊物也是了解各国书刊出版发行情况的一个重要渠道。主要有美国的《出版商周刊》、英国《书商》、日本《出版新闻》、《西德书商杂志》和《法国新书》等等。

参考文献

1. 陈翰伯:《前进中的中国图书出版工作》。1980 年中国出版年鉴。

2. 倪子明等:《中国出版事业发展概况》。1980 年中国出版年鉴。

3. 郑士德:《新华书店发行工作发展概况》。1980 年中国出版年鉴。

4. 天虹:《中国国际书店》。《中国出版机构指南》(《山西图书馆学刊》丛刊第 7 种)1983 年 6 月。

5. 丁波:《经营书刊进口贸易的中国图书进口公司》。《中国出版机构指南》(《山西图书馆学刊》第 7 种)1983 年 6 月。

6.《台湾出版事业概况》。《中国出版机构指南》(山西《图书馆学刊》丛刊第 7 种)1983 年 6 月。

7. 许邦兴:《美国图书出版业》。《世界图书》1980 年第 1 期。

8. 朱静福:《法国出版业琐谈》。《世界图书》1985 年第 5 期。

9.《联邦德国书刊概况》。《世界图书》1984 年第 10 期。

10. 林达:《慕尼黑——联邦德国的出版中心》。《世界图书》1985 年第 3 期。

11. 云间:《"低地国"的出版业》。《世界图书》1981 年第 6 期。

12. 吴平:《各国图书发行杂谈》。《世界图书》1985 年第 2 期。

13. 王益:《北美出版发行见闻》。《世界图书》1985 年第 8 期。

14. 张连瀛:《八十年代西欧国家的图书市场》。《世界图书》1985 年第 8 期。

15. 吴光伟:《日本贸易面面观》。《世界图书》1985 年第 12 期。

16. 袁晓光:《英国的图书市场》。《世界图书》1984 年第 5 期。

17. 朱福静:《美国图书贸易中的发行与推销活动》。《世界图书》1983 年第 4 期。

18. 李孝枢:《英国书刊代理商与批发商》。《世界图书》1983 年第 10 期。

19. 屠伊布:《从统计数字看苏联书刊对外贸易》。《世界图书》1983 年第 10 期。

20. 蒋光宇、赵映书:《苏联东欧国家图书进口业务知识》。中国图书进出口总公司。

21. 郑士德主编:《图书发行学概论》。新华书店 1984 年编辑出版。

22. 高文龙等主编:《图书进销学》。北京市新华书店 1985 年 7 月。

第七章　藏书补充与登记

藏书补充,在图书馆学术语中,有许多同义词,如采购,采访,采选,收集等。其中,补充、采访二词,词义较宽,比较通用。藏书补充,顾名思义,主要指藏书的增加与充实,它包含两层意思:选择出版物和采集出版物。选择出版物即选书工作,指遵循一定的方针、原则,挑选适合需要的出版物;采集出版物即采购工作或购书工作,指采用一定方式和途径收集出版物。选书与购书两项工作组成藏书补充的两个方面,二者相互联系又相互区别,应当有不同要求和明确的分工。许多国家的图书馆规定,必须由业务馆长负责,由受过专门教育的高级馆员担任选书工作,而购书工作则由技术人员或业务助理人员担任。

选书是一项指令性活动,具有很强的知识性和学术性。它是对出版物的知识内容和情报价值的选择。选择什么,不选什么,哪些该选,哪些不该选,挑选的结果将对藏书质量起决定性作用,要求选书人员具有较高的理论水平,较广泛的知识结构,并熟悉读者要求与藏书情况。

购书是一项执行性活动,具有较强的技术性和实践性。它要按照一定的程序和技术规则采购出版物,并要主动地寻找书源,采用多种方式方法,打通各种渠道,利用各种途径,保证收集那些已经选定的出版物,并收集各种出版线索提供选书人员扩大选书范围。它要求购书人员具有一定的知识水平,敏捷的头脑,健壮的体魄,以及较强的社会活动能力。

藏书登记是出版物入藏的开始,又是补充藏书的现实结果、藏书建设过程的中间环节,它为藏书的整理和利用做必要的准备。它是一项很细致的事务性工作,具有一定的技术性。

第一节　选书理论与过程

一　选书思想理论流派

选书思想在古代藏书楼时期,处于藏书家个人分散状态,通过选书实践活动表现出来,并同藏书补充方法结合在一起。近代图书馆向社会开放之后,选书活动逐步积累了丰富的实践经验,在总结实践经验的基础上,开始形成了一定的选书理论。例如1808年,俄国的奥列宁开始研究国家图书馆藏书绝对完整性的概念。1826年,莫斯科大学图书馆馆长雷斯提出了所谓的图书馆需求理论:首先需要最新、最有价值的出版物,其次是补充缺藏的早期专门出版物。19世纪末,国际图书馆界选书思想理论发展成不同流派,彼此开展了激烈的争论。20世纪初,图书选择理论作为一门专门知识,列入了美国哥伦比亚大学图书馆学校和德国哥廷根大学图书馆学讲座的专门课程之中。

选书理论体系内容广泛,包括选书思想,选书原则,选书依据,选书标准,以及选书组织与人员结构等,各国都出现了不同流派。

1. 美国的"价值论"与"需要论"

实用主义哲学思想,渗透在美国社会生活的各个领域,也成为选书理论的指导思想。在这个思想的指导下,出现了两种选书理论流派。

一派是以杜威为代表的"价值论",主张选择科学性或艺术性价值高的优秀出版物,重视出版物本身的内容价值,不论读者是否需要。他的口号是,"用最少的费用给最多的读者以最好的阅读"。他承认图书馆的教育职能和文化职能,认为图书馆藏书作为社会"严肃的、教育的基本资源"而存在,必须收集内容价值最好的出版物。在 19 世纪末以前,"价值论"观点在欧美各国图书馆界占优势。

另一派是以普尔·克特为代表的"需要论",主张选择出版物应当以适合读者需要为宗旨,应挑选适当的图书,而不是所谓最好的图书。重视读者的需要,不强调出版物本身的价值。他们认为,试图选择"最好"图书的看法是不合理的。因为"就像读者有许多种类一样,更好的图书也有许多种类"。克特反问道:"在什么方面'最好'?在体裁上还是在兴趣上?在指导方面还是在建议方面?为谁选择'最好'的图书?为经验不足的读者,还是为一般的读者?为学院学生还是为退职学者?"他们指出,读者的兴趣、水平、修养、年龄不同,阅读需求各异,图书馆员不能以自己的观点强加于人。所以,他们认为,应根据读者的具体情况,选择适合读者阅读的资料。"需要论"派在 19 世纪末以后,逐渐占上风,尤其在 20 世纪以来,进一步确立了"需要论"在图书馆界的地位。

2. 英国的综合评分法和社会调查选择说

英国的公共图书馆学家麦高文,1925 年年仅 29 岁时撰写了《公共图书馆选书理论》一文,发展了"需要论"的理论,吸取了"价值论"的思想,并将二者结合起来。他认为,选书一方面要重视出版物本身的价值,另一方面更要重视社会需求。他提出了一个纯理论的"图书选择评分法",从图书的知识价值和社会需求两方面进行综合评分,尤其要强调图书的使用价值。他举了两个例子加以论证。

例证一:假设一书 A 的知识价值为 10,另一书 B 的知识价值为 1,而这两种书的社会需求性均为 6,则 A 与 B 两书的选择评分之比为 60:6,A 书的评分最高,即选 A 书。

例证二:假设例证一中所述的 A、B 两种书,A 的知识价值为 10,B 的知识价值为 1,而 A 的社会需求为 6,B 的社会需求升为 72,则 A、B 两书的选择评分之比为 60:72,B 书的综合评分最高,即选 B 书。

麦高文的选书思想理论,具有辩证观点,受到很多专家的赞赏,成为现代选书理论的主流。英、美国家的许多图书馆学专家以麦氏观点为基础,从理论到实践上进一步发展了综合选书思想。但麦高文的论证在实践上很难实行。因为各种出版物的两种评分不可能精确计算,而且也不是高分排斥低分,只选其一,不选其二,还是要全面兼顾,分别选择。

英国的另一位图书馆学家维拉德,进一步提出"社会调查选择说"的选书理论。他为选书的社会环境调查确定了五大项目:图书馆区域人口密度与读者分布,城市发展,工业发展,社会发展;为读者需求调查确定了五大项目:读者类型,读者数量,阅读兴趣,阅读内容及其原因等等。维拉德提出以社会读者调查为主的图书选择理论,对公共图书馆有重要影响。

3. 印度的"使用概率"论

印度的图书馆学家阮冈纳赞,在他的《图书馆书刊选择》一书中,提出:"负责图书采购的图书馆员或教师,应该注意到选购图书对于读者使用该书的概率。"

"概率"是表示随机事件发生可能性大小的量度。在相同条件下可能发生也可能不发生的某一类事件,称为随机事件。不同的随机事件发生的可能性大小不相同,概率愈大就表示该随机事件发生的可能性也愈大。

阮冈纳赞明确提出选择出版物要以读者使用该书的概率大小为原则,即选择符合读者需要的、流通率较高的出版物。

4. 苏联的复选理论及补充原则

苏联在20世纪初期,出现了几位研究"选书理论"的专家,如鲁巴金、哈芙金娜等,主张客观地、完备地选择出版物,而吉隆诺夫等人主张选择思想、学术和艺术方面优秀的图书。他们还出版了各类型图书馆藏书补充问题总结性质的专著,如公共图书馆,大众图书馆,农村图书馆,技术图书馆及一般图书馆等的藏书选择与补充。

列宁关于藏书补充的完整性、高效率的思想、党性原则、集中化原则的提出,对于苏联现代选书思想理论的系统发展,对于藏书补充三原则的确立,起了奠基作用。列宁的夫人克鲁普斯卡娅,积极推行列宁的思想与原则,并提出补充的出版物具有"最大的知识量、所耗最小"的具体原则。

格里科尔耶夫等人全面发展了藏书补充理论,如完整性理论、复选理论等,并为完善高等学校课程《图书馆藏书》教材作出很大贡献。

1979年,斯多利亚洛夫、阿列菲也娃在他们编著的《图书馆藏书》教科书中,系统总结了苏联图书馆藏书补充的三原则:共产主义党性原则、专门化与协调原则、系统性与计划性原则,成为苏联所有图书馆藏书补充应遵循的统一原则。

二 初选与复选过程

苏联《图书馆藏书》教科书的基本观点,是将藏书补充看作是一个不断更新和剔除出版物的辩证统一过程。而补充过程的实质,就是对出版物的初选和复选。

选书是一个多阶段的发展过程。这个过程不仅出现在入藏前对外部书刊进行的选择阶段,而且继续存在于入藏后对馆内组织、利用的书刊进行的审查选择阶段。前一阶段为初选过程,后一阶段为复选或复审过程。

所谓初选,是指补充过程开始阶段对馆外出版物的入藏选择。

初选过程,依据具体的原则标准和原有藏书基础,了解书源与收集书目材料,从中挑选出版物的类别范围以及各类出版物的类型、文种、内容与水平程度,确定出版物的品种与复本,直到取得出版物,引进入藏。初次选择入藏的出版物,大多数通过征订目录间接挑选,未经过读者阅读实践检验,随机现象和失误的可能是不可避免的。当然,初选阶段严格把关,发挥馆内外专家集体智慧,尽可能减少失误,保证大多数出版物符合图书馆的实际需要,这是应做到的基本要求。但是,任何高明的专家所挑选的出版物,都不可能绝对准确无误地完全适合读者的需求。因此,必须在使用阶段继续选择出版物。

所谓复选,是指补充过程后一阶段对馆内入藏书刊的再次选择。复选即检验入藏书刊的实用程度,充实不足的部分,修正失误和失效的部分,发展实用完善的部分。是对初选结果的检验、充实、修正和进一步发展。复选是在馆藏书刊中进行的,除了决定现有入藏书刊的去留增补外,还为下一过程的初选工作提供信息反馈。复选过程,包括查明入藏书刊是否符合读者需求及其使用价值,判定哪些书能够利用和保存,哪些书不合需要或失效应该剔除,哪些书不足需要进一步补充,哪些书可以在馆内和馆外加以调配、调整等等。总之,通过复审筛选,要提高藏书质量,完善藏书体系,发挥藏书的利用效益。

选书过程是按程序分阶段进行的。就具体出版物而言,初选在前,复选在后,循序渐进;就整体藏书而言,初选和复选是同时进行的两项相关联的活动,相互影响,相互促进,共同决定藏书体系的健康发展。

第二节 藏书补充方法

藏书补充方法,亦即采集方法或购书方法,我国古代藏书家积累了丰富的经验,并作了系统研究著述。宋代著名目录学家郑樵,在《通志·校雠略》一书中,提出"求书八法":即类以求,旁类以求,因地以求,因家以求,因人以求,因代以求,求之公,求之私。归纳起来,就是要按图书的学科门类、著者、年代、出书单位及收藏单位等,分别系统采访收集。

明代著名藏书家祁承㸁,积30多年的藏书经验,撰写《澹生堂藏书约》一书,系统总结了读书、聚书、购书、鉴书的经验,在"求书八法"的基础上,进一步提出三种购书方法:辑佚法,分析法和编制采访目录法。

清代藏书家孙庆增,撰写出《藏书纪要》一书,这是一部古代全面论述藏书技术的专著。

前人总结的购书方法,虽然现在仍有一定参考借鉴价值,但它受到封闭式藏书楼时代的局限,适应以个人为主体的分散购书体制。现代图书馆藏书补充向着社会化和整体化方向发展,远非古代藏书楼和近代图书馆藏书补充方法所能比拟。它受到文献类型、出版发行、社会需求及图书馆藏书发展多种条件的制约。

现代图书文献数量庞大,类型复杂,学科广泛,出版发行分散多头,有商品性的,有交流性的,有公开的,有内部的。因此,藏书补充必须采用多种渠道,多种途径,多种方法。归纳起来,藏书补充方法,可分为两种方式,10种方法。

一 购入方式

购入方式是指图书馆用货币向书刊销售系统购买出版物的方

式。它包括预订、直接选购、委托代购、邮购、复制等方法。这是补充藏书的主要方式和经常性来源，它能保证有计划、有针对性地选购入藏出版物。

1. 预订

图书馆预先收集、选择、填写出版发行单位的征订目录，按预约计划订购出版物。预订出版物是图书馆有计划地补充藏书最经常、最可靠的方法。出版社、书店、邮局、图书进口公司、内部书刊编印单位，凡是计划发行的出版物，都预先编制征订目录，向各单位和个人用户征集具体订数，然后做到计划印刷发行，计划供应，并辅之以市场销售。图书馆是各种大宗出版物最主要的单位订户之一。

出版物的预订方法，有利于出版发行单位和订购单位双方掌握主动权。出版发行单位通过预订统计，可以准确预测用户需求数量，做到计划出版，计划发行，减少印刷、进货、备货的盲目性，避免不必要的积压或供不应求现象。图书馆通过预订目录征订，有计划有针对性地补充书刊，能保证所需品种和复本准确、及时、连续、系统地得到可靠入藏。

搞好预订工作，要求熟悉发行渠道，掌握书源信息，广泛收集征订书目和出版动态，科学地选择所需书刊品种与复本，合理地分配购书经费，及时准确地填报征订单。选书和填报征订单，要求尽可能做到"三不""一适当"：不错订、不漏订、不重订，品种与复本数量适当。要做好预订前的准备工作，预订中的检查工作，预订后的验收和登记工作。

①中文新书预订

中文科技新书，主要通过北京、上海发行所编印的《科技新书目》征订单，向各地新华书店订购全国性科技新书。

中文社会科学新书，主要通过北京、上海发行所分别编印的《社科新书目》和《上海新书目》征订单，向各地新华书店订购全国社会科学新书。

中文新书地方出版物,主要通过地方和单位出版社编印的新书征订目录,向各地新华书店订购当地地方和单位出版的新书。为了全面了解全国各地,各单位新书出版动态,可以通过书目文献出版社编发的《中文图书提要卡片征订目录》反映的新书出版线索,联系订购。

中文报纸、杂志,主要通过各省邮局编印的《全国报刊目录》,向各地邮局订购。

中文内部书刊资料,直接通过编印单位寄发的内部书刊征订目录,向各单位函购。预订内部书刊需了解出版线索,主动与对口单位建立联系,保持长期订购关系,以便系统收订。

②外文新出预订

外文影印书刊,主要通过世界图书出版公司按版权合同公开影印出版国外书刊资料编印的《W 图书征订目录》,向各地新华书店外文部或外文书店办理订购。

外文原版图书资料,主要通过中国图书进口公司编印的世界各国和地区社会科学、科学技术、特种资料征订目录等,直接向各地外文书店订购,由中国图书进口公司统一引进。

外文原版期刊,主要通过中图公司编印的《外国报刊目录》,直接向外文书店订购,由中图公司统一引进。

图书馆直接通过国外出版社、书商或有关单位获得的征订目录,也须向各地外文书店办理预订手续,由中图公司统一引进。

对外文原版书刊的征订,近年来在国外出现了"大宗采购"这一方式。布莱克维尔公司是跨越欧美大陆的跨国公司,它就是专营"大宗采购"的出版发行公司。近 3 年来,我国接受世界银行贷款的高等学校中,有不少高校与该公司实行"概貌计划"征订(即纲目选书)。大宗采购有多种方式,主要有下列 5 种:

第一,提类订购,即按类订购。提类订购是非选择性的,图书馆把选书责任交给对方,在大多数情况下图书馆没有退货权。这种订购比较适合于范围较窄的学科领域,要有足够的经费保证,一般图书馆负担不起。

第二,全数订购,就是图书馆根据自身需要,向特定的出版机构进行全数订购。学术单位或机关学校附设的出版社以及特别专业出版社,往往成为某些图书馆全数订购的对象。这些出版单位,有些非盈利的学术出版物少见于广告,出版信息不易传递,采选有一定困难,全数订购可弥补它的不足。

第三,试销计划,就是书商与图书馆先商定协议,将书刊选送给图书馆审批,选上需要的书刊,退回不需要的部分。这种计划是"见书选书"的一种方法。

第四,概貌计划,即纲目选书。就是图书馆根据自己的藏书计划,和书商建立适合于本馆的"藏书概貌",包括藏书内容文种、出版社、出版地区、价格等等,书商根据这个概貌为图书馆提供最新图书供挑选。图书馆有权退回不符合需要的图书,但退书不能高于所送图书的10%。

第五,租借计划(或租、购计划)。由书商向图书馆提供最新的书刊,图书馆可根据书刊情况决定保留或退回。保留的根据协定付租借费,在书刊失去价值后再退还,如果需要可购作本馆藏书。

采用大宗采购的优点是,图书馆在新书出版后很短的时间内便可收到所需图书,避免漏购,还可获得较多的优惠和减少选订时的大部分事务性工作。

在外文原版书刊征订中,国外书商对多卷图书和连续出版物往往采用"长期订购"的方法。长期订购即是连续采购,是保证连续出版物馆藏完整的重要手段。其优点是:手续简便,一次办妥长期有效;到书率高,不会遗漏;到书及时,享有优先寄送待遇;经费节约,享受10%～30%的优惠等等。但是,"长期订购"一旦执行,不能随意中止或取消,所以,图书馆是否使用此办法要慎重考虑。要考虑文献的实用价值、学术价值、出版物类型、经济状况和出版频率等多种因素。在长期订单执行过程中,如发现内容不适应本馆需要或价格太贵支付不了,要及时通知出版商或书商。

预订外文原版书刊,一要外汇,二要经有关主管部门审批,三要由各省市地区中心图书馆委员会或图书馆协作委员会协调,集中统一办理预订手续,以扩大品种,控制复本,节省外汇,保证系统完整,满足本地科研需要。

2. 直接选购

直接选购就是图书馆采购人员直接到出版物销售处现场选购书刊。这种方法能获得预订所得不到的书刊,如有些发行量小的书、内部发行的图书、古旧图书、地方出版物等,均不预订,有些漏订的书,预订不足的书,以及需要临时补配的书,都需要通过到书店、书市、出版社及有关单位直接选购解决。

直接选购有两种方式,一种是在本地区直接采购;另一种是到外地采购。以第一种方式为主。因为到外地采购要有经费保证,还要熟悉馆藏,明确外出采购补缺范围,编制补充采购计划,作好备购书目卡片等等,手续十分麻烦。目前,大多数图书馆到外地采购,往往是外地有书展或书市的原因,这是直接选购的好机会。

直接选购中有一种值得称道的好方法,就是图书馆与新华书店建立长期购销关系。书店根据图书馆提供的收集藏书范围、重点和复本基数预留新书,采购人员定期去书店复查,选购所需图书品种与复本,经过筛选后不需要的图书可及时退还。这种方法的好处在于书店所到新书可供采购人员充分选购,不致因新书售完而缺漏。

直接选购的优点是能直接鉴别图书的内容,决定取舍,简便迅速,避免预订中的一些麻烦手续,弥补订购的缺漏不足。其缺点是受货源与市场调节的制约,偶然性大,容易造成重购现象。直接选购图书的方法,对于经费不足、采购人力少的小型图书馆来说,是一种主要的购书方法。对于经费较多的大中型图书馆,只是一种辅助性的方法。

3. 委托代购

委托代购是指图书馆采购人员委托他人在外地选购所需要的书刊资料。委托代购有两种形式:一种是临时性代购,就是委托本单位非购书人员带上书目到外地、外单位选购书刊,还可委托出国人员或外文书店采购人员代购国外有关外文书刊资料;另一种,长期性相互代购,就是委托外地兄弟图书馆采购人员按一定书目范围与数量代购当地出版物,并为兄弟馆代购本地出版物。

委托代购的书刊,一般是本地书店没有进货或脱销的书刊,以及绝版图书、内部资料书等,大都为外地、外单位的出版物。用委托代购的方法采购这些出版物,比较及时有效,可作为选购的辅助性方法。但委托他人代购,必须开列书目和限量,以减少不必要的错购和重购。

4. 邮购

邮购又称函购,就是图书馆采访部门直接与外地新华书店邮购部、出版社读者服务部、有关单位图书经销部挂钩,按照开列书目或范围数量要求,采用邮寄托运的方法,补充外地、外单位的书刊资料。邮购是预订和直接选购的辅助性方法。

5. 复制

复制,即采用多种复制方法,补充罕缺书刊复制品,代替原版书刊为读者使用。复制方法包括抄录、静电复印、照像复制、缩微复制和录音复制等等。凡馆藏缺乏,经过预订、选购、邮购都无法获得的急需书刊资料(包括绝版书、孤本书、善本书、外文原版书、缺漏的报刊、其他连续出版物以及重要的内部资料等等),都可通过以上方式,委托兄弟单位代办复制,或通过馆际互借方式由本馆自行复制。复制是获得珍贵书刊和罕缺资料的好形式。

二 非购入方式

非购入方式,即采用多种方法免费或用少量经费获得各种非卖品书刊资料。这是广开途径、扩大书源的重要方式。许多过期出版物、内部编印的书刊资料,学术性强,情报价值高,不通过商品流通渠道销售,对这些非卖品书刊,只能采用呈缴、调拨、征集、交换、赠送的方法获取。非卖品书刊资料是图书馆藏书的重要来源之一,在藏书建设中应给以足够的重视。

1. 呈缴

呈缴是正式出版物法定缴送制度。根据出版法规定,凡正式出版社出版的任何一种新出版物,均应向国家或地方政府指定的图书馆等单位缴送一定数量的样本。这种法定缴送的样本书,称为呈缴本。

1537 年法国制定的蒙特斐利法,是世界上最早的图书呈缴法。世界上大多数国家都制定了出版物呈缴制度。我国早在1927 年 12 月 20 日,当时的大学院就公布了"新出图书呈缴条例"。新中国成立后,中央政务院于 1952 年 8 月 16 日公布了"管理书刊出版业、印刷业、发行业暂行条例",指定北京图书馆、中国科学院图书馆等享有接收呈缴本权利。1979 年 4 月 18 日,国家出版局第 193 号文件"关于修订征集图书、杂志、报纸样本办法的通知"中规定:"凡出版社、杂志社和报社编辑、出版的各种图书、杂志、报纸,均应在出版物出版后,即向国家出版事业管理局缴送样本,初版新书一份、重印书一份、杂志一份;向版本图书馆缴送样本,初版新书一份、重印书一份、杂志一份、报纸合订本一份;向版本图书馆二库缴送样本初版新书一份、杂志一份、报纸合订本一份;向北京图书馆缴送样本,初版新书三份、杂志三份、报纸合订本一份"。有些省级政府规定了地方出版社出版物呈缴条例。

各国呈缴条例规定缴送样本数量不等,一般为三份,最少一份,最多十余份。一般为免费缴送样本书,苏联实行免费和收费两种缴送制度,并按照行政区域需要,建立全苏的、加盟共和国的、地方的以及部门的和专用的呈缴本体系,实现不同层次级别的藏书保障体制。

在国际图书馆界,书刊呈缴法有多种目的和作用:一是保护作者著作权制度,二是保持出版物检查制度,三是保障国家出版物贮存制度,四是保证编制国家出版物书目通报制度。

2. 调拨

接收调拨是无偿获得大批藏书,迅速增加藏书量的途径,尤其是新建馆与基础薄弱馆补充大宗藏书的有效方法。调拨单位与调拨性质有三种类型:第一种,变动撤销单位或无保存藏书任务的单位,将所收集积累的藏书,移交给有关图书馆保存利用;第二种,基础雄厚的图书馆,将部分藏书支援给基础薄弱或新建的图书馆;第三种,有大批多余复本和积压品种藏书的图书馆,将部分有价值的藏书调节调拨给缺藏的图书馆,以充分发挥藏书的作用。

书刊的调拨,大部分是一个系统内的各馆之间在行政主管机关的领导之下,有计划地相互调拨。接收调拨的图书馆,应有针对性、有选择地接收,不应盲目地接收不需要的藏书,避免因接收不实用的藏书造成后患。

3. 征集

征集主要是指对非正式出版单位出版的内部书刊资料,采用主动发函或上门访求的方法,有针对性地进行征集。也可以采取登报刊广告或征书启事的办法征集有关书刊。征集的对象主要是政府机关、学术团体、厂矿企业、学校、科研单位、商业部门等非正式出版单位。征集的内容,主要是上述单位出版、编印的内部资料、学术论文、科研成果、试验总结以及产品样本、目录、价格表等难得书刊资料。

做好出版物的征集工作,要求采访人员了解书源,经常查阅检索资料,参加有关专业会议和学术活动,掌握资料线索,主动开展各种形式的征求收集活动。主动精神和社会活动能力是做好征集书刊资料的关键。

4. 交换

书刊交换是两个以上图书馆之间,以及图书馆与其他文献情报单位之间,直接开展交换,或通过协调机构间接开展交换,达到互通有无,调剂余缺,丰富馆藏的目的。交换方法是获得内部书刊、难得资料的主要来源之一。

书刊交换区域,除地区范围、系统范围、国内跨地区、跨部门馆际交换以外,还有国家与国家之间进行的书刊交换。前者称国内交换,后者称国际交换。

国内交换方式是各个图书馆在国内选择与自己专业性质较相近的单位,采取的有来有往的交换方式。大致可分为长期固定交换关系和短期临时性交换关系。临时交换属一次性交换,即交换双方将各自余缺书刊编印交换书目,通过协商开展交换。这是兄弟馆之间余缺调剂性质,不是对等交换性质。长期交换须建立固定交换关系。交换双方馆专业对口,或类型性质相同,根据口头或书面协定,各自将本单位所编印的书刊资料,按一定数量要求寄给对方馆。

书刊交换还可分为双边交换、多边交换和服务中心式的交换等三种类型。双边交换是最基本和最常用的交换形式。上述临时交换与长期交换,均是馆与馆之间直接进行的交换,也称直接交换。多边交换是由一个中心单位或协调机构来起信息桥梁作用,将整理交换书目分发各单位参考,作为各单位之间书刊交换的媒介。联合国教科文组织成立的出版物交换所就是这种联系中心。服务中心式的交换,是在一个区域内,由一个单位集中人力、财力,统一办理各单位的交换书刊,并传递交换信息。美国的图书交换中心,就属于这种形式。

国际交换是在平等互利的基础上,增进相互了解,加强情报交流,扩大协调合作,节省外汇,获得大量珍贵外文资料的一种形式。国际交换分为官方交换与非官方交换两种类型。官方交换是各国政府通过外交途径签订协议,由国家委托专门的图书馆承担这项工作。它是这个国家对外书刊交换的联系中心。非官方交换,是各国学术团体、研究机构、大学等图书馆之间进行的各种出版物交换。

国际书刊交换,十分强调对等交换原则,即使不对等,也要看两国、两个机构之间的关系和各自需要情况而定。其具体交换方法有以下三种:一是对等交换,亦称等量交换,即一书换一书,小册子换小册子,杂志换杂志;二是等价交换,即在一定时期内,交换者双方互相提供同等价值的出版物;三是以页计算的交换,即一页换一页,一张图表换两页,新书的二页换旧书的一页等等。

无论是国内交换还是国际交换,首要的是确定交换对象。交换单位选得是否准确,直接关系到交换的效果和质量。必须注意专业要对口,然后要明确用什么出版物进行交换,从对方可交换来什么书刊资料。交换书刊范围和品种也是至关重要的问题。

5. 赠送

接受个人或团体赠送,也是获得珍贵书刊丰富馆藏的重要来源之一。赠送又称捐赠,大致有四种类型:一是革命家、作家、学者、知名人士及藏书家,在他们晚年或去世后,将其著述和稀世珍藏赠送给有关图书馆,二是国外一些友好知名人士和社会团体,常常向我国有关图书馆赠送大批珍贵图书文献资料;三是出版者主动将出版物捐赠给图书馆,以扩大和推广该出版物的宣传和流通;四是图书的作者在著书过程中,得到图书馆的帮助,或作者与图书馆有着较密切的关系,在图书出版后,主动捐赠给图书馆以表谢意及纪念。

北京图书馆从 1954 年开始,先后接受了著名作家学者(如章太炎、王国维、鲁迅、郭沫若、茅盾、闻一多、老舍、巴金、曹禺等）的手稿，分别建立了个人手稿专藏，并建立了美国著名作家安娜·路易斯·斯特朗的手稿专藏。我国著名革命家和教育家徐特立的个人藏书，于 1983 年 3 月正式赠送给湖南省图书馆，建立了专藏。著名图书馆学家杜定友的个人藏书及手稿，于 1962 年全部赠送给武汉大学图书馆学系资料室收藏保存。日本岩波书店，定期无偿地将他们出版的新书，赠送给我国的北京图书馆、北大图书馆、武大图书馆、中山大学图书馆和东北师大图书馆等单位。这些赠书，不仅丰富了馆藏，而且加深了彼此的友谊，促进了中外文化交流。

总之，非购入方式是藏书建设中补充藏书的重要方法，它不仅可以节约经费，更重要的是能搜集到难以得到的图书资料。其中，交换和赠送是目前我国图书馆经常采用的主要方式。

第三节 藏书采购流程

藏书采购活动是一种技术性工作，它有严密的程序和严格的要求，并有一定的操作规范和技术措施。采购流程大体可分为三阶段：选书阶段，订购阶段和验收阶段。各阶段都有具体程序和要求，彼此间相互衔接，构成有序的流水作业线。

一 选书阶段

选书阶段为订购前的准备阶段，包括三个程序，两个措施。第一个程序，收集各种书刊征订目录；第二个程序，将征订目录送交有关人员审查圈选；第三个程序，将初步审查圈选的征订目录进行核对"查重"。其中，组织集体选书，编制查重目录，是两个重要的组织措施和技术措施。

组织集体选书，就是采用一定的组织形式，依靠馆内外专家、领导和专职采购选书人员，发挥集体智慧，实行民交选书。凡属各学科外文原版书刊、昂贵的中文书刊，应送主馆内外专家初选，重要书刊的选择确定，须经过选书委员会或选书小组讨论通过，采购人员进行综合评衡，由主管人员审定批准后执行。

所谓订购"查重"，就是检查核对本馆以前是否订购过某种书以及订购多少，以避免不必要的重复，便于控制书刊的复本量，保证订购数量与质量，节约购书经费。

查重的工具主要是预订目录和公务书名目录。预订目录揭示已订购而尚未到馆的书刊记录。公务书名目录揭示已到馆并已编目入库的馆藏书刊记录。这两种查重目录反映的书刊去向不同，范围不同，不能互相代替。许多未编制预订目录的图书馆，仅用公务书名目录进行查重，必然难于查全、查准。因为书名目录中有些书是查不到的：一是已订购而未到馆的书，二是新进馆而未经编目加工入库的书。漏查的结果，导致不能有效地控制一部分订购书的重购现象。

编制预订目录需要较多的人力和时间。在人员条件不足的情况下，如果不能建立所有书刊的预订目录，可以有选择、有重点地编制部分书刊的预订目录，如外文原版书刊、丛书丛刊、多卷书、重版书及其他贵重书刊。

编制预订目录有多种方法，其中，中文图书预订目录有种次号记录卡、中文统一书号记录卡等。

种次号记录卡，以征订目录为依据，将所订的每一种书目资料剪贴在空白卡片上，注明订数和订期，按年度期号和种次号顺序排列起来，用作查重咨询记录。或者按照征订目录的标识号码，在卡片上打印出年度期号和种次号，注明订数，按种次号顺序排列，用作查重记录。

中文统一书号记录卡，采用征订目录中标识的中文图书统一书号，编制预订卡片目录。

什么是中文统一书号？就是我国正式出版社出版中文图书的统一编号。每一种公开出版发行的中文图书,都有一个统一书号。这个统一书号由分类号、出版代号及种次号三组号码组成,在种次号前用一圆点隔开。中文统一书号格式:分类号·出版社代号·种次号,例如;"17017·116"代表商务印书馆1981年出版的《图书馆学基础》一书的统一书号。其中,"17"表示该书在《中国人民大学图书馆图书分类法》中基本大类的分类号;"017"代表"商务印书馆"出版社专用代号;"116"代表《图书馆学基础》这种书的种次号。每种书的统一书号印在书封底右下角和出版页上,并著录在图书征订目录中。每一个正式出版社的专用代号,由国家出版局统一分配确定。《人大法》共设17大类:1. 马克思列宁主义、毛泽东著作;2. 哲学、辩证唯物主义与历史唯物主义(附宗教、无神论);3. 社会科学、政治;4. 经济、政治经济学与经济政策;5. 国防、军事;6. 国家与法、法律;7. 文化、教育;8. 艺术;9. 语言、文字学;10. 文学;11. 历史、革命史;12. 地理、经济地理;13. 自然科学;14. 医药、卫生;15. 工程、技术;16. 农艺、畜牧、水产;17. 综合参考。

中文统一书号预订卡的编制序列分三级:第一级,为各出版社及代号分别制导卡;第二级,为同一出版社所出版图书的类目制类卡,按类号顺序排列;第三级,为每一类出版物制同一样式的种次卡,每张种次卡容纳100个序号。这样,导卡、类卡、种次卡三组号码依次排列组合,就形成一套完整的中文图书统一书号预订卡目录体系。它既可作为订购的记录,又可作为预订查重和验收记到的工具,还可以作为答复咨询的档案。具体格式如下(见表7—1)

一 导卡　　　　出 版 社 及 代 号

二 类卡　　　　大 类 及 类 号

三 种次卡　　　卡片序号及种次号

表7—1　中文统一书号预订卡　　　　NO

序订号数	序订号数	序订号数	序订号数	序订号数	序订号数	序订号数	序订号数	序订号数	序订号数
00	10	20	30	40	50	60	70	80	90
01	11	21	31	41	51	61	71	81	91
02	12	22	32	42	52	62	72	82	92
03	13	23	33	43	53	63	73	83	93
04	14	24	34	44	54	64	74	84	94
05	15	25	35	45	55	65	75	85	95
06	16	26	36	46	56	66	76	86	96
07	17	27	37	47	57	67	77	87	97
08	18	28	38	48	58	68	78	88	98
09	19	29	39	49	59	69	79	89	99

　　外文图书预订目录,可以利用国际标准书号,仿照中文图书统一书号预订卡方法编制。

　　国际标准书号,是国际标准化组织推荐给各成员国采用的国际间正式图书的统一编号,简称ISBN。每一种公开发行的外文图书,都有一个标准书号。这个国际标准书号是10位数字组成的,共分四组数字:第一组数字代表语言或国别或地理区域,即语区号;第二组数字代表出版者代号;第三组数字代表图书书次号;第四组数字代表核对号。每组数字之间用空格或短横线隔开。
格式：

ISBN　语区号——出版者号——书次号——核对号
例：ISBN　　0　19　580003　6　　或
　　ISBN　　0—19—580003—6

这个 ISBN 号码,代表牛津大学出版社出版的英文书《现代高级英汉双解辞典》国际标准书号。

标准书号前三组数字中,每一组数字的多少是可变的,但三组数字相加必须是 9 位数。第四组数字只能是一位数,该数字可以是从 0 至 9 的任意数,如果是 10,用"X"表示。

标准书号的核对方法是加权法,即用 10～2 这 9 个数分别乘标准书号中前 9 位数,其乘积之和加上核对号数再除以常数 11,如能除尽,说明该书号正确,如不能除尽,表明编号有错误。如：

ISBN　0　1 9 5 8 0 0 0 3　　6
　　　　×　× × × × × × × ×
加权　10　9 8 7 6 5 4 3 2

$$0 + 9 + 72 + 35 + 48 + 0 + 0 + 0 + 6 = 170 + 6 = 176$$
$$176 \div 11 = 16$$

标准书号用于原版外文图书的采购业务,具有高效、实用、可靠的优点。世界上许多国家和地区用国际标准书号发行图书、采购图书。我国已参加国际标准书号系统,我国的语区代号是 7。将来正式使用国际标准书号时,可按照中文图书统一书号预订卡的方法,编制外文图书预订卡目录。

二　订购阶段

初选和查重之后,由采购人员进行综合平衡,确定合理的复本数。准确制定具体图书的复本数量,采购人员必须掌握各类藏书的流通与滞架情况,掌握读者的使用与需求信息,掌握藏书的使用效果反映,掌握各关书刊复本标准及经费分配比例。这就要求采购人员到读者工作的第一线去调研,到外借处、阅览室、目录室、咨询室接触读者和工作人员,征求他们对藏书补充的意见和建议;到各种书库调查各类书刊的流通率和滞架数量材料,并对各种统计材料进行认真的综合分析,研究判断,验证和修订补充计划,复本标准,以便合理地确定具体书刊的品种与复本量,合理地分配经费比例,使数万至数十万元购书经费得到合理使用。

订购阶段的业务技术程序,主要是平衡审定预订书目单,编制预订卡,排列预订目录,填写订购单,办理审批手续,寄发订购单,即完成订购工序。

三 验收阶段

预订和选购书刊到馆后,要及时进行验收工作。验收程序分两步:首先,验收人员用发票或清单核对拆包书刊,查清单价、种册数、总金额;然后,将核对过的书刊,每种书抽出一册样本逐一核对订购卡片,经过检查,搞清收进书刊是否与预订品种、册数完全相符合,是否有多发、少发、漏发、错发及搭配现象。发现问题,及时向发书单位反映纠正差错。核对完毕后,在预订卡上注明记到标识,在书中夹上预订与分配具体部门代号,供典藏调拨图书去向查考,并在发票与清单上办理盖章手续,移交给登记人员,即完成验收程序。至此,整个采购工作程序基本结束。

第四节 藏书登记

凡是入藏与剔除的一切出版物,都应进行登记。藏书登记的作用在于,完整记录馆藏财产,全面反映馆藏动态,提供统计材料的文字依据。藏书登记的基本要求是:完整、准确、及时、一致。登记帐上的记录应当同实际藏书及目录反映的内容完全相符合。

藏书登记系统有两种形式:总括登记和个别登记。

一 总括登记

总括登记又称"总登记"或"总登录",是将收进书刊或剔除书刊按批量单元进行整体登录的工作。

总括登记包括三个组成部分:收入书刊部分,注销书刊部分,结存书刊部分。这三部分记录分别反映在"藏书总括登记簿"中。收入书刊部分,必须登记每批验收凭证、每批书刊总册数、总金额、各类别、各类型、各文种书刊的种册数与金额分类统计;注销书刊部分、必须登记每批剔除书刊批准文据,每批注销书刊总册数、总金额、各类别、各类型、各文种书刊种册数与金额,以及注销的具体原因:如不实用、过时、多余复本、破损、丢失等;结存书刊部分,必须登记按年度统计各类别、各类型、各文种书刊的实存累积数量、全馆实存书刊累积总数等。藏书类型复杂的大型图书馆,不只一个"总括登记簿",一般按文种、类型建立几个"总括登记簿"。

利用总括登记,可以了解与掌握全馆藏书发展的总动态,分析统计各类书刊发展变化的数量比例,检查购书经费分配使用情况,为制订和修改藏书补充计划提供精确的统计资料及可靠的书面依据。

二 个别登记

个别登记又称"分登记"或"分登录",是按书刊的种册单元进行具体登记的工作。收入的每册图书给一个号码,杂志装订成合订本后,每本给一个号码,称为个别登录号,或称个别登记号。个别登记号按书刊入馆先后顺序进行编号,一书一号,不能重号。

个别登记的文本称为"个别图书财产登记簿",有帐本式、活页式、卡片式,一般都要装订成册,便于长期保存查考。藏书类型复杂的图书馆,通常要建立几套登记簿:"中文图书登记簿"、"外文图书登记簿"、"中外文期刊登记簿"等。在总括登记之后及时进行个别财产登记。个别登记的依据是出版物的出版页。主要登记项目有:登记日期、个别登记号、书名、著者、版本、书价、来源及总括登记号等。登记出版物的统计单位与出版印刷单位和流通单位保持一致,分别采用种、册、盒、片、夹、卷、套、份等。为了统一藏书登记单位,1969 年,联合国教科文组织第 15 届大会,曾建议各国图书馆采用实占架位长度单位,即书库内架长的米数,称架位数;国际标准化组织,建议图书、小册子、期刊和手稿用"册",磁带资料用"盘",缩微胶片用"块"等。

传统登记方法是以册为单位,一本一本地登记。这样,进书量很大的图书馆,以及剔除注销量很多的图书馆,要耗费大量的时间和精力进行登记注销工作,显然是不合算的。为了改革登记方法,简化登记形式,有人建议,将每本书的个别登记改为对每种书的登记,注明每种书的复本书个别登记号所有号码,从而大大提高登记速度。此外,对于那些不长期保存使用的复本书刊资料,采用临时性简化登记的形式,登在非财产登记本上,便于以后注销。

实践表明,藏书个别登记不可缺少,不应取消,它的特定功能是总括登记所不能代替的。个别登记的作用:①反映总括登记中每批书的具体内容、去向及来源,作为查帐与补购的凭据;②反映每种具体书刊的入藏与剔除动态,作为清点藏书的依据;③反映每本书的个别登记号,作为排检书序、部次复本书及查询特定出版物的依据。

藏书登记的发展趋势,是登记项目、登记单位、登记格式的规范化,登记文本与登记形式的统一化,登记方法与登记手段的自动化。分散、繁琐、落后的藏书登记工作,必然要被科学、统一的藏书登记管理体制所代替。

参考文献

1. 北京大学、武汉大学合编:《图书馆学基础》第 120~123 页。商务印书馆 1981 年版。
2. (苏)斯多利亚洛夫、阿列菲也娃著、赵世良译:《图书馆藏书》第 49~55 页、215~224 页。书目文献出版社 1983 年版。
3. 吴建中:《论选书》。《黑龙江图书馆》1983 年第 2 期。
4. 桑健:《图书馆学概论》第 249~271 页。辽宁人民出版社 1985 年版。

第八章　藏书组织管理

　　藏书组织管理,作为藏书建设的基本内容之一,是一种工艺性和技术性较强的活动。它包括藏书组织和藏书管理的系列化过程。

　　藏书组织,是将收集入藏的出版物,按照一定的要求,进行合理的布局、排列、保护、清点的过程,亦称藏书典藏。

　　藏书管理,是藏书组织的控制、调节活动,是在藏书组织过程中进行的同步活动。它按照一定的目标,有效地控制藏书运动的方向、速度、范围和密度,使藏书流与读者流及需求流相互沟通,有序结合运转,避免干扰,处于均衡饱和的最佳状态。藏书流与读者流在开架辅助书库及流通出纳台建立结合点,减少中转环节,提高运转效率。

　　藏书组织管理的任务在于,保持藏书序列的最佳化,保证藏书长期完整地保存、充分有效地利用。整个藏书总是处在相对地静止状态和不断地流动状态,保存和利用交织进行。使用期长的出版物,要求长期保存使用;使用期短的出版物,则要求在有效期内加快流通速度,减少静止保存时间,充分发挥它们的应有作用。一般说来,某些藏书利用愈频繁,破损率愈高,保存的完整性愈差;某些藏书利用愈少,破损率愈低,保存的完整性愈好。藏书组织管理工作的职能,就是要科学地处理好藏书保存与使用的关系,尽可能调节入藏与利用的矛盾。

图书馆藏书工作部门的分支机构,有采访部,负责藏书补充;编目部,负责出版物的分类编目;典藏部或称保管部,负责藏书的组织管理工作。典藏部的工作,直接同读者部门发生联系。藏书组织管理,介于补充、整理与流通参考之间,起媒介和保证作用。

第一节　藏书布局

一　布局原理与方法

藏书布局,也叫藏书划分,是将藏书区分为相对独立又相互联系的系统,建立各种功能的书库,为每一部分藏书确立合理的存放位置,以便保存和利用。藏书布局的基本要求是:方便存放,方便排检,方便利用。藏书存放的位置,要便于馆内已加工整理的出版物从编目部到书库之间,书库到书库之间,书库到外借处、阅览室、参考咨询室之间灵活迅速地转运交流,直接简便地沟通伸展,减少中间转运点。藏书存放的序列,要便于馆员有效地排列、检索、清点、保护藏书,深入系统地熟悉和研究藏书;便于读者直接借阅参考。

藏书布局的总体结构分多种层次:首先,按用途建立各种功能的书库,包括保存性书库,参考性书库,流通性书库。前一种书库,不允许读者入库,后两种书库,允许读者入库的范围和数量各不相同。其次,按出版物的类型划分书库,可以分为普通书库,期刊库,特种资料库等等。再次,按出版物的年限和文种,可进一步划分为不同文种、不同年限的书库。第四,按出版物的利用效率,可分为一线书库,二线书库和三线书库等等。

藏书布局的空间结构有三种形式:

第一种,水平布局——展开式。主要适用于直接面向读者的开架流通书库。这种布局形式,便于藏书接近读者,提高藏书利用效率。其缺点是占据空间范围大,限制自动化传递。

第二种,垂直布局——高层式,或塔式。主要适用于闭架流通书库和保存书库。这种布局形式,便于藏书在最小容量内的最大集中,能保持藏书的安全状态,并能使书库藏书接近阅览室。其缺点是需要的工作人员多,检索工作量大,利用效率不高。

第三种,混合布局——立体交叉式。适用于藏书结构复杂的大型图书馆。水平和垂直结合,发挥了长处,减少了短处。不同的藏书用不同布局形式,常用书放在水平面上,罕用书放在书库中不与阅览室相连的垂直位置上。而特大型图书馆,藏书空间布局呈三维立体方向伸展。

开架书库与闭架书库有不同的布局特点:

开架书库,有大量读者流,其藏书布局主要任务是向读者揭示藏书,便于读者直接了解藏书,挑选所需要的出版物。存放的藏书是馆藏中最实用的出版物,尤其要把那些推荐的书刊放在最醒目、最方便的地方,必要时,可以组织专架陈列形式,展现在读者必经之地,吸引读者利用藏书。开架书库采用低标准的书架架位容量,每米架位格层平均放书 30~40 册左右。书架格层数为 6 格,取消最低一格。书架间的距离在 1 米或 1 米以上,比闭架要宽 40 厘米以上。在开架书库内,要有一套指导读者的宣传辅导手段,如图书布局图、书架类目标志、书脊上的彩色书标、检索说明等等,以减少盲目性和错乱现象。

闭架书库,没有读者入库,或允许少量专家入库,其藏书布局的任务是向馆员揭示藏书,不需要为读者预留活动区域。整个书库空间,全部存放各种常用与不常用的藏书,实行密集布局,小型化与缩微化,采用最经济的排架方法,增加书库容量。充分利用库内上下左右前后的立体空间,发挥书架、书架间行距通道,以及高层空间的载书能力,做到"最小容量的最大集中"。闭架书库采用高标准的书架架位容量,使用 205 厘米高度的 7 层单面与双面书架。书架行距在 80 厘米以内,每格层存放书 50 册以上。有条件的图书馆,可设立有轨移动式书架,最大限度地密集布局书架,提高单位面积藏书存放容量。目前,在闭架书库中采用密集布局形式的国家主要有苏联、英国、法国、瑞士和瑞典等。我国一些高等学校图书馆,也开始采用这种布局方式。

藏书的书库划分标志,通常有以下几种:

①按藏书载体形式划分,有普通书库、报刊库、线装书库、特种资料库、缩微资料库、声像资料库和手稿库等等。

②按藏书学科门类划分,有社科书库、科技书库、文艺书库;还可进一步划分下一级类别的专业书库。

③按藏书语言文种划分,有中文书库、外文书库、少数民族文字书库;外文书库还可进一步划分为西文书库、俄文书库、日文书库及其他文种书库。

④按藏书用途或使用方式划分,有外借书库、阅览书库、参考书库、保存书库、提存书库、临时储备书库等。

⑤接藏书利用率划分,有一线书库、二线书库和三线书库等。

上述几种书库划分标志,从不同角度反映了藏书成分的多种特征和属性。每一种具体出版物都具有上述多种属性标志特征,相互间既有联系又有区别。布局藏书,划分书库,必须以某种标志为主,作为一级划分标志,将其他几种标志结合起来,作为二级、三级、四级、五级标志,分层分级地组成层次分明的书库群体系。

我国各类型图书馆划分书库的一级标志,各不相同。有的按学科,有的按类型,有的按用途。一般说来,我国大中型图书馆,从保存和利用的角度出发,大多习惯用藏书用途或使用方式作为一级划分标志,将全馆藏书首先划分成基本书库、辅助书库和专门书库,然后再按其他标志进一步区分分支书库。国外一些图书馆,则用藏书利用率作为一级划分标志,将全馆藏书划分成一、二、三线书库,然后再按其他标志进一步区分分支书库系统。

二 基本书库的结构功能

基本书库,亦称总书库,或贮存书库。它是全馆藏书中心,所有入藏出版物的大本营。基本书库特点:藏书数量最多,类型类别复杂,用途广泛各异,由若干子书库组成多区间、多层次的书库群,在全馆藏书中起着总枢纽、总调度的作用。基本书库的藏书成分,包括流通率高的新书样本,利用率低的旧书,过期刊物及特种文献,参考用的内部书刊和保密资料,以及内容有毒素的提存书刊等等。

基本书库的构成部分:

①史料性子书库。藏书成分包括中文古线装书,中文旧平装书,过期中外文现代书,过期中外文报刊杂志,过期中外文特种资料等等,作为长期保存,供少数读者研究参考之用。

②内部书刊子书库。藏书成分包括内容保密的书刊资料,规定限制流通的书刊,政治思想反动的书刊,内容荒诞及淫秽的书刊等等。

③保存本子书库。藏书成分包括从入藏全部书刊或有长期使用价值的书刊中,每种抽取 1~2 册样本作为保存本的书,长期保存,备查参考。这部分藏书,有的集中入专库,有的分散在各基本书库内,用特种彩色书标标示。保存本书库藏书品种齐全,保存完好,有的称为样本书库,供临时调阅、复制借阅等急用备查参考。

④特藏书刊子书库。藏书成分包括珍本书、善本书、孤本书、手稿、地方文献、贵重工具书、视听资料、缩微资料等等。这部分图书要专门保管,特殊使用,在基本书库中以保存为主,在专门阅览书库中以参考使用为主。

⑤临时储备性子书库。藏书成分包括流通率低,复本过多,实用性差,但尚有一定使用价值的书刊资料。这部分藏书临时储备,

经过审查通报后,将分别剔除处理。

基本书库的功能:

①贮存馆藏及其所有书刊品种,为读者各种专门需要提供调阅、补配、复制、参考及交换服务,担负着长期完整保存,以供人们参考的任务。

②回归流通书库担负着回归、临时贮存及剔除处理的任务。

③为宣传图书、陈列图书、编制书目文献及其他特殊需要,临时调用有关书刊,组织专藏,担负临时调节、专门供应书刊的任务。

总之,基本书库在全馆藏书中,居于总枢纽、总调度的地位,具有全面收藏,长久储备,临时调阅参考以及剔除处理的功能。

三　辅助书库的类型与功能

辅助书库,是指直接为读者流通参考使用而组织的各种藏书库,又称流通书库。各种辅助书库配备的共同特点是:以读者使用为主,现实性、针对性、流动性较强。凡是失效书、不对口的书、滞架书等,应及时从辅助书库撤离出来,回归到基本书库中去。

辅助书库的种类,按读者使用的方式,为各种服务机构配备专用藏书,包括外借处、阅览室、研究参考室以及展览室等分支部门的辅助藏书或辅助书库。

①外借处、阅览室的辅助书库。其藏书范围适应读者对象的借阅需要,分为综合性藏书、专业性藏书和专门性藏书。专业与专门藏书,按学科门类、读者对象、图书类型分科设置。辅助藏书具有相对稳定性,又有一定的时效性。不断地充实新书,又不断地剔除滞书,不具有长期保存藏书的职能,保持着藏书使用的流动状态。固定的辅助书库,应健全相应的读者目录,全面反映辅助藏书内容,并保持藏书与目录的一致性。

②参考研究室、展览室的辅助藏书。这是为特定研究、宣传需要临时组织的专藏,内容侧重某一专题、某一类型、某种文别的新

书。这一部分研究性、陈列性专藏,数量较少,范围集中,针对性很强,一般陈列在室内书架上,待特定任务完成后,即撤回基本书库。

辅助书库的功能:

为不同读者类型、不同使用方式配备流通参考书;辅助藏书的组织,以方便使用为原则,使读者最需要的藏书最接近读者;保持藏书的实用性,及时做好藏书的新陈代谢。

四 专门书库的特点与作用

专门书库,又称特藏书库,是指为特殊保管和专门参考而组织的某些珍贵藏书。专门书库藏书范围,如前所述,包括珍本、善本、手稿、特种文献、地方文献、声像资料、缩微等等。它们反映了图书馆的藏书特色,是经过长期积累而成的系统珍贵藏书。

专门书库的作用:对系统特藏书刊,集中组织,集中保管,供特殊参考使用,不作一般流通参考使用。这部分珍贵书刊,有些要配备专门的保管和使用设施条件。它们同其他部分书刊分库组织排列,并规定专门的使用条例。并非所有图书馆都必须设置专门书库。历史较短、规模不大的图书馆,不具备建立专门书库的条件,只有那些有系统特藏的图书馆,才需要建立专门书库。如国家图书馆的手稿专藏、写本刻本善本专藏、联合国文献专藏等等;大型省级公共图书馆的地方文献专藏,历史文献专藏,古籍善本专藏等等;科学院图书馆的缩微资料专藏,特种文献资料专藏等等;高等学校图书馆的外国教材中心专藏等等,都是在一定历史条件下积累而成的特藏资料。

三种书库之间,各自相对独立又相互联系,构成全馆藏书整体系统。

基本书库处于中心地位,是全馆藏书的组织、调剂、储备基地,起枢纽、调节、调度的作用。它的主要功能是长期系统地保管藏书。

辅助书库是读者使用藏书的前沿,是藏书最接近读者,最能直接反映流通参考效果的关键部位。它同基本书库的联系,主要通过剔除书刊的回归及临时专藏的调阅。

专门书库作为馆藏特色部分,主要用于特殊保管和专门参考。它同基本书库的联系,表现为书库设置的集中与分散两种关系:集中设置专门书库表现为调节关系;分散存放在基本书库中表现为包含关系,即整体与局部的关系。

五　三线典藏制

三线典藏制是国外实行的藏书布局体制。所谓三线典藏制,就是按照图书文献利用率的高低及新旧程度,结合服务方式方法,将藏书依次划分为三个层次,组成一、二、三线书库的布局体制。

一线书库为开架辅助书库,包括开架外借处辅助书库和开架阅览室辅助书库。其藏书特征是:利用率最高、针对性最强、最新出版的书刊,供读者开架借阅。首先保证分科开架阅览用书需要,其次将复本满足分科开架外借用书需要,或提供复制品。

二线书库为闭架或半开架辅助书库,包括闭架外借辅助书库和闭架阅览辅助书库。其藏书特征是:利用率较高、参考性较强、近期出版的书刊,供读者查目借阅。首先保证馆内阅览用书的品种,其次将复本书满足读者外借用书需要,或提供复制品。

三线书库为典藏书库。其藏书特征是:利用率低的近期书刊,过期失效书刊,资料性书刊,以及内部备查参考书刊等等,这些藏书不对一般读者外借阅览,对部分读者研究参考需要提供临时调阅,供馆内查考使用。

一、二、三线书库之间,不仅存在着藏书新旧与利用率的层次联系,服务方式的区别,而且存在着增加新书与剔除滞书动态性联系。

测定图书文献利用率的方法,主要是时限法,其次是统计分析法和经验法。

①时限法,即图书文献出版的年限与读者利用数量的高低成比例。一般说来,出版物愈新,读者利用率愈高;过期书刊,出版年限愈远,利用率愈低。当然,这不是绝对的,有些新近出版的书质量欠佳,读者利用率低,也有些质量高的长效书,经久不衰,这需要借助于图书质量标准测定。就时间标准来说,可以将出版年限作为测定利用率最基本的标准。日本图书馆界,经过长期探讨,提出一个概略的时限标准:一线开架借阅书库的最新书刊,大约是5年以内的图书,3年以内的期刊;二线闭架借阅书库的近期书刊,大约是5年至10年以内的图书,3年至5年以内的期刊;三线典藏书库的藏书,则为5年以上的期刊,10年以上的图书,以及近期呆滞书刊。

②统计分析法,即借助于统计数字测定藏书利用情况,并根据分析结果,补充或剔除书刊资料。这种方法适用于具有客观依据的二线闭架书库。统计的方式有两种,一是统计书库内图书书袋卡上的借阅记录。在一定年限内,规定应借次数,超过规定次数的,表明利用率高,低于规定次数的,表明利用率低。过低的书刊应予剔除。二是统计读者索书单拒绝率数量,同一书拒绝量愈多,说明需求量愈大,应进一步补充品种和复本。

③经验法,即根据在读者服务工作中获得的第一手材料,决定藏书在一、二线书库中的去留。在读者工作中,观察读者的借阅倾向,收集读者对藏书的反映,浏览有关书刊资料,都可以获得丰富的经验材料。尤其在开架借阅书库与读者直接接触所获得的信息,有助于测定某些书刊利用率的高低和效果的大小。

上述三种方法,各有特点,各有局限。应以时限法为主,结合使用统计分析法和经验法测定具体图书文献利用率,合理划分三线书库。

三线典藏制布局方式,反映了文献利用分布高度集中与相对分散的规律,即 80% 的需要,集中在 20% 的书刊品种中,而其余 20% 的需要则分散在 80% 的书刊品种中。三线典藏制的布局条件,必须实行分科开架借阅体制,并从满足读者对图书文献不同需求的角度着想。离开这种体制和思想是难以实行三线典藏制方式的。

第二节 藏书排架

图书文献是具有一定形态的物质实体。图书馆藏书体系,是具有一定空间单元形式的序列组织。馆藏每一本书。都是在书架上占有一定的空间位置(这种空间位置,称作书位),馆藏书刊必须排架。

一 排架要求与方法

所谓藏书排架,就是馆藏书刊有序列地陈放在书架上,并形成一定的检索系统,也称藏书排列。藏书排架的目的,主要是为了检索使用。要达到检索使用的最佳效果,必须明确排架的要求,研究排架的方法。

1. 藏书排架要求

①提高检索效率,取书归架迅速简便,节省时间和劳动消耗;

②建立实用的排列系统,便于馆员直接在书架上研究和熟悉馆藏,也便于读者系统选择使用藏书;

③建立准确清晰的排架标示,减少误差,提高藏书的利用效率;

④注重经济效益,节约书库面积,减少倒架的麻烦。

完全达到上述四条要求,实际上存在困难。实践中,要满足按内容系统选书和研究馆藏的要求,往往难以兼顾检索简便和节省空间的设想;而提高检索效益和排架简便经济,往往同使用藏书的内容体系相矛盾。藏书排架与目录组织不同,只能单线排列,一本书排列在一个位子上,它不像目录卡片可以多头著录反映,多途径排列检索。藏书排架存在着局限性,难以做到形式简便与内容系统两全其美。合理解决的办法在于,选择适合不同藏书类型的排架方法,尽可能找到各种排架方法的结合点,以便灵活地加以运用。

2. 藏书排架方法

藏书排架方法,按出版物的特征标志,可分为两种类型:第一类是内容排架法,以出版物的内容体系为标志,包括分类排架、专题排架,其中,分类排架是主要的;第二类是形式排架法,以出版物的形式序列为标志,包括字顺排架、固定排架、登记号排架、出版序号排架,以及文别排架、年代排架、书型排架等等。其中,字顺排架、固定排架和登记号排架是主要形式排架法(见图8—1)。

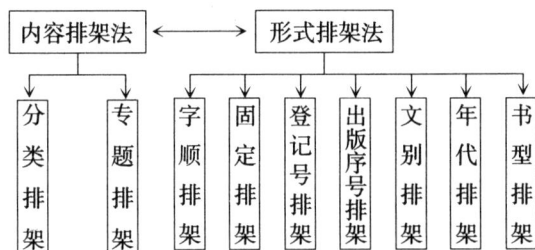

图8—1 藏书排架方法

上述各种内容与形式排架法,除固定排架法与号码排架法可单独排列某些藏书外,其他任何一种排架法,都不能单独使用排列藏书。各种用途的书库藏书,各种类型的出版物,通常都分别选择两种以上的排架法,互相组配成复合排架法排列藏书。例如,分类

212

与字顺组配成分类字顺排架法,用来排列普通图书;字顺与年代组配成字顺年代排架法,用来排列报纸和杂志;文别、分类、字顺等三种标志组配成文别分类字顺排架法,用来排列不同文别的流通性藏书。在组配的复合排架法中,内容与形式的组配,总是以内容为主,形式为辅;形式与形式的组配,则以第一标志为主,第二标志为辅。例如,分类字顺排架法,先按分类,再按字顺,分类决定藏书排架的主要序列,字顺则是辅助性序列。字顺年代排架法,先字顺,后年代,字顺是主要序列,年代是辅助序列。

二 分类排架法

分类排架法是以图书分类系统为主体的排列方法。它由分类号和辅助号两组号码组成分类排架号。分类号代表图书内容所属的学科类目,辅助号代表同类图书的区分号。先按分类号顺序排列,分类号相同,再按辅助号顺序排列,一直区分到各类图书的不同品种。区分不同品种、不同书名以至不同版本的辅助号,通常有著者号(字顺号)、种次号、登记号等。分类著者号排架法的主要作用,是同类同著者的书可以集中在一起;分类种次号、分类登记号排架法的主要作用,是同类书按到馆先后顺序编号排列,号码简便,排架迅速。在图书馆,中外文普通图书采用分类著者号排架法和分类种次号排架法的最广泛普遍。

1. 分类排架法的优点

①以图书分类表为依据,按图书所属学科体系排列,成为有内在联系、有层次级别、有逻辑序列的体系,使内容相同的书集中在一起,内容相近的书联系在一起,内容不同的书区别开来;

②便于馆员系统地熟悉和研究藏书,按类别宣传、推荐图书,有效地指导阅读;

③便于读者直接在书架上按类索书,尤其开架书库,便于读者检索利用。

2. 分类排架法的缺点

①不能充分利用书库空间。为了集中同类同著者甚至同复本图书，必须在每一书架、每一格层预留空位，书架不能排满，空架面积浪费很大，不经济合算；

②容易产生倒架的弊病。当新书大量增加，某些类别图书排架饱和，同类新书无法排进而又必须集中在一起时，则要腾空后面书架，各架图书依次向后大挪动。这种整架书刊由于序列要求与架位饱和产生的大幅度连锁向后移位的活动，称倒架。倒架耗费较多人力和时间，增加劳动强度。

③分类排架号码较长，排书归架速度较慢，容易出错，一旦排错位置，难于检索查找，甚至使某些书一时变成"死书"。分类排架号是内容与形式的双组号，使用起来有一定难度。

尽管有利有弊，但使用藏书的优点是基本方面，管理排列藏书的缺点是次要方面，因而分类排架法对于中外文图书仍不失为主要方法。

三 其他排架法

1. 专题排架法

这也是按出版物的内容特征排列藏书的方法。它是将出版物在一定专题范围集中起来，向读者宣传推荐，带有专架陈列、专架展览性质。专题范围与分类范围不同。分类是纵向层累展开，专题则是横向范围的集中，它打破了隶属界线，将分散在各个小类，甚至大类下的同一专题的出版物集中在一起，提供给对某一专题内容感兴趣的读者。各专题之间没有必然联系。出版物不标出专题号，只作为临时性排架。专题排架法机动灵活，适应性强，通常在外借处、阅览室及开架书库，用来宣传某一专题、某一体裁的新书，它是一种辅助性内容排架法，不能按它排列所有的藏书，只能排列部分藏书。

2. 登记号排架法

按照出版物的个别登记号顺序排架。出版物的个别登记号有两种:一种是出版编辑部门编制的出版物序号,例如,期刊、多卷书、丛书、科技报告、专利说明书、技术标准等各种连续出版物本身的出版序号;另一种是图书馆为入藏的每一本图书或合订刊物编制的个别财产登记号。这些登记号只反映出版的先后顺序或入藏的先后顺序,而不管它们的内容归属。按个别登记号排列出版物,简单清楚,一书一号,方便取书、归架、清点,但不能系统反映出版物的内容范围,不便直接在书架上检索利用。作为辅助性排架方法,它与分类排架连用,组成分类序号排架法,是排列中文书刊的常用方法。单独采用登记号排架法的,只适于排列备用书刊和特种文献资料。

3. 固定排架法

按照出版物的固定编号顺序排架。图书馆给每本书刊按入藏先后编制一个固定的排架号,这个固定排架号是由四组号码组成的:库室号、书架号、格层号、书位号。例如,"0412.537"固定排架号,表示某本书排列在第 4 书库,第 12 书架第 5 层第 37 书位上。这本书长久固定地排列在这个位置上。

固定排架的优点是:号码单一,位置固定,易记易排,节省空间,不会产生倒架现象。其缺点是:同类同复本书不能集中在一起,不便直接在书架上熟悉、研究与检索藏书。为了克服固定排架的缺点,在编制固定排架号第一组库室号时,考虑到出版物的粗略内容分类、类型分类及书型分类特征,给不同大学科门类、出版物类型以及特种书型的出版物,安排好固定的房间和书架号,以示区别。

固定排架法不适宜流通书库的藏书排列,适用于保存性藏书及储备性书库密集排架。我国国家版本图书馆,即采用固定排架法,密集排列各种长期保存的样本书,在编制固定排架号时,分别

考虑出版物的类别、类型、书型等内容、形式待征。同时,分别编制
了图书排架目录和分类检索目录,全面反映所藏出版物。

4. 字顺排架法

依据一定的检字方法,按照出版物的书名或编著者名称顺序
排架。中文书刊通常用四角号码法,笔划笔形法,汉语拼音查号法
等,每一本书刊注明数字代码,依号码顺序排列。外文期刊及连续
出版物,按刊名字母顺序排列。英文图书有克特著者号码表,俄文
图书有哈芙金娜著者号码表,中文图书有汉语拼音著者号码表,在
图书馆目录组织和图书排架中使用较为广泛。

字顺排架法,可以单独用来排列闭架的中外文期刊,并同年代
顺序结合使用。作为一种辅助性方法,它同分类排架法结合,成为
分类字顺排架法。尤其分类著者排架法,普遍用来排列中外文普
通图书,使同类同著者同复本的书集中在一起,便于读者检索
使用。

5. 年代排架法

按出版物本身的出版年代顺序,排列过期的报纸杂志合订本,
是一种辅助性组配排架方法。排架号通常有年代号与报刊字顺代
号组成。排架方法,一般按年代逆顺序倒排,近年排在前面,远年
排在后面;同年代的再按出版物字顺号或登记号顺序排架。对于
10 年前的一般图书,年代排架法是一种重要的辅助标志,它表示
出架物的新旧及剔除失效藏书的时间界限。

6. 语文排架法

按出版物本身的语言文别,排架各种外文书刊,这是一种辅助
性组配排架法。文别排架号通常由两组或两组以上的号码组成:
文别号、分类号、著者号,或文别号、年代号、字顺号等。排架时,先
区分文别,再区分分类、著者或其他号码。外文出版物的文别,一
般区分为英文、法文、德文、俄文、日文及其他文种。我国的少数民
族语文图书日益增多,也需按文种独立排列各民族文别的出版物。

文别作为第一辅助标志,常常要与各种排架法结合使用。

7. 书型排架法

按出版物的外形特征,分别排列特体规格或特殊装帧的书刊资料,是一种辅助性组配排架法。这种排架法,将不同类型、不同规格的出版物区别开来,并用不同的字母标示特殊类型、特殊规格书型出版物。印刷品出版物,一般按开本大小,分为 16 开本、大小 32 开本、64 开本三种,将 16 开本与 64 开本的印刷品,标示出一定的代号,与 32 开本的普通书型书分别排架,可以节省书库面积 40% 左右。同时,分别用不同的字母代表地图、画片,照片、胶卷、唱片、磁带等等,再与其他标志书号连接,组成排架号。凡是特大、特小规格的书刊资料,都配备特定代号,以示区别。

在实践中,图书馆对不同类型、不同用途的藏书,采用不同的排架方法,并用两种以上的排架法结合使用,以发挥各种排架法的固有长处,克服各自的局限性。一般情况下,中外文普通图书,主要采用分类著者或分类种次排架法。报刊杂志,主要采用综合形式排架法,先文别,再年代,再字顺或序号排架。内部零散资料及特种文献,采用登记号或序号或字顺号排架法。保存书库藏书采用固定号排架法密集排列藏书。无论用何种排架法,都应编制相应排架目录,排架号反映在目录卡上。书库与书架,都应标识出出版物的排架顺序号及名称,以便检索。

第三节　藏书保护

一　藏书保护的任务与要求

藏书保护的任务是,保护藏书的安全,延长使用寿命,保证完整而长久地为读者利用。藏书资源是国家和社会的知识财富,是图书馆长期收集、整理、系统组织的文化珍品,它不仅要为当代人阅读使用,发挥应有的现实作用,而且,具有长久使用价值的出版物,还要为后代人继续参考使用,发挥潜在的使用价值。图书馆担负着保护藏书的任务,它有责任也有条件安全、完整而长久地保护藏书资源,使之免遭意外损失,避免过早地夭折、散乱而丧失使用价值。为此,就要明确保护藏书的要求,就要研究影响藏书安全的原因,采取预防与治理措施。国家的一系列法律、条律,国际社会组织的有关公约、文件,都明文规定图书资料和其他文化财富应受到保护的条款。

馆藏书刊资料损失发生的原因,来自自然与社会两个方面。

造成人为丢失、破损的社会原因,主要是管理不善,不爱护图书,以及偷窃破坏行为。藏书的安全无损,主要依赖于人的积极保护,馆员和读者双方都有责任。其中,馆员的责任尤其重要。馆员的责任心不强,就不可能制定和执行严格的规章制度,不加强对读者爱护图书的宣传教育,就会容忍少数读者恣意撕毁、涂画、践踏图书的不良行为,以至对个别读者偷窃图书的违法行为抱宽容态度。总之,馆员缺乏高度的责任感,管理不善,会导致人为丢失、破坏图书的现象恶性循环,使国家财富受到不应有的损失。据统计,苏联每年全国图书馆藏书人为损失约 1000 万册,美国每年全国图书馆藏书人为损失约 4000 万册。

造成出版物提前老化损耗的自然原因,主要是缺乏必要的自然条件和人工条件,加以周围环境各种有害物质的催化与侵蚀所致。载体材料本身是各种有机物质和无机物质综合制品,具有一定的力学、光学、化学和生物学性能。这种性能又是很有限的,保护得好,可以增强它的性能,延长衰变过程;保护得差,可以减弱以致破坏它的性能,加速衰变过程,缩短使用寿命,过早地产生脆裂、发黄、折卷、开胶、脱落、霉烂和变质等现象,无法再利用。一切水、火、虫、鼠、病菌,都是图书文献无法抗御的天敌。延缓文献载体的使用寿命,依赖于图书馆为它创造的必要保护条件,科学的保护方法,包括适当的温度、光度、通风度、清洁度等等。

藏书保护的要求是:

第一,重视藏书保护,馆员要增强护书责任感,加强对读者爱书的宣传教育,帮助读者养成文明用书的习惯;

第二,健全保护和使用藏书的规章制度,严格执行各项规定,防止并惩处任何蓄意损坏和偷窃藏书的行为;

第三,加强藏书管理,改善书库内外环境条件,经常检查、维修藏书的安全与完整,清除一切危害藏书的污染源。

二 藏书保护的内容与方法

从改善自然条件与加强防治工作两方面入手,采取一系列安全保护措施,长久而完整地保管和利用藏书。

1. 防火

图书资料是易燃品,遇火成灾。书库内要防止一切可能引起火灾的祸源,严禁存放各种易燃易爆材料,严禁吸烟、烤火。工作人员要定期检查电源、电路与供电设备及灭火器材、沙包等消防系统,建立切实可行的消防制度。有条件的图书馆,要配备自动灭火设备和自动报警仪器装置。

2. 防潮与防高温

纸书印刷品既怕潮湿多水,又怕高温干燥。它容易吸收水分,也容易放出水分。当书库内空气长期潮湿,图书会因大量吸水而发霉;当书库内空气长期干燥,图书会因大量失水而脆裂。较大的书库,每年不断地吸收和排放成吨的水分。正常的空气流速应保持在每秒0.3米左右。空气流通过缓,影响室内外通风交流,不利于及时排除废气和杂质。空气流通过速,将会在室内形成过堂风,破坏纸张的正常含水里。

要经常保持书库内的恒温度和恒湿度,控制和调节温差与湿差的变化。一般说来,我国中心地区,书库内的理想温度,夏天以22℃~28℃±3℃,冬天以18℃~22℃±2℃较为适宜,南方的温度比北方高几度。书库内的相对湿度,夏天以50~60%±5%,冬天以40~50%±5%较为适宜。温度过高,湿度降低,会使印刷品变形,脆裂,失去弹性;温度过低,湿度升高会使印刷品发霉腐烂,潮湿粘连。空气中有害物质的侵蚀,使印刷品发生物理和化学变化,减弱其抗强性能,导致藏书过早老化变质而失效。

有条件的图书馆,要安装隔热层和防潮层,在书库配备密闭空调、通风吸潮设施,保持恒温恒湿度。对藏书进行脱酸处理,排除空气中杂质和废气,对贵重图书实行药物处理,是延长藏书寿命的理想方法。

书库照明分自然采光和人工采光。太阳光辐射有很强的穿透能力,使纸书载体发生光学和化学变化,使它发黄退色、降低强度,直接破坏缩微资料和声像资料。要避免阳光长期照射藏书,尤其避免强光直射书库,尽量减少光照强度和光照时间,可安装毛玻璃、百叶窗、窗帘、遮阳板及散光结构。要尽量使用人工采光,并将照明度、照明时间和照射方向控制在藏书各种载体能接受的限度内。

3. 防尘防菌

灰尘、病菌、废气、废渣等空气污染物质,对藏书威胁很大。混浊的空气也是各种有害昆虫和微生物滋生繁育之所。空气污染源来自室外的灰尘、废气、燃料、烟尘,也来自读者流的携带和手中传递。带有病菌的出版物在馆员和读者手中相互接触交流,使出版物成为各种病毒流行传染的媒介,影响读者的健康。所以,除尘灭菌,净化空气,隔离污染源,采取积极措施保护藏书的卫生条件,也有利于保障读者的身体健康。搞好书库内外的清洁卫生,防止有害气体、尘土、烟尘侵入书库,最好安装空气调节设备,对入室的空气进行净化过滤,并用吸尘器清除灰尘。防止病菌传染,最好设置紫外线消毒室,对归还入库的藏书进行消毒。

4. 防虫防鼠

霉菌、蠹鱼、白蚂蚁及其他昆虫与老鼠,是直接伤害藏书的有害生物。微生物附着在载体材料上,昆虫和老鼠隐藏在书库内,蛀食书页,咬断装订线,破坏出版物的物质结构和抗强能力,必须引起足够的重视。防虫灭鼠,要以防为主,以治为辅,防治结合。保持室内清洁的环境,适宜的空气条件,使各种害虫无法存身与繁殖。堵塞大的漏洞,如通风管道,下水道,墙缝与地面洞口,防止老鼠进入书库。一经发现老鼠,要及时捕捉和根除,采用化学毒饵和机械装置,消灭鼠害。

5. 装订修补

做好书刊资料的装订、修补、加固工作,是保护藏书机械性能,延长使用寿命的有效措施。对于磨损、撕页、脱线的书刊,要及时修补,裱糊,使它们恢复和接近原状。古籍线装书的修整裱糊工作,是一项工艺性和技术性强的专门业务技能,需要经过培训的专业技术人员担任。对于零散的期刊资料和连续出版物,按年按套装订成册,保持它的完整性。对于借阅流通量大的图书,采用加固封面、增添书衣、书套、书纸及透明薄膜等办法,配备保护性外壳,以增加抗磨强度,既保护藏书,又便于读者长期使用。

6. 安全措施

维护藏书的安全与完整,防止人为失窃与破损,同一切不良倾向与破坏现象作斗争,是图书馆员的责任,也是读者的义务。要建立书库管理制度,明确图书馆员保护藏书的岗位责任。图书馆员对于自己所承担的书库藏书安全与完整,应负法律责任。对于专人管理的闭架书库,要按照规定,不允许读者进入,也不允许其他工作人员擅自进入。图书馆员首先要模范地遵守规章制度,同时还要向读者进行宣传教育,帮助读者正确地利用图书馆,自觉地履行爱护藏书的义务。要注意借阅流通书刊的催还工作,严格借还制度。要建立、健全读者遗失、损毁、盗窃藏书的赔偿罚款制度和处理条例,违反刑法条例的,要追究法律责任。不能容许超越规章制度的行为合法存在。有条件的图书馆,可以安装防止窃书装置和闭路电视监控台。尤其要做好重点藏书的安全保卫工作。

从根本上说,藏书保护与利用是一致的,它符合国家、图书馆和读者的长远利益。要使藏书保护得好,利用得充分,必须依赖于馆员与广大读者的共同努力。

第四节　藏书清点

一　藏书清点的目的与要求

藏书清点是图书馆藏书管理工作中的一个重要环节,是一项工作量大、技术性强的活动。藏书清点的目的,总的来说,是为了保护国家财产免受损失,保证藏书长期完善地保存,充分有效地利用。具体说,藏书清点的目的有两个方面:一是摸清家底,了解馆藏情况。有些图书馆长期存在着藏书数字不准、丢失原因心中无数、有书无卡、有卡无书等严重混乱现象,通过清点,可以准确统计藏书入藏、注销和实存藏书的数量,做到心中有数;二是发现问题,改进工作。藏书清点可以检查藏书的完整与否,找出图书馆业务工作中(如采购、分编、典藏和流通借阅工作中)存在的问题。通过清点,要堵塞住保管和流通工作中的各种漏洞,改进藏书管理工作,理顺藏书与目录体系,维护藏书的安全与完整。以上说明,藏书清点是藏书组织管理中的一项重要工作,它的重要意义犹如军队的清点检查武器弹药一样。一个部队指战员如果连自己的武器弹药的实际情况都不了解,是一定打不好仗的。同样,藏书是图书馆的基础,是图书馆工作的有力武器,如果家底不清,心中无数,没有一个科学的高质量的藏书体系,也是不能完成为社会服务的任务的。

藏书清点是一项复杂而细致的工作,必须有组织、有计划地进行。藏书清点的要求,总的说是,通过清点,达到图书、目录卡片和财产帐三者一致。为此,在清点进行前,应制订清点的原则和计划,包括清点的目的、范围、方法、要求、时间安排、人力组织和人员分工等等。另外,还要作一些准备工作(如催还图书、整理书架与排架目录,以及集中分散的图书等),以方便清点工作的顺利进行。在藏书清点过程中,还要求将藏书清点与藏书整顿结合起来。例如,在清点中,可进行旧书剔除,内部书提存,破损书修补,改正分编中的差错等等。在清点后期,还可进行调整各类图书的数量比例、调拨不符合需要的书刊等工作。

藏书清点的范围,可以是全部藏书的清点,可以是局部藏书的清点,也可以是积累许多局部清点达到全部清点。全馆性的大清点,对一些大中型图书馆来说,是一项浩大的工程,旷日持久,往往长达半年以上,且要较多的人力。为了方便读者利用,清点工作一般不应闭馆进行,可采取分区、分库、分类的办法进行局部清点,使清点工作细水长流,经常化、制度化,积众多次局部清点完成全部清点。这样做的好处是,可以不因清点而闭馆或牵动很多人力。

二　藏书清点的方法

藏书清点的方法大体有下列三种:

1. 排架目录清点法

排架目录是反映藏书在书架上顺序的一种目录,排架目录系统与藏书排架系统完全一致。大中型图书馆由于藏书数量多,类型复杂,书库多种,通常备有排架目录,用排架目录清点藏书既迅速又准确,是一种常用的方法。具体的作法是:清点时,先以目录卡片核对书架上的图书和核对已借出图书的书袋卡,逐一核对每本书的书名、著者、索书号和登录号等。准确无误,说明书、卡相符。如果有卡无书,则将卡片立起,如果有书无卡,则将书倒放在架上,然后根据不同情况,作出相应的处理方法。图书和目录卡核对后,再用目录卡与个别财产登记簿进行核对,查清实存藏书数量,注销损毁藏书数量,做到书、卡、帐三者完全一致。

这种方法的优点是:速度快,准确性高,可以分组、分类同时进行,比较方便。清点的结果能使架上的图书恢复正确的排列次序,改正乱架现象。

2. 个别登记簿清点法

个别登记簿清点法,就是利用图书财产登记簿直接核对书架上每一本书,然后再用登记簿核对分类目录,达到书、卡、帐三者统一。这种方法只适用于按个别登记号顺序排架的藏书,是局部藏书清点所采用的方法。

3. 检查卡清点法

这种清点法是在进行清点工作之前,对所清点的每一册图书都要制一张检查卡,检查卡上填写每一本图书的书名、著者、索书号或登录号等,按登录顺序排列,然后将检查卡与登记簿核对,达到书、卡、帐三者一致。清点后,检查卡保留,按类号排列,或者插入书中,作为书袋卡使用。这种方法比较准确,但费时,适用于没有书袋卡和排架目录的小型图书馆。

无论采用何种方法清点藏书,一定要达到书、卡、帐三者完全符合。清点收尾工作包括四方面内容:一是统计清点过的各类藏书数字;二是对确定丢失的图书,填写注销单,经领导批准后办理注销手续;三是对一时找不到下落的图书和其他遗留问题,要有专人负责继续清理;四是对清点工作进行总结,把清点中发现的图书馆业务工作中的问题和改进意见都认真讨论写入总结,并制订今后工作的计划与实施力法。

参考文献

1. 北京大学图书馆学系、武汉大学图书馆学系合编:《图书馆学基础》第123～132页。商务印书馆1981年版。

2. 〔苏〕斯多利亚洛夫·阿列菲也娃著、赵世良译:《图书馆藏书》第261～279页。书目文献出版社1983年版。

3. 张欣毅、沈继武:《藏书布局模式初探》。《图书情报工作》1985年第5期。

读 者 工 作

第一章　读者工作原理

图书馆业务工作,通常可分为两大部分,即藏书工作和读者工作。藏书工作是图书馆的基础工作,或称技术服务工作;读者工作是图书馆的公共服务工作,或称社会服务工作。藏书工作和读者工作相互联系,互为条件,都是图书馆直接间接为读者服务活动的组成部分,二者不可偏废。但二者在图书馆工作体系中具有不同的结构与功能,以及不同的地位与作用。在古代、近代和现代不同的历史时期,随着社会和图书馆自身的发展变迁,图书馆业务工作的重心,逐渐由藏书工作转移到读者工作方面,形成了以读者工作为重心的现代图书馆工作体制的新格局。

第一节　什么是读者工作

一　读者工作的含义

读者服务工作与读者工作,常常被看作是同义词,但严格说来,它们并非是完全等同的概念,彼此间具有不同的含义。

所谓读者服务工作,是指图书馆采用各种形式直接满足读者需要的服务活动。读者需要内容广泛,形式多样,水平层次差异很大。有共同性的学习阅读需要,又有专门性的研究参考情报需要;

有借阅整本书刊和一次文献的需要,又有检索二次文献和参考三次文献的需要;还有要调研专题情报信息的需要等。为了满足读者的不同需要,图书馆必须相应地开展各种形式的服务活动,如外借、阅览、参考咨询、文献检索、书目情报活动等等。总之,读者服务工作的目的是直接满足读者需要,要达到此目的,必须采用多种组织形式开展读者服务工作。

读者工作,就图书馆实践活动而言,是指组织读者利用图书馆资源的各项活动;就理论体系而言,是指研究读者及其活动规律的学问,即"读者学"(亦称"读者工作学")的理论体系。

"读者学"是门新兴分支学科,在我国形成于本世纪 80 年代初期。它以"读者第一"为思想理论基础,研究在图书馆工作范畴中的读者及其活动规律。它的内涵是以读者、阅读及其需求为中心,包括读者类型、读者结构、读者心理、阅读倾向与特点、阅读需要与情报需要的内容、形式、社会动因及其发展变化规律。它的外延是以读者服务及其组织管理的方法和理论为中心,包括服务思想、服务方法、服务效益及其评价、组织管理及自身建设,同时,还要研究读者学与有关学科的相互关系。"读者学"的正名及内容体系,尚处在探索、论证和建设之中。

读者服务工作与读者工作存在着怎样的关系呢? 苏联《读者工作》教科书编著者乌姆诺夫写道:"读者服务是读者工作的组成部分,它不构成读者工作的特定内容,而包含其许多组织方式。读者服务的内容(满足读者的需要和情报需求)有机地结合着读者工作的内容(阅读指导和书目情报服务),但不能包括其全部。图书馆书目对读者心理的许多宣传推荐作用与情报作用,即读者工作的内容,正是体现于读者服务过程中。这一切使我们有根据认为读者服务是读者工作的组织形式系统。"由此可以判断,读者服务是读者工作的组成部分、表现形式及体现过程。读者工作的内容不同于读者服务工作的内容,但又必须体现在读者服务过程之中,并受到它的检验和评价。读者工作除读者服务工作之外,还包括读者研究与教育、阅读研究与指导、读者工作的组织管理,以及读者工作部门的自身建设与发展等等其他组成部分。当然,这些组成部分都要围绕读者服务工作的效率与质量展开。

何为读者?广义地说,凡有阅读能力并从事阅读活动的社会成员皆称读者。图书馆有读者,图书报刊出版社有读者,书店发行部门有读者,其他文化宣传教育部门也有读者。读者既是阅读书刊出版物和非书资料的主体,又是著者、印刷品及其他宣传渠道作用的客体。总之,社会上一切有阅读行为并能接收文献信息作用的人,都属读者范畴。

图书馆的读者群属于特定范畴,它是社会读者群系统的一部分,专指与图书馆发生联系的阅读者。凡是利用图书馆从事阅读活动的一切社会成员,包括个人、集体、单位,都是图书馆的读者。其中,领有借阅证件,或建立借阅关系,并经常固定地利用图书馆的读者,称为正式读者;无借阅证件,或未建立借阅关系,偶尔利用图书馆的读者,称为临时读者。此外,还有暂时未利用图书馆但具有阅读能力的读者,称为潜在读者。图书馆的现实读者与潜在读者之间,只有相对的界限,在一定条件下可以互相转化。图书馆的现实读者与潜在读者,都是图书馆工作的研究对象和服务对象。

图书馆的读者群总是有限度的,不可能无限发展。每一个图书馆,由于藏书、干部、规模等条件所限,只能接纳一定范围、一定成分、一定数量的社会成员作为本馆的正式读者群。同时,也尽可能接待各种临时读者利用本馆资源,不断扩大服务范围和服务效能。各种类型的读者群,具有各自不同的阅读需要、阅读方式和阅读特点,并在图书馆享有不同的借阅权限和义务。为此,图书馆应当有针对性地分别加以研究、组织和开展相应的服务工作。

何为图书馆资源?图书馆资源有广义和狭义之分。广义而言,泛指图书馆的藏书资源,目录资源,干部资源,建筑设备资源,劳动成果资源等一切资源;狭义而言,在许多情况下,专指藏书资源。在图书馆的各种资源中,藏书资源和其他资源有着相互依存的关系。其中,藏书资源是读者利用的主要资源,其他资源也是读者不可缺少的,它们是藏书资源开发利用的条件、媒介、发展结果及直接对象之一。

读者对图书馆的利用,随着时代的发展而发展。如果说,从古代至近代,读者主要利用一馆的藏书资源就能满足本身的需求,那么,在现代条件下,读者仅仅利用一馆的藏书资源是远远不能满足需要的。读者的要求是逐步实现资源共享,既要求利用藏书资源,又要求利用非藏书资源;既要求利用一馆资源,又要求利用多馆资源,这个共同的发展趋势已经明显地展现在所有图书馆的面前。

组织读者利用图书馆资源的各项活动,包括读者研究,读者教育,读者服务,文献与目录的调研、布局、排列,以及各项组织管理活动等,即读者工作的内容范围。

二 读者工作的内容

读者工作的内容范围,逐渐形成一个完整的体系,大体包括四个构成部分。

1. 组织与研究读者

确定读者服务范围与服务重点,制定读者发展规划与计划,定期发展或登记读者,划分读者类型,掌握读者动态,组织与调整读者队伍,研究读者心理、阅读需要、阅读特点及阅读效果等,是做好读者工作的前提条件,要贯穿在读者工作过程的始终。

2. 组织各项服务活动

针对读者的实际需要,利用藏书、目录、设备及环境条件,有区分地开展各项服务活动。综合应用外借服务、阅览服务、复制服务、咨询服务、检索服务、定题服务、报道服务、展览服务、编译服务、情报服务等各种形式,建立多类型、多级别的服务方法体系,有效地满足各类读者对一次文献、二次文献、三次文献的不同需求，帮助读者解决在学习、研究、工作中选择书刊、查询资料、以及获取知识信息方面的各种具体问题。这既是读者服务工作的方法体系，又是读者工作的组织形式和体现过程。

3. 组织各项宣传辅导活动

主动开展图书文献的宣传报道，陈列展览，有针对性地编制各种专题书目索引；参与读者选择书刊、检索文献、评介阅读内容以及阅读方法的指导；组织广泛的学术报告活动和科学技术交流活动，及时传递最新情报信息，普及与提高群众的科学文化知识；定期开展利用图书馆知识的宣传教育，有计划地开设文献检索知识课或讲座，帮助读者学会自己利用图书馆的知识和文献参考工具的检索方法，充分发挥图书馆的教育职能和情报职能，吸引更多的读者开发利用图书馆资源。上述内容，是主动开展读者工作的基本要求。

4. 组织管理工作

为了有效地开展读者服务活动，读者工作部门要进行自身建设和组织管理。诸如设置工作岗位，配备工作人员，组织劳动分工，明确岗位职责，建立业务人员管理、培训、考核、奖评制度；规定辅助藏书内容范围，确定开放制度与办法，建立服务规章制度，健全读者目录组织与使用办法，改善服务技术手段，完善读者服务体制，为读者创造良好的环境条件，以便不断提高服务质量和服务效益，保证读者工作健康顺利地向前发展。

读者工作的四部分内容，互相依存，紧密联系，构成完整的工作体系。其中，组织与研究读者，是读者工作的前提条件；组织各项服务活动，是读者工作的组织形式和表现过程；组织各项宣传辅导活动，是读者工作的基本要求；组织管理工作，是顺利开展读者工作并取得成效的根本保证。

三 读者工作的规律

究竟什么是读者工作的规律？这是一个正在探讨的问题。自1979年以来，我国图书馆界再次就此问题进行了有益的探讨，不少作者撰文提出自己的见解和论证，并开展了争论。已提出的看法有以下三种：

第一种，认为"读者工作的主要规律是藏书使用的公共性"；

第二种，认为读者工作的规律是"供求矛盾"；

第三种，认为读者工作的规律是"针对社会需要，最大限度地满足读者对图书馆资源的要求"。

要全面评价上述三种看法，必须对它们作详细的分析研究，才能得出正确的判断。简要地说，这三种看法都分别从不同的认识角度，提出了制约读者工作发展的主要矛盾，或强调了主要矛盾的主要方面，为进一步认识读者工作的规律奠定了思想理论基础，并在认识方法上给人以启示。同时，这三种看法本身，也存在着不足之处。其中，第一种看法，只是揭示了读者工作中矛盾的主要方面及其特征；第二种看法，只是较好地概括了读者工作的主要矛盾现象；第三种看法，较准确地反映了读者工作的主要矛盾——读者和图书馆资源的矛盾，提出了解决矛盾的方向和目标——最大限度地满足要求，但是，却忽视了解决矛盾的两个主要方面——管理和使用图书馆资源，尤其是忽略了管理资源的方面。

怎样全面认识并正确表述读者工作的规律呢？这里有必要表明作者的粗略看法，作为进一步探讨和思考的一种观点。至于下结论，还为时尚早。

1. 规律是事物发展过程中的本质联系和必然趋势。因此，认识读者工作的规律，必须把握读者工作乃至图书馆工作过程中起主导作用的本质联系和必然趋势。

2. 依据对读者工作的含义和内容的上述认识，可以判断，读者工作乃至图书馆工作过程中的本质联系,始终是读者和图书馆资源的矛盾。图书馆干部和工作人员,总是为解决这一矛盾不断地开展读者和资源两方面的工作。开展读者方面的工作,主要是研究读者,教育读者和服务于读者;开展资源方面的工作,主要是组织管理资源和开发利用资源。要使读者和资源有机结合,协调一致,必须达到充分有效地满足读者对图书馆资源需求的目标。这是读者工作发展的必然趋势,也是图书馆对社会的重要贡献。

3.读者工作的规律,可以表述为:

组织管理和开发利用图书馆资源,充分有效地满足读者的需要。

满足读者对图书馆资源的需要,是读者工作乃至图书馆工作的基本矛盾、本质联系、发展趋势和奋斗目标。要解决这个矛盾,就要做好资源的工作和服务的工作。对于图书馆资源,组织管理和开发利用都是不可缺少的,组织管理为了开发利用,开发利用必须进行组织管理。要满足读者需要,就要求读者工作既要充分服务,又要有效服务,二者不可偏废。

读者工作的规律,也是图书馆工作的规律,因为读者工作是图书馆工作的直接体现。这个规律可用下图表示:

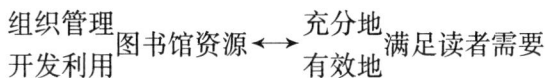

组织管理
开发利用 图书馆资源 ←→ 充分地
有效地 满足读者需要

第二节　读者工作的意义

读者工作的实践活动及其理论研究的历史发展与现实表现,表明它在图书馆工作中具有重要的地位与作用。

一　读者工作发展的时代特征

读者工作的地位与作用，随着图书馆事业的发展而日益增强。

从古代藏书楼到近代图书馆，从近代图书馆到现代图书馆，读者工作经历了漫长的发展过程。读者工作的内容、方法、原理以及管理水平，都出现了重大变革。读者服务工作，由封闭型到半开放型、全开放型；工作内容，由简单到复杂；工作方法，由单一借阅服务到一整套服务方法体系；工作手段，由手工操作向半机械化、全自动化过渡；工作职能，由保存职能为主，发展到文化教育职能、传递情报职能的增强；其研究水平，由现象描述到经验总结以及理论体系的建立等等，逐步实现成熟、深化与完善的局面。

读者工作的发展，大体经历了三个历史时期，各时期都呈现出明显的时代特征。

在相当长的封建社会时期，早期的图书馆，实际上是各种形式的藏书楼。从最初的皇室藏书楼，到后来的寺庙藏书楼、书院藏书楼，以及大量的私人藏书楼，大都以收藏图书为主要职能，成为中世纪封建社会收集、整理、保存图书的机构，适应那个时代的经济、政治、文化的需要。那时，由于生产落后，科学研究处于科学家个体活动阶段，文化教育掌握在少数人手中，图书资料数量有限，来之不易，图书的阅读使用只是少数人的事，既未形成社会需要，也未达到广泛普及的程度。藏书楼的掌管者，作为一种文化官职，他们既是藏书的采访者、整理者、校勘者，又是藏书的主要读者。他们比较注重藏书的收集、整理、保存，而对阅读者资格、入库条件及使用方式限制极严。只有极少数上层人士经特许方可入库查阅，但不得将图书携出室外。至于广大社会成员，既无需要、又无可能成为藏书楼的读者。藏书楼处于完全封闭型状态，不仅不向社会开放，而且彼此之间孤立，分割，独立经营，互不联系。各自按照传统的固有模式，日复一日，年复一年地运行，从事着分散的个体手工劳动。读者阅读区域及其服务活动,限制在狭小的范围内,从属于收藏工作之下,并受到收藏工作的严格约束。读者工作在藏书楼时期没有真正独立,没有可资总结的实践经验,主要是因为还缺乏必要的历史条件和社会发展基础。

当然,藏书楼的历史功绩必须肯定。它为后人留下了极其珍贵的文化典籍,留下了藏书收藏工作的丰富经验及其研究成果,也留下了值得后人引以为戒的重要教训。

社会进入资本主义以后,生产和科学技术迅速发展,文化教育开始向社会普及,图书文献的生产和利用趋向社会化。要适应社会生产和社会发展需要,解决众多读者看书学习问题,唯一的出路是打破封建藏书楼的桎梏,建立面向社会公众的图书馆。封建藏书楼的解体,近代公共图书馆的兴建,成为历史的必然。

近代公共图书馆,用新的开放式服务系统,代替了旧的封闭式收藏系统。大量读者涌向图书馆,使整个图书馆的工作内容和组织结构发生了重大变革。各种读者的出现,藏书的广泛流通使用,使图书馆由单纯保存转向公共借阅,由静态转向动态。外借、阅览机构的设置,服务设施的配备,服务方式方法的不断改善,文化职能和教育职能的发挥,使图书馆工作大大活跃起来,从而影响并作用于社会。读者服务工作的开展,也推动了藏书的收集、整理、组织等一系列内部工作的发展,以求二者平衡协调。图书馆工作的重心,由藏书的保存,开始转向藏书的利用。

在近代图书馆时期,读者工作的发展,由于历史条件的局限,存在着许多保守和落后的现象。被动的服务活动,单一的借阅方式,个体分散的手工操作,停留在一般社会教育和文化欣赏职能上,读者服务和组织管理工作处于初级水平。

进入本世纪中期以来,社会革命和科学技术革命都获得了新的进展,生产水平和科学教育水平大大提高。与此同时,图书文献以几何级数成倍增长,各种知识情报载体相继出现,以计算机为中心的现代科学技术成果广泛应用于社会,应用于图书馆工作领域。读者对图书情报的社会需求数量大,范围广,针对性强,水平高,难度日益增加。所有这些,促使图书馆工作及其理论研究面临一场新的挑战。读者工作,作为图书馆的前沿工作,为适应新时期战略目标的需要,正在进行全面变革,努力反映时代特征。

第一,在社会职能方面,直接面向经济建设、科学研究、文化教育及社会发展,加强了情报传递职能和社会教育职能。

第二,在工作作风方面,正在改变被动状态,发挥主动精神,增强工作活力;深入实际,主动了解和研究读者需要,积极开展服务活动。

第三,在工作内容方面,改变了单一图书借阅服务,加强了各种文献载体的情报服务,开展了多次文献情报的调研、揭示、检索、报道、编译、定题等服务工作。

第四,在工作方法方面,改变了传统的手工操作,采用现代新技术设备,加强计算机及缩微、声像技术的开发研究与应用,逐步实现了各项服务工作与管理工作的自动化。

第五,在工作协调方面,打破了各自为政、条块分割的状态,加强横向联系,建立部门之间、馆际之间协作与合作关系,组织网络化群体,实行开放政策,逐步实现资源共享。

第六,在组织管理方面,以提高质量和效益为中心,建立岗位职责,工作规范。实行目标管理、定额管理、质量与效益管理,逐步实现组织管理的规范化与科学化。

读者工作的全面变革,成为图书馆工作的重心,有力地推动了其他工作的变革和发展。

读者工作实践的发展,也推动了读者工作理论研究的深化。

任何科学研究都来源于实践的要求。作为应用性很强的图书馆学的分支学科,读者工作的理论研究也毫不例外。读者工作的理论研究,同样经历了几个历史发展阶段。

在古代,藏书楼工作的实践,以收藏图书活动为特征。因此,早期的图书馆学研究,大都围绕着藏书展开。如关于图书的搜求方法、图书的考据辨伪、版本源流、校勘整理、目录编制、装帧维修,以及图书保护技术等,都有系统的研究。而读者工作,由于缺乏实践和社会环境条件,不可能进行理论研究。

在近代,随着读者服务实践的发展,读者工作理论研究开始了现象的描述和经验总结,尚未进入理论思维的系统科学研究,因而显得比较简单粗浅,比藏书的采访、分类、编目及典藏工作的系统研究相形见绌。但它毕竟处于发展之中,具有旺盛的生命力。

到现代以后,图书馆的读者对象日益社会化,读者工作同社会的经济生活、政治生活、文化生活和社会生活日益密切。读者工作实践发展到了新阶段,读者工作的理论研究日益系统深化。

在我国图书馆学领域,读者工作的研究论述,从本世纪 50 年代中期开始,10 年间陆续发表了一批研究成果,学术研究空气比较活跃。经过动乱的十年浩劫之后,70 年代末期以来,读者工作的理论研究,伴随着整个图书馆学研究,又重新活跃起来。自此以后,读者工作研究的广度、深度和速度,均发展到了一个新水平:既有实践经验的总结,又有系统理论的研究;既有定量分析,又有本质规律的探索思考。实践是理论的源泉,理论是实践的先导。读者工作的实践活动,为理论研究开辟了许多新领域,提出了许多新课题,而现代科学技术的广泛渗透,也为读者工作的理论研究提供了许多新的原理、方法和技术手段。为此,读者工作的理论研究在不少方面,正在酝酿并已经出现重大突破。诸如读者学,读者阅读学,读者心理学,读者教育学,读者统计学等等,陆续出现。新的边缘学科正在形成之中。有关读者工作的课题正在系统深化,读者阅读调查统计、读者服务结构体系、读者工作方法系统、读者工作管理、各类型图书馆读者服务特点、参考咨询、文献检索等等学术论文,成倍增加。各省、市、自治区图书馆学会召开的读者工作专题学术讨论会,逐年发展。据统计,在全国几十个专业刊物及其他学术杂志上发表的有关读者工作的论文资料,占图书馆学论文总量的15%左右。其中,广泛引进各国有关读者工作的编译论著,也为数众多。

纵观读者工作实践活动及其理论研究的发展,不难看出,读者工作是整个图书馆工作中极其活跃而富有生命力的部分,读者学是图书馆学科学中新近发展的分支学科。它们的进一步发展完善,将从实践上和理论上不断丰富图书馆学的内容,健全图书馆学的科学体系。

二 读者工作的地位与作用

读者工作是图书馆直接面向社会,组织读者利用图书馆资源的活动,它在图书馆工作中的地位与作用是显而易见的。概括地说,读者工作直接体现了图书馆的性质、职能、方针、任务,直接反映图书馆的社会效果,直接检验整个图书馆工作的价值与质量,直接推动其他各项工作的开展,并在一定程度上代表图书馆工作的发展水平。具体说来,表现在以下四个方面。

1. 读者工作直接体现了图书馆的性质、职能、方针、任务

图书馆的性质、职能、方针、任务,虽然体现在整个工作中,但主要通过读者工作直接表现出来。

图书馆的一般性质,是社会性、学术性、教育性和服务性等。这些性质只有通过组织读者利用图书馆资源的一系列实践活动,才能直接体现出来,否则,任何性质都无从谈起。体现的程度,取决于图书馆满足读者需要的程度。由此可见,读者工作作得好坏,直接关系到图书馆各种性质能否充分显示。

图书馆的社会职能,主要有四个:第一,传递科学技术情报的职能;第二,开展社会教育的职能;第三,丰富群众文化生活的职能;第四,保存文化遗产的职能。毫无疑义,前三个社会职能,是直

接通过读者工作的一系列活动,满足读者不同级别、不同层次的需求体现出来的;第四个职能,也是通过当代人对前代人、下代人对当代人所保存的图书文献直接开发利用体现出来的。离开图书馆资源的开发利用,离开图书馆直接为读者服务的活动,任何社会职能都将失去现实意义。全面实现图书馆的各种社会职能,这就对读者工作提出了很高的要求。图书馆除了开展基本的借阅服务工作以外,还需要开展专深的情报服务工作,全面满足读者对各学科、各专题领域一、二、三次文献的需要。仅仅依靠传统的服务方式,局限于初级服务水平,不可能全面实现图书馆的各种社会职能,尤其不能实现情报传递职能的要求。

我国图书馆工作的基本方针,是为人民服务,为社会主义服务,这已载入宪法。我国图书馆工作的基本任务,是为社会主义的物质文明和精神文明建设服务,这已载入党的第十二大文献和政府文献。在基本方针和基本任务的基础上,各级各类图书馆都有自己具体的方针任务。同样,所有这些方针、任务,都要落实到图书馆工作过程中,都要直接通过组织读者利用图书馆资源的各项活动加以体现。否则,再丰富的藏书,再完善的目录,再先进的方法和设施,如果不组织读者开发利用,不开展深入细致的服务工作,方针、任务就会落空。

2. 读者工作直接反映了图书馆的社会效果,是衡量图书馆工作质量的尺度

读者工作的成效,满足读者需要的程度,解决读者实际问题的能力,直接反映了图书馆对社会经济、政治、科学技术、文化教育的广泛效果,关系到图书馆对社会产生的影响,关系到图书馆在社会中的地位与作用。同时,通过图书馆的实际社会效果,又可以检验图书馆整个工作质量及其使用价值。图书馆的每一种书刊资料,从选择、订购、验收、登记、分类、编目、入库、排架、保管、装订维修,到借阅参考,要经过十几道工序,花费许多人的辛勤劳动,倾注了

图书馆工作者的心血。至于参考咨询,文献检索,情报调研等服务项目,更需付出创造性的劳动代价。这些劳动成果,究竟利用了多少,在何种程度上转化为现实的使用价值,能否为社会作出有益的贡献、真正发挥应有的作用,只有在组织读者反复利用资源的实践活动中,才能得到检验,显示其成效。因此,读者工作是衡量图书馆一切工作质量、效益和价值的尺度,也是提高图书馆社会效果的途径。

3. 读者工作位居一线,是联系图书馆与读者的窗口,起着桥梁与纽带的作用

读者工作是图书馆工作中的一线工作,它面社会,广泛接触各种类型各种成分的读者群,是读者利用图书馆的窗口,是图书馆为读者服务的前沿。在为读者服务的过程中,既使读者受益于图书馆,又使图书馆受益于读者。读者在利用的过程中对图书馆工作会作出相应的反映,有感激,有意见,有评价,有要求,还有支持与帮助。所有这些信息,都有助于改进服务方法,提高服务质量和管理水平。

为读者服务和依靠读者办馆,是图书馆读者工作管理系统的信息反馈过程,其表现形式是:为读者服务——向读者学习——改进图书馆工作——更好地为读者服务,形成螺旋上升动态循环的发展过程。读者工作作为图书馆系统的前沿窗口,处于读者与图书馆有机联系的接口部位,直接接收从读者中返回的反馈信息,不断地从中吸取养料,成为促进图书馆各项工作协调发展的原动力。读者工作只有自觉地运用信息反馈原理,才能真正起到图书馆工作的桥梁与纽带作用。

4. 读者工作是全馆工作的重心,其机构设置及情报服务,标志着图书馆的发展水平

藏书与目录工作同读者工作,在图书馆工作中的地位不尽相同,始终存在着谁是工作重心的问题。随着时代的变化,重心不断

调整,逐渐由前者转移到后者。古代藏书楼时期,以收藏图书为中心,藏书与目录工作是工作重心,读者工作居于从属地位。近代图书馆时期,图书馆的结构功能发生变化,读者工作得到一定程度的发展,但还未实现重心转移的根本性变革,藏书与目录工作仍然居于工作重心的地位。只有到了现代图书馆时期,读者工作才逐渐发展成为全馆工作的重心,并对藏书与目录工作起着带动与制约的作用。藏书与目录工作要沟通读者工作的渠道,根据读者的实际需要,决定其工作目标,规划发展方案,制定具体措施,控制与调节自身的行动,使之与读者工作相适应。

图书馆的业务机构,一般都设置采编、保管和流通三大部门。其中,采编与保管部门的业务范围比较固定,机构层次变化不大,随着编目工作的集中化和自动化,其层次将会日益减少。流通部门则不然,随着社会需要的广泛深入,水平日益提高,一般流通部门已经不符合需要,必须要有新的发展。流通部门本身必须分科分层设置借阅机构,还要设置新的分支服务机构,如书目参考部,科技咨询部,文献检索室,情报研究室等等,开展参考咨询和情报服务工作,有针对性地满足各种专门需要。读者服务部门能否有较大的发展,服务工作能否开辟新领域,服务活动的广度、深度、速度如何,是体现图书馆工作条件、能力和发展水平的重要标志。

总之,由于读者工作面对复杂多变的读者需要和广阔的社会背景,与社会各个领域相互作用,同步发展,因而具有旺盛的生命力,显示出在整个图书馆工作中的重要地位与作用。

第三节 读者工作的原则

研究读者工作的发展规律,总结其指导方针和基本原则,是读者工作理论建设的重要任务。

一 读者工作的指导方针

读者工作的指导方针,是在长期实践的基础上总结出来并经过高度概活的宏观战略思想,它反映了读者工作的客观发展规律,具有长久和普遍的指导意义。

本世纪初,革命导师列宁曾明确指出,图书馆要"方便读者","吸引读者","满足读者对图书的一切要求","帮助人民利用我们现有的每一本书"等等。列宁的这些思想,是在研究并肯定了当时美国、瑞士等西方国家图书馆的做法之后,作为战略思想和指导方针提出来的,其实质就是"一切为了读者"。

美国近代图书馆学家杜威,在 1876 年就提出图书馆服务的"三适当"准则,即"在适当的时间,给适当的读者,提供适当的图书"。"三适当"准则,立足于读者的需要,将藏书的选择、提供,同为读者服务结合起来,是"服务至上"的萌芽,具有开拓意义。

本世纪 30 年代,印度图书馆学家阮冈纳赞的著名论著《图书馆学五原则》问世。他明确提出五点:第一,"书是为了利用的";第二,"书是为一切人而存在的";第三,"给读者所有的书";第四,"节省读者的时间";第五,"图书馆是生长着的组织"。阮氏的图书馆学五原则,是杜威图书馆服务"三适当"准则的继承和发展,为现代西方和东方国家图书馆读者工作的指导方针的确立,奠定了思想基础。

本世纪 50 年代以来,我国图书馆界明确提出"一切为了读者","千方百计为读者服务"以及"为人找书,为书找人"的口号。美英等西方国家图书馆界,更明确提出"读者第一"、"服务至上"的口号,作为读者工作的战略思想和指导方针,为各国图书馆界所普遍接受。

"读者第一","服务至上","一切为了读者"这些明确而响亮的口号,高度概括地表述了读者工作的战略思想和指导方针,含有丰富的内容和深刻的哲理。它表明,在图书馆的各项要素中,读者是第一要素,是出发点和归宿;在千头万绪的图书馆工作中,为读者服务应摆在首位,以此推动全局;在复杂交错的关系中,解决各种矛盾的宗旨是一切从读者的根本利益出发,一切从满足读者的需要出发,一切为了读者。读者工作带动其他工作,在与读者的联系中求生存,在为读者服务的活动中得到发展。

"读者第一","服务至上","一切为了读者"等战略思想,作为读者工作的指导方针,虽然在不同社会政治制度下,从不同的阶级利益和意识形态出发,有各种具体理解、认识,有各种实际做法,但是,这个指导方针正确反映了读者工作的本质规律,是世界各国图书馆工作者长期实践和理论研究的共同结晶,是图书馆界智慧发展的共同财富。它的基本含义和原则思想,对于一切国家,一切民族,所有图书馆读者工作,都具有普遍的长远的指导意义,应当贯穿在图书馆工作过程的始终。推而广之,"服务至上"的方针,适应于所有第三产业的服务工作,只是具体内容、方法手段不同而已。

二 我国图书馆读者工作的基本原则

根据国内外图书馆工作的经验,以及理论研究成果,结合中国民族传统和现实特点,我国图书馆读者工作应遵循四个基本原则。

1. 为人民服务的原则

为人民服务的原则,是马列主义、毛泽东思想原则的具体化,也是辩证唯物主义与历史唯物主义在读者工作中的实际运用。为人民服务的原则,是社会主义制度下一切工作的出发点和本质特征,也是我国图书馆读者工作实践和理论研究的指导思想。这个基本原则和指导思想,为读者工作指明了唯一正确的方向。它的主要内容,反映在列宁关于图书馆为谁服务和如何服务的一系列论述、指示和思想体系中。

列宁在长期革命斗争中,利用过国内外许多图书馆从事革命实践和理论研究,同时,以极大的热情关心图书馆事业发展,以敏锐的洞察力考察分析了各国图书馆活动的原则、体制和方法,为改造俄国落后的图书馆事业,吸收国外图书馆的先进经验和管理方法,亲自制定政策,颁布法令,组织规划,撰述论文,形成了一整套丰富而深刻的思想体系,为图书馆学发展留下了宝贵的理论遗产。

列宁关于为读者服务的基本思想,主要是解决为人民群众服务的方向,以及如何服务的路线和方法问题。

在《列宁论图书馆》一书中,有关读者工作的论述、信件和指令很多,现按时间顺序,集中列举1913年至1920年7年间6篇典型文献。这些文献足以代表他的思想精髓。

第1篇。1913年7月18日《对于国民教育能够做些什么》一文,高度评价美国纽约公共图书馆的开放制度,赞扬它们能吸引读者,方便读者,迅速满足读者对图书的一切要求。充分肯定了纽约公共图书馆1911年总结报告的制度和做法,指出这是应该做到的;不应该对读者作繁琐的规定和限制,以及津津乐道于有多少珍本收藏。

第2篇。1917年11月《论彼得格勒公共图书馆的任务》一文,列宁主张按照瑞士和美国图书馆的服务制度,改革俄国的图书馆,实行国内外馆际互借,免费为读者借书,并按照它们的开放时间,从早上8点到晚上11点,向读者开放。

第3篇。1919年2月《给教育人民委员部》的信件,列宁指示各种图书馆,要定期向政府和全体公民汇报工作,吸引读者参加管理,开展馆员间工作竞赛,并定期填写表格,全面反映外借、阅览的情况和数据。他强调指出,若不回答必须答复的问题,要负法律责任。

第4篇。1919年5月6日《全俄社会教育第一次代表大会》的贺词,列宁指出,要有足够的书籍满足识字者的求知欲,并使不识字的人识字;他指出要着手建立有组织的图书馆网,帮助人民利用我们现有的每一本书,克服混乱状态,改变不文明、愚昧和粗野的现象。

第5篇。1920年9月1日《给鲁勉采夫博物院图书馆》的信件,列宁写道:"如果按规则,参考书不准带回家,在夜里,当图书馆下班的时候,可否借用,明早送还。借一天作参考用:一、两部最好最全的希腊语辞典;二、几部最好的哲学辞典;三、希腊哲学史"。列宁注明了书名、作者和版本。

第6篇。1920年11月3日《列宁对克鲁普斯卡娅起草的关于集中管理图书馆事业的法令草案所作的补充与修改》文件,列宁认为,绝对必要使图书为公共使用;要用流动书库将各图书馆联系起来,组织馆际互借,使图书接近读者;要使各主管机关和团体的图书馆,由不公开变为公开,变为公共使用,变为全体公民都能使用的图书馆;要建立大众阅览室和少儿部,方便广大群众使用,等等。

上述6篇文献的有关论述,集中体现了列宁关于读者工作的系统思想。归纳起来,共有6个方面的内容。

①在服务方向上,图书馆要充分重视藏书的流通使用,"不仅对学者和教授开放,而且也对一般群众和市民开放",要"有足够的书籍来满足识字者的求知欲并使不识字的人识字",要尽可能吸引读者,方便读者,迅速满足读者对图书的一切要求。

②在服务范围上,要尽量扩大新读者,"要特别注意使图书为公共所使用",要使各机关团体图书馆同公共图书馆一样,向社会公众开放,变为使全体公民都能使用的图书馆。

③在服务方式上,要采用馆际互借的方法提供各馆藏书免费服务,并采用开架借阅方式与咨询服务方式,方便读者,满足参考需要。

④在开放时间上,要像文明国家的私人图书馆和阅览室那样,

方便读者自由使用,每天从早上 8 点钟到晚上 11 点钟都开放,节日和星期日也不例外。

⑤在执行制度上,要从读者需要和使用效果出发,将原则性与灵活性有机地结合起来,既提高参考书的利用率,又维护制度的权威性。

⑥在办馆方法上,要广泛宣传图书馆,开展各部门之间的工作竞赛,争取广大群众的了解和支持,吸引读者参加管理,依靠社会力量共同办好图书馆。

列宁有关读者工作的系统思想,是辩证唯物主义和历史唯物主义原理的具体体现,是检验读者工作的准绳,也是指引读者工作理论研究的思想依据,当前和今后,将长久地指导读者工作实践活动。

2. 充分服务的原则

所谓充分服务,就是全面开发利用图书馆资源,最大限度地满足读者的一切要求,充分发挥图书馆为社会主义物质文明和精神文明服务的职能。这是读者工作应当追求的共同目标。

充分服务的原则,直接体现了"读者第一"、"服务至上"、"一切为了读者"、"千方百计为读者服务"的指导方针与战略思想,反映了图书馆与社会整个国民经济及科学教育文化事业相互依存、同步发展的客观趋势。图书馆作为智力资源的传递流通系统,要挖掘一切潜力,调动一切因素,强化开放性能。将一切可以利用的资源充分为社会利用,将一切具有阅读能力的社会成员变为图书馆的现实读者,将图书馆办成社会上人人利用的事业,使知识情报的传递交流畅通无阻。图书馆要在服务中求生存,在服务中求发展。为此,读者工作必须把全面开发利用图书馆资源,充分有效地为读者服务当作出发点和归宿,并贯穿在过程的始终。总之,充分服务的原则,适应于社会主义物质文明和精神文明建设的客观需要,适应于现代图书馆自身发展的规律。

要真正做好充分服务,图书馆工作者必须具有高尚的思想品德,广博的知识技能。

第一,图书馆工作者必须树立全心全意为读者服务的思想、高尚的道德情操、主动的服务精神。

全心全意为读者服务;必须自觉树立"读者第一"、"服务至上"的思想,正确处理好馆员与读者的关系。馆员要甘当为读者铺路搭桥的无名英雄,能经常设身处地地从读者出发,充分体察"假如我是一个读者"的心情,急读者所急,想读者所想,虚心听取读者的意见和要求,讲究文明礼貌,注重职业道德修养,以自己的光和热,照亮读者求知的道路。

第二,热爱服务工作,具有强烈的事业心和高度的工作责任感,不断进取,发扬无私的自我献身精神。

没有强烈的事业心和献身精神,是不可能做好读者工作的。事业心和献身精神,建立在对图书馆工作意义的正确认识的基础上。在服务工作实践中培养热爱读者、热爱服务工作的感情,提高服务工作的本领,深入读者,调查研究,刻苦钻研科学文化和图书馆学专业知识,努力搞好本职工作,把毕生的精力献给图书馆事业,为社会服务和事业发展,作出应有的贡献。

第三,掌握广博的科学文化知识和图书馆学专业技能,掌握扎实的基本功,能胜任工作,善于帮助读者解决各种实际问题。

读者服务活动内容广泛,对象复杂,需求各异,弹性较大。既要为一般读者开展图书资料和一次文献借阅工作,又要为科研读者开展二次、三次文献参考咨询和情报服务工作。要满足读者各种需要,帮助解决各种实际问题,仅有满腔热情与良好的愿望是不够的,必须要有广博的知识,熟练的业务技能,以及过硬的本领。要真正适应读者工作的需要,成为读者的良师益友,必须以科学知识和文献知识为基础,熟悉馆藏,熟悉目录,熟悉读者,掌握服务技能和工作规律,成为服务工作的专门家。只有在工作实践中不断训练,在理论知识学习中不断提高,才能成为一个合格的图书馆工作者,这也是图书馆工作的希望所在。

3. 区分服务的原则

所谓区分服务,就是有针对性地满足各种读者的不同需求。

区分服务的实质,在于讲究服务艺术,注重服务效果,着眼服务质量。这是搞好读者工作的基本原则。

读者工作为什么要贯彻区分服务的原则呢?主要是三个方面的因素决定的。

第一,是多级别多层次的藏书结构和读者结构决定的。

图书馆藏书及其使用体系,是一个多级别多层次的动态结构。不同的内容范围,不同的载体形式,不同的使用方式,组成了和谐发展的动态藏书体系。只有在相互联系中加以区别对待,在区分中保持平衡发展,才能做到藏以致用,发挥各自的功能。

图书馆的读者类型及其需求特点,也是一个多层次多级别的动态结构体系。不同职业,不同年龄、不同文化程度、不同兴趣爱好以及不同使用权限的读者群,对图书馆的需要是多级别并不断发展变化的。图书馆应当针对他们的不同需要特点,分别组织,分别服务,以便各得其所。

第二,是图书馆服务机构和服务方式的多种功能决定的。

图书馆根据读者需要和藏书使用特点,分科设置多种借阅流通部门,咨询参考部门以及宣传辅导部门等,各部门按职责分工分别开展多种方式的服务活动,如外借、阅览、复制、咨询参考、检索、展览、报导、定题、编译、情报调研等工作。多种功能的服务机构和服务方式,本身就决定了区分服务是图书馆读者工作的存在形式。

第三,从根本上说,是图书馆的各项社会职能决定的。

图书馆的传递情报、社会教育、文化生活及收藏保存等多种社会职能,在整体活动的有机联系中,因其固有特点而相互区别。各项社会职能本身的层次结构及功能效果,反映在人才成长、知识储备、工作进展及研究成果中。不同的目的要求,表现出不同的服务内容与服务方法。

图书馆的社会教育职能是综合性的,可进一步划分为一般教育、专业教育、思想教育、技术教育、综合教育以及文献检索方法教育等。只有区分服务,才能收到应有的教育效果,促进人才成长和智力开发。

图书馆的传递情报职能,其内容范围涉及科学研究的各个领域、各种课题类型。针对具体需要,开展对口服务、定题服务、回溯服务,广快精准地提供文献资料,其本身就是区分服务的表现。

图书馆的文化生活职能,要满足各类读者不同兴趣、爱好的千差万别的需要,也必须贯彻区分服务的原则。

总之,有区分,才有政策,才能发展。正确的政策须以科学的区分为依据。只有贯彻区分服务的原则,才能提高工作效率,提高服务质量,才能真正满足读者的一切需求。

4.科学服务的原则

科学服务的原则,就是遵循图书馆工作自身的规律,按照科学的思想,科学的态度,科学的方法,科学的管理措施,组织读者服务活动。这是所有图书馆读者工作的基本要求。

第一,科学的思想,是指在读者工作及其研究中,要有整体的、全局的观念,要善于运用全面的、联系的、发展的观点认识问题。

读者工作同图书馆的其他工作,存在着千丝万缕的联系,经常引起许多矛盾和问题。如图书馆与读者之间的供与求的矛盾,借与还的矛盾;图书馆内部各部门间的藏与用的矛盾;读者与读者之间的重点需要与一般需要的矛盾;图书馆与图书馆之间的分工与协作的矛盾等等。这些矛盾错综复杂,受客观发展和主观条件的制约。读者工作的各项活动,必须纵观全局,从整体出发,以开发利用图书馆资源、充分有效地满足读者的各种需要为依据,加强各方面的联系,搞好平衡协调工作,不断解决矛盾。

第二,科学的态度,就是实事求是,一切从实际出发,讲究实效,不图虚名的态度。

在读者服务工作中,应做到满腔热情地接待读者,尽量满足其一切合理要求,切实帮助他们解决各种实际问题。为此,就要认真调查分析各种需求性质,将重点需要与一般需要,当前需要与长远需要结合起来,将数量要求与质量要求,流通指标与实际效果统一起来。不搞浮夸,不追求表面形式,不片面迎合读者,不凭主观兴趣办事,将读者需要与图书馆职能任务以及主观条件联系起来,进行研究决策,这才是读者工作应取的严格的科学态度。

第三,科学的方法,是指在读者工作及其研究中所形成的一整套实践与理论的方法。包括基本方法、一般方法和特殊方法三种层次系统,如对立统一方法、分析与综合方法、登记与统计方法、实验方法、书目检索方法,以及系统法、信息法、控制法等。

科学的方法之所以科学,就是因为它先进、实用和有效。图书馆工作要不断更新工作方法,采用科学先进的方法,对于提高工效和服务质量,会起到事半功倍的作用。

第四,科学的管理措施,是指读者工作的规章制度,先进的技术设备和服务手段。

读者工作有一系列对内对外的规章制度,包括外借规则,阅览规则,文献复制规则,书刊调配原则,藏书调阅原则,入库制度,读者登记统计制度,开架与闭架制度,岗位责任制度,咨询档案制度等等。科学的、合理的规章制度,代表着图书馆和读者的根本利益,是顺利开展服务工作的保证。在规章制度面前,无论馆员与读者,一律平等,必须维护它的权威,做到有章必依,执章必严,违章必究。

采用先进的技术设备和服务手段,是现代图书馆的特征之一。应当创造条件,逐步引进复制设备、视听设备、空调设备、机械传输设备、自动防窃设备、微型计算机设备等,以改善工作条件,提高工作效率和服务效能。

综上所述,在社会主义时期,我国图书馆读者工作的四个基本原则,是一整套完整的理论体系和行动准则,它们各有特点,又相互交叉渗透,是有机联系的统一体。

其中,为人民服务的原则,是指导思想和工作方向,反映了社会主义图书馆读者工作的本质特征,并具体表现在其他三个原则的内容之中。

充分服务的原则,是所有图书馆读者工作所追求的共同目标。

区分服务的原则,是所有图书馆读者工作必须贯彻的正确政策。

科学服务的原则,是所有图书馆读者工作应当达到的基本要求。

在为人民服务原则的前提下,后三个原则内容之间相互交叉渗透,互相补充,互为条件,全面贯穿在读者工作的过程中,成为有层次、有内在联系的原则体系。

参考文献

1. 北京大学图书馆学系编印:《列宁论图书馆》。1975 年 8 月。

2. 佟曾功:《读者服务工作的组织与管理》。《图书馆工作与研究》1981 年第 4 期。

3. 沈继武:《试论读者工作的意义与原则》。《图书情报知识》1982 年第 2 期。

4. (苏)乌姆诺夫著、赵世良节译:《读者工作的研究对象和基本概念》。《国外图书情报工作》1983 年第 2 期。

5. 黄恩祝:《再论〈读者学〉》。《江苏图书馆学报》1986 年第 2 期。

6. 罗德运、尚文兰:《略谈读者工作规律》。《图书馆学通讯》1984 年第 3 期。

第二章　读者队伍结构

图书馆读者队伍怎样划分？它们各自的特征及相互关系如何？这支队伍是如何组成的？只有研究读者、熟知读者状况，才能主动有效地服务于读者，教育读者，才能做好读者工作。

如前所述，凡有阅读能力，并利用图书馆资源的一切社会成员，都是图书馆的读者。读者状况是很复杂的。从整个图书馆的读者队伍来说，数量庞大，成分复杂，类型多样，涉及极其广泛的社会成员；从每个地区或单位的图书馆的读者队伍来说，也有一定数量、一定成分、一定类型、涉及该地区或该单位比较广泛的社会成员。因此，要熟知所有的读者状况，是不大可能的，而熟知经常利用图书馆的读者状况，则是必须的，也是可能的。熟知读者状况，就要研究读者队伍结构。

所谓读者队伍结构，是指图书馆读者队伍中不同成分、不同类型、不同范围、不同数量的读者群依据其特征及相互关系所构成的有机组织系统。

任何一个图书馆的读者队伍，都是由特定范围、特定数量、特定类型、特定成分的读者群构成的组织结构系统。各级各类图书馆，有不同的读者群，因而有不同的读者队伍结构。相对而言，公共图书馆的读者队伍结构最为复杂；专业图书馆或专门对象的图书馆，其读者队伍结构比较单纯；高等学校图书馆的读者队伍结构，则介于中间状态。

研究读者队伍结构最基本的方法,是系统分析法,同时也要借助于社会学、教育心理学等有关方法。据此,首先,将图书馆的读者队伍划分为几个大的读者类型,然后,将几种读者类型再划分为不同特征的读者成分,而各种读者成分都是由一定数量的具体读者组成的。这样,图书馆的读者队伍结构,呈现出三个层次级别的组织系统:各种读者类型——各种读者成分——一定范围和数量的具体读者。

一般说来,图书馆的读者结构与藏书结构是相互适应的。随着读者结构的发展变化,藏书结构要作相应的调整;当藏书结构确定之后,读者结构的调整也要与之相适应。图书馆藏书结构与读者结构之间失调脱节的现象,不能允许长期存在下去。

第一节　读　者　成　分

读者成分是读者队伍的具体构成因素。读者成分的划分与组合,通常以读者本身的各种社会特征和自然特征为主要标志。读者的职业特征、文化特征、年龄特征以及性别特征、民族特征、生理特征等,同阅读活动有着直接关系。每个读者都具有这几方面的各自特征。读者与读者之间,有大体相同的特征,也有不相同的特征。按照这些特征标志,将各种读者划分与组合成一定的读者成分,便于具体地研究他们的阅读活动及阅读活动产生的原因。

一　职业特征

职业是人们从事的某种业务工作,它既是社会分工的需要,又是个人谋生的手段。职业种类,按行业标志,可分为工业、农业、军事、商业、交通、医务、政法、科技、教育、体育、文艺等行业。各种行业又可细分为许多具体职业,而各种职业又有不同专业、工种之分。各种职业从业人员,大体可分为专业人员、技术人员、一般公务人员等不同层次。人们的职业工作,按从业的久暂性,可分为终身职业,阶段性职业和临时性职业。此外,各类初级、中级职业学校的学生,各大专院校的学生,他们都是社会各种职业的后备军。无论是已经从业的读者,还是准备从业的读者,都可以按照职业特征,将他们划分为不同职业成分的读者,研究其职业成分的共性与个性。

什么是职业特征?职业特征是指读者从事某种职业、专业或工种所表现出的职业需要、职业兴趣、职业技能与职业阅读活动的综合现象。这种现象反映出读者连续持久的阅读发展趋势。职业特征在某些读者身上表现尤其明显。这些读者热爱本职工作,具有事业献身精神,为事业发展孜孜不倦地学习、研究和实践,对本专业的研究成果及有关文献,表现出强烈的兴趣,高度的敏感性,特殊的驾驭能力。读者的职业特征在一定程度上反映出读者的职业素质,而读者的职业素质形成于读者从事的职业实践与研究活动过程中。稳定的职业特征,对读者阅读活动产生着决定性的影响。

各种职业、各种专业、各种工种的读者,具有各自的阅读需要、阅读方式和阅读特点。科技读者,文艺读者,教师读者,干部读者和工人读者,以及其他职业的读者,在阅读活动中,除了共同性需要外,还有明显的职业性特征。掌握读者的职业特征,便于针对读者的职业阅读范围,开展专业对口服务。

二 文化特征

一定的文化程度,是成为图书馆读者的基本条件之一。各级各类图书馆,以及各种图书文献的利用对象,对读者的文化教育程度,都有不同的要求。有许多科学与专业图书馆,由于藏书内容范围及水平深度所致,要求读者至少具有高中或大学以上文化教育程度。

文化教育程度,在图书馆或文献情报中心,就其完整的意义,包括读者原有的学历,现有的专业技术职务或行政职务级别等两个不同层次结构。学历,一般分为小学、初中、高中、大学等毕业或肄业,或通过自学达到相当某种文化教育水平。专业技术职务,一般分为高级(如正副教授、正副研究员、高级工程师等)、中级(如讲师、助理研究员、工程师等)、初级(如助教、研究实习员、助理工程师等)三个档次级别。行政职务,一般分为科级、处级、厅(局)级等级别。一般说来,图书馆划分读者的文化程度,同时考虑两种标志:一种是读者通过学校教育或自学达到的学历程度,另一种是现在担任的专业技术职务或行政领导职务所达到的级别程度。各级各类图书馆对待读者的文化教育程度,采用何种具体标准和方法,要视实际读者状况而定。

所谓文化特征,是指具有一定学历程度和担任专业(或行政)职务级别的读者对图书文献需求的内容深度、阅读方式及阅读目的所表现的层次级别。

不同文化特征的读者,利用和理解文献的语种、类型、类别、等级以及时间结构,存在着较大差别。一般说来,外文书,特种资料,专业性、学术性较强的书刊,二次、三次文献,古书,回溯性书刊,文化教育程度较高的科学技术人员、教师、研究生等需求和利用的比例大,其他程度的读者,则多利用中文现代书刊。据调查,以大、中学生阅读文艺作品为例,阅读外国文学作品的比例基本相同;在阅读现代文学作品方面,中学生的比例高于大学生;而在阅读古典文学作品方面,大学生的比例高于中学生。因为古汉语和中国古代史知识,作为阅读古典文学作品的基础,大学生已经具备,而中学生尚不具备。

文化特征,反映了各种文化教育程度的读者对图书文献的阅读范围与阅读水平的差异,也反映了他们对图书馆的利用方式及需求价值的区别。因而,从读者成分结构中各种文化特征的读者所占的比重和所处的地位,可以判断图书馆的藏书结构、机构性质及工作水平,并可以此区分大众性图书馆、科学与专业性图书馆以及综合性省级以上公共图书馆等。各种不同性质的图书馆,有不同的读者文化结构,不同的藏书结构,不同的干部队伍结构,也有不同的工作要求。

三　年龄特征

年龄是人的自然属性,同社会发展有着广泛、直接的联系。每个人都要经过少年、青年、壮年、老年不同阶段的自然发展过程。在不同年龄阶段,人的生理、心理、智力机制的正常发展,表现出不同的年龄特征。一般说来,随着年龄的增长,人的生理、心理和智力机制日趋成熟、稳定,其完善程度的差异,受到社会环境条件(如生活条件,社会实践,教育学习条件等等)的作用,同时,更取决于个人的勤奋努力和兴趣爱好的发展。

所谓年龄特征,是指不同年龄阶段的读者群,在阅读活动中表现出的心理素质和智力状态。图书馆针对读者的年龄特征,可以开展有效的阅读指导和各种服务活动。

读者年龄的划分,按照年龄的自然区限,可分为少年读者、青年读者、中年读者和老年读者四个年龄阶段。其大体界线为:儿童读者在 6 岁至 11 岁;少年读者在 12 岁至 15 岁;青年读者在 16 岁至 29 岁;中年读者在 30 岁至 49 岁;老年读者在 50 岁以上。

少年儿童读者是少儿图书馆、中小学图书馆以及各种图书馆的少儿阅览室的主要读者成分。他们在图书馆的阅读内容、阅读方式和阅读兴趣,同成人读者有显著的不同,他们的阅读活动区域应单独设立。

青年读者是成人读者中最复杂的成分。青春期是人生最宝贵的妙龄年华,他们刚跨入社会生活的各个领域,面临着思想、事业、生活道路三关的考验,处在个人与社会种种矛盾旋涡之中,如何思考,如何决策,如何前进,都是刻不容缓的新课题。青年人朝气蓬勃,满怀热情和希望,是德智体全面发展的黄金时代。青年读者思想敏锐,求知欲强,阅读兴趣广泛,阅读,对他们的智力开发、世界观的形成,起着很重要的影响和作用,特别需要加以正确引导。青年读者按阅读心理年龄发展阶段,可划分为三个年龄层次:青年初期在 16 岁至 20 岁之间,青年中期在 21 岁至 25 岁之间,青年晚期在 26 岁至 29 岁之间。不同时期的青年读者,在阅读兴趣、阅读目的、阅读方法上,显示出相互联系又相互区别的各自特点。

中老年读者的年龄特征,表现为固有的老成持重,成熟稳定,规律性比较强。

四 性别特征

性别也是人的自然属性。在孩童时期,性别并无明显的差别。进入青年期以后,性别待征才出现明显差异和自我意识。

青年男女读者,在阅读兴趣上,表现出不同的内容题材送择的指向性;在阅读能力上,表现出不同的技能优势;在阅读方式上,表现出不同的性格素质。这是由于男性与女性青年在生长发育过程中,生理机制的差异所导致的心理,智力结构不同发展的结果。

毛泽东同志曾经指出,时代不同了,男女都一样,男同志能做到的,女同志也能做到。社会主义制度的发展,为妇女的彻底解放,为真正实现男女平等,为提高妇女的社会地位,为普及和提高妇女的科学文化水平,促进如女智力的发展,开辟了广阔的前景。在各种职业、各种文化程度、各种年龄的读者成分中,女性读者成分占有相当的比重,而且在不断增长。

图书馆要注意发展女读者,研究女读者,做好为女读者服务的工作。

五 民族特征

长期以来我国就是一个统一的多民族国家。除人口最多的汉族以外,有 50 多个少数民族,占全国人口的 6%,分布的地区占全国总面积的 50% 至 6o%,民族杂居情况也特别显著。除了回族、满族、畲族通用汉语外,其他各民族均有本民族的语言。许多少数民族都分布在边疆地区,并着手建立和发展民族文化教育事业。

在多民族地区,少数民族读者是图书馆的重要读者成分。各类型图书馆,都要注意发展少数民族读者,研究少数民族读者特征,尊重少数民族风俗习惯,开发各民族读者的智力,促进少数民族读者人才成长,为提高各民族读者科学文化水平作出贡献。

六 特殊生理特征

丧失部分生理机能的读者,如失去四肢,失去视力,失去听力和发声能力的读者,即残疾读者、盲人读者和聋哑读者,通称为特殊生理特征的读者。他们同具有健全机能的正常读者相比较,在阅读文献类型、阅读手段和阅读方式上很不相同。

专供盲人读者摸读的盲文读物,世界各国多采用布莱叶盲字符号体系,我国则现用汉语拼音盲字符号体系。专供聋哑人读者看读的是手语读物。图书馆应为盲人和聋哑人读者分别配备听觉资料、视觉资料及其播放录制设备。为残疾读者送书上门,或提供馆内阅读,开展主动服务,提供方便的阅读条件,是图书馆应尽的责任。尤其各级公共图书馆,应注意吸收社会残疾读者,做好为他们服务的工作。国外有许多公共图书馆,专门设立残疾读者服务部,比较重视为特殊生理的读者服务,并创造了不少好的经验和办法,收到较好的效果。

上述职业、文化、年龄、性别、民族、生理等特征,反映了读者自身与阅读活动有关的社会属性和自然属性。其中,职业特征、文化特征、年龄特征,是研究读者,划分与组合读者类型的主要依据之一。各类型图书馆的读者成分,各个具体图书馆的读者成分,都有特定范围,必须分别加以具体研究。

第二节　读者类型

图书馆有各种类型的读者群,任何一个图书馆都有两种以上类型的读者群。读者类型是图书馆读者队伍结构的基本构成因素。图书馆读者类型是如何划分的? 各类型的读者利用图书馆有何特点?

如上所说,构成读者成分的职业特征、文化特征、年龄特征,是划分和组合读者类型的主要依据之一。许多读者类型,就是根据读者本身的职业、年龄、文化特征划分的。如"少年儿童读者"主要反映了读者的年龄特征;"教师读者"主要反映了读者的职业特征;"科技读者"主要反映了读者的专业与文化特征等等。

划分读者类型,不仅要根据读者成分的自身特征,还要根据读者在图书馆的活动方式,包括读者在图书馆的借阅权限和组织形式。因此,读者的活动方式,也是划分与组合读者类型的主要依据之一。

按照读者的借阅权限,可划分为正式读者和临时读者。正式读者是指在图书馆登记立户而领取借阅证件的读者。他们享有经常固定地利用图书馆的权限,也称图书馆的在册编内读者。临时读者是指那些偶然到图书馆借阅或查询书刊资料,但并未建立正式借阅关系的读者,他们凭个人身份证件,或单位介绍信,或无任何证件而利用图书馆,也称图书馆非在册编外读者。因此,正式读者和临时读者,对图书馆享有不同的使用权限。

按照读者的组织形式,可划分为个人读者,集体读者和单位读者三种类型。其中,个人读者是图书馆的主要读者群,包括不同成分的个人读者类型,也包括图书馆工作人员在内,他们是以个人为单位利用图书馆的读者。集体读者是以小组为单位利用图书馆的读者,他们在小组内具有共同的阅读需要和阅读方式。单位读者是以固定机构为单位利用图书馆的读者,包括有互借关系的兄弟图书馆,以及本馆或本单位的分支机构部门。

总之,划分读者类型主要有两种依据,一种是读者成分的自身特征,一种是读者在图书馆的活动方式。而划分与组合图书馆读者类型的方法,通常是先按照读者的活动方式,将读者划分为四个基本类型,即个人读者,集体读者,单位读者和临时读者,然后再按照读者的成分特征,将四种基本读者类型再进一步划分为若干具体的读者类型。各种具体的读者类型利用图书馆则表现出各自的特点。

一 个人读者类型

个人读者是图书馆的主要读者类型,是以个人为单位独立地利用图书馆从事阅读活动的个人用户,包括许多不同成分的个人读者。

1. 少年儿童读者

也称中、小学生读者,是指 6 岁至 15 岁年龄区的儿童少年。他们处在学龄阶段,正是长身体、长知识的时期。少年儿童读者总的特点是爱读书又爱活动,求知欲强而学习有效时间短,阅读内容广泛而又通俗浅显,有初步理解能力而以形象思维为主。按学龄和知识特征,可划分为初小、高小和初中三个阶段,经历认字阶段、理解阶段和形象思维阶段。随着年岁的增长,他们在阅读中的自觉性、选择性和理解能力逐渐增强,处于半独立、半依赖,半成熟、半幼稚时期,可塑性强,容易受外界环境的影响。帮助他们养成良好的学习习惯,吸引他们利用图书馆,启发他们获取广泛的知识,打好基础,增强智力,引导他们朝着有理想、有道德、有文化、守纪律的方向健康成长,关系到国家和社会的未来。对此,图书馆的责任重大。

党中央号召全社会都要关心少年儿童的健康成长。1980年5月26日,中共中央书记处第23次会议讨论通过的《图书馆工作汇报提纲》明确指出:"中等以上的城市和大城市的区,都要设立少年儿童图书馆,县、区、市图书馆要设立少年儿童阅览室。"说明少年儿童图书馆对于少年儿童读者进行社会教育的重要性和紧迫性。

我国中、小学校图书馆正在逐步建立和健全。这些图书馆在教师的指导下,采用多种方式,配合学校课堂教育,开展课外阅读活动,用社会主义、共产主义思想占领阅读阵地,丰富和扩大少年儿童的科学文化知识。

2. 大学生读者

在各类正规高等学校学习的大学生,接受系统的综合教育和专业教育,处于走向工作岗位前的最后学习阶段。大学生读者具有青年读者和学生读者的双重特征。作为青年读者,大学生处在生理、心理、智力发展和世界观形成的成熟期,生理机制完善,生活独立性增强,思想活跃,抽象思维能力、观察认识能力显著提高,自我意识强烈。作为学生读者,大学生进入高等文化和专业知识理论学习阶段,在学习内容、学习方法、学习能力等方面,同中学生有很大区别。他们接触的知识领域更加宽广而深入。他们的学习活动的发展趋势,与即将从事的职业工作直接发生联系,其阅读兴趣、阅读目的等受到毕业后职业工作的需要制约。为了成为合格的建设社会主义的各行各业的专门人才,成为德、智、体全面发展的大学毕业生,他们在大学生活阶段,系统学习政治理论、专业理论,以及综合科学文化知识,使自己具有较高的文化素质,合理的知识结构,由知识型向智能型、创造型以及综合通用型的方向发展。

大学生读者,是高等学校图书馆的主要服务对象之一。在大学生读者的学习活动中,图书馆具有重要的地位和作用。教室是他们的第一课堂,图书馆是他们的第二课堂。他们除了在教室接受教师的系统教育外,更多的时间要利用图书馆藏书,到阅览室进行自学,在书海中吸取知识养料,增长智慧,提高文化水平和研究能力。随着学习阶段的发展,阅读的自觉性、选择性和专指程度日益增强,阅读的方法技能日益提高。对图书馆的了解、喜爱程度和利用程度,随着年级的升高而发展。

据调查统计,大学生的阅读兴趣,在内容范围的选择方面,有共同兴趣,即普遍喜爱文学艺术读物,注重专业书刊,关心政治理论和新兴学科的著述,广泛涉猎哲学、美学、语言、历史和科普读物等等。但是,在大学生读者中,不同专业、不同年级、不同年龄和阅历、不同性别和爱好、处于不同教学阶段的学生,有不同的阅读兴趣,表现出不同的阅读需要、阅读倾向和阅读能力。研究他们的各种兴趣,熟悉他们的阅读需要与阅读特点,是做好服务工作的前提。

高校图书馆要重视大学生读者的智力开发和人才培养工作。提供必要的教学参考书和大量精良的课外读物,创造良好的学习阅读环境条件,吸引他们利用图书馆,帮助他们熟悉藏书与目录,辅导他们掌握书目文献检索方法,组织学习经验交流和学术活动,提高他们的阅读兴趣和阅读技能,是图书馆义不容辞的责任。

3. 教师读者

大学和中、小学教师读者,是各级各类学校图书馆的重点服务对象,也是各级公共图书馆的服务对象之一。他们在教育战线上肩负着培养人才的重任,是人类灵魂的工程师。教育学生,自身也要不断学习,不断充实和更新知识内容,要搜集必备的教学用书,同时也要利用图书馆丰富的藏书资源,成为图书馆积极的利用者。

大学教师与中小学教师读者,利用图书馆有不同的特点。

中小学教师从事初等和中等基础教育,为中等专业技术学校和高等学校输送一部分人才,为社会各种职业工作培养后备力量。他们担负着比较繁重的教学任务,利用图书馆的时间不很充裕,主要结合教学和自身业务提高,借阅有关教学参考资料、基础理论书刊,以及思想文化修养方面的资料。

大学教师担负着教学和科学研究双重任务,对图书馆的利用,比中小学教师读者要广泛、深入和经常。他们结合教学和科学研究课题,借阅专业书刊和有关文献资料,查考各种工具书和书目文献资料。他们的阅读目的明确,阅读范围集中。大学教师读者队伍中,不同专业的教师(如文科、理科、工科等),不同年龄层次的教师(如青年教师、中年教师、老年教师),以及承担不同教学、科研任务的教师,对图书文献需求的范围、广度、深度、文种等各不相同,文献检索能力和阅读能力都存在差异,对图书馆和资料室利用的程度与利用的方式,都有各自的特点。

图书馆要深入调查研究教师读者的阅读需要和阅读特点,开展参考咨询和文献检索服务活动,以便有针对性有区分地满足他们的需要。

4.科技读者

科技读者是指各行业、各阶层、各学科的科学技术工作者(包括科学研究人员、工程技术人员、医生、作家、文艺工作者等等)。按专业技术职务,分为高级科技人员、中级科技人员和初级科技人员。中级以上科技读者,是三大类型图书馆的主要读者类型和重点服务对象。

科技读者分布广泛,工作性质多样,文献需求各异。他们分散在国民经济各部门,科学教育文化战线各系统,社会科学、自然科学、技术科学各领域,从事着多种多样的工作。搞理论研究的,技术研究的,意识形态研究的,创作设计研究的等等人员,都分别需要特定的文献类型和内容范围,解决具体研究课题任务。

各类型图书馆,都要把科技读者作为重点服务对象。因为,为科技读者服务,实质上就是为科学研究服务,为生产技术服务,为经济建设服务,为社会主义精神文明和物质文明建设服务。他们的业务需要,直接反映了社会主义现代化建设的当务之急和发展方向,因此,必须保证重点需要,千方百计地予以满足。

科技读者的阅读需要,主要是研究型和应用型的阅读类型。在广度、深度、速度和难度方面,大大超过一般读者水平。图书馆为科技读者服务,不能停留在整本书刊和一次文献借阅的服务水平,应加强二次文献、三次文献以及综合文献的咨询参考、文献检索,以及情报服务工作。要参与具体科研课题的文献情报调研活动,取得服务效果,这就要求图书情报人员,具有相当高的外语或古汉语水平,学科知识水平,文献检索知识水平,以及较高的服务能力与应变能力。

5. 干部读者

干部读者是指从中央到地方各级各类、各行各业的党政领导干部、组织管理干部以及广大的国家机关工作人员读者。他们从事各种领导工作、组织管理工作与实际业务工作(包括政治思想工作,人事管理工作,行政事务工作等)。各级干部读者,尤其高级和中级领导干部读者,他们对图书文献的需求,除了自身的科学文化学习提高以外,更主要的是结合领导组织和管理业务,需要战略决策性的综合动态资料,以及专业事实性具体资料。各类型图书馆,尤其各级公共图书馆,都应重视为领导干部服务的工作。把干部读者作为重点服务对象之一,解决他们的特殊需要,是图书馆的政治任务之一。

干部读者中,为数众多的是国家机关单位的工作人员,即一般干部读者。他们作为图书馆的一般读者,所需的图书文献范围,大多集中在社会科学、科普著作、文艺书刊等方面。他们是一般读者队伍中数量较多的读者群。

6. 工人读者

工人读者是各级公共图书馆和工会图书馆的主要读者类型。数量庞大的工人读者,分布在厂矿企业、商业财贸、交通运输、建筑、邮电、服务行业及其他第三产业部门。行业广泛,成分复杂,人数很多。工人读者群中,按照工龄和业务熟练程度,可分为学徒工、青年工人、中老年工人。其中,学徒工、青年工人是图书馆的积极利用者,是图书馆一般读者队伍中数量最多的主要读者类型和重点研究对象。

青年工人读者工种复杂,接触社会面比较宽广,思想活跃,容易接受各种社会思潮的影响,一般具有初中或高中文化水平,识别能力有限,好奇心、敏感性强,兴趣广泛,主要利用业余时间从事阅读活动。他们的共同阅读兴趣是文艺作品,不同阅读兴趣是结合各自的工作阅读业务书刊,并按照个人兴趣爱好,从事各种业余学习研究活动。随着物质文明和社会主义精神文明建设的深入,工人读者的阅读倾向,也有新的发展。文化考核,专业技术职务评定,技术革新活动,以及政治思想工作的加强,工人读者越来越注重阅读科技书刊、业务书刊、思想修养读物,以及优秀的文艺作品。把自己培养成为有理想,有道德,有文化,守纪律的新一代工人,成为青年工人的努力方向和奋斗目标。

图书馆要加强对青年工人读者的阅读指导工作。要配合共青团、工会组织的读书活动,推荐好书,开展宣传评论,指导读者如何读书,把图书馆办成社会主义精神文明的宣传教育阵地,成为青年读者的良师益友。

7. 知青读者

知识青年主要指城市里高中或初中毕业后待业与待学青年,以及临时从事个体、集体或国营企业工作的青年。知识青年是一个过渡性的社会阶层,不同于有固定职业的青年职工,不同于大学和中专学校的青年学生,处于暂时游动变化的状态。其中,知识青年的大多数,等待就业,准备有关部门招工、安置,成为社会各行各业直接劳动后备军。另一部分则希望继续升学深造,通过自学或培训,系统复习,迎接高考,以待录取,重操学业。这两部分知识青年,处于人生途中就业前或升学前的过渡时期,他们中的自学者和高考者,都积极利用图书馆。他们的共同愿望,是需要一个良好的学习场所,安静的学习环境,以便在高考前或招工前一段宝贵时间,集中精力自学复习,使之获得预期成效。强烈的时间观念,高度的学习自觉性,全力以赴的学习拼搏精神,专心一意的学习指向性,是他们共同的思想状态和心理特征。

值得注意的是,知识青年中相当一大批待业青年,升学无望,就业无期,生活涣散,思想动荡,徘徊于十字路口,容易接受各种社会思潮的影响,有的可能成为社会精神污染的受害者和传播者。许多青年读者,缺乏明确的学习目标和正确的阅读方向,缺乏积极进取精神和时间紧迫感,带着单纯消遣心理,为填补精神空虚而从事阅读活动。

如何对待知青读者,是各类型图书馆,尤其是各级公共图书馆面临的比较复杂的社会问题。就全国范围而言,知识青年读者有数以千万之多,逐年有增无减。配合家庭、学校以至整个社会,关心他们的成长,满足他们的学习要求,为他们创造学习条件,开辟学习场所,指引正确的学习内容、学习方法和学习途径,为国家培养和输送人才,是图书馆一项长期的战略任务。

我国国家图书馆,在为知青读者服务的工作中,做出了显著的贡献。北京图书馆专门增设普通阅览室,配备复习参考资料,组织教学辅导活动,举办语文讲座,数理化讲座,组织学习方法经验交流及各种报告会,每年为大学和各单位输送了许多优秀知识青年,为国家作出了贡献。其他各级公共图书馆,都面临着关心帮助知青读者学习的问题,不能把知青读者拒之门外。

8. 居民、农民、军人读者

城镇居民读者,包括从事个体、集体劳动的就业职工,退休、离休的老年居民,以及各种闲散人员。他们就近就地利用各级基层公共图书馆和街道图书室,根据各自的特定需要从事阅读学习活动。

农民占中国人口绝大多数,是图书馆数量最多的潜在性读者。农民读者中以农村回乡知识青年为主体。作为一代有文化的新型农民,他们是农村图书室的主要服务对象。郊区的青年农民,也是各级基层公共图书馆的大众读者对象之一。随着农村经济体制的改革,农民读者的职业成分将向综合化方向发展,他们对图书文献的需要也随之发生变化。

现役军人读者,是连队图书室的主要服务对象,也是各级基层公共图书馆的大众性读者类型之一。他们利用图书馆学习政治理论,军事技术,科学文化知识。随着军地两用人才的训练,军人读者的阅读需要将向着广阔的科学技术领域发展,阅读目标更加明确具体。

9.盲哑病残读者

盲哑病残读者,是个人读者类型中的特殊读者类型。同健康生理读者相比较,他们在生理上有一定缺陷,失去部分生理功能,难以从事正常的阅读活动。但是在智力上他们并无缺陷,具有同样的阅读需要和阅读能力。如当代保尔张海迪身残志坚,以顽强的毅力学习科学文化知识,学会几门外语,掌握医学和文学知识技能,翻译了大量外国文学作品,治愈了数以千计的病人,成为生活的强者。盲哑病残读者从事着各种生产、工作、学习活动,尤其需要图书馆的帮助。各级公共图书馆,有责任主动为他们服务,普及与提高他们的科学文化知识,重视开发他们的智力,针对他们的业务活动和业余阅读需要,送书上门,帮助他们排忧解难,以便他们为社会作出更大的贡献。

上述9种个人读者类型,是就整体图书馆而言的。至于各类型图书馆的个人读者类型,分别侧重于其中的某些部分。一般说来,各级公共图书馆的个人读者类型,要比单位图书馆广泛复杂。

二　集体读者类型

集体读者是指由若干个人组合的以小组为单位利用图书馆的集体用户,他们具有共同的阅读需要和阅读方式。他们或同在一个具体单位,或从事同一种职业、同一个工种、同一个年级,或进行一个研究项目,在一定期限内,集体借阅一定范围的书刊资料。集体读者在借阅数量、借阅期限、借还方式等方面区别于个人读者。

集体读者包括多种类型:读书小组,借书小组,学习小组,科研小组,文艺作品评论组,教材编写组,工具书编写组等等。其中,读书小组是在不同时期读书活动中建立的,他们按照规定的推荐书目及目的要求开展读书活动。借书小组、学习小组是按车间,按班级组织起来,向图书馆定期借阅业务书刊或教学参考书的读者组织。科研小组、文艺作品评论组,是为了研究某个课题,或评论有关文艺作品,集体借阅某些科技书刊或文艺著作的读者组织。教材编写组,工具书编写组不仅需要参考有关书刊资料,而且需要图书馆提供小型参考研究室。

各类型图书馆都有不同形式的集体读者用户。如公共图书馆的读书小组,借书小组,自学小组;高等学校图书馆的学生班级借书小组,教师教材编写组;科研单位图书馆的科学研究小组等。

三　单位读者类型

单位读者是指以固定机构为单位利用图书馆的读者。是个人或集体读者通过本单位,以机构的名义直接同图书馆建立借阅关系或调阅关系,而不以个人或小组的名义直接同图书馆建立某种关系。图书馆直接为单位读者立户,而单位用户由指定的专门联络人负责与图书馆联系。

单位读者包括三种类型:第一种,固定服务单位用户(如生产、科研、教学单位及其他机构)。第二种,图书馆的分支机构(如公共图书馆的馆外流通站,少儿阅览室或分馆,高等学校的系科资料室,科研机构图书馆的分支部门等等)。他们同图书馆建有书刊调阅关系,或设立计算机用户终端。第三种,建有馆际互借关系的兄弟图书馆(馆际间开展互借书刊资料,或建立联机检索关系,为本馆读者向兄弟馆借阅或查阅有关书刊资料)。

单位读者作为图书馆的团体用户,实际上是一个传递书刊资料的中转机构。它的职能,一方面根据本单位读者的需求,向图书馆直接借阅或调阅书刊资料,另一方面又直接传送给读者使用。一般说来,它对于从图书馆借调进来的藏书,不担负长期保存的任务,只负责中转书刊,归口借还。单位读者用户,归根到底要将借调的藏书交给本单位的个人或集体读者使用。它不过是以单位的名义借调图书的组织。

四 临时读者类型

临时读者是指偶尔到图书馆进行借阅活动的编外读者。凡无本馆借阅证件,或无正式关系而临时利用本馆藏书或阅读设施的读者,都属临时读者,包括任何个人读者、集体读者或单位读者在内。

临时读者凭本人身份证件,单位介绍信或押金外借图书,阅览书刊,查询资料,或到阅览室学习自修。临时读者可以利用任何图书馆的资源,可以成为任何图书馆的临时读者。一馆的正式读者,可以是其他馆的临时读者。一般说来,一个读者只能是一个图书馆的正式读者,但却可以是许多图书馆的临时读者。

任何图书馆的正式读者都是有限度的,而接待临时读者却是无限制的。各类型图书馆都要尽可能向社会开放,吸引更多的临时读者利用图书馆资源。要使更多的人成为读者,要使一切有阅读能力的社会成员,都能够以临时读者的身份利用所有图书馆的资源。

第三节　读者范畴体系

读者范畴体系,是指在一定区域内,图书馆正式读者所占各类社会成员的范围、重点和数量比例。在整个国家或整个地区之中,读者成分,读者类型的广泛程度,读者数量比例的大小程度,可以说明两个问题:第一,可以说明图书馆事业的发展程度;第二,可以说明图书馆的开发利用程度。在一个单位之内,各种成员利用图书馆的情况,可以反映这个单位图书馆的地位与作用。

一　读者范围与重点

在不同范围的读者群中,客观上存在着重点读者与一般读者的区别。重点读者是图书馆的重点服务对象和研究对象。确定重点读者,要把图书馆和读者两方面的情况结合起来考虑。一方面要考虑图书馆的主要性质、任务与藏书重点是公共性的,还是教育性的,是研究性的,还是普及性的;是为教学和科研服务,还是专门为研究服务,是为经济建设和科学研究服务,还是为普及科学文化服务,等等。另一方面要考虑读者是担负研究任务的,系统自学的,还是一般阅读的;是经常利用图书馆的,还是偶尔利用图书馆的;是能经常反映阅读需要和阅读效果的,还是不常同图书馆保持联系的,等等。根据图书馆的实际情况,确定不同类型、不同成分的重点读者;根据读者的实际需要情况,确定重点读者的发展条件。一般说来,图书馆的重点读者类型,包括研究性读者类型和自学者读者类型,其中,经常利用图书馆,并同图书馆保持密切联系而又能积极反映阅读需要和阅读效果的个人读者、集体读者或单位读者,都可以被选择发展为图书馆的重点读者对象。

公共图书馆和各类型单位所属图书馆,确定读者范围、读者重点与读者数量,有明显的区别。

各类型单位所属图书馆,面向本单位的全体成员,读者范围和读者数量,以本单位的全体成员为限。如一个学校的师生员工,一个研究单位的人员和工作人员,一个厂矿的工人和技术人员,一个机关的所有职工,都是该单位图书馆特定范围和特定数量的读者群。在这些特定范围的读者群中,再选择某些担负研究任务或学习任务而又经常利用图书馆的读者,作为本单位图书馆的重点读者对象。

各级公共图书馆,面向本地区的全体社会成员,读者范周广泛,成分复杂,人数众多,不可能人人都成为它的正式读者,必须有所选择,有所限定。因此,发展正式读者,调整读者队伍,是各级公共图书馆经常性的特有任务。

发展正式读者,要考虑三方面的因素:第一,本馆的可能条件,包括为科学研究和为大众服务的两项任务,藏书的规模、成分与比重,业务人员的数量与能力,空间容量与设备条件等等;第二,本地区经济文化发展的实际需要,包括本地区经济特点,科学文化教育事业的状况,所在地区内厂矿企业,科研单位,机关学校,及各行各业、各阶层中,需要利用书刊资料而本身图书资料又很缺乏的单位和个人,将作为读者发展对象;第三,本地区图书馆事业发展状况与馆际分工,一般不发展其他图书馆的读者作为公共图书馆的正式读者。个人读者一般就近就地利用图书馆,特殊需要可通过单位,建立邮寄借书关系,或通过馆际互借方式加以解决。

调整读者队伍,也要综合考虑三个变化因素:第一,本地区经济建设和科学文化教育事业的发展变化情况(如体制改革,机构调整,经济成分变动,工程技术与研究项目发展等)会直接、间接影响读者队伍的变化。第二,由于读者队伍的实际变化(如经过一定时期后,相当一部分读者,由于工作调动,职业变化,单位撤销,居住搬迁等原因),读者领取借阅证后长期不利用图书馆,空证率高达一定比例,而许多需要利用图书馆的读者领不到借阅证件。还有部分读者不符合本馆正式读者条件等。第三,馆藏书刊流通失调情况。如有些藏书成分因无相应读者利用,未发挥应有作用,而需要利用这些藏书的单位和个人不是图书馆的正式读者等等。因此,定期验证核实,调整撤销不适宜的读者部分,发展新的读者,增减各类型读者成分数量比例,使读者队伍的构成与社会实际需要相适应,与馆藏书刊结构相适应,与本馆任务和能力相适应。经过调整,不断提高图书馆读者队伍的质量,使应该为社会利用的藏书充分开发利用,使应该利用图书馆的社会成员成为图书馆的正式读者。

公共图书馆一般在三五年内,重新制定读者发展计划。计划中提出发展读者总数量,各种类型、各种成分读者的具体数量,一般读者与重点读者的条件和名额,规定读者登记、验证时间、办法及具体措施,做到有计划按条件而又公开地发展读者。

公共图书馆的读者范围体现公共性特点。以省级公共图书馆为例。省馆的服务对象,在地区范围内要面向全省,不仅是省会所在地;在对象范围上,包括党政军领导机关,科研,生产部门和文化教育部门,以及各行业、各阶层的广大群众和青年;在文化程度上,有中学文化程度,有大学文化程度,有初级、中级和高级职务的各类读者;在学科领域中,有搞哲学社会科学的,有人文科学的,有自然科学和技术科学的,涉及古今中外一切学科领域。在广大范围的读者群中,正式读者主要集中在省会所在市区。个人读者一般区分为普通读者和科技读者两大类型,其中,普通读者的数量比科技读者高两倍以上。两类读者在借阅范围、借阅数量、借阅期限以及服务方式上都有不同的权限。在两大类型读者中,按照一定的条件,都要进一步区分一般读者和重点读者,构成公共图书馆的重点科技和重点自学读者。

发展两类重点读者,浙江图书馆和原南京市人民图书馆,分别报道了新的经验。

浙江图书馆专业外借处,从1983年4月份起,在专业读者中,通过申请、选择,确定两批重点服务对象。他们公布的重点读者的条件是:担负有生产、科研任务,需要经常利用图书馆的图书资料,并能经常向外借处反映借阅效果的专业读者。重点专业读者,享有优惠待遇:放宽借期,增加借书册数,实行预约借书,并建立专门档案。经过申请并选择确定的重点读者,大多是工厂、科研所的工程师,大学的讲师,或其他系统相应职务的专业人员,一部分是高级工程师,教授,以及技术人员,技术工人等。

原南京市人民图书馆(现改名金陵图书馆),在90%以上的青年读者成分中,将一部分待业青年列为重点服务对象,优先发给借书证,组织学习小组,开辟青年自学阅览室,建立自学档案,制定自学计划,提供自学科目,开办讲座、辅导、咨询及经验交流活动,引导青年读者走自学成才的道路。从1981年开始以来,取得良好效果。1982年,30名待业青年报考高等学校,其中,9名被录取。81届以前的70多名待业青年,几乎全部被招工单位录取。

二 读者数量

公共图书馆的读者数量是个有待研究的问题。如何科学地、合理地确定公共图书馆读者总人数,科研读者与大众读者外借证数、阅览证数及其正确比例,读者人数与藏书数量、干部数量、馆舍面积、阅览室座位数量之间的比例关系等等,目前既无系统研究,又无精确统计材料,也无明确规定标准。据文化部图书馆事业管理局科教处、北京图书馆图书馆学研究部合编的《全国公共图书馆概况》(1982年6月出版)一书概略统计,截至1980年,全国32所省级公共图书馆,包括北京、上海、天津三所少年儿童图书馆在内,总藏书量为 5637 万余册,发出外借证为 419300 多个,书刊流通率占 22.4%,阅览座位共 8103 个,工作人员共计 3480 人,建筑面积共 279800 多 m^2,阅览室面积共 58690 多 m^2。平均每个省级馆大约 145 万册藏书,8700 多 m^2 建筑面积,109 名工作人员,外借证 13000 个。工作人员与外借证数平均比例约为 1:120;外借证数与藏书册数平均比例约为 1:111;外借证数与建筑面积平均比例约为 1:0.67。这些数量与比值,只反映了 1979 年至 1980 年期间省级公共图书馆的概略情况。它说明了省级馆的图书保障率(藏书总数除以读者总数)约在 100~120 之间,干部的接待率(干部总人数除以读者总人数)约在 120 左右。随着藏书量和干部数量的增长,读者人数也应相应增长。当然,读者数量、藏书数量和干部数量都是动态数量,这些数量的变化,无不受到读者成分构成、藏书内容构成以及干部结构与素质的影响,同时还受到读者服务工作开展的程度及其他客观条件的影响。

实际上,全国省级馆绝大多数藏书都在 100 万至 300 万册之间,正式读者的数量及各类读者数量比例发展很不平衡,存在很大差距。发展个人读者证最多的达 50000 多个(天津市人民图书馆),40000 多个(广东省中山图书馆),最少的只有 7000 至 8000 个,一般的在 10000 个至 25000 个之间。其他类型读者借阅证,各馆之间数量悬殊大,名称五花八门。如辽宁省图书馆称科学文化工作者借书证 11000 个;湖南省图书馆称科技借书证 10000 多个;浙江省图书馆称专业借书证 7000 多个,湖北省图书馆称科研借阅证 3000 多个;南京图书馆称参考资料借阅证 3000 多个;广东省中山图书馆称外文借书证 3000 多个;黑龙江省图书馆称中高级科技借书证 3500 个;山西省图书馆称科技借书证 4000 多个等等。其他馆称科技借书证,多则千余个,少则几百个不等。集体外借证数量,各馆悬殊更大,最多的如上海图书馆达 2200 多个,首都图书馆 1500 多个,天津市人民图书馆 700 多个,其他馆集体借书证几十个、百余个不等。此外有些省级馆还发展有团体证,单位证,馆际借书证,通用借书证,邮寄借书证,社科参考证,重点科研证,临时借书证等等。

上述情况表明,我国公共图书馆读者数量发展极不平衡,缺乏深入研究,没有明确规范标准,各类型读者数量不成比例。按照少数先进图书馆的水平衡量,许多图书馆尚有很大潜力没有充分发挥。

参考文献

1. 胡华山编译:《日本图书馆是怎样为残废读者服务的》。《河南图书馆季刊》1983 年第 2 期。

2. 詹外荐:《开展重点服务工作》。《图书馆研究与工作》1983 年第 3 期。

3. 南京市人民图书馆:《两年半的读者服务工作》。《读者工作经验汇编》,浙江省图书馆 1983 年编印。

4. 文化部图书馆事业管理局科教处、北京图书馆图书馆学研究部编:《全国公共图书馆概况》1982 年 6 月。

5. 鲁笛声、李志红:《谈借书证发放数量对图书利用的影响》。《图书馆学研究》1982 年第 3 期。

第三章　读者心理

　　熟知读者在图书馆的阅读活动,必然要研究读者的心理现象,心理过程,心理特征,研究读者心理活动的产生、发展的规律,研究读者与图书馆工作的相互关系。读者心理研究,是图书馆学与心理学相互结合的结果。读者心理学的知识体系,正处在形成与发展过程中。

第一节　读者心理学的原理

　　什么是读者心理学? 它与普遍心理学有何关系? 它的研究对象、研究内容、研究任务是什么? 是属于什么性质的学科? 它有哪些研究方法? 等等,这些都是读者心理学应当研究解决的基本问题。

一　普通心理学与读者心理学

　　心理学是研究心理现象及其规律的科学。心理学研究的范围广泛,产生出许多分支学科。研究人的心理现象的一般规律的,称为普通心理学。普通心理学研究人的一般心理过程和个性心理特征,即研究人在任何活动中所产生的认识、感情、意志,以及在各种环境条件下所形成的能力、性格等个性心理特征。它的任务,在于

278

揭示心理活动的过程,心理特征的形成,人们的心理机制及其相互关系发展的规律。

读者心理学是研究读者在图书馆活动过程中心理现象及其规律的学问。

读者心理学是心理学与图书馆读者工作相互交叉渗透、结合而成的分支学科。它既应用普通心理学的知识,又应用图书馆读者学的知识,发展成系统的知识体系,从属于图书馆学范畴。

普通心理学与读者心理学之间,是基础学科与应用学科的关系。读者心理学是普通心理学在图书馆读者研究中应用和发展的结果。读者心理学应用了心理学的一般原理、知识和方法,研究图书馆领域各种读者的心理活动,包括读者的心理内容、心理过程和心理机制,并将读者的心理研究同读者工作以及整个图书馆工作结合起来,成为读者学以及图书馆学的分支学科。离开心理学的原理、知识和方法,不可能产生读者心理学;但是仅仅有心理学的原理、知识和方法,也形成不了读者心理学。因为,读者心理学还需要系统的图书馆学原理、知识和方法,而且,这种原理、知识和方法,主要来自读者工作实践经验的总结。读者心理学一旦发展成为相对独立的学科,便具有自己特定的研究对象,研究内容,研究任务与研究方法,具有自己的特点和发展方向,形成了一定的知识体系。因此,读者心理学,是普通心理学和其他分支心理学所不能代替的。读者心理学的知识体系,主要是从事图书馆实际工作和理论研究的专业人员研究的范畴,而不是单纯从事心理学研究人员直接研究的知识体系。

应当看到,读者心理学理论体系的建设,广泛应用了普通心理学的研究成果,渗透了教育心理学、社会心理学、儿童心理学、青年心理学等分支学科的理论原理与方法技术。读者心理学的发展,还必须不断吸取心理学及其分支学科的研究成果,并且同读者工作实践更加有机地结合起来。

研究读者心理学的意义,对于指导读者工作的实践,发展读者学的理论,都是十分重要的。读者的阅读需要,检索需要,阅读与检索活动,无不反映读者的心理过程与心理特征。读者究竟在想什么? 为什么会产生这些想法? 读者的心理活动产生的客观原因与主观原因有哪些? 如何创造或改变环境条件,引导读者发展健康的心理状态,控制和改变不良的心理状态,从而达到正确有效的宣传教育作用,提高服务质量与管理水平,这些都有赖于读者心理学的研究。因此,全面系统地研究读者心理,深入具体地了解读者阅读与检索心理特征,是现代图书馆读者工作实践和读者研究必不可少的部分。

二 读者心理学的对象与任务

读者心理学是研究读者在图书馆活动过程中心理现象及其规律的学科。它以心理学的原理与方法为基础,以图书馆的利用活动为范畴,以整体读者和各类型读者心理为特定对象,以阅读心理和检索心理为内容,研究读者心理与图书馆工作的相互作用及其内在关系。读者心理学是图书馆学的分支学科。

1. 读者心理学的研究对象——图书馆读者心理

读者心理学,主要研究在图书馆活动中的各种类型、各种成分的读者群心理,包括整体读者、个体读者群,研究他们在利用图书馆这个特定环境中所表现的心理现象和心理特征。

读者心理学的研究对象,就其客体而言,它与图书馆读者学的研究对象是相同的,所不同的是研究内容范围上的区别,它只是研究有关读者的心理方面。它通过读者在图书馆活动中的种种表现,着重研究读者的心理现象和心理特征,揭示读者在图书馆这个特定环境中的内在原因及其规律。

读者心理,就其读者这个主体范畴,可划分为图书馆读者心理学,社会读者心理学。图书馆读者心理学,简称为读者心理学。社会读者心理学比较广泛,包括书业界,即出版发行界的读者,宣传教育界的读者,科学技术界的读者,以及其他知识界的读者等。社会上各种知识流通传递部门,为了向读者宣传、流通、出售图书文献,都要了解读者的心理,掌握读者的心理特征,开展读者心理学的研究。图书馆界研究读者心理学,同社会各界研究读者心理学,虽然在原理、方法上有共同之处,在读者对象上有交叉点,但在环境条件上,在活动方式上,在具体目的上,都存在着明显的差异。图书馆读者心理学,是在图书馆这个环境条件下,通过组织读者公共使用图书馆资源的活动,研究读者的心理现象、心理特征及其发展规律。而社会各界对读者心理的研究,有着各自本身的研究对象、研究内容、环境条件及活动方式。

2. 读者心理学的研究内容——利用图书文献的阅读心理与检索心理

读者利用图书文献,就其目的、方式和水平,大体可分为两大类型:阅读型和检索型。阅读型读者,以青少年和普通读者为主体,主要表现为学习心理,包括欣赏心理,娱乐心理,这是读者心理学研究的主要内容,也是读者阅读心理学专门研究的内容。在图书馆界有关读者心理学的论述中,通常所说的读者心理学,往往指的是读者阅读心理学的范畴,不是指读者心理学的整体范畴。检索型读者,主要表现为研究心理,包括综合研究心理和专业研究心理,以科研读者为主体,研究他们的心理内容、心理特征及效能。

阅读心理即学习心理的内容范围,包括 4 个方面:第一,研究读者阅读前的基础条件,即读者现有的知识、经验、阅历、智力和接受水平;第二,研究读者借阅过程中的心理现象及个性心理特征,包括阅读动机、阅读兴趣、阅读态度、阅读倾向等;第三,研究阅读修养,提高读者的阅读能力,进行阅读方法与经验的学习教育;第四,研究读者的阅读效果及图书馆的环境条件,收集阅读的效果反映,改善设备、采光、空气、音响、卫生条件,以适应读者阅读环境。

研究阅读过程的心理现象及发展规律,立足于引导、培养、教育读者,参与读者的阅读活动。

检索心理即研究心理的内容范围,包括3个方面:第一,读者的研究内容及水平深度;第二,读者在文献检索过程中表现的共同心理特征,如求新、求准、求全、求快心理,以及特殊心理特征;第三,读者的检索能力、检索效果及对图书馆工作评价的心理表现。

3.读者心理学的研究任务——研究读者心理与服务工作相互协调的发展规律

读者心理学,通过研究读者在图书馆活动中的心理现象、心理过程和个性心理特征,揭示读者服务工作与利用图书文献之间相互影响、相互作用的辩证关系,从而积极引导读者心理和服务工作沿着社会主义物质文明与精神文明建设的方向,协调一致地向前发展。

读者心理现象不是孤立的社会现象,它必然要受到社会发展规律的制约。读者心理与服务工作之间,存在着相互影响、相互作用的辩证关系。服务工作只有掌握读者的心理特征,适应读者的心理需要,才能做到针对性和有效性。否则就可能出现盲目性,造成脱离实际的结果。与此同时,还要看到服务工作对读者心理发展的能动作用。对于读者的心理状态,必须加以分析研究,区别什么是正确的,什么是不正确的,什么是合理的,什么是不合理的,从而采取区别对待的态度。绝不能不加分析地迎合读者不健康、不合理的心理需求,以免贻误读者而使之陷入迷途。服务工作必须在正确的思想原则指导下,帮助读者选择书刊资料,推荐好书,指导阅读,解答咨询,准确地提供文献,真正有益于读者学习、研究的健康发展。任何读者心理的研究,都是以特定的时间、空间和社会历史背景为条件进行的,脱离特定环境条件的研究,毫无现实意义。在社会主义时期,我国图书馆读者心理学的任务,就是研究如何积极引导读者心理与服务工作沿着两个文明建设的正确方向协调发展的客观规律。

4.读者心理学的学科性质——应用性分支学科

读者心理学是心理学与图书馆读者工作研究交叉结合而成的边缘科学。它以心理学为基础,应用心理学的原理与方法,研究在图书馆活动中,各种读者心理现象及其发展规律,成为图书馆学领域中读者学的分支学科,属于应用性学科。

读者心理学,一方面是心理学在图书馆实践活动中的应用与发展,另一方面也是对图书馆读者或用户需求心理深入研究的结果。它的研究对象、研究内容、研究任务,都是沿着图书馆学的方向发展,而又要不断地吸取普通心理学及应用社会心理学等的研究成果,来丰富发展自身的学科体系。

第二节　读者心理的研究方法

研究读者心理现象,揭示其心理活动的实质,了解影响读者心理变化的各种社会因素,掌握心理发展的客观规律,必须借助于科学的研究方法。读者心理的研究方法,在读者心理学中的重要意义,可以说举足轻重,它是打开读者心理之门的钥匙,完成研究任务的关键。

读者心理是读者内在意识与外部活动的统一。读者心理的内在意识具有隐蔽性,它看不见,摸不着,要想捕捉它比较困难,轻而易举地掌握读者内心活动更不可能。同时,读者心理的表现形式又具有外向性,它可以感知,可以认识,可以改变。不过,读者心理的表现形式复杂多样,表现程度千变万化,时隐时现,甚至出现假象。如何透过借阅和检索活动发展过程的行为表现,观察读者的普遍心理;如何全面了解各种读者在特定环境条件下的心理特征;如何系统分析读者心理发展变化的因素;如何预测读者心理活动的发展趋势等等,都涉及到读者心理的研究方法问题。方法得当,则效率即高,效果即好,事半功倍。不同的任务需要不同的方法解决。复杂的心理活动需要采用综合性的方法解决。

为了运用科学的研究方法,首先必须对各种方法本身进行研究。研究方法的原理,便是方法论的学问。研究读者心理应当采用哪些方法?各种方法的功用是什么?相互间的关系怎样?实际效果如何?等等,说明研究方法的重要性,也说明研究方法本身就值得研究。

一 读者心理研究方法的基本要求

研究方法的设计、选用,具有客观性,绝不能随心所欲,主观杜撰。其基本要求,总的说来是:从实际出发,以事实为依据,注重内在联系,讲究实用效果。具体说来,有以下3个方面。

1. 从实际出发,尊重客观事实

读者心理产生于利用图书馆的活动,表现于利用图书馆活动的全过程。读者行为是研究读者心理活动的事实依据。当读者与图书馆发生联系时,读者的心理通过他的需求反映出来,通过他的阅读行为、检索行为表现出来。其表现形式多种多样,有言谈举止,有文字记录,有图书文献,有利用效果,还有各种调查统计材料。研究读者心理,必须以各种实际表现为依据,而不能离开直接间接的实际材料凭空杜撰。研究方法的设计选用,必须从实际出发,有助于全面准确地调查分析反映读者心理的各种事实材料。

2. 从全局出发,注重内在联系

读者心理复杂多变,因时因地表现各异,并受社会、环境、阅历、知识、生理条件等多种因素的综合影响。研究读者心理,必须注意全面的发展的观点,透过表面现象,掌握内在联系,揭示本质特征,力戒就事论事,防止用片面的、静止的、孤立的方法进行研究。研究方法的设计、选择和运用,应当从全局出发,有助于综合

284

考察读者心理现象的各个方面，各种影响因素，相互间的内在联系及发展趋势。

3. 从需要出发，讲究实用效果

研究方法多种多样。各种方法都有特定的对象、范围、条件，都有其针对性、实用性和局限性。针对一般读者心理的研究方法，不适用科技读者心理的研究；针对少年儿童读者心理的方法，用于青年、中老年读者就不会产生效果；普通心理学、社会心理学的研究方法，不加改造地生搬硬套于读者心理研究，也难以奏效，因为实践内容范围有所区别；此时此地的研究方法，不完全适用于彼时彼地，因为环境条件发生了变化。诸如此类，说明各种研究方法的选用，都要从实际需要出发，结合读者心理研究的具体条件而确定。

研究方法来源于实践，服务于实践。设计选择研究方法，要讲究实用效果，不能搞花架子，不能搞形式主义，要做到对症下药，量体裁衣。当运用某种方法失效时，就要考虑改用另外的方法，不要一条岔道走到黑，浪费时间和精力，造成无效劳动。正确地采用方法，会收到事半功倍的效果；而错误地采用方法，则会收事倍功半的结果。这说明选择方法要对路，要力求实效。

二　读者心理研究方法体系

方法体系涉及方法论问题。所谓方法论，顾名思义，泛指关于方法的理论。正如《自然辩证法纲要》指出："方法论把方法作为自己的研究对象，它研究方法的性质、作用和发生发展的规律，研究不同方法之间的关系及其所服从的基本逻辑，研究正确运用方法所应遵守的基本原则。"科学的方法是同科学本身同步发展的。从这个意义上说，方法论研究的深广程度，标志着科学发展的成熟程度。

读者心理研究的显著特点，是理论研究与实践研究的结合，是心理学与图书馆学研究的结合。因此,读者心理研究方法体系,包括两大基本方面,3个层次系统。

第一个基本方面是经验的方法,如观察,谈话,问卷,登录,实验等方法。这些方法可直接间接地搜集读者心理活动的外部现象、行为、数据等事实材料,为研究读者心理提供事实依据,奠定实践基础。

第二个基本方面是理论的方法,如历史方法,比较方法,数学方法,分析综合方法,分类方法,归纳演绎方法,移植方法,以及三论(系统论、信息论、控制论)方法等。这些方法对所获得的事实材料,进行综合分析,抽象概括,判断推理,形成理论体系。

上述经验方法与理论方法,在读者心理研究中相互结合使用,不能截然分开。前者是基础,后者是提高深化。两者都不可缺少,组成统一范围的两大基本方面。

读者心理研究方法体系,就其层次结构系统,通常划分为3个层次级别:第1级为哲学方法,第2级为一般方法,第3级为特殊方法。

1.哲学方法

哲学方法是各种方法的最高概括与总结。马克思主义哲学方法,是指导社会革命及科学革命的根本方法。它系统概括了科学研究的普遍原理,像一根红线,连结并贯穿于各种研究方法之中,成为一切科学研究的方法论基础,有效地为科学研究服务。同样,马克思主义哲学,尤其辩证唯物主义的对立统一法则,是图书馆读者心理研究的根本方法。

2.一般方法

一般方法是指各门科学通用的方法。它们的概括程度高,适用范围广,彼此相互联系,相互渗透,各门科学综合运用,参考借鉴。如自然科学的观察法,实验法,统计法,分析综合法,归纳演绎法;社会科学的历史法,调查法;应用科学和技术科学的系统法,信息法,控制法等等,既是某些学科特定的方法。也是各门学科通用的一般方法。这些研究方法,同样渗透于图书馆学领域,成为包括读者心理研究在内的应用分支学科综合运用的一般方法。不过,读者心理研究应用一般研究方法,有自己的具体特点,它服务于读者心理学的研究对象、研究内容和研究任务。

3. 特殊方法

特殊方法是各门具体科学研究的专门方法。这些方法,主要适用于本学科,而不适用于其他学科,或不完全适用于其他学科,因为它们形成于特定环境,作用于特定对象的特定活动内容,专指性强,功能具体,解决专门问题有效,而普遍性较差,概括性较弱。

各门科学都有自己的特殊方法。读者心理研究的特殊方法带有专门的工艺性质。如谈话法,阅读登记法,借阅统计法,读者问卷法,咨询立档法,检索分析法等等,就是在读者服务活动中形成的,专门用于读者阅读与检索现象及其心理特征的研究。

应当看到,一般方法与特殊方法之间,只有相对的区别,并无绝对的界限。在具体研究读者心理的实践中,往往灵活采用多种方法,或交替使用,或综合使用,或结合使用。尤其对读者心理的整体研究,必须综合采用各种科学实用的研究方法,只采用一种方法,往往是难以奏效的。

三 读者心理研究的具体方法

在研究方法系统中,第2级和第3级两个层次,即一般方法和特殊方法,都是读者心理研究采用的具体方法。其中,有经验方法,有理论方法,也有二者相结合的研究方法。

1. 观察法

观察法是各门科学通用的一般方法,也是在读者心理研究中采用的经验方法之一。观察作为一种方法,建立在一定知识的基础上,按照一定的指导思想,有目的有意识地进行。

观察法是观察者对读者在自然条件下发生的心理行为研究的方法。所谓自然条件,是指在图书馆范围内读者活动的区域,包括目录厅,阅览室,外借处,开架书库,咨询室等。一般说来,在馆内读者活动区观察读者,应保持现场的自然环境,不干预读者的借阅活动,不让读者发现被观察及其意图。这样才能观察到读者心理现象的本来面目,以防止虚假现象和失真现象的发生。

观察法分为计划观察和随机观察两种。

有计划地观察读者,是达到预期目的和效果的主要方法。事先选择好读者对象,确定观察范围内容,明确目的要求,安排好具体时间步骤,有区分地选择观察对象,如公共图书馆的科研读者与大众读者,高校图书馆的教师读者与学生读者,科技专业图书馆的青年读者与中老年读者等等,便于对某类读者集中系统地观察。选择对象应注意典型性、代表性。观察的范围,可以是全过程,也可以是某一阶段。如观察读者的借阅心理现象,须分别注意借阅全过程中三个阶段的不同表现。在借阅前期,观察读者查找目录,翻阅书刊,口头咨询,排队等候时的心理现象;在借阅中期,观察读者获得有关书刊,选择决策,或受到拒借时心理变化状态;在借阅后期,注意观察读者阅读过程中所表现的情绪、技能等心理现象。观察内容,依照读者个体与群体对象的选择,分为质的观察和量的观察两种。对个体读者着重进行质的观察,跟踪读者借阅过程的表现,透过偶然的行为,瞬间的状态,分析读者心理现象的原因与实质。对群体读者着重进行行量的观察,记录统计各种读者借阅过程有关阶段的数量、时间、强弱的比例关系,分析其普遍性倾向性的心理表现。质与量的观察,个别与一般的观察,须结合起来,并反复观察,作好准备、记录、统计及分析,才能达到预期效果。

随机观察,就是在图书馆活动过程中,随时随地留心读者的行为表现。观察个别读者的情感变化、注意状态、兴趣发展等心理特征,并通过大量反复出现的事实材料的分析综合,研究读者的普遍倾向和发展趋势。随机观察作为计划观察的辅助和补充,能提供事实,积累丰富的直观材料。

一般说来,观察法作为一种直观法,它受到自然环境条件的限制,只能观察读者心理活动的某些外部现象,有时难免产生一定的错误,有时难以观察到读者的真实心理活动。当对被观察的某些心理现象不能直接观察的时候,可以采用一般调查的方法,进行间接观察。也可采用谈话的方法,了解读者心理活动情况,并观察读者在谈话时的表现。还可以利用各种技术手段,如照像、录像、录音、自动监控仪器等记录现场活动。

观察法的根本要求,就是要坚持观察的客观性,保证观察结果的可靠性。为此,运用观察法分析读者心理时,忌带主观性、片面性,坚持实事求是,尽可能全面系统地观察。观察前做好充分准备,观察中认真细致,观察后做好记录整理和分析研究。观察的全过程要持之以恒,反复进行,并将直接观察与间接观察、观察与谈话、观察事实与分析研究结合起来。

2. 问卷调查法

问卷调查法,简要说来,就是以书面提问回答的方式调查读者的一种方法,亦称书面调查法。这种方法,由图书馆提出问题,制作调查表,发给有关读者填写,然后将调查表集中起来,按内容逐项统计,并对统计结果进行定量和定性分析,从而得出有关图书馆与读者关系方面的各类问题的结论。

问卷调查法,将社会调查与统计分析融为一体,将个案法与统计法结合起来,对读者心理进行定性与定量两方面的综合分析。个案法和统计法,是社会科学研究中采用较为普遍的两种方法。个案法是选择某一社会问题广泛搜集资料,详细分析其内在与外在因素及其相互关系,并同其他类似个案作比较研究,从而作出概括判断,侧重于事物现象性质的研究,即定性的分析;统计法是利用统计学中有关收集、整理、分析资料的方法、图表、公式来测量、统计数据和分析数量方面的普遍现象,侧重于事物数量的研究,即定量分析。而采用问卷调查法研究读者心理,正是汇集个案法和统计法,从量与质两方面调查分析读者的综合方法。

对读者利用图书馆的心理状态,从性质上进行定性调查,能够准确地把握有关读者在图书馆活动中涉及的各种问题的基本属性,即质的规定性;从数量上进行定量调查,能够广泛地了解所调查的问题究竟在多大数量范围内反映出来,用量的变化说明事物的变化。

吉林省图书馆研究辅导部,1981 年 6 月至 12 月,利用半年时间,动员了吉林省和内蒙古哲里木盟、兴安盟各系统、各级图书馆,共计 434 个单位,近 900 名图书馆工作人员,对经常利用图书馆的 8538 名读者进行了一次普遍性调查。对调查结果,经过 1982 年 1 月至 9 月为期 9 个多月的综合统计、分析研究,编写成一份长达 10 万字的调查报告。调查共分 4 个步骤:第一,编制调查表,将有关读者与图书馆关系方面的问题,分为 38 项内容、12 个方面(即读者的自然情况,读都的购书条件,阅读能力,阅读范围,阅读兴趣,阅读目的,阅读时间,阅读效果,读者对图书馆利用情况,工作评价及希望要求等),制成表格内容,下发调查。第二,选择调查对象,选择各系统、各类型、各级图书馆经常利用图书馆的 8538 名读者进行填表调查。其中,男性占 79.6%,女性占 20.4%;51 岁以上的读者占 12.9%,30 岁至 50 岁的读者占 56.9%,30 岁以下的读者占 30.2%,汉族读者占 89.9%,朝鲜族、满族、蒙古族、回族等少数民族读者占 10.1%;科技读者占 28%,教师读者占 26.1%,工人读者占 17.2%,其他读者占 10.1%;科技读者和教师读者中,高、中级职务的约占 1/3,初级职称占 2/3;其他阶层读者成分中,以中学文化程度的读者最多,占 76.8%;在 8000 多名读者中,能阅读外文和少数民族语文的读者占 70.8%。第三,统计调查表,将调查表集中起来,按项目作综合统计,同时又按读者职业、文化水平分门别类逐项统计,制出一个读者调查统计总表,20个读者调查分表,76个读者单项调查说明表。第四,综合分析,将各种表格进行综合分析,就其中若干主要问题(如读者阅读情况分析,读者利用图书馆情况,读者利用家庭藏书情况,读者对图书馆的希望和要求)写成结论性意见,并分成小题目制成单项问题说明表。

吉林省图书馆研究辅导部组织的读者社会调查报告,是一次大型的综合性的调查。调查本身,对发展图书馆事业,改进图书馆工作,促进图书馆学研究,具有重大的实践意义和理论意义。调查提供了大量具体而生动的材料、全面地、真实地分析了各阶层读者利用图书馆的情况及其意见要求,为研究读者提供了宝贵的有价值的参考数据,为读者调查工作作出了重要的贡献,树立了榜样。调查的素材和研究成果,可供图书馆读者工作研究继续深入开发利用。

3. 实验测试法

实验测试法,是实验法在读者心理研究中的具体运用。而实验法则是自然科学和心理学研究中普遍采用的方法。

实验方法分为实验室实验法和自然实验法两种类型。

实验室实验,是在人为的组织下,严格控制外界环境条件进行的实验研究。在人为设计的条件下,被试者按照规定的要求进行活动,提供各种可能的效果,并意识到在接受试验。这种方法,可以用作典型实验,能缩短周期,能反复测试,达到预期目的,对于研究心理过程的生理机制有很大作用。例如研究人的视觉对文字、图像的感应能力,环境色彩对读者阅读心理影响,噪音对阅读情绪的干扰作用,声频、视频资料对人的注意力、记忆力的关系等等,都可以通过实验室研究获得良好效果。当然,效果的真实性不如自然实验好。

自然实验是在日常活动情况下,适当控制一定条件,结合业务工作过程进行实验研究。自然实验法的特征,即在普通环境下进行有目的的实验,保持观察的自然性和实验的主动性。这不仅能激发某种心理现象的再现,而且有利于被试者心理活动的自然流露。因为被试者一般不知道实验的具体目的或严格条件的束缚,实验效果比较真实、准确、可靠,研究者容易掌握被试者心理实质。自然实验可以在图书馆读者所有活动区域分头进行,如外借推荐书架旁,新书陈列展览室,各种阅览室开架书库,检索资料室等地。不过,自然实验周期较长,并容易受到其他外部环境条件的干扰。

实验测试法,综合运用实验室实验和自然实验两种方法研究读者心理。通常首先选择有代表性的读者进行座谈、讨论,征求意见与要求,开展初步综合实验,结合有关记录素材,设计实验方案,制作书面问题图表,为正式实验作充分准备。经过小范围模拟实验阶段,然后进入大规模实际实验阶段,即自然实验阶段。自然实验过程较长,参加测试读者类型广泛,数量较多,以无记名方式分散进行,按预订的计划要求接受测试或填写调查表。在可能条件下,可利用录音录像方法,获得真实材料而又不使读者察觉。最后,从大量的调查材料中整理统计分类,分析综合读者心理特征、阅读需要与阅读效果,归纳对图书馆的意见要求,制订改进工作的办法措施。

典型实验案例。江苏省太仓县图书馆,为了了解读者阅读心理状态,有针对性地改进读者服务工作,1980年对各类型读者作了抽样实验测试调查,取得良好效果。实验方法,采用实验室实验与自然实验相结合的方法。具体做法是:第一,了解情况,做好准备。先后两次与42个单位,67名各类型读者座谈,了解读者要求,征求改进工作意见。第二,设计实验测试题。根据了解情况,归纳出6个问题,每题设计几种倾向性答案(如:你的读书目的是什么? 干一番事业,成名成家,提高修养,增加知识,解决工作中的问题,消遣,等。影响你读书积极性的原因是什么? 是自学得不到承认,还是社会上的不正之风,是工作忙、家务重,还是对外借人员不满意,是单位领导不支持,还是其他原因等等。你和工作人员的关系如何?关系好与不好的原因何在?如何评选优秀工作人员和较差工作人员?对较差工作人员怎么办?等等),向读者进行广泛调查。第三,选择101名有代表性的读者作为测试调查对象,包括不同性别、年龄、职业、文化程度等各种成分的读者群,作抽样调查。第四,在选定被测试读者的借书档案袋中,装入调查表,要求读者在借书时当场填写,以不署名方式,在设计好的问题答案中选择一种划上记号,或填上另外的答案。第五,收集调查表,分类整理,统计数量比例,进行综合分析,提出结论性意见。第六,根据实验结果,写出书面总结报告,提出改进工作的四条措施:①制订工作人员奖罚制度;②成立读者"参谋"小组,定期反映读者的意见建议;③加强阅读目的性宣传;④整理先进读者事例材料,向有关部门推荐介绍。

太仓县图书馆采用的方法,实际上是实验法与问卷调查法相结合的综合性实验测试法。它比较全面具体地了解了读者心理及其与社会环境和读者服务工作的相互关系,取得了成功的经验,是读者心理研究行之有效的方法。

4.阅读登记分析法

阅读登记分析法,主要通过对读者借阅记录档案的统计分析,掌握读者阅读倾向,了解读者心理活动规律。

借阅档案记载了图书馆全部读者本身的情况及对图书资料的利用情况,这是分析读者阅读行为,掌握读者阅读倾向,了解读者心理的事实根据。分析研究个体读者和群体读者的借阅档案,有助于把握各种年龄、职业、文化程度、兴趣爱好的读者群,了解他们的心理特征。分析某一时期、某一特定类型读者的阅读倾向的发展变化情况,有助于具体了解读者的心理活动过程。

为了系统深入地研究读者心理,图书馆要建立健全必要的读者阅读记录档案。为各类读者建档立户,包括读者户头卡,借阅登记卡,分类统计卡,索书单等。要有完备的登记统计项目,包括姓名、年龄、职业、文化、职务职称、索书号、书名、借阅时间等等。同时,要有统计制度,按户头、分类、时间,统计整理读者情况及其借阅资料,以便系统地研究读者心理。

5. 参考咨询分析法

参考咨询分析法,主要通过参考书目、咨询档案、科研产品的分析研究,揭示图书馆的服务效果,了解专业科研读者的参考检索心理特征。

专业读者利用图书馆的心理,除具有一般读者的阅读心理外,还有专门研究心理。这种研究心理,主要表现在参考咨询、文献检索和情报需求过程中。图书馆在为科学研究、教学、生产技术服务的工作中,提供参考书目,解答咨询,编译与调研情报,整理服务成果,并以此为依据,分析专业读者的研究心理,从而更有效地为专业科研读者服务。

应用参考咨询分析法,研究专业科研读者的心理,须设立完备的咨询档案,收集专业读者的科研成果,并注意运用产品分析法和专家调查法。

产品分析法,即对同图书馆文献情报服务有直接关系的科研成果、生产产品进行分析,了解读者的心理特征及其知识技能。

专家调查法,国外称德尔菲法,主要用来预测未来的研究。研究课题确定后,选择一批同行专家,根据调查提纲和背景材料,凭个人的认识和经验,进行分析、判断、预测,作出详细的书面回答。该法从60年代以来,广泛用于军事、政治、人口、管理等研究领域。德尔菲法用于专业读者的心理研究,可以预测读者心理的未来发展趋势,为制订科研服务政策提供参考。

6. 读者统计法

以计量为基础的读者统计法,是数学方法在读者心理研究中的运用。数学既是一门反映客观事物的数量和空间形式及其变化规律的学科,又是其他各门学科进行定量研究的工具和方法。

读者心理的统计研究,从借阅和参考统计数据、公式、模型、图表等数量成分,能准确地反映各类读者的阅读倾向、检索技能,分析其心理过程所表现出的必然性与偶然性。例如,读者成分的分类统计,读者到馆率,读者借阅率,各类读者与文献的拒绝率,文献检全率,参考咨询档案,图书馆工作日志等大量统计数据材料,是分析研究读者心理的重要依据。广东省中山图书馆,曾采用计算机统计分析读者阅读倾向,获得良好效果。对于特定阶段的统计数据加以比较对照,测量分析,能找出读者心理因素的共同性和个性差异,然后通过归纳、鉴别,可得出指导读者阅读的最佳方案。

此外,历史分析法,比较研究法,分类分析法,移植法,控制法、系统法,信息反馈法等一般研究方法,都已渗透到读者心理研究过程中,发挥出了各自的功能。在读者心理研究工作中,往往以一种方法为主,综合或结合采用各种方法,能取得良好的效果。

应当指出,上述各种研究方法,实际上是图书馆读者工作研究方法在读者心理研究中的具体运用。这些方法不仅用于读者心理研究,推而广之,还应用于整个读者各方面的研究领域。因此,就研究方法本身而言,它们不仅是图书馆读者工作的研究方法,甚至是整个图书馆工作的研究方法和整个图书馆学的研究方法。

第三节　读者阅读心理

阅读是一种人类社会生活中特有的精神活动。人们通过阅读活动,不断地获取知识,增长才干,提高认识世界和改造世界的能力。阅读活动作为社会生活的普遍现象,具有广泛深入而持久的发展过程。同时,阅读活动总是由社会中个别成员——读者个人进行的。阅读心理研究,即从读者心理的角度,具体研究阅读活动是如何进行的,读者为什么要阅读,阅读什么,如何阅读等等,即研究阅读行为及阅读心理诸现象的一般特征。

一 阅读行为与方法

阅读行为是读者在阅读中生理和心理过程的表现形式,它是实现阅读活动的内容、目的、效果的手段。

阅读行为的实现过程,是人对文献载体信息符号的感知过程。首先,读者的感觉器官在对文献载体的信息符号进行意识作用的同时,接收信息符号的传递或反射,并将信号传到大脑神经中枢。感觉器官与信息符号相互作用,产生阅读活动的第一步。具有健全官能的读者,阅读文献的途径主要靠视觉器官——眼睛"看"书,产生视觉,与视频文献相互作用;有时也用听觉器官——耳朵"听"书,产生听觉,和声频文献相互作用;触觉器官——手指"摸"书,产生触觉,与盲文文献相互作用;发声器官——口腔"念"书,产生声觉,与各类文献相互作用。或者同时综合采用各种感觉器官阅读文献,以强化阅读效果。当读者某种官能发生病变时,其他官能将起主要作用。取得阅读效果是实现阅读过程的关键。阅读效果的有无,在于读者能否识别所阅读的文献信息符号,即能否读懂文献,对于文献中的文字、符号、词汇的基本含义,能认识多少。而阅读效果的大小,取决于读者对文献内容的理解和接受程度。理解程度表现为文献中的新知识与读者原来掌握的固有知识之间所建立的联系的疏密程度。接受程度表现为已知和未知的结合松紧程度(即在多大程度上将阅读的新知识纳入自己的知识体系,成为自己掌握的知识部分)。这种已知和未知的联系愈广泛深入,结合愈紧密牢固,达到的理解程度愈全面完整,效果愈好。倘若所建立的联系十分松散,结合得非常薄弱,或完全不能建立联系,那就根本上缺乏对文献内容的理解,说明阅读的效果甚微,或完全无效。那末,阅读过程就必然中断,阅读活动就无法继续维持。

提高阅读效果,除了具备一定的文化知识基础条件以外,还必须注意掌握正确的阅读方法。阅读法的使用因人而异,因书而异。但是,基本阅读法,则是无数知名或不知名的阅读者在长期读书治学活动中总结的实践经验,创造的科学方法。它符合阅读发展的客观规律,因而是普遍有效的。

有关著述将各种读书方法归纳为十大阅读法,作为读者在阅读过程中必须掌握的要领、规则、步骤和程序。现具体简括如下。

第一,循序渐进法。从基础入手,由浅入深,由简到繁,由易到难,逐渐积累,通过长期阅读,获得系统知识。

第二,专心致志法。高度集中注意力,排除干扰,增强毅力,做到心静神凝,保持最佳阅读状态。

第三,勤于思考法。破除迷信,解放思想,善于独立思考,克服盲目性,将学习、思考、分析、理解结合起来,学会将书读活。

第四,学以致用法。做到为用而学,学用结合,理论联系实际。不仅将知识学到手,而且在实践中能灵活运用,发挥知识的作用。

第五,温故知新法。经常复习学过的重点知识内容,能加深理解,巩固记忆,并能从中获得新知识,受到新启迪。

第六,博览专攻法。博览群书,扩大阅读范围,并以广泛丰富的知识为基础,选择主攻方向与目标,对重点文献精读,细读,读深读透,力求融会贯通,学有专长。

第七,快慢适中法。阅读文献的速度,因书而异。按其内容要求,有快有慢。该快则快读,速读,浏览,在有限的时间内,尽可能多读些书。该慢则慢读,初读加精读,反复攻读,力求抓住要领,牢固掌握。

第八,吟诵相间法。朗读、默读、背诵,各有独特作用,分别适合于不同内容的文献。必要时,可以配合起来交互使用,以强化视觉、声觉、听觉系统和大脑神经系统的联系,提高记忆、理解和表达水平。

第九，交叉阅读法。按照不同读者的生理、心理机制及大脑活动规律，善于合理安排个人的阅读时间，善于调节不同的阅读内容，分段交叉阅读不同文献，控制兴奋与抑制有效功能，使之获得最佳学习效率。

第十，SQ3R 读书法。"SQ3R"是英语单词 Survey（浏览）、Question（提问）、Rend（阅读）、Revite（背诵）、Review（复习）5 个词的词首缩写字母。这是美国衣阿华大学首先创用，在当代美国各大学流行的综合性五步读书法。它将 5 个环节紧密地结合在一起。

浏览，粗读加扫描，了解全书的梗概。

提问，在粗读时自己提出问题，带着问题积极思考，联系自己的知识，与原来的观点作比较，学会有分析地阅读，不盲目接受书中的观点。

阅读，这是中心步骤，对重要章节要读得慢而透彻，并不时重温某些读过的内容，力争一遍读下来，能够基本掌握内容。

背诵，在理解基础上的记忆。除了对重要的公式、定理，一点不差地背诵外，一般只要求记主要内容，或记住关键词，达到能回忆起来无差错的水平。背诵还可以促进理解。

复习，为了巩固学到的知识，复习必须及时，学完一段复习一段，不要过分依赖总复习。复习时，要特别注意容易理解错误的地方。

综合性五步读书法，将感知、记忆、思维相互贯通，融为一体，符合阅读过程的发展规律，因而是一种行之有效的读书方法。

上述十大阅读法中，前 9 种都是阅读的规则、要领和具体的方法，第 10 种才是综合性阅读法。综合性阅读法，因其功能全面，效果显著，集各法之精华，被称为基本的阅读方法。基本阅读法，除SQ3R 阅读法以外，还有记忆法，视读法和写读法等。

1. 记忆法

记忆力是个人智能结构的第一要素,是想象力、创造力、思维力、表达力、观察力、理解力等多种能力的基础。人的记忆潜力究竟有多大呢? 现代科学证明,人脑的细胞共有 130 亿,其容量可以容纳 5 亿本书的信息量总和,记忆时间可以持续七八十年之久。由于种种原因,一般人只使用了自己记忆力的 10% 左右。世界各国科学家都在探讨提高记忆力的方法与途径。日本学者保坂荣之提出了 15 条提高记忆效力的方法:①要从心平气和开始,②要使大脑不能过度疲劳,③要有自信心,④要找到适合自己特点的记忆方法,⑤要培养对记忆对象的兴趣,⑥要有强烈的记忆动机,⑦要与愉快的事物相联系,⑧要进行刺激锻炼,⑨要进行细致观察,⑩要用理解帮助记忆,⑪要用形象掌握记忆对象,⑫要边推想边记忆,⑬要进行有效反复,⑭要用联想帮助记忆,⑮要做到只有学会休息,才能更好记忆。

记忆力包括 5 个指标:记忆速度的快慢,记忆时间的长短,记忆储存量的大小,记忆准确性的高低,记忆选择能力的强弱(即选择遗忘掉不必记忆信息的能力)。记忆力可以通过训练提高。

在阅读图书时,将理解、重复、反复、讨论与记忆结合起来。理解帮助记忆,记忆加深理解。重复和反复,使瞬时记忆转化为短时记忆,再转化为长时记忆。复习,不仅能巩固已学的内容不致遗忘,而且能加深印象,明确概念,修正偏差,加强理解,推陈出新。

美国心理学家帕林,通过实验证明,人的短期记忆只能保持几秒钟。随记随忘的短期记忆是人脑比电脑高明之处。许多东西没有必要长期记忆,这样可以排除干扰,减轻大脑负担,以便集中精力记住那些必须长期记忆的东西。反复是最好的办法之一。讨论也是加强记忆的好方法。通过讨论,可以刺激大脑思维功能,集思广益,取长补短,全力以赴参加论战,启发灵感,增长知识,加深理解,强化记忆功能。

循环间隔记忆法,也是行之有效的方法。美国心理学家米勒教授经过试验,得出一个有趣的结果:一般人一次记忆项目的最大数值是7。如在学习外语时,无论是单词还是词组,只要数量不超过7,都容易记住。所以,在记忆较多事项时,可将它们按性质分成不超过7的小组,采用循环间隔记忆法,记第2组时,复习第1组,记第3组时,复习第1、2组,依次类推,每次循环复习间隔时间成倍增加。用这样的方法记数字、外语单词和各种资料,大约循环3、4次就初步记住。要长久记住,增加循环次数6至8次就可以了。重要的事项放在最前和最后记。人的注意力高度集中的时间在一小时。其中,前十分钟和后十分钟是最集中的时间,要把最重要的内容放在最前或最后,反复经过前后,其他内容可以颠倒次序。

2. 视读法

通过眼睛目视的基本手段阅读书刊,包括浏览、欣赏、通读、选读、粗读、精读等多种视读方法。它们适用于不同内容、不同体裁的书刊,不同的阅读目的要求。

欣赏阅读,主要用来活跃业余文化生活,适宜于阅读文学艺术作品。它既不同于系统学习知识,又不出于研究目的,而是出于调剂生活,扩大知识视野。随便翻翻,一般了解。如欣赏《人民画报》,《摄影作品》等。

浏览,大体翻阅,草草过目,有目的地了解书的全貌。如读者在开架书库,阅读有关书刊的篇章细目,内容提要;了解某类新书大体内容,决定选择借阅,那些先读,那些后读。对于某些书,可以一目十行,采用凝视、跳跃、速读的方式。跳过无关的内容,找到书中的关键词,在短时间内阅读更多的书。采用"扫描式阅读法",如每天阅读报纸,可通览标题,对一般新闻报导一览而过,有大体印象;对其中重要内容,再采用细读的方法。

通读,介于浏览与精读之间,即将一本书,一篇文献,从头至尾依次读完。一遍不够,再读第二遍。读完,读全,连续性阅读,这就是通读的要求。对经典著作,科学专著,优秀长篇文学作品等,首先要采用通读的方法。

选读,从一本书或一本期刊中,选取其中某一章节,某一篇文章,某一个专题,某一单元内容,或读者感兴趣的部分,仔细阅读,以达到掌握的程度。

粗读,粗略领会通篇概貌,走马观花式的阅读。阅读速度快,掌握大体要领和宗旨,然后决定对其中某部分精读。粗读是精读前不可缺少的部分。

精读,精雕细刻地阅读。精读的标志是"五要":即要读通,读熟,读深,读透,读活。"三求":求理解,求掌握,求运用。精读要讲究质量,精选数量和重点,提高阅读效率和阅读速度。一般精读过程,需配合动笔,只有读写结合,才能达到精读的要求。

3. 写读法

阅读过程中,要调动各种感官功能积极活动,最主要的是要做到"眼到、心到、手到",把读书、思考和动笔结合起来,才能加深理解,加深印象,加强记忆。

"不动笔墨不读书",是一条重要的读书经验,也是一种有效的读书方法。

动笔,有多种方法:在书上做注脚,划重点线,写眉批,作标记,尤其要学会做读书笔记,做读书卡片,学会使用各种书目、文摘、索引和参考工具。

读书笔记有多种,尤其摘录笔记,专题笔记,是系统自学和研究学问的好方法。摘录笔记的好处很多,可以加深印象,帮助记忆,积累资料,便于过后重温、检索和应用。专题笔记,是针对某一问题,广泛收集、摘录有关资料,为专题研究做好准备。

读书卡片,被誉为研究领域的雷达,它监视和捕捉来自各方面的资料和信息。它是比笔记本更灵活、更方便地积累和使用资料的方法,特别是在学习和研究中使用,作用更大。读书卡片的类型有多种,如资料卡,记录数据、公式、名称、事件及年代、地点等;提要卡,记录一本书和一篇文章的主要内容,或将有启发的内容提纲挈领地记在卡片上;目录卡、索引卡,记录书名、篇名及出处,以便检索使用。使用卡片时,最好是一事一卡,范围明确,力求正确,简明扼要。要及时分类整理,持之以恒。著名作家姚雪垠,为撰写长篇历史小说《李自成》,从青年时代起就做了大量准备工作,光是做文史专题卡片,就摘记了满满两大柜。此外,还有文摘卡、语录卡、心得卡等,它们都是积累知识、搜集资料的有效方法,学习研究的重要手段。

具有知识性、资料性、检索性的工具书和书目索引等二次文献,是读书治学的"顾问"和"向导",只有学会它们的基本知识,掌握查检方法,才能得心应手地使用它们。而善于使用各种阅读方法、阅读手段及阅读工具的读者,就会在阅读活动中驰骋纵横,成为驾驭文献,获得知识,提高智能,富于创造的主人。

如上所述,阅读总是由个体的读者进行的,每个读者的阅读活动,作为特定社会环境下的生理、心理过程,都是一种目的性的意识活动。读者的社会实践产生阅读需要,阅读需要决定阅读动机,阅读动机引起阅读行为,阅读行为激发阅读兴趣,实现阅读目的,培养阅读技能。而阅读动机、阅读目的、阅读兴趣、阅读能力等等,作为个人阅读心理特征的范畴,其运行的结果,不断满足需要,从而推动和积极影响社会实践的发展。

二 阅读动机

阅读动机是反映阅读需要、引起阅读行为、满足阅读愿望的内部动力。通俗地说,它反映读者为什么要阅读,以及阅读什么,如何阅读的主观原因。普通心理学指出,动机的范畴分为意识动机和无意识动机两种。前者指兴趣、信念、意图等,是一种自觉性动机;后者指定势、意向等,是一种初级的无明确意识的需要。在行为动机体系中,意识动机起长久的主导作用,无意识动机起暂时的诱发作用。它们都是客观存在的,并在一定条件下互相转化。

动机的种类,按其来源的远近和作用的久暂性质,可分为直接的近期动机与间接的长远动机;按其内容性质,可分为正确的、高尚的动机和错误的、低级的动机。在通常情况下,个人的行为动机不是单一的,常常是多种动机交织起作用。在此一阶段,某一动机起主导与支配作用,在彼一阶段,则另一动机起主导与支配作用。

分析研究阅读过程中阅读需要的表现,掌握读者的阅读动机,从而采取支持、满足,或启发引导,或控制、劝阻等政策,是对读者高度负责的正确态度。

一般说来,读者在阅读选择中反映的阅读动机有3种类型。

1. 学习的动机

读者出于学知识,打基础,提高文化素养和业务能力的动机,阅读书刊资料。如为了升学考试,为了文化考核,为了晋升业务技术职称,系统学习基础知识和专业理论;为了扩大知识面,广泛浏览阅读各类书刊;为了提高业务水平,深入学习专业知识等等。这类阅读选择所表现的阅读动机,明确、具体,并带有阶段性,应当受到图书馆的尊重、支持和帮助。

2. 解疑的动机

读者在科学研究、生产实践、工作学习及社会生活中,遇到各种疑难问题,需要查阅有关文献资料,寻求具体知识、情报或办法,以解决实际问题。这类动机专指性强,时间紧迫。有些高水平需求层次,难度较大,属于重点研究课题,图书馆应创造条件,及时配合读者,选择和提供文献,满足需要,促使其阅读行为在最短时间内达到预期效果。

3. 娱乐的动机

娱乐的内容广泛,形式多样,生动活泼,丰富多彩。群众性的阅读书报,文艺、体育、社交、旅游等活动,是人们精神文化生活的组成部分。在紧张工作、学习之余,许多人需要进行轻松愉快的阅读及其他娱乐活动。广泛浏览文学艺术作品,随意翻阅各种富有知识性、趣味性的书报杂志,可以扩大眼界,增长见闻,陶冶情操,获得美的享受。阅读书报杂志,既是高尚的精神文化娱乐,又是提神解乏的积极休息,而且从娱乐中受到教益启示。当然,娱乐动机,实际上存在着健康与不健康两种精神状态,两种追求内容。

对于阅读书报杂志的娱乐,有部分读者怀着不健康的心理动机,他们为寻求感官刺激,填补精神空虚,专门选择渲染色情、凶杀、恐怖、犯罪等阴暗方面的书刊,或者怀着不健康的心理,从反面猎奇欣赏作品中批判暴露的阴暗描写,从中汲取假、丑、恶的精神毒液,以至中毒受害,甚至滑到失足犯罪的泥潭。尤其部分青少年读者,年幼无知,缺乏足够的正面教育,易于接受社会不良倾向的影响,对假的、丑的、恶的东西没有识别能力和防御能力。对于此种情况,如任其发展,不仅危及他们的身心健康,而且会产生严重不良的社会后果。

如何正确认识和处理娱乐动机的两种心理状态?如何区别情况,分别对待?这是关系到社会主义精神文明建设的重要课题。作为社会主义文化建设组成部分的图书馆,具有思想教育职能,同样要在共产主义思想指导下,开展读者业余阅读活动,加强图书宣传,阅读指导,帮助读者选择内容健康、格调优美的书刊资料,指导读者善于用正确的观点和方法阅读欣赏文艺作品,寓教育于娱乐之中,满足读者高尚情趣的精神享受。另一方面,调查分析不健康的阅读动机的事实和原因,揭露其危害性,加强正面宣传教育,配合其家庭、学校、社会各部门,做好深入细致的思想教育工作,控制选择和提供书刊内容,引导读者用健康的娱乐动机代替不健康的娱乐动机,帮助他们逐步实现阅读动机的转移。试图用简单禁止、因噎废食的方法,或者放任自流、不闻不问的态度对待不良的阅读倾向,都是不可取的。

三 阅读兴趣

兴趣是人们对认识客体的注意倾向、积极态度和追求情绪的表现。

阅读兴趣有两层含义,广义的阅读兴趣是指读者对整个阅读活动的喜爱程度,狭义的阅读兴趣是指读者对某些学科书刊,或某种体裁作品内容的选择倾向。阅读兴趣是阅读动机的重要表现。浓厚的阅读兴趣,产生自觉学习,获得有关知识的鼓舞力量,推动阅读活动处于最佳精神状态,导致有效的阅读效果。

阅读兴趣强弱的变化发展,呈现出三种趋势:上升趋势,下降趋势,转移趋势。

毫无疑问,阅读兴趣形成于阅读过程之中,不进行任何阅读的人,是无所谓阅读兴趣的。对于多数读者来说,在阅读中兴趣不断增强,经久不衰,呈上升趋势。因为读者通过阅读,得到了较大收获,或取得一定成果,或增长了知识,扩大了视野,加之读者有充裕的时间看书学习,图书馆有丰富的藏书,良好的条件,较高的服务质量,促使读者阅读兴趣持续稳定地增长。而有的读者阅读兴趣逐渐减弱,或因工作忙、家务重,可用于阅读的时间日益减少;或因文献选择、提供不符合需要,收效甚微;或因拒绝率高,拒借次数多,挫伤了读者阅读的积极性。也有的读者在一定的时期之后,阅读兴趣发生转移,或由于工作性质的变化、环境机遇的影响、年龄增长所引起的兴趣变化,等等。

阅读兴趣可以按照阅读内容、目的、范围和时间加以分类。

按内容特征,可分为职业兴趣、业余兴趣和文学兴趣。

职业兴趣反映了读者本职工作、学习、研究的专门业务需要。凡热爱本职工作,忠于职守,有一定事业心的读者,对有关本专业的文献著述,研究成果,出于职业心理,以浓厚的兴趣高度关注,作出敏锐反映。对其他专业、学科的文献著述,常常不屑一顾,无任何兴趣反映。

业余阅读兴趣比较广泛,具有群众性的特殊性双重特征,表现了读者千变万化的兴趣爱好。绝大多数读者都有业余阅读兴趣,各人的兴趣爱好都有自身的特点,彼此不大相同。有的兴趣单一,有的多样;有的兴趣专精,有的泛杂;有的业余兴趣同职业相一致,有的则同职业、专业、工种并无多大联系。如学医的爱好文学创作;学文的爱好无线电技术,建筑师酷爱音乐,数学家成为书法家等等。各种业余兴趣爱好专长,有可能发展成为专门家,由业余转为专职的事例不乏其例,说明业余兴趣爱好对于人才成长的重要作用。

文学阅读兴趣,是各类型青年读者的共同兴趣。这主要是文学作品本身的特点和作用对广大读者产生的强烈吸引力所致。文学作品是一种形象化的综合艺术。它通过塑造人物形象,在广阔的时间空间领域内,生动地反映社会历史和现实生活画面,深刻地展现人们的精神世界,全面地揭示人生的道路和处世哲理。内容丰富,题材广泛,体裁多样,情节连贯,语言流畅,通俗易懂,雅俗共赏,几乎人人爱读,尤其最吸引广大青年,最容易为他们接受。读者从文学作品中,可以认识人生,了解社会,广泛学习各种知识。通过真善美和假恶丑的对比,受到潜移默化的情感教育和社会道德情操的熏陶,并获得美的艺术享受。许多青年读者都把文学作品当作生活的挚友,不可缺少的精神食粮。他们在业余时间大量阅读文学作品,有时甚至读到废寝忘食,爱不释手的程度。不可否认,优秀的文学作品能鼓舞人们积极向上,激励读者奋进;而低劣的文学作品都会腐蚀人的心灵,消磨读者的意志。因此,帮助读者选择好文学作品,指导他们学会掌握正确的阅读思想和阅读方法,以便获得好的收益。

按目的特征,可分为直接兴趣和间接兴趣。

直接阅读兴趣,是由有意义的书刊引起读者情绪共鸣而产生的阅读欲望,带有一定的随机性和自发性。这种兴趣以阅读符合自己口味的书刊为习惯,而不管此类书刊的长远意义,不考虑它与读者的本职工作发生的关系。爱看的书尽量看;不爱看的书不去沾边。阅读的目的性不够明确,或并不按特定的目的去阅读书刊。

间接阅读兴趣,是读者按照一定目的和本职工作的需要从事阅读,并在阅读中逐渐培养起来的兴趣。带有自我强制性和自觉性特点。这种兴趣注重从阅读书刊的社会效果出发,同本职工作的需要和长远发展的目标紧密地联系起来。间接阅读兴趣不会自发产生,并非人人都具有,也不是轻而易举地就能养成的,而是在长期阅读中自觉培养的结果。

按照范围特征,可分为广泛兴趣和专门兴趣。

广泛阅读兴趣,是指读者将兴趣分散在众多学科领域的文献上,有规律地变换着阅读内容,具有专程程度广泛的特点,适应现代科学技术综合交叉和读者多层次知识结构发展的趋势。

专门阅读兴趣,是指读者将兴趣集中在单一学科领域的某些专题文献上,具有专指度专深的特点。用主要精力攻读特定主题内容的文献,获得高层次的专门知识情报,以求在某一方面达到突破性的进展。

阅读兴趣的广泛性与专门性相互制约,相互结合,统一于阅读活动之中。个人智力的全面和谐发展,建立在广泛兴趣的基础上,朝着专深领域的中心兴趣方向推进。这里既避免了兴趣广泛而漫无目标,无指向性,又防止了中心兴趣狭窄而缺乏全面基础知识的状况。

按照时间特征,可分为稳定兴趣和短暂兴趣。

稳定阅读兴趣,是指显示读者基本需要,并成为个性心理特征的固定阅读内容。这种兴趣具有持久性。它表现了读者浓厚的情感和持久的毅力,不论在顺利的情况下,还是遇到困难与挫折的情况下,毫不减退自己的热情,毫不改变既定的阅读方向。因为这种兴趣建立在坚定的信念、理想与事业心的基础上,通过长期阅读而取得成就的人,往往是具有稳定阅读兴趣的读者。

短暂阅读兴趣,是指读者在阅读过程中阶段性的兴趣。这种兴趣具有短时迷恋性质,表现出分散性与多变性特点。它形成得快,也消失得快,被称为三分钟的热情。这种兴趣,在阅读前既无定向,又无选择目标,对什么都可能引起兴趣,在有意无意之间对引人入胜的书刊表现出好奇的兴趣。当另外更引人入胜的书刊引起的新的兴趣时,原有的兴趣便随之减退,甚至消失。也有些读者对许多不同门类的书刊同时发生兴趣,什么都想抓,结果什么都抓不住,或广泛涉猎,多而不深。短暂兴趣常常出现在一部分青年读者身上。由于他们处在打基础的阶段,还未形成固定的专业,思想活跃,渴求知识欲望强,刚开始涉足阅读活动,缺乏经验,阅读书刊无计划,无系统,无目标,且容易受各种阅读倾向的影响。面对书山学海,感到眼花缭乱,无从下手。他们对什么书都有兴趣,什么书都借,什么书都看不完,往往今天借了书,明天就来还,不断更换阅读书刊而不得阅读要领。

图书馆工作者,要深入调研读者阅读兴趣的各种心理状态,注意那些只有广泛兴趣而缺乏中心兴趣的读者,帮助他们认识兴趣指向性的重要意义;也要注意那些基础薄弱而兴趣狭窄的读者,帮助他们扩大阅读兴趣范围;还要注意那些兴趣短暂多变的读者,帮助他们系统地选择书刊,建立稳定的阅读兴趣;更要注意那些具有不良阅读倾向的读者,帮助他们认识低级趣味的危害性,引导他们树立正确的阅读兴趣,实现阅读兴趣的健康转移。

四 阅读目的

实现阅读愿望,完成阅读行为,达到阅读效果的要求,称为阅读目的。阅读动机与阅读目的之间,存在着因果关系。在简单具

308

体的阅读过程中,动机和目的有时会达到一致的状态。而在许多情况下,尤其在比较复杂的阅读过程中,动机和目的存在着差别。有时,一个动机会导致出多种具体目的,甚至会出现相反的目的;有时,同一种目的的活动会受到多种动机的推动;有时,动机和目的在一定条件下会相互转化等等。正如普通心理学所指出的那样,动机比目的更为内在,更为隐蔽,更能直接推动人的行动。

阅读目的除了动机的内因作用之外,还要受兴趣、情绪、意志、能力以及外部环境条件诸因素的影响制约。不同的社会条件,对人们共同的社会阅读目的有很大制约作用。为四个现代化建设而积极阅读,为振兴中华而发奋读书,是当今我国广大读者的共同阅读目的。同时,每个读者又都有自己具体的阅读目的。以反映个性心理特征而相互区别。阅读活动都有一定的阅读目的,只是隐显程度不同而已。明确的目的会导致自觉的阅读行为,产生积极的阅读效果。隐含的目的可能导致紊乱的阅读行为,产生消极的阅读效果。

阅读目的有各种各样。阅读目的的分类,主要是以阅读效果作用于社会实践的内容为标志。按照对效果的实际要求,阅读目的可分为学习、研究、应用、享受等4种类型。

1. 学习型阅读目的

读者阅读文献是为了获得系统的知识,武装头脑,为将来的社会实践做好智力准备。这是在校学习的学生共同性的学习目的。离开学校的读者,包括在职的读者,为提高科学文化水平和业务技能,从事自学或更新知识内容,主要采用阅读文献的方式,实现自我教育、自我提高,以适应本职工作不断发展的需要。这类学习目的,要求阅读文献有计划、有系统、有层次地进行。

2. 研究型阅读目的

读者阅读文献是为了探索未知,创造新知,开拓新领域。通过普查某一课题的有关文献,在总结现有研究成果的基础上,研究新问题,创造新成果。这是一种高水平、高层次的阅读目的。

3. 应用型阅读目的

读者阅读文献是为了解决工作中的具体疑难,有针对性地吸取和利用现有的科学技术知识。读者阅读的过程,就是带着问题,查寻文献资料,探求具体答案,解决实际问题的过程,也是图书馆利用有关文献为读者解答咨询的过程。

4. 享受型阅读目的

读者浏览书报杂志,是为了获得美的享受和艺术熏陶,丰富业余文化活动内容。既调剂了读者的精神生活,又是紧张劳动之后的积极休息,而且还可以获得某些零散的知识,从中受到一些教育启发。欣赏浏览书刊,虽然不是直接为了学习、研究和应用的目的,但必然对这些方面发生一定的影响作用。

上述4种阅读目的并不是彼此排斥,而是相互联系的。事实上,每个读者在阅读过程中,都可能具有多种阅读目的。各种阅读目的的交换、更替,或相互结合,会导致良好的阅读效果。比如,一位大学教师读者,他可能带着多种阅读目的利用图书馆藏书。他可以为研究课题需要而阅读本专业文献;为学习新知识需要而系统阅读相关专业文献;同时也为应用需要而查找特定参考工具资料;还可以为调剂精神娱乐享受需要而借阅小说,浏览画报。然而,读者在每次单项阅读阶段,总有一种阅读目的居于主导地位,其他阅读目的居于次要的辅助地位。如一位技术人员读者,为吸取某项先进工艺而查阅有关科技资料,虽然也用资料中的新知识武装自己,甚至被资料中的精美工艺图画感染,达到某种程度上享受的效果,但是他查阅文献的基本目的是应用,并以此作为检验阅读成效的主要标志,而学习和享受效果,只是查阅过程中附带的作用。

五 阅读能力

普通心理学指出,能力是指顺利完成某种活动,是个体经常、稳固地表现出来的心理特征。能力与个人的先天自然基础——素质有关,但决定能力发展的因素,是后天的实践、教育和训练。能力与知识、技能有密切关系。一定的能力是掌握知识、技能的前提,并制约掌握知识、技能的快慢、深浅、难易和巩固程度,而知识、技能的掌握又会导致能力的提高。但是知识、技能和能力的发展并非完全一致。

阅读能力,是指读者在阅读活动中驾驭文献的能力,包括选择文献,掌握阅读文献的技能,理解文献的内容,消化和运用知识这样4种能力。这4种能力的综合,也是读者阅读修养的具体内容。

1. 选择文献的能力

读者阅读文献,首先要解决读什么、有哪些文献适合自己的需要、如何查找、如何鉴别和取舍等问题。对文献的选择能力,包括了解文献的整体与组成,了解自己所需的文献范围与重点,掌握文献检索的途径与方法,学会鉴别文献内容质量,然后筛选出适合自己水平程度所需的全部文献资料。

2. 掌握阅读方法的能力

掌握各种阅读法,准确灵活地运用有关阅读技能,是顺利进行阅读活动并取得成效的保证。在单位时间里,阅读速度的快慢,阅读技巧的娴熟程度,以及运用的准确程度,关系到驾驭文献的效率,获得知识的水平。衡量掌握阅读方法的能力有两个主要指标:一是阅读速度,即在单位时间内阅读文献字数多少。可以通过仪器测量,也可通过实际借还图书的周期作出判断。二是阅读效果,即对文献内容的掌握程度。这可通过有关成果鉴定进行间接评价。

3. 理解文献内容的能力

阅读文献的基本要求,就是要懂得文献,能完整准确地掌握文献的主要内容,深入具体地领会文献的精神实质。理解能力的基础是读者原有知识储备的广度和深度。基础越扎实,理解能力就越强,阅读效果就越好,反之则差。而理解能力的训练,理解能力的提高,有赖于反复的阅读实践活动。

4. 消化和运用知识的能力

阅读文献的理想要求是把文献知识学到手。这要求读者不但能读懂文献内容,而且要将学习的知识恰当地纳入自己固有的知识体系中,使它变为个人知识体系的有机组成部分,建立新知和旧知的牢固结合,并在需要时能够灵活地运用它们。只有具备这种能力,才会收到学以致用的效果,也才会不断扩大自己的知识领域。

这4种阅读能力构成了读者阅读修养的层次系统,它们相互区别又密切联系,统一在阅读活动的过程中。

读者阅读能力固然和先天素质有一定关系,但主要是后天逐渐形成的。学习、教育、阅读实践对阅读能力的培养提高起决定作用。作为个人综合能力的重要组成部分,阅读能力的修养,在个人成长发展过程中起着不可忽视的作用。在当代文明社会中,具有阅读能力的社会成员数量多少,水平高低,是衡量一个国家和民族文化发达与否的重要标志之一。

不同读者在阅读能力上存在着强弱高低之分。阅读能力低的读者,在阅读中常常发生乱选、乱读,以至白读、错读的现象,不仅枉费了精力,而且产生有害的后果。这是由于缺乏必要的基础条件,阅读修养不足造成的。

驾驭文献能力的基础条件,一是语文水平,二是知识储备。语文水平包括本民族通用语文和世界主要通用语种。知识储备包括一般综合性基础知识和各行业的专门业务知识。一个基础条件差的读者,不可能实现研究型和创造型等高层次的阅读过程。这种读者要提高阅读能力,一方面,主要靠读者自身的努力,另一方面,要发挥图书馆开发利用文献资源的作用及其指导阅读的作用。

参考文献

1.曹日昌:《普通心理学》。人民教育出版社 1980 年第 2 版。

2.潘菽:《普通心理学》。人民教育出版社 1981 年版。

3.湖南省自然辩证法研究会:《自然辩证法纲要》。湖南人民出版社 1980 年 7 月。

4.黄恩祝:《读者学浅说》(下)。《吉林图书馆学会会刊》1980 年第 4 期。

5.吉林省图书馆研究辅导部:《对图书馆 8538 名读者的调查与分析》。吉林省图书馆学会 1983 年 12 月编印。

6.陆钟其:《读者阅读心理实验报告》。《四川图书馆学报》1981 年第 3 期增刊。

7.赵世良:《阅读行为与读者需求》。《图书馆杂志》1983 年第 1 期。

8.肖雯、亚男:《读书漫话》。湖南人民出版社 1984 年 3 月。

9.科技出版社:《1984 年效率手册》。1983 年 9 月该社编。

第四章　读者阅读需要

　　读者作为阅读活动的主体,文献作为阅读活动的客体,通过需要与满足需要,将二者在阅读过程中联系起来,推动阅读的发展。阅读作为一定社会环境中的个体活动,是满足读者对知识需要的过程。图书馆作为群众阅读的组织者,为了有效地开展宣传图书,指导阅读及参考咨询工作,必须对读者阅读需要进行系统研究。

　　读者阅读需要,主要研究阅读需要的社会属性,表现形式及其与图书馆的相互关系,为读者工作提供客观依据。

第一节　阅读需要的实质与过程

　　阅读的实质是从图书文献中获取知识。

　　阅读作为读者有意识的精神活动,它本身就反映了一种需要。无论读者有意或无意,自觉或不自觉,总是出于某种需要从事阅读活动,选择阅读材料,控制阅读行为,评价阅读效果,从而满足自己的阅读需要的。阅读需要体现在阅读内容、阅读行为与阅读效果之中。阅读内容按照需要进行选择,阅读行为按照需要加以控制调节,阅读效果针对需要作出评价,阅读活动满足需要向前发展。

　　读者正确合理的阅读需要,符合实际可能的阅读需要,应当得到满足。满足需要的途径一靠自身的力量,二靠外界的力量。

　　读者对自己的阅读需要,有时能感受到,有时却感受不到。当阅读资料缺乏,阅读效果不佳,某种合理的阅读需要得不到应有的满足时,读者就会感受到自己的阅读需要,向图书馆提出要求,或激发自己积极努力主动寻求满足需要的办法。当阅读需要处于满足状态时,有符合需要的阅读材料,能顺利地开展阅读活动,能取得较好的阅读效果,读者的阅读无需外界的帮助,不存在什么障碍和困难。这时,读者就感受不到自己的阅读需要。当然,不从事阅读的读者,或在一定时期内不阅读书刊的读者,无所谓阅读需要的问题。

阅读需要是人类精神需要的一部分,它既是一种社会需要,又是一种心理需要。这种阅读需要,是为了社会的进步和经济的繁荣,也是为了自身的发展和工作任务的完成。读者的阅读需要,随着年龄的增长,知识的增长,能力的增长,而不断地发展和提高。

美国心理学家马斯洛,提出了人类基本需求层次理论。他将人类的需要归纳为生理、安全、社交、尊敬、自我实现等5种类型,并按照它们的发生序列划分为5个层次等级。其中,前两种需要属于物质需要,后三种需要属于精神需要。马斯洛的需求分类理论是否科学,尚且不论,但他将人类的需求划分成一定层次结构的思想,定颇有道理的。

在整个精神需要中,阅读需要占有重要地位。在阅读需要的多种类型之间,也存在着相互联系和区别的层次序列关系。这种关系,可以用"阅读需要塔"表示其由低到高的过程(见表4—1)。

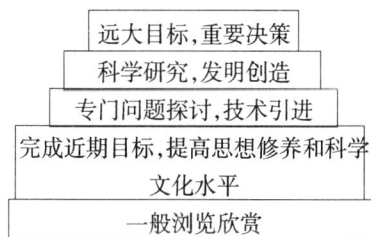

| 远大目标,重要决策 |
| 科学研究,发明创造 |
| 专门问题探讨,技术引进 |
| 完成近期目标,提高思想修养和科学文化水平 |
| 一般浏览欣赏 |

表4—1 阅读需要塔

一 阅读需要的社会性

怎样认识读者的阅读需要？阅读需要的实质是什么？研究读者、阅读、阅读需要问题，应当以历史唯物主义的方法论为理论基础。

H. K. 克鲁普斯卡娅曾指出："不应当脱离时间和空间去把握读者，而是要联系读者所处的当时当刻，联系读者的劳动环境和生活环境。"只有历史地、具体地研究读者，把读者放在特定的时代和社会环境中加以考察，才会认清现代社会读者的社会性和群众性特点。随着有文化素养的社会成员不断壮大发展，将组成遍布全社会的庞大的读者队伍。为了社会的进步和经济的繁荣，为了自身的生存、发展和完善，读者把阅读当作社会生活不可缺少的组成部分，从而使阅读成为普遍的社会现象，得到最为广泛的普及。这同科学文化的发展，社会教育的进步，以及群众阅读的组织者——图书馆的作用不断提高是分不开的。

阅读的社会性具体表现在以下几个方面。

第一，阅读者既是阅读活动的主体，又是文献工作作用的客体。读者结构的实质表现为社会关系的总和。读者从事阅读活动，主要通过对各种载体的信息交流功能，实现人们相互之间的某种社会交往关系，从而满足个人的社会精神需要。

第二，读者的阅读过程，并不是孤立进行的个别行为，而是在一定社会环境中进行的活动，是整个社会生活的组成部分，是整个社会实践活动系统中的链条，同社会生活的各方面都发生联系。

第三，选择阅读材料，评价阅读内容价值的客观标准，取决于社会实践的需要，取决于社会经济的、政治的、文化的诸因素，取决于社会对人们的认识和行为所产生的巨大影响作用。

第四，阅读的效果，直接影响着社会的生活和生产活动。阅读的社会功能，直接作用于读者发展和完善的过程。阅读的社会功能在于有助于培养读者先进的思想意识和正确的世界观。阅读以自学方式使读者在进行终身教育和连续教育的过程中，不断地积累系统的知识，不断地更新知识结构，以适应生产活动和社会活动发展的需要。阅读已经成为普及职业知识，传递科学技术情报，活跃业余文化生活的重要源泉。各种群众性情报手段的普及，各种文献载体的发展，极大地丰富了阅读内容和阅读形式，更加强化而不是削弱了阅读的社会功能。纸书载体，缩微载体，电子载体并存并用，共同承担存贮与传播知识信息的任务。印刷出版，无线电和电视传播媒介等交流手段，相互补充，相互促进，而不是相互抵消或替代。人们阅读文献，收听广播，收看电视，检索电脑磁盘资料，获得知识情报信息的方式更加多样化。读者、观众、听众三位为一体，为人们开辟了接收信息源的广阔天地。各种统计材料表明，绝大多数读者，并没有因收听广播、收看电视节目而减少阅读书报杂志的时间。广播、电视宣传活动直接，效果强烈，但它们是一次性的，并受到一定条件的限制，而书刊文献则可以反复翻阅，随需随用，对照分析，静态思考，做读书笔记。许多文艺作品经过电台播讲，或搬上电视屏幕之后，反而进一步提高了这些作品的印刷载体的借阅量。经过印刷载体的仔细阅读，反过来又提高了读者领会广播电视内容的水平。

第五，群众阅读活动的组织工作与指导工作，依赖于国家和社会的力量。群众阅读的组织、指导的任务，主要落在图书馆工作者的肩上。他们发展和组织广泛的读者队伍，配合读者系统地选择图书，指导读者正确地理解阅读的内容，帮助读者学会利用文献工具，并为吸引读者阅读和利用图书馆，创造方便的条件。这一切都是按照社会的需要，在国家的规划下有计划有步骤地进行的。

至于读者的阅读需要，包括读者对阅读的共同需要，以及对阅读内容的不同需要，其实质都反映了读者的社会需要，即阅读需要的社会性。

二 阅读需要的过程

读者阅读需要有一个发展过程,其直观描述表现为,以读者的具体需要为出发点,经过确定文献范围,调查文献线索,选择具体文献的步骤,最后以取得适用文献为归宿。读者阅读需要的过程,也是图书馆提供文献满足读者需要的过程。这个过程主要体现了读者与文献之间的选择关系,也体现了图书馆工作者与读者之间的桥梁关系,属于读者阅读行为的前期活动,也属于图书馆工作者"为人找书和为书找人"的服务活动。

读者阅读需要过程,可分为 3 个层次。

1. 确定文献范围

按照预定阅读目的需要,了解文献概况,确定文献范围,规划阅读方案,这是读者选择文献的第一步。简单明确的阅读需要,很容易直接确定具体的文献目标,如某一种书,某一本刊物,某一篇文章等。读者明确而复杂的阅读需要,就有一个了解文献、寻找阅读目标的过程。有关读者需要的文献有哪些? 所需要的文献范围是什么? 从文献的类型、文别、年限、学科门类、水平深度等方面,在了解的基础上,适当地加以限定,形成初步的阅读方案。并非所有读者都能正确地表达自己的阅读需要,从而建立起阅读需要与文献范围之间的有机联系。许多读者不善于表达自己应有的需要,也不了解图书馆有哪些适合自己需要的文献;不会规划正确的阅读方案。当读者的阅读需要比较模糊,或没有正确地表达出应有的需要时,图书馆工作者有责任研究读者的阅读需要,启发和引导读者明确自己需要的目标,介绍有关馆藏情况,指引读者寻找文献线索,使读者比较模糊的需要明确起来,纠正不恰当的表达方式和内容,帮助读者建立阅读需要与文献范围的有机联系,形成正确的阅读方案。

2. 调查文献线索

在确定的文献范围内,进一步对有关文献作调查搜索。简单的需要可以通过馆藏目录直接查找;复杂的需要必须利用各种查考工具、各种书目、索引、文摘、题录等检索工具及其他二次文献,查找有关原始文献,并对此进行初次选择。有的读者会查找,有的读者不会查目录,不会使用检索工具。据调查统计,能全面系统地掌握书目检索工具的读者,只占读者总数的 10% 左右,而绝大部分读者只会使用简单的书目工具。图书馆工作者有责任帮助读者学会查找各种馆藏目录,熟悉各种检索工具的检索途径和检索方法,以便能迅速准确地检索文献资料。

3. 选择具体文献

图书馆工作者按照读者检索的需要,提供有关原始文献。读者通过对原始文献或复制件的浏览,作进一步筛选。针对预想的目的需要,从中精选出符合自己需要的具体文献,最后取得适用文献,以满足具体需要,为进入实质性阅读活动作好文献准备。

这 3 个层次是阅读需要的连续过程。它反映了复杂需要的发展程序,有时可能出现反复,出现交叉,出现跳跃,但最后必然以取得适用文献为归宿。满足读者阅读需要的过程,是图书馆与读者双方共同配合的过程。单靠读者,或单靠图书馆工作者,都难以圆满实现。只有双方互相结合,既发挥读者的主观能动性,又发挥图书馆工作者的阅读指导作用,才能有效地满足读者需要。

第二节　阅读需要的类型与特征

图书馆的读者群,来自社会各阶层、各种职业、各种年龄、各种兴趣爱好。他们的阅读需要,反映了不同的社会实践内容,也反映了读者自身发展的不同特征。这种需要既是一种社会需要,又是一种心理需要;既有共同性,也有特殊性。

阅读需要的分类,可从引起阅读需要的客观原因和主观原因寻找根据。据此,阅读需要按照需要的来源标志,可分为4种类型:社会型、专业型、研究型、业余型。每种类型的阅读需要,都具有某种主要特征。

一 社会型阅读需要——时代特征

社会型阅读需要,是指在各个历史时期出现的许多读者群所具有的社会共同性阅读倾向。它反映了强烈的时代特征和社会潮流的共同需要。在某一个时期,许多不同职业、不同文化程度、不同兴趣爱好的读者群,受国内外经济、政治、科学文化或社会生活形势发展的影响,为适应社会潮流发展的需要,比较集中地共同阅读有关书刊。于是,有关书刊在出版发行部门成为畅销书,在图书馆流通部门成为热门书。这些热门书的类别,涉及哲学社会科学、文学艺术、自然科学基础知识、科普知识,以及外语工具等。其特点表现为需要数量大,阅读时间集中,阶段性强,一时供不应求,成了众多读者的阅读中心。在各种发行、流通部门共同努力下,经过一段时间,供求矛盾才逐渐缓和。随着社会潮流的发展,到另一个时期,读者群的阅读需要,有的向纵向深入发展,变成持久的阅读倾向(如"振兴中华读书活动"),有的则向横向转移(如对某些热门文艺作品普遍阅读之后,便转向新的作品或其他类别、其他体裁的书刊)。这种社会型阅读需要,不是个别的现象和主观的因素造成的,而是一种普遍的社会现象和客观发展的趋势。它不仅产生于政治运动的浪潮之中,而且出现于经济建设的高潮之中,存在于科学教育文化建设的浪潮之中。面对读者群的社会型阅读需要,图书馆工作者要有敏锐的头脑和科学的态度。要善于关心国家和社会形势,预测未来的需要,同时分析这种需要的性质、规模、强度以及时间的久暂,掌握阅读中心脉搏,把读者群的长远需要与现实需要结合起来。在此基础上,要做好藏书选配工作,图书宣传工作,阅读指导工作以及流通推广工作。

二 专业型阅读需要——职业特征

专业型阅读需要,是指从事学习、从事各种业务工作的读者的职业需要,尤其是从业读者的最基本的阅读需要。这种需要同读者从事的专门业务工作、学习、研究实践活动紧密地结合起来。实践活动决定专业需要的内容、范围和重点;而专业阅读需要的满足,专业知识技能的提高,具体问题的解决,又进一步推动了专业实践活动的深入发展。在各种阅读需要类型中,由于专业需要与实践活动二者在内容、目的、时间、空间上的高度一致,因而它最稳定,最持久地向着一定方向发展。

从事各种行业、各种职业、各种工种的读者,按照自身的业务范畴,其阅读需要,阅读倾向,长期固定地指向馆藏中一定学科范围和专业领域的图书文献。一般说来,干什么行业读什么书,搞什么职业阅读什么文献,学什么专业查什么资料,这是顺理成章的阅读规律。同一行业、同一职业、同一工种的读者,其专业阅读需要有共同的专业文献范围。不同职业的读者有不同的专业阅读需要。即使相同职业的读者,由于年龄、学识以及研究内容侧重点的不同,他们在同一专业领域内的具体文献需要,又有广度、深度和重点的区别。这是共性中的个性差异。研究读者专业阅读需要的共性与个性差异,便于有区分地为读者提供专业对口的文献资料服务。

三 研究型阅读需要——任务特征

研究型阅读需要,系指读者负担具体研究任务的阅读需要。这种需要具有任务规定性特征。

研究课题广泛具体,需要文献复杂多样,有时间的限制,需如期完成各阶段的文献查阅任务。研究课题的种类,按性质分,有理论问题,历史问题,现实问题,方法技术问题;按内容范围分,有专题性的,边缘性的,综合性的;按组织形式分,有个人的,集体的,单位的,国家的等等。无论哪种研究任务,都是具体的,有专指性,有时间性,有阶段性。在各阶段,读者对文献的需要有不同的内容范围和要求。如在选题阶段,通过查阅文献,了解某一领域内已有研究课题中哪些课题有现实意义而尚待深入;在调研阶段,通过普查文献,了解本课题的现有研究成果与动向,从中筛选可供参考的资料、数据、事例和方法,在启迪思路,扩大眼界,形成新的认识系统;在总结或撰写阶段,留心查阅新出现的有关文献,分析研究原筛选出的文献,吸取适用部分;在评审阶段,利用有关原始引证文献,鉴定和审查研究成果,分析、对比和评价其学术水平、成熟程度和现实价值。

对于读者的研究型阅读需要,图书馆要摸清情况,权衡轻重,采用不同方式,广快精准地搜集、整理和提供有关文献。国家经济和科学决策部门,在制定政策,规划方案,组织管理等方面的研究中,极需国内外有关方面的水平动态资料,预测预报资料,统计分析资料,以及战略战术情报资料。要求图书情报部门共同参与文献情报的调研工作。尤其大型综合性科研任务,需要文献门类多,范围广,难度高,时间紧,单靠一个单位、一个部门的力量无法解决,必须动员许多图书情报部门,汇集众多专家和工作人员集中力量联合攻关,广泛利用和调研各馆的文献资源,共同满足研究需要。

实践表明,对于重点单位、重点课题、重点项目研究任务的文献需要,满足的程度大小,速度快慢和效果优劣,是衡量一个图书馆藏书质量、干部水平、工作效率和服务能力的标志。

四 业余型阅读需要——兴趣特征

业余型阅读需要,是指读者工作、学习之外的个人兴趣爱好需要。这种需要除了受社会、家庭、职业等客观因素影响外,还受个性心理因素的影响,表现了个人认识倾向和心理素质特征。其中,稳定的业余阅读兴趣,成为个人智力发展的组成部分。

千差万别的业余阅读需要,反映了广大读者对文献内容的选择方向和适应能力。这种趋向和能力,有一个发生发展过程。广大青少年读者的业余阅读兴趣,正处在发展时期,由不定型到定型,由不成熟到成熟,可塑性强,常常由于环境条件的变化引起兴趣的转移。应当看到,读者业余阅读兴趣的培养,对于读者德智体美的全面发展,对于未来人才的完善成长,具有很大作用。所以,图书馆应根据青少年读者思想活跃、反应敏锐、求知欲强、爱好广泛等特点,针对他们不同的业余阅读需要,做好引导教育工作,培养他们对科学技术、文学艺术的浓厚兴趣,为他们打开通往知识天地的大门,使他们的业余阅读兴趣爱好建立在广泛坚实的基础之上,朝着国家和社会所希望的方向发展。

第三节　三大类型图书馆读者的阅读需要特点

省级公共图书馆、科研机构图书馆、高等院校图书馆,有各自不同的主要读者群,反映了不同的阅读需要特点。这些特点是开展读者服务工作的主要依据之一。

一　省级公共图书馆读者的阅读需要特点

省级公共图书馆,是国家举办的综合性公共图书馆,是向社会公众提供图书阅读和知识咨询服务的学术机构。省级公共图书馆的性质决定了它的读者对象具有广泛的社会性和群众性特点。公共图书馆的读者群,来自社会各阶层。他们的职业、年龄、文化程度、兴趣爱好广泛复杂,大体可分为大众读者和科技读者两大类型。两类读者的阅读内容、阅读方式、阅读时间及需要各异,可概括为图书阅读和知识咨询两种。前者主要表现为自学需要,后者主要表现为研究需要。两者在利用图书馆过程中相互交叉,呈现出多样化的状态。

大众读者中,各行各业的青年读者占绝大多数。他们利用图书馆的时间一般都在业余时间和工休假日。每周利用业余时间阅读图书平均在 8 小时左右。由于业余时间有限,他们采用外借方式多于馆内阅览方式。因此,各单位的工休星期日、社会星期日以及节假日,常常是公共图书馆借阅处借还图书的高峰时间。而平时工作时间,普通读者很少到馆借还图书。他们出于业余学习、文化提高及阅读欣赏的需要,主要借阅业务参考书,社会科学著作,自然科学基础读物和文学作品。其中,中外文学作品的流通量大大高于其他各类图书,一般都超过全馆图书总流通量的半数以上。

长篇文艺小说流通量大的原因,主要有 3 个方面:

第一,文艺作品本身的吸引力

文艺作品是一种形象性很强的读物。连贯的故事情节,生动的语言艺术,栩栩如生的典型人物形象,反映了广阔的社会生活画面和人们丰富多彩的精神世界。读者从文艺作品中,能学到广泛的社会知识,了解崎岖的人生道路和复杂的历史背景,从中受到启发、教育、感染,获得艺术美感享受。几乎人人都爱阅读文学作品。许多青年读者把文学作品当作生活的挚友,废寝忘食,爱不释手。优秀的文学作品能激励人们奋发向上;不好的文学作品,则能消磨人的意志,腐蚀人的心灵。文学作品对读者潜移默化的作用是很强烈的。

第二,图书馆和社会上的宣传影响作用

图书馆具有社会教育和文化娱乐的职能,往往把对文学作品的宣传放在突出的地位,并采用生动活泼、灵活多样的方式。在外借处、阅览室及宣传橱窗中,往往用开架与半开架的阵列方式,吸引读者,影响读者,方便读者借阅。

社会上各文化宣传部门,大量出版发行文艺小说。报刊的宣传评介,广播、电视、电影的播放,直接影响着文学作品的借阅和流传。加上读者之间相互推荐传阅产生的连锁反应,远远超过图书馆的宣传推荐,直接唤起读者的阅读共鸣心理。

第三,公共图书馆的收藏优势与读者成分比重

公共图书馆是文学作品的社会收藏中心和借阅中心。同其他各单位相比较,公共图书馆收藏古今中外长篇文学作品,品种最齐全,复本量最大,借阅面最广。在大众读者成分中,中小学文化程度的青年读者数量多而且集中。前些年,青年读者由于十年动乱,荒废学业,知识贫乏,又长期缺乏精神食粮,一旦开放之后,就如饥似渴地大量阅读。有些社会青年读者,不加选择、不加控制地阅读文学作品。他们美丑不分,良莠不辨,甚至以丑为美,填补精神空虚。对于有些言情小说,既无批判能力,又无分析地阅读。侦探小说,推理小说,武侠小说,充斥阅读市场,损害了许多青年读者的身心健康。读者的好奇心理,逆反心理得到畸形发展。近几年来,随着社会主义精神文明建设的加强,图书馆和社会各部门,加强宣传教育,引导读者有选择、有控制地阅读文学作品。读者本身,由于文化补习,职业学习,职务考核,成人教育等的需要,对某些不健康的文学作品的阅读数量减少,阅读质量和效果都有较大的提高。

在大众读者中,居住远离图书馆的工厂、机关、郊区农村的读者,他们来一次图书馆要花费较多的时间,不可能经常到馆更换借阅的图书,希望在外借册数和借还期限上有所放宽。至于更边远的大众读者,其阅读需要靠邮寄借书方式予以满足。在校学生放假期间,有较多时间来馆阅读。社会知识青年复习迎考期间,有专门时间来馆自修学习。公共图书馆的阅览室应接待这些青年读者,选配相应的藏书和设置充裕的座位,合理安排开放时间,简化进馆入室手续,为他们的阅读学习提高提供方便的条件。

科技读者在整个公共图书馆的读者队伍中比大众读者人数少，但文化程度较高，文献需求专深。同学校教师读者群、研究单位科研读者群相比，成员复杂，职业广泛，专业综合多样。单位读者分布在领导机关、企业、事业、科教、文卫各部门。个人读者包括研究人员、工程技术人员、教育工作者、文艺工作者、领导管理干部等等。其中，从事社会科学、文史研究、文艺创作以及工程技术工作的读者居多数。他们需要的文献内容范围涉及各种专业学科，比较多的集中在社会科学、应用科学、工程技术、文史资料、地方文献、综合学科等方面。这些正是省级公共图书馆藏书结构中的重点组成部分。

科技读者利用图书馆的时间较充裕，连续性强，没有业余时间与工作时间之分。他们出于研究、创作、设计的需要，带着具体问题，查阅大量的有关文献资料，直到研究课题的完成。他们的研究课题，既是长期从事的本职工作的组成部分，又是在一定时期所要完成的任务。他们利用馆藏的方式以查阅参考为主，以借阅流通为辅。有些资料需要长时间借阅和复制，而大多数资料，包括一、二、三次文献，则需要在馆内阅览参考。

最大限度地满足科技读者的知识咨询需要，充分体现了公共图书馆读者工作的学术性质，也是提高公共图书馆的社会地位与作用的最有效的途径。积极参与科技读者的研究、创作、设计活动，针对实际需要，搜集和编制各种书目索引，系统介绍和提供有关书刊资料，利用定题服务、跟踪服务、编译服务、调研服务等方式，做好咨询情报工作，配合读者完成科学研究的前期劳动，只有这样通过努力，不断做出成绩，取得社会的承认，才能当之无愧地证明，省级公共图书馆是社会主义国民经济和科学、教育、文化事业的重要组成部分。

二 科研单位图书馆读者的阅读需要特点

科研单位图书馆的读者对象,主要是本单位、本系统的科研人员,同时也接待外单位同行专业科研读者。他们成分单一,文化程度整齐,专业水平较高,外文阅读能力强,利用图书馆的目的明确,所需文献大都与本身从事的专业和研究课题有关。高级职称、中级职称和初级职称的科研人员,对有关专业文献的共同性要求是:全面系统,专深具体,新颖及时,针对性强;而不同要求表现为所需文献的文种、类型、范围、时限、途径等方面存在着差异。这显然与他们的外语水平、专业素养和利用文献的能力有直接关系。

据有关调查表明,各级科研人员利用文献的实际情况,反映了他们利用文献的共同需要和不同需要。在文种上,中文文献使用最多,其次为英文、俄文和日文。使用外文文献的程度,以高级职称最高,中级人员次之,初级人员最低;在类型上,使用图书和专著占首位,中文期刊次之,外文期刊又次之。但中外文期刊利用率之和超过图书与专著。其中,高级职称人员利用外文期刊比例高于中文期刊;中级职称人员利用中外文期刊大致相等;初级职称人员利用中文期刊比例大于外文期刊。至于其他特种文献资料(如学位论文、会议文献、研究报告等)则利用更少;在范围上,主要利用本专业的文献,同时也适当利用与本专业有关的其他专业文献。高、中级职称人员着重阅读有关其他专业的基础性文献,说明了不同学科在发展过程中相互交叉渗透的综合化趋势,也说明了各级科研人员掌握科学知识存在着广度和深度的差别。在时限上,科研人员都迫切需要利用近期的最新文献,要求内容新,时间快,情报价值高,以便掌握课题有关的国内外研究水平、研究成果、研究动向。10 年以内的文献利用率较高。高、中级职称人员有时也需要追溯查找 10 年以前的文献资料。而初级职称人员一般只利用现实性强的最新文献,很少利用史料性文献。在途径上,定期浏览文献占首位,其次为利用文摘,再次为使用目录,委托代查为最低。通过文献中引文获取文献途径,比其他途径比例要高。使用检索文献的途径,以分类途径最多,主题途径次之,著者途径再次之。中、初级职称人员大体趋向如此,而高级职称人员利用主题索引者居多数。说明各级研究人员掌握检索技能的熟练程度各不相同。

科研单位图书馆要做好科研工作的耳目、尖兵和参谋。图书情报工作必须走在科研工作的前面。围绕科研课题,广快新准地调研国内外科学技术发展情况和趋势,搜集、整理和提供有关文献资料。既提供专业性战术情报资料,又提供综合性战略情报资料,努力实现图书情报一体化,服务手段现代化。要高速度、高效率、高水平地满足各级科研人员的需要,为出成果、出人才做出应有的贡献。

三 高等学校图书馆读者的阅读需要特点

高等学校图书馆是为教学和科学研究服务的学术性机构。它的读者对象,主要是教师、学生和研究生,其次是其他工作人员。读者阅读需要主要反映在学校教学和科学研究活动对文献需求的过程中。学校的培养目标、专业设置、教学计划、课程安排、教学内容、科研方向、范围与重点,都有明确的规划和具体的规定。教师和学生,对教学用书与科学研究用书的需要,分别遵循各自的固有规律运行,而同时又朝着既出人才,又出成果的目标前进。

1. 教师读者的阅读需要特点

教师在高等学校肩负着双重任务。他们首先是教育工作者通过专业教学,负责培养学生;同时又是科研人员,结合专业教学,承担具体研究任务。从教学和科研两方面及其结合中,系统阅读和广泛参考专业文献资料。他们需要的专业文献,总的来说,具有全面系统、广泛专深的特点。他们的文献需要,在品种、类型、范围、时限、深度诸方面,都大大超过学生的需要,而且是校系两级图书资料的重点使用对象。教师读者队伍，分为老年教师、中年教师和青年教师三个层次，教授、讲师、助教三种职称，构成学科带头人、骨干力量和新生力量三结合的教师梯队。老年、中年、青年教师，由于在教学、科研工作及自身提高中处于不同发展阶段，因而具有不同阅读需要特点。

老年教师从事教学和科研工作几十年，是各专业的学者、教授、积累了丰富的教学工作经验，有深厚的学术造诣，成为各学科的学术带头人。他们在培养人才，发展学科的工作中做出了重大贡献。他们的知识渊博，成就卓著，年事已高，主要负担著书立说，指导青年教师，培养研究生的工作。许多老教授，还亲自负责科学研究和学术交流活动。老教授们经过多年积累，个人的专业藏书比较丰富。他们很少到图书馆，有时利用馆藏书刊，主要是查找有关新的、外文的或历史的文献资料，表现出研究型、创造型特点。他们所需的文献，除了一部分必须亲自查找以外，其余部分由助手和图书馆工作人员协助代查、代编、以便让他们腾出手来，将宝贵的时间用于培养人才和研究工作中去。

中年教师年富力强，身居教学、科学研究第一线，是教师队伍的中坚和骨干力量，起着承上启下的作用。他们是在新中国成立后培养起来的一代中年知识分子。他们的思想、专业基础比较扎实，有一定的教学经验和学术水平，有强烈的事业心和献身精神，并负担着繁重的教学、科研任务，频繁的社会学术活动，紧张的家务劳动，子女教育，以及自身的知识更新与学习提高等等。这是最紧张、最繁忙的一代中年人。他们的担子重，头绪多，面临的问题成堆，急需要大量的文献资料。可是，由于时间紧张，精力分散，不允许他们花更多的时间跑图书馆，坐阅览室。他们到图书馆和阅览室，总是来去匆匆，有针对性地浏览、查阅有关最新的文献资料，然后选择重要的文献借回去参考。他们经常于长夜伏案工作、阅读和思考，他们养成了善于在灯下工作的习惯。他们对系资料室的利用多于校图书馆。需要的内容范围主要集中在专业与有关专业领域的书刊资料。面不广泛，但专深、系统、新颖，表现为研究型、应用型、学习型三方面的阅读需要特点。他们希望图书馆和资料室实行开架借阅，开展一、二、三次文献情报服务，提供新颖、专深的文献资料。

青年教师精力充沛，风华正茂，是教师队伍的新生力量，进修培养的战略重点。青年教师大多数都在教学第一线，担任教学辅导工作，成为中老年教师的助手。其中，一部分青年教师已经独立承担教学和科研任务，一部分在脱产进修。他们大多数教龄较短，基础知识、专业素养、教学经验发展不平衡，还不能完全适应教学和科研工作的需要。但青年教师精力旺盛，思想敏锐，进取心强，学习勤奋，接受新事物快，善于广学博采众家之长。有些青年教师已经崭露头角，在某些专业领域有新的突破，呈现出后来居上的趋势。在整个教师读者队伍中，青年教师读者是图书馆最积极的利用者。他们利用图书馆时间最多，文献内容最广泛，借阅数量最大，表现为学习型、研究型和应用型三方面的阅读需要特点。图书馆和系资料室，要充分满足青年教师读者的阅读需要，为他们进一步进修提高、备课和科学研究提供丰富的书刊，创造良好的阅览条件，帮助他们掌握各种文献检索工具，提高阅读能力，以利他们早出人才，早出成果。

2. 大学生读者的阅读需要特点

大学生是高等学校图书馆数量最多、最为活跃的读者对象。他们都具有高中以上文化程度，在大学几年时间，专门从事一定专业的系统学习，为即将从事各种职业工作做好智力准备。大学生接受着系统的高等专业教育，进入全面成熟时期。年龄成熟，身体发育成熟，生理心理机制成熟，思想逐渐成熟，知识和智力走向成熟。他们对知识养料的需求广博而专深，吸收容量大，消化速度快，自学能力增强。他们课堂学习与课外学习、接受知识传授与自我智力开发、教材及指定教学参考书与个人选择文献资料、书本学习与实验操作、社会调查与科研训练等等相互结合，全面和谐地发展。他们的校内学习场所，有教室、寝室、实验室、阅览室，以及校园内广阔的户外露天空间。其中，图书馆的书刊，阅览室的环境，最吸引大学生读者，最能满足他们的知识需求。他们利用图书馆的主要任务，在于补足课堂学习和扩大知识视野；主要目的，在于获取系统知识和培养多种智能，以便为将来从事各种工作做好知识和能力的准备。

大学生读者对教学用书需要有 3 个明显的特点：稳定性、集中性和阶段性。

①教学用书的稳定性特点

主要表现在两个方面，一是专业设置与教学计划制约着教学用书的稳定发展，二是开设课程与教学内容体系，规定了教学用书的基本范畴。每个学校设置哪些专业，每个专业开设哪些课程，各种课程在哪学期授课，需要哪些教学参考书，需要的人数、时间、品种、数量等等，都是按照教育方案、教学计划和讲授大纲进行的。掌握这种稳定性特点，可以预测读者需要，有助于制定采访计划，合理安排教学用书的借阅组织工作。

②教学用书的集中性特点

由于教学工作是按统一教学计划、统一的教学大纲、统一的进度同步进行的，因此，造成了学生读者对教学用书需要的高度集中性。这种集中性，主要表现在教学用书品种和复本的集中，用书读者人数的集中，即在同一时间内，众多的学生读者对内容相同的几种主要教学参考书集中需要阅读参考。高等学校图书馆尽管教学参考书复本量较多，但由于需要量大，使用集中，用书的时间集中，因而供不应求的现象比较突出，带有周期性。如任其自由借阅，将会造成借阅失调，激化供求矛盾。针对这种情况，高校图书馆对学生教学用书，一般采用计划供应，合理分配，集体外借，集中阅览，适当增加复本量的办法,解决供求矛盾。

解决教学用书的具体措施从三方面入手。

第一,以集体外借为主,以个人外借为辅。依据每学期各专业课程排课计划,按班级、小组学生人数比例,合理分配教学参考书,用集体外借的方式分配到小组,由小组内相互调剂,交互阅读。多余复本书再有控制地外借给有关个人读者。

第二,以室内阅览为主,以外借流通为辅。许多高等学校图书馆专门成立教学参考书阅览室,辅助书库配书齐全,开架陈列,就室阅览,缩短使用周转期,提高使用率,增加了参考书的使用时间,缓和了供求矛盾,弥补了集体外借量的不足。

第三,沟通借阅与采访部门的信息,适当增加主要教学参考书的复本量和品种量,同时通过互借和代购的办法满足读者需要。

③教学用书的阶段性特点

主要表现在大学期间 4 年学习生活的全过程,和每学期教学过程各阶段的周期循环往复状态,呈现出规律性特征。

第一,表现在大学 4 年学习的全过程

大学学习过程,是一个从低年级到高年级、由浅入深、循序渐进的发展过程。学习的内容与环节,从基础课到专业课,从系统理论学习到实验、实习和社会调查,最后进行毕业论文或毕业设计、专题研究写作。每一个大学生都要经历几个大的阶段,每一个阶段都有相对稳定的阅读需要特点。

一年级大学生的特点。他们刚从中学进入大学,脱离父母的监护进入集体生活,要适应新的生活方式,结识新的同学。新的环境必然产生新的心理状态,有人称为青年人的"断乳期"。大学的教学内容、教学生活、学习方式与中学大不相同,需要养成自学习惯,培养独立思考和独立支配时间的能力。对专业的选择,在入大学前往往从录取和分配的可能性考虑较多,老师、家长、亲友的意见起决定作用,常常带有很大的偶然性。进校以后,就面临着了解专业,巩固专业思想,培养专业兴趣的过程。专业思想问题解决不好,将影响整个学习过程。他们在课外阅读活动中,表现为阅读心理定向的不确定性,阅读需求的低层次,阅读动机带有很大的盲目性和随机性,除了指定教学参考书以外,大多阅读文艺作品,满足好奇心和消遣心的需要。他们往往带着模糊的意识走进图书馆,如同刘姥姥进了"大观园",眼花缭乱,心中全无目标,看到什么借什么,往往借的多,读的少,效果差,浪费了不少时间。

二年级大学生的特点。初步适应并习惯了大学的学习生活,自学能力有所提高,开始能独立地支配时间,有计划地设计学习内容。专业性阅读兴趣开始形成。课外阅读,能选择中外著名文学作品和综合性书刊,注意扩大自己的知识面。

三年级大学生的特点。进入专业学习,职业意识心理有了明显发展,渴望获得更多的专业知识,阅读倾向趋于明确稳定。不满足于教材上现成的结论,需要广泛阅读各种观点、各种流派的参考书,从中加以比较、分析,得出自己的看法和结论。阅读需求水平由低层次转向高层次。有些学生开始进行科研训练,学习搜集资料、选题。写大纲,写专业论文,或翻译专业文献,其中,有许多论文被刊载发表。

四年级大学生的特点。进入毕业阶段,职业意识增强,初步掌握了系统的专业理论知识和智力结构,为未来的职业工作和研究生考试,全力以赴地做好准备。他们一部分时间用在专业课、毕业实践上,大部分时间用于阅读有关专业文献,写毕业论文或毕业设计,或全面准备迎考研究生。在此期间,他们利用图书馆的时间很多,阅读内容范围指向性明确。他们利用图书馆的权限,享受教师和研究生的待遇,成为图书馆和系资料室的重点服务对象之一。图书馆和各系资料室,对毕业班学生读者放宽了开放尺度,为他们的最后学习阶段创造方便条件。

此外,大学生的共同阅读兴趣广泛。文学、艺术、写作、书画、音乐、摄影、诗歌、集邮等等,成为普遍的课余爱好,而且有不少人发表了作品和成果。

第二,表现在每学期学习的全过程

每学期都有开学、上课、考试、放假4个阶段。每个阶段之间相互连结,相互区分,有规律地递进。每学期、每学年都要周而复始地循环重复一次,各阶段都呈现出固有的特征。

开学初期为学期准备阶段,放假前夕为学期结束阶段。这两个阶段,都是学生借还专业书和文艺书的高峰期。每学年放假前的元月、7月,开学后的2月、9月,学生大量涌向外借处借还图书,外借处成为最紧张、最繁忙的部门。图书馆要加强外借工作的人力安排,减少学生读者借还图书排队等候的时间。

上课阶段,学生进行正常的学习活动,外借、阅览活动多数在课余时间或下午分散进行,外借处和阅览室工作处于平潮期,进行着稳定而有秩序的借阅组织工作。

考试阶段,学生转入系统复习迎考时期,需要安静的学习环境,集中涌向图书馆的阅览室,排队占座位成风,阅览座位比较紧张。外借处工作明显处于萧条时期,文艺书和其他书刊暂时无人问津。图书馆要多开辟普通阅览室,减少辅助藏书,增加阅览座位,做好座位的合理分配调剂工作。同时,为下学期的教学参考书配备,做好调查统计工作。

放假阶段,学生考试结束,精神放松,又立即转入新的借还书高潮,有的借专业参考书和其他书刊,计划利用假期自学;有的借文艺书,利用假期时间集中阅读;有的借外文书和参考资料,利用假期时间翻译和研究写作。

图书馆掌握学生读者周期变化的阶段性特点,便于主动安排和调剂读者服务工作。

3. 研究生读者阅读需要特点

研究生是高等学校图书馆比较特殊的读者对象。随着教育事业的发展,为培养更多的高级专门人才,攻读硕士学位和博士学位的研究生数量日益增加。研究生享受教师读者的待遇,他们的阅读需要介于高年级学生和教师之间,对文献需求的数量、品种、范围等方面,都远远超过学生与教师读者。他们致力于学习性的研究和研究性的学习。尤其在撰写学位毕业论文时期,围绕专门课题研究,需要阅读和检索大量的有关专业文献资料,对各种资料的需求,求多、求全、求新、求专,表现为学习型与研究型相结合的阅读需要特点。图书馆对于研究生读者的阅读需要,应特别重视。除了按照教师的借阅权限待遇以外,还要为他们开展参考咨询和情报服务,为他们的研究课题提供一、二、三次文献资料,为他们利用图书馆创造更加方便的条件。

第四节　宣传图书与指导阅读

宣传图书与指导阅读,作为读者工作实践活动的有机组成部分,它是图书馆与社会相互沟通文献信息的中介,是图书馆开发利用文献资源,教育、影响、吸引读者的有效方式。宣传图书与指导阅读活动,内容广泛,形式多样,不拘一格,极其富有主动性与创造性。善于利用各种方式开展宣传图书、指导阅读的图书馆,能把图书馆读者工作办成生机勃勃的一团活水,不善于开展这项活动的图书馆,其读者工作则会成为毫无生气的一池死水。

宣传图书的实质目的,是在了解和研究义献的基础上,主动向读者揭示文献的形式与内容,宣传先进思想,科学知识,职业技术以及广泛的文化信息,把读者最关切、最需要的文献及时展现在他们的面前,吸引读者利用图书馆和多种图书文献。

指导阅读的实质目的,是在了解和研究读者阅读需要的基础上,积极影响读者选择阅读范围,引导他们正确地领会文献内容,帮助他们学会利用文献和图书馆。

宣传图书与指导阅读,二者相互依赖,密不可分。虽然前者侧重在文献方面,后者侧重在读者方面,但二者都是以图书文献与读者需要联系结合为宗旨的中介工作,不应作人为的分割,以免失去本身的意义。

一 宣传图书的方式方法

宣传图书有许多行之有效的方式方法,归纳起来,有 4 种方式,4 种类型。

1. 直观方式

直接通过图书文献本身的陈列展览,同读者见面,进行现身宣传。

2. 书目方式

通过书目、索引、文摘、题录等二次文献,宣传报道原始图书文献的内容形式特征,使读者在较短的时间内,系统了解大量的文献资料缩影,以便检索利用。

3. 群众活动方式

通过各种形式的群众集会,口头介绍、推荐或评价有关图书文献的内容观点,影响作用;除宣传、评价效果外,还有指导阅读内容的作用。

4. 广播电视方式

通过现代化无线电广播、电视手段,向千家万户听众和观众宣传、评价图书文献,宣传图书馆的作用及其利用方法,以便扩大影响,吸引读者,争取社会各方面的支持与帮助。

宣传图书的 4 种类型,包括新书展览、专题书展、书评和学术活动。

1. 新到书刊展览报道

新出版书刊反映了新的知识情报信息,读者最为关切,总希望先睹为快。馆藏新书只有及时陈列展出,快速报道,才能反映新书的价值。尤其科技文献,如不及时通报利用,时间一过,就会失去科学价值。新书宣传有两种形式,即新书陈列和新书通报。

新书陈列展览形式,是将到馆的新书,选择内容新颖、科学价值高、读者需要的部分,陈放在专门书架、书柜或橱窗里,直接同读者见面,以便读者浏览借阅。

新书通报形式,是将到馆新书,按类型、类别、文别或主题,编成书目索引,用卡片式在馆内专栏公布,用书本式印发给有关单位或个人读者参考。

新书展览和新书通报,是宣传和报道馆藏新书的重要方式,深受读者欢迎。此外,反映最新文献信息的二次文献报道形式,还有报刊资料索引、科技文摘、科技快报、科技动态等等,不限于一馆一地收藏报道,反映了广泛的文献资源分布面貌。

2. 专题书刊展览报道

专题书展,通过全面系统荟萃某一专题或主题的文献资料及书目工具,集中反映某一地区、某些出版发行单位或某些图书馆、情报部门的文献资源,可以起到宣传书刊文献、检阅研究成果、补足馆藏不足、提供借阅复制资料的作用,还可以使读者深入具体地了解有关专题领域国内外发展水平、动向、趋势,并选择所需的文献资料。办好专题书展,首先要做好调查研究工作,结合经济建设、科学研究中一些重大的、关键性课题,选好专题,然后搜集与专题有关的文献资料与书目工具,进行筛选、组织、编排、加工,在陈列展出中,广泛征集读者的意见建议、效果、反映。最后,展出结束时,编出专题书展的书目索引,向有关单位与个人读者印发报道,提供参考选用。

3. 学术报告活动

围绕一定主题、专题或作家作品,邀请有关专家作学术报告,专题讲座,结合进行书刊文献的介绍、评价。这种方式,宣传面广,受益人多,收效显著。主题的确定,主讲人的选聘,是开好报告讲座的关键。马列主义理论及其发展,哲学社会科学研究动态及其流派,著名作家生平及其代表作品,自然科学的进展趋势及新特点,新技术革命的浪潮及各国的对策等等,主题广泛,现实性强,都可作为活动课题。报告与讲座,既普及了科学知识,交流了学术思想和研究成果,推动了学习研究的发展,又有效地开展了宣传图书、指导阅读的活动,深受广大听众和读者的欢迎。

4. 图书评论活动

开展书评活动,主要有笔谈园地和座谈讨论会两种形式。组织读者撰写图书评论,开辟笔谈园地,或召开评论会、读书座谈讨论会,围绕某一本有影响、有争议的著作,交流读者的看法,或介绍有关专家的书评文章,组织讨论,使读者全面正确地理解书刊的内容观点,提高其认识水平和阅读分析能力。通过书评活动,图书馆也了解了读者的阅读倾向、阅读能力及阅读效果。

二 指导阅读的内容范围

指导阅读的工作,是在熟知读者及其阅读需要的基础上,参与读者的阅读活动。通过指导阅读,既为读者创造了良好的阅读条件,又对读者如何利用图书馆,如何检索文献资料,如何选择文献,以及阅读内容、阅读方法方面,进行了有针对性的帮助指导,能促进读者更好地获得知识,提高阅读能力与阅读效果。

指导读者阅读的内容范围及目的要求,具体包括以下 4 个方面。

1. 指导读者利用图书馆

帮助读者了解图书馆的性质、职能、任务和发展状况,介绍图书馆藏书资源的范围、重点、布局结构及其使用方法,介绍本馆的服务机构分布,服务手段,设施,借阅规则,复制规则,咨询规则、程序、手段方法等等,使读者全面了解图书馆,吸引读者来馆并学会利用图书馆,从而受益于图书馆。介绍的方法,通常采用新读者集体入馆参观,现场介绍,印发图书馆简介资料,馆内播放录音录像磁带,以及设置专门咨询台,随时回答读者的询问等等方式。高等学校图书馆每学年开始,要配合新生入学教育,组织新生读者集体进馆参观介绍,并印发图书馆简介,使入校新生对图书馆有全面概貌的认识了解。

2. 指导读者利用图书馆目录

图书馆目录是全面揭示馆藏资源的工具,要利用藏书,必须学会使用图书馆各种读者目录。所以,指导读者学会使用图书馆目录,是指导读者阅读的重要内容之一。帮助读者了解图书馆设有哪几种读者目录,各种目录的作用及反映藏书范围,介绍目录卡片的著录事项,索书号的组成及组织方法,目录组织体系;说明分类目录、字顺目录的组织体例及检索使用方法,说明本馆采用分类法的分类体系、大类类目表、标记符号及特殊分类规则,字顺目录排列取字方法与查找方法,以及填写借书单的方法和要求等等。指导读者使用图书馆目录,可采用集中讲课形式,也可设置目录辅导员,随时指导读者查找各种中外文馆藏目录,并在目录厅公布各种目录的体例说明表。

3. 指导读者利用参考检索工具

各种参考工具书和检索文献,汇集了古今中外各文种、各学科、各类型体例的基本知识和文献资料,是读者读书治学的钥匙,是解答疑难、辅导阅读、提供资料的工具。中外文参考工具书和检索文献资料种类繁多。就其性质内容,有综合性与专业性之分;就其功能特点,有字典、词典、百科全书、类书、政书、年鉴、手册、书目、索引、文摘、题录、年表、历表、图谱之分等等。在学习、研究中,各有特殊用途。掌握中外文工具书,可以有效地提高学习与工作效率。掌握科技文献检索工具,能使科研人员在较短的时间内,迅速、准确地查到自己研究课题所需要的文献资料线索。因此,中外文工具书使用方法和科技文献检索,是高等学校所有专业的学生必须掌握的工具,是必须学习的两门共同课程。这两门课的教学,主要由图书馆专业人员担负,并纳入学校教学计划之中。文献检索方法教育,也是各级各类图书馆经常性的工作。

4、指导读者阅读图书

指导读者阅读图书,包括两层含义,一是对读者阅读内容的指导,二是对读者阅读方法的指导。这两个方面的指导,对于一般初学读者不可缺少,而对于立志自学深造的青少年读者,尤为重要。

阅读内容的指导,主要表现在帮助读者阅读范围的形成,阅读书刊的选择,阅读具体图书内容的正确理解、评价和鉴别。尽管各类型读者的学习条件、途径、方式不同,有正规教育、成人教育、自学教育的区分,但是读者学习与接受教育的内容范围、目的要求和规格标准是统一的。图书馆作为社会教育的中心之一,有责任按照统一的要求,指导读者掌握一定的阅读范围,选择并提供各类型、各层次的阅读推荐书目,帮助读者挑选、推荐和评价系统的具体书刊,引导读者正确地理解图书文献的内容实质,从中吸取有益的知识养料,从而提高读者的思想理论水平、专业知识和科学文化水平。

阅读方法的指导,主要表现在帮助读者制订系统的学习计划,按计划有目的有重点地阅读书刊资料,克服阅读中的盲目性和不良倾向;指导读者学会做读书笔记、读书卡片、读书心得,以及科研方法的训练。为了培养读者良好的读书习惯,提高自学能力和阅读效果,图书馆经常组织有关读书方法的经验交流和专题讲座,并邀请有关专家学者作专题报告,启发引导读者按照自己的实际情况,选择适合自己的读书方法。

总之,宣传图书与指导阅读,参与读者阅读活动,教育引导读者掌握正确的阅读思想和阅读方法,是社会主义图书馆工作者应尽的责任和义务。

参考文献

1. 〔苏〕O. C. 丘巴梁著、徐克敏等译:《普通图书馆学》第 60~64 页。书目文献出版社 1983 年 4 月版。

2. 北京大学图书馆学系、武汉大学图书馆学系合编:《图书馆学基础》第 184~196 页。商务印书馆 1981 年版。

3. 白国应:《科学研究人员阅读科技文献规律初探》《科技情报工作》1982 年第 11 期。

4.《省(自治区、市)图书馆工作条例》。《图书馆工作文件选编》,文化部图书馆事业管理局编印,1982 年 12 月文化部颁发。

5. 沈继武:《省级公共图书馆藏书结构及读者特点》。《四川图书馆学报》1983 年第 1 期。

6. 江乃武等:《吉林省科技人员利用文献情况的调查报告》(上)。《图书馆学研究》1983 年第 3 期。

7. 赵文友:《高等学校图书馆读者服务工作的规律初探》。《河南图书馆季刊》1981 年第 3 期。

8. 赵添镒:《高等学校图书馆图书流通工作规律初探》。《陕西图书馆》1982 年第 2 期。

第五章　读者服务方法体系

　　所谓读者服务方法体系,是指由各种服务方法所构成的多层次多功能的有机整体。各种服务方法都有其相对独立的功能、效果和适用范围,有其产生发展的历史背景。而作为整个方法系统的组成部分,各种方法之间,相互联系、相互补充、相互渗透、紧密结合为一定层次级别的结构系统,发挥其综合性的整体功能。

　　服务方法及其体系是社会历史发展的产物,也是自身演变的结果。外借、阅览方法,最初出现于封闭式的古代藏书楼时期,形成于开放式的近代图书馆时期,发展和完善于现代图书馆时期。其他服务方法的发展,乃至方法体系的形成,则是现代图书馆时期社会需要与历史客观条件成熟的必然产物。本世纪50年代以来,科学技术的迅速发展,文献信息潮水般的涌现,社会对知识情报广泛而高层次的需求,导致图书情报部门采用现代化的技术手段存储知识载体,并逐渐发展和完善其多层次多功能的服务方法体系。

　　图书馆为读者服务的工作,从单一的外借、阅览服务方法,发展到主动提供文献信息的咨询服务、检索服务、情报服务等方法;从以整本书刊为单位的一次文献服务,转向以单篇文章——主题内容——知识单元——信息代码为单位的多次文献信息服务。传统的服务方法日益深化。如外借服务,由一般借还发展为馆际互借、预约借书、邮寄借书等多种形式;阅览服务,也由单一的综合阅览发展到分科开架阅览。复印机的普及带来了文献复制方法;信息载体的变更和声像技术的推广,使缩微设备和视听服务成为现实;计算机的引进和数据库中心的建立,使联机检索与资源共享变成可能;第三次浪潮的冲击和信息时代的到来,使更高层次的服务方法(诸如定题服务、编译服务、情报服务,以及文献服务信息中心等)由朦胧的构想变成明确具体的发展趋势。

一个多类型、多层次、多功能的读者服务方法体系业已形成,并日益发展和完善。这个体系包括外借服务、阅览服务、复制服务、咨询服务、检索服务、定题服务、编译服务、报道服务、展览服务、情报服务等 10 种服务方法。多种服务方法都有哪些特定的功能、效果和适用范围,它们在整个方法体系中处于何种层次和发挥什么作用,这些现实问题的提出,需要给予理论上的回答。

第一节　外借服务方法

外借服务方法,是满足读者将部分藏书借出馆外自由阅读的方法。读者根据需要借出自己挑选的书刊,在规定的期限内,享受使用权利,承担保管义务,自由安排阅读时间,充分利用所借书刊,不受馆内时间和空间的限制。

外借服务方法,在一定程度上满足了读者的阅读需要,由于方便读者自由阅读,普遍受到读者欢迎,成为传统的基本的服务方法之一。但外借方法有其局限性,它不能满足读者的全部阅读要求。有些书借不到,有些书规定不外借;能外借的书,有范围、品种、册数、期限的限制,而且并非所有读者都能享受外借图书的权利。因此,一方面图书馆要最大程度地发挥外借服务方法的有效功能;另一方面还要采用其他服务方法,多方面地满足读者的阅读需求,以弥补外借方法的不足。

外借方法的进一步区分,以各种读者的组织形式和需求程度为依据。采用以下 6 种具体外借形式,分别满足各种读者的不同阅读需求。

一 个人外借

这是专为个人读者借书的形式。

有借书权限的读者,凭借书证件,以个人身份在外借处登记,借出自己所需要的图书。个人借书是外借方法中最主要、最基本的服务形式,它能满足个人读者千差万别的阅读需要。

个人外借体制有 3 种:第一种是开架借书。读者可以进入书库,直接在书架上自己挑选图书,然后在外借处办理借书登记手续。第二种是闭架借书。读者首先在目录盒中查找自己所需的图书目录,填写借书单,交馆员进库按书单取书,然后办理借书登记手续。第三种是半开架借书。读者直接在陈列展出的半开架书架上挑选所需要的书,指给馆员取出后再办理借书登记手续。

为了有区分地组织各类图书供各种读者外借,图书馆一般按照图书的类别、文种和读者成分,分别设置中文社会科学图书外借处,中文自然科学图书外借处,中文文艺图书外借处,外文图书外借处等。并根据需要,在各外借处进一步划分不同读者成分的出纳台,如教师读者出纳台,学生读者出纳台等。

为了维护大多数读者的利益,图书馆都制定外借规则,规定读者借书的办法、程序,一次借书的数量、期限,以及逾期停借或收费的制度。同时也制定了工作人员服务公约,规定馆员的职责范围,要求馆员树立"读者第一"的观点,热情接待读者,主动帮助读者查找馆藏目录,积极推荐好书,认真解答读者的一般咨询,尽可能满足读者的借书要求。外借处馆员每天接待个人读者人数多,借还图书数量大,进库取书跑路多,上书归架任务重,为满足读者需要,辛勤劳动,受到读者的尊敬。

二 集体外借

这是专为小组读者和单位团体读者共同学习、研究参考的需要外借图书的形式。

它是由专人负责,代表小组或团体,向集体外借处提交预借书目单,办理登记手续,借出批量图书,提供小组或团体用户共同阅读。

高等学校图书馆,为了解决学生阅读教学参考书的需要,通常在外借部门专门设立集体外借处。工作人员根据下学期计划开设的课程,在上学期末向有关单位和主讲教师发放调查表,要求详细填写教学参考书品种,上课人数,上课时间与时数,作好配书准备,以便及时外借,计划供应,合理分配。公共图书馆也设有集体外借处,解决各种类型的集体用户和单位用户共同的用书需求。

集体外借不同于个人外借之处,在于它方便有共同需要的读者群,保证用书需求;一人借书,众人享用,减少了其他读者往返图书馆借还图书的时间和困难;一次外借图书的品种多,数量大,周期长。对于图书馆来说,便于有计划地合理分配有限的图书,减少了接待读者的时间,节省了借还图书的工作量,保证了外借图书的计划性和针对性,缓和了供求矛盾。这种外借形式,已在高校图书馆和公共图书馆外借服务中普遍采用。

三 馆际互借

这是图书馆之间、图书馆与文献情报部门之间,相互利用对方的藏书,满足读者的特殊需要的外借服务形式。馆与馆,馆与部门之间,直接建立互借关系,解决本馆、本部门对读者难以满足的阅读需要。这种互借形式,不仅运用在地区范围和国土范围内馆际间,而且发展到国际范围内馆际间,打破了馆藏资源流通的部门分割界限,也打破了读者利用馆藏资源的空间范围界限,实现了不同范围内藏书资源的共享,成为外借服务形式的一种发展趋势。

四 预约借书

这是指读者向图书馆预约登记某种指定需要而暂时借不到的书刊,待该书到馆后由图书馆按预约顺序通知读者借书。读者预约借书有三种情况:一是某种复本不足已被借缺,待书归还回馆后,按填报预约通知单通知读者借书,称为"借出预约";二是新书已购但未到、未编、或未入库流通,或正在互借、复制中,待到库后按预约通知单通知读者取书,称为"新书预约";三是排架差错,或原因不明暂时拒借的书,待查明落实后按预约通知单通知读者索书,称为"待查预约"。无论何种情况下的预约借书,对于降低拒借率,满足读者特定需要,都是行之有效的良好的外借形式,普遍受到读者的欢迎,并引起图书馆界的高度重视和广泛采用。

五 邮寄借书

借助邮政传递手段,为远离图书馆需要而又缺乏书刊的单位或个人读者,寄送外借书刊,是解决边远地区读者看书难,从而发挥馆藏资源利用效益的有效外借形式。

早在本世纪20年代,上海通讯图书馆就开创了邮寄借书的先河。这一传统的外借形式,一直沿用至今。目前,许多省级公共图书馆在外借工作中有了新的发展。他们以县以下的研究单位、企业单位,以及科技人员、自学青年、专业户、重点户为重点,发展邮寄读者。经过调查研究,有针对性地编制推荐书目,专题书目,新书通报,开展通讯联系,建立邮寄读者档案,制订邮寄服务简则,并和各县、市图书馆建立互借关系。通过多种渠道,大力开展邮寄服务活动,使广泛分散的读者群极其缺乏又极其需要书刊的情况得到改变;使许多书刊在附近无人利用的情况得到改变,充分发挥了书刊的应有的作用。

六　馆外流动借书

采用流通站、流动车、送书上门等形式,将部分藏书送到馆外,直接在读者身边开展借阅活动,主动为广大读者服务。流动借书形式,扩大了图书流通范围,方便了不能直接到馆借阅书刊的潜在读者,密切了读者与图书馆的联系,满足了群众阅读书刊的迫切需求。这是广大基层图书馆经常采用的外借服务形式之一。

馆外流动借书有以下几种具体做法。

第一,图书馆在一些工厂、机关、居民点等人口集中的地方,建立图书流通站,挑选现实性强、有针对性的优秀书刊,采用定期交换的办法,借给图书流通站使用。

第二,图书馆专门配备成批书刊的机动车或人力车,在馆外群众集聚的地点,开展巡回流动外借服务,并定时定点轮换借阅图书。在偏远的农村、山区,利用图书流动箱、流动包,开展送书服务。

第三,对于重点单位、重点服务项目,以及其他急需而又不便来馆的个人读者,图书馆采取主动送书上门的外借形式,满足读者的需要。

近年来,馆外流动服务的内容和手段有了新的进展。图书馆工作人员除坚持送书服务以外,还携带录音磁带、科技电影及放映设备,到群众中去播放,使更多的读者、听众和观众获得生动直观的知识教育。

上述各种形式的外借服务方法(包括个人外借、集体外借、馆际互借、预约借书、邮寄借书、馆外流动借书),都是将馆藏部分书刊,化整为零,以整本书刊为单位,通过各种途径分别提供给正式读者和潜在读者在馆外自由阅读。在外借服务中,图书馆与读者之间的联系,主要是通过借还的方式不断获得书刊而进行的。一旦停止借还,便中断了他们之间的联系。如果增加借还频率,交替使用多种借还形式,沟通更多渠道,就会强化这种联系,使更多的书刊资源得到利用。但是,外借服务方法使读者获得的书刊毕竟有限,大量的高层次的文献需求,还须借助于其他服务方法。

第二节 阅览服务方法

阅览服务,是图书馆利用一定的空间设施,组织读者开展图书文献阅读活动的服务方式。所谓空间设施,通常以各种阅览室、参考室为阵地,包括开架书库及各种阅览设施,是读者读书治学最理想最适宜的场所。

同其他服务方法相比较,阅览室具有服务读者的特定功能。

第一,有适宜读者学习、研究的良好条件(宽敞的空间,舒适的桌椅,精良的设备,明亮的光线,整洁的环境,安静的气氛)。在众多的学习场所中,唯独阅览室最受读者喜爱。因为,当读者走进阅览室时,就会即刻被浓厚的学习气氛所感染,从而自觉地投身并熔化在恬静肃穆的学习环境之中。

第二,有配备种类齐全、丰富新颖、使用价值较高的各种书刊资料,包括许多不外借的图书文献(如期刊、工具书、二次文献、特种文献、珍善孤秘、手稿典籍等)优先保证室内阅读参考。如此丰富的藏书陈列于室内,强烈地吸引着渴求知识的读者。同时,阅览用书品种多,复本量小,利用率高,周转率快,又能保持相对稳定、全面、系统和完整,为满足读者对文献的可读、可查、方便、可行的要求,提供了现实条件。这是外借书刊无法比拟的。

第三,读者可以同时直接利用室内大量的图书文献,按专业、按课题需要,自由选择书刊文献中的篇章段落、数据、图表,以及特定知识信息阅读参考,不受数量品种的限制。必要时,可调阅基本书库中的藏书。除利用藏书外,还可以利用馆内特殊阅读设备,如显微设备、视听设备、复制设备等等。无论是对自学读者、还是研究读者、咨询读者,都可提供极为方便的阅读参考条件。同时,又可以避免许多书刊不必要的外流(书刊不必要的外流,正是外借流通中难以避免的弊端)。

第四,读者在阅览室阅读学习的时间多,周期长,有的读者甚至长期连续利用阅览室学习研究,馆员有较多机会接触读者。这便于系统观察了解他们的阅读需要、阅读倾向、阅读效果;便于有针对性地进行推荐图书、指导阅读、参考咨询,以及组织学术交流、学术报告活动;也便于馆员征求读者对工作的意见、要求、评价。从而有助于密切馆员与读者的联系,促进相互学习和了解。

一 阅览室的种类及其作用

设置各种类型的阅览室,发挥各自的作用,并使它们形成相互配合、相互补充、有机联系的阅览室体系,以便尽可能全面地而又有区分地满足各类读者的不同需要,是搞好阅览服务的基本保证。

设置阅览室的数量、类型、规模,依图书馆的实际条件和读者需要而定。综观各类型图书馆阅览室设置的现状与发展趋势,依其用途标志,可分为3种基本类型,即普通阅览室,分科阅览室和参考研究室。各种阅览室的设置目的、藏书范围、读者对象以及具体作用,都有其特殊的规定性。

1. 普通阅览室

为一般性阅读参考自学的阅览场所。配备常用性书刊资料,范围综合广泛,现实性强,适宜初等、中等、或各种文化水平的读者阅读,选择知识性、宣传教育性为主要内容的优秀书刊。一般规模较大,座位较多,利用率较高,开放时间较长,接待读者对象广泛集中,使用手续简化方便,限制条件极少,或基本上无所限制,有的甚至对任何读者都允许自由出入,公开开放,畅行无阻。

普通阅览室按阅读使用方式,有3种组织形式。

第一,单独配备辅助书库的普通阅览室。书库与阅览室既分开又相连。读者查目录、填写借书单、等候馆员取书,押证借出,就室阅览,当班归还。

第二,室内陈列藏书的普通阅览室。辅助藏书与阅览室熔合在一起。读者进入阅览室,可直接在室内开架书架上自由取书,就近阅览,不必查目填单,不须办理任何借还手续。

第三,读者自带书刊自学的阅览室。主要为读者自学复习提供学习场所,阅览设施。室内不配备系统辅助藏书,只配备少量现期报纸杂志,允许读者自带书刊进室学习,具有自修学习室的性质。

前两种形式的阅览室,不允许读者自带书刊提包进室,只能阅读馆内书刊。而第三种形式的阅览室同前两者的主要区别在于,允许读者自带书刊自修学习。在高等学校图书馆和部分公共图书馆设置的自修阅览室,为在校学生,自学青年解决了良好的学习场所,大大方便了读者,以至每天室内座无虚席,深受群众欢迎。

2. 分科阅览室

为特定读者对象不同需求层次设立的专门阅览室,是各种类型图书馆阅览服务体系的主体部分。

所谓阅览室的分科,从广义范围上认识,根据学科知识类别、读者类型成分、文献类别载体等标志,分别划分为 3 种分科阅览室,各有其不同的功能作用。

①各种知识类别的分科阅览室

如科学技术阅览室、社会科学阅览室、文学艺术阅览室、应用科技阅览室等等。根据需要,还可以进一步细分到下一级知识类别。按知识类别设置分科阅览室,是为了集中某些学科范围的系统藏书,便于读者按专业、按课题查找利用图书文献,便于工作人员熟悉、研究某些学科知识与文献资料,向专业化方向发展,成为专业文献专家。

②各种读者类型的分科阅览室

如教师阅览室、学生阅览室、科研读者阅览室、少年儿童阅览室等。按读者对象设置分科阅览室，是为了从读者群的职业、年龄、文化程度与特殊需要出发，有针对性、有区分地为不同读者群开展阅览服务，便于工作人员专门熟悉和研究某些特定读者对象的阅读心理、阅读需要、阅读特点与阅读效能，成为读者阅读与检索图书文献的有力助手和参谋。

③各种藏书载体的分科阅览室

如报刊阅览室、古籍善本阅览室、检索文献阅览室、特藏阅览室、缩微资料阅览室、视听资料阅览室等。按文献载体类型设置分科阅览室，是为了专门管理和集中使用类型特殊的文献载体，满足读者对某些功能显著的文献类型的系统检索参考需要。有些非书载体的文献，如缩微资料、视听资料等，需要专门的保管加工条件，特殊的阅读设备。必须同纸书载体加以区分，方能符合它们本身的性能，更好地发挥作用。

此外，分科阅览室的划分，还须考虑将语言文字标志作为辅助依据，同上述 3 种标志结合起来，将中文、外文、少数民族语文加以区分，以便为懂得有关语种的读者集中查阅参考。

3. 参考研究室

这是为有关专家读者进行科研活动专门设置的阅读研讨多用研究室。这是一种特殊类型的阅览室、研讨室或工作室。它的规模小——接待读者专家数量少，每批服务对象固定，专人专用；时间短——读者进行科研活动的前期阶段，如编写教科书，编撰工具书，文艺创作，工程设计，其他重要课题研究等项目，在定题、选材、普查文献、阅读资料、讨论大纲过程中使用；范围——专为一个课题，一项任务，组织调查专架书刊文献，开辟专门阅览室，进行一次性服务；使用结束，即调回藏书，收回房间，另接待新的读者，承接新的研究任务；单门独室，使用灵活方便。

参考研究室在整个阅览室体系中,格局独特,独辟门径,与其他阅览室相互隔离,互不干扰。读者在室内使用灵活方便,可以在室内阅读,研究,讨论,座谈,工作,休息。功能综合,动静交替,既是阅览室、研究室,又是会议室、业务办公室。条件优裕,建筑面积较大的各类型图书馆,应视需要设置一定数量的格局不同的小型参考研究室。

二 阅览服务体制的发展趋势——分科开架阅览

分科设置阅览室,实行开架阅览服务,是现代图书馆阅览服务体制的发展趋势。其主要原因和依据,有以下3个方面。

第一,按知识类别、读者对象、藏书类型设置的分科阅览室,适应图书文献增长与分布规律,便于分类别、分类型地组织辅助藏书。相对集中管理与适当分散检索使用,能有区分地满足各种读者不同层次的阅读需要,使阅览服务工作及其人员向着专业化方向发展。

第二,实行开架阅览服务,能使书刊文献与读者直接结合,减少中间环节,最大限度地方便读者查阅书刊文献。使读者掌握选择和利用书刊文献的主动权,提高文献的利用数量,利用速度,利用频率和利用深度,充分发挥书刊文献的利用价值和使用效益,发挥阅览服务的最大优势。

第三,分科开架阅览,是当代世界各国图书馆界普遍采用的服务体制。各国图书馆系统主管部门,在有关法规章程条例中,都作了明文规定。事实表明,不少国家对分科开架阅览室的藏书数量配备,制订了最小限额基本数量,有的明令取消对读者使用开架阅览的种种限制,允许读者自带书刊进室入库;允许读者将库内书刊串室阅览;允许读者将取阅书刊就地就近陈放而不必自行归架还原等等。我国有关主管部门所制定的图书馆工作条例,对此分别作了相应规定。

1982 年 12 月,文化部颁发的《省(自治区、市)图书馆工作条例》第九条规定:"应根据需要与条件,分设各种阅览室,逐步实行开架或半开架借阅制度。"1981 年教育部颁发的《中华人民共和国高等学校图书馆工作条例》第八条规定:"逐步实行书刊资料的开架或半开架借阅,并注意切实加强管理。"至于其他科学与专业图书馆,分科开架阅览,不仅是发展趋势,而且是早已实行的现行服务体制了。就绝大多数图书馆而言,分科开架阅览的服务体制的全面实现,还有一个发展过程。

第三节　复制服务方法

复制服务,是以文献复制为手段,提供流通和传递使用文献资料的一种新的服务方法。它是传统的外借、阅览服务的延伸,也是其他服务方法中读者获取文献资料的补充和扩展。推而广之,文献服务的手段,应用于一切情报资料部门搜集、储存文献的工作中,应用于一切用户和个人读者获取、交流文献需求的活动中。

一　复制服务方法的作用

第一,提高了文献利用率,开发了文献利用深度,满足了读者对特定文献占有的需要。

图书馆收藏图书文献的数量、品种、复本有限,同广大读者需要之间供不应求的矛盾经常出现。尤其科技读者所需资料范围广,品种多,数量大,内容专。有的需阅读整本书刊,而更多的则需在大量书刊文献中摘取片段章节,几页数据、图表,部分论述。仅仅靠传统的外借阅览服务方法,难以解决矛盾。因为,外借服务只能提供有限的几本书刊,在有限的时间内为读者解决流通使用的问题。而阅览服务,则只能限定在馆内空间和开放时间内为读者提供查阅参考。既无法满足读者长时间地大量地占有图书文献的需要（否则必然影响藏书的利用率，而同其他读者的相同需要产生"撞车事故"），又不可能让读者在任何时候都很方便自由地到馆内来利用大量资料，从中选择摘抄有关部分。在这种情况下，运用复制的方法，从大量书刊中复印出读者需要的片断文献资料，既方便了科技人员，满足了他们对特定文献长期占有、自由使用的需要，又提高了书刊的广泛利用率，有效地保存了珍贵的书刊，有利于长期使用。

第二，节省了读者获取文献的时间和精力，加快了文献传递速度。

复制服务，既可满足个别读者的特殊需要，又可满足群体读者的共同需要。前者按照个别读者提出的特定文献需要，进行单篇单份原文文献复制，直接提供读者使用，不需加工处理。后者则针对社会性需要，按专题，按课题，系统地成批地复制有关最新文献资料，然后进行整理编排加工，主动提供有共同需要的读者群参考使用。无论是单份复制，还是成批复制，都会大大节省读者摘抄誊写文献、积累资料的时间，显著提高文献传递交流的速度，弥补了借阅的不足，方便了读者在时间和空间上的学习、研究需要。静电复印一张16开的文献，只需几秒钟，成本较低，效果较好；而手工抄写则需60分钟左右，化时多，代价高，且可靠性差。两相比较，复制服务方法的优越性显而易见。

第三，有效地搜集难得文献资料，妥善地解决了保存和使用文献的矛盾。

运用静电复制、缩微复制手段，可以对难得的书刊进行多次性的搜集积累，补充那些一次性采访遗漏的丛书、多卷书、期刊、珍本、孤本、绝版书刊，以便充实馆藏，补配缺漏，提供复制件，为读者外借、阅览、邮寄、互借或购买。有些珍贵印版品，如善本书、孤本书、手稿、特藏及外文原版书刊，可以保存原件，提供读者使用复制件;而有些文献,如报刊、特种文献、缩微资料、声像资料,可以用缩微倍率高、质量好的缩摄件代替原件保存,而提供原件利用。这样,既可高密度存贮图书文献,节省存贮空间,缓和或解决书库容量紧张的发展趋势,又照顾了读者现实利用的习惯和方便,妥善地解决了图书文献保存与使用的矛盾。

二 复制服务的发展趋势

鉴于文献复制的优点和作用,自第二次世界大战以来,复制技术和设备迅速而广泛地普及到世界各国,成为图书文献生产、发行、收藏、加工、传播、利用的重要手段。

就广义而言,文献复制方法很多,有手工抄写复制,键盘打字复印,静电机械复印,缩微照像复制,光电誊影复印,以及电脑存贮复印等等。这些复制方法,在图书情报部门都程度不同地得到应用。其中,常用的复制方法,主要有静电复制和缩微复制两种。缩微照像技术,侧重用于文献的收集和保存,同时,在流通领域借助阅读设备也出现了愈来愈多的缩微复制品,而且显示出富于活力的潜在发展趋势。静电复印技术,侧重用于文献服务的传递和使用,同时,在收藏领域中的比重亦日趋增大。

静电复印机在国外图书情报部门已非常普及,除有关专门复制生产单位和图书馆为读者开展文献复制业务以外,在馆内阅览室、书库、目录厅及其他读者活动区域,还配备了读者自己能操作使用的静电复印机和缩微阅读复印机,由读者自己操作投币自动复印。可以边检索,边阅读,边复印。节省时间,方便读者。在我国,许多大中型图书馆和情报部门,静电复印机业已成为必备的设备了。它的成本低,功效高,速度快,使用简便,广泛地应用于文献收藏、存贮和文献服务活动中,收到了良好的社会效益和经济效益。难怪国外有一篇调查材料断言:"图书馆正在从出借机构变为复印机构。"尽管有所夸张,但大量事实的确说明,文献复制服务是读者服务方法中广泛采用的方法,并且有进一步发展的趋势。

第四节　咨询服务方法

咨询服务方法,主要应用于研究课题中产生的文献信息需求解答。其含义是,针对读者在研究课题中提出的疑难问题,图书情报部门利用参考工具、检索文献及有关书刊,帮助查寻或直接提供有关文献、文献知识、文献线索,以个别解答的方式,为读者服务。

咨询服务工作开展的如何,是衡量图书馆的社会地位和影响作用的重要标志。因为,图书馆能否直接参与社会的经济建设、科学研究、教学工作、政治活动、社会生活等各个领域,能否在解决实际问题中发挥作用,作出贡献,在很大程度上依赖于咨询服务工作。对于图书馆来说,咨询服务属于比较复杂的较高水平的服务工作。它要求咨询工作人员具有较高的知识结构,熟练的文献检索能力;它要求图书馆的文献资源,具有多类型、多类别、多层次的合理结构;它要求图书馆敢于承担课题任务,善于解决实际问题,并且在服务效率、服务质量、服务效果方面达到预期目标,为社会认可或受到较高评价。对于社会来说,咨询服务能解决重大的社会研究课题,提高文献资源开发利用的广度、深度和难度,满足读者较高层次的文献需求,取得良好的社会效益和经济效益。这样,图书馆就能通过各项服务,尤其是咨询服务,做出成效,从而提高自己的社会地位,扩大影响,真正达到图书馆服务于社会,社会离不开图书馆的局面。

一　文献咨询范围与类型

广大读者和用户,在科学研究、技术攻关、教学、创作和学习过程中,往往会遇到许多疑难问题;有关部门在各项工作或活动中,也往往会遇到许多有待查询的问题。这些问题,有的属于科技咨询部门解答的,有的属于专家、学者个人口头解答的,而更多的属于图书情报部门,需要从文献信息中予以解决的。

文献咨询问题多种多样,凡是涉及到有关文献、文献知识、文献线索、文献检索方法诸问题的,都应由图书馆受理,予以回复,因为这些问题仅靠读者"自我服务"是难以解决的。咨询问题的分类,按内容性质标志可分为两大类型:一类是事实性咨询或知识性咨询,另一类是专题性咨询或情报性咨询。

事实性咨询范围很广,即读者与单位在研究、工作中遇到疑难,要求通过文献查明某一事物实质性内容。如查找经典著作中某一论述的出处,查找某一字、词、成语、概念的解释,查找某一人物、历史事件、地名、时间,某一法律、条约,某一科学数据、统计资料,某一公式、定律、参数、图表等等。

专题性咨询,则是围绕某一特定主题,查询有关文献、文献线索及动态进展情报。如要求查寻某人的历史背景材料、生平传记、研究成果及其评价资料;要求查寻某一学科、专业、课题的文献资料;要求掌握某一方面的组织、规划、政策、进展动态的文献情报资料等等。

有些事实性、知识性咨询比较简单易答,在书刊借阅流通过程中,一般业务人员即可及时用口头方式解答。较为复杂的事实性咨询,尤其专题性、情报性咨询问题,则需要专门的咨询部门、专业咨询人员负责解答。我国各大中型图书馆,普遍建立了咨询服务机构,配备学有专长的专职或兼职咨询人员。还有的图书馆成立了全馆性的咨询委员会,将馆内各部门所有中级职称以上的业务人员组织起来,下设专业咨询组,对口分工解答读者提出的各种咨询问题。

二 咨询服务过程与要求

咨询服务的过程,就是分析问题与解决问题的过程。从受理咨询课题到了解情况,查找文献,直至获取答案,解答问题,是一个完整的过程。而过程的各阶段,既相互联系、相互交叉,又相互独立、各自具有不同的特点、方法与要求。

1. 受理咨询阶段

无论是读者通过口头、书面、电话或信函等方式提出的咨询问题,还是图书馆深入实际,主动了解的咨询问题,只要属于文献服务范围,都应接受处理。受理咨询问题,须分析问题性质,判明属于何种解答办法。对于比较简单具体的问题,可通过书目、索引、文摘、工具书等直接进行口头解答。对于比较复杂的问题,须作书面记录,责成有关人员专门进行系统解答。

必须指出,有些咨询问题不属于文献服务范围,图书馆应向读者说明情况,或介绍指引到有关咨询单位处理,或不便受理。例如,学生提出学习中的习题作业;由其他咨询单位处理的法律纠纷,疾病处方等;涉及党和国家重大政治、经济、军事机密的情报问题,而又无完备手续者,均属不予受理之例。不过,随着时代的发展,图书馆作为文献信息的中心,应逐步扩大咨询范围,加强与社会各种信息中心的联系协作,共同解决读者的咨询要求。

2. 调查了解阶段

受理咨询后,必须对课题情况,读者情况和文献需求情况作具体的调查了解,以便从实际出发,有针对性地解答读者的咨询问题,提高咨询服务的质量与效果。

关于课题情况,应同读者共同调查了解它的主题范围和学科归类,内容特点和基本要求,研究进展情况和所反映的文献体系类型。调查了解的过程,也是一个学习、研究、提高的过程。有许多学科专业知识,尤其新兴科学与众多专深的分支学科,需要在调查中学习,在学习中调查。向读者学习,向馆藏书刊求知,将调查与学习结合起来,方能取得调查了解的良好效果。

关于读者情况,要调查咨询人及承担课题研究参加者的集体情况,了解他们的人数、年龄、学历、职称、掌握语种等,了解他们的课题计划、完成期限、投入人力及文献调研的要求与具体安排。调查读者情况主要围绕研究课题内容,以便更准确地掌握课题的全貌和熟悉读者文献需求。当调查读者情况涉及到机密内容时,一方面要注意把握调查尺寸,另一方面要注意为读者和课题保密。

关于文献需求情况,主要了解读者在选题时对文献的认识与掌握情况,已经搜集、阅读过哪些文献,使用过哪些参考工具书和检索文献,使用效果及存在问题如何,今后的文献需求设想怎样,希望图书馆着重帮助解决什么问题。通过对已知文献使用动态的了解,预测未知文献需求范围、重点、深度,为准确查寻文献作好充分准备。

3.查找文献阶段

在调查了解有关课题情况的基础上,确定解决问题的初步方案和办法,明确文献的查找范围,汇集并浏览文献系统,选择检索工具和参考工具书,确定文献检索标志、检索途径、检索方法,然后进入实质性的文献查寻。通过初步查找,将获得的文献成果,直接通知咨询人,检验其效果,听取反映,以便修正检索方案,扩大检索途径,选用其他检索方法,进行深查或再查。从大量的检索工具中,找出资料线索,然后再筛选出原始文献,并标明文献的收藏单位。最好能直接提供检索出的原始文献,为读者鉴别取舍,然后进入解答阶段。

在查找文献过程中,有工作人员单独进行查找的方式,也有工作人员与读者共同进行查找的方式,还有分段交叉的查找方式。无论采用何种方式,在查找后期,都要求工作人员与读者共同检验初查结果,以便按照读者对研究课题的文献需求,及时准确地获得预定文献、文献知识、或文献线索。

4. 答复咨询阶段

经过一系列文献调查、查找、鉴别之后，获得读者所需要的适用文献或文献线索，图书馆还要进行登记、汇总、整理、编排，作出正式书面解答。答复咨询的方式，依课题的性质和读者需求而定。或直接提供答案，介绍有关参考工具书；或提供专题书目与二次文献资料以及文献线索；或直接提供原始书刊资料或文献复制品；或提供综合性文献资料系统，供读者选择使用参考。至此，就读者取得咨询结果而言，这次课题的咨询服务即告结束，但就图书馆咨询服务过程而言，并未结束，还有最后立档阶段。

5. 建立咨询档案阶段

每次咨询课题处理完毕，必须选择其中重要的课题，建立完善的咨询服务档案，填写读者咨询服务登记表。咨询服务登记表的内容项目，包括读者情况，工作单位，咨询课题内容与目的要求，咨询过程与时间，答复情况与提供文献简目，解决问题效果与遗留问题，答复单位，答复人，答复日期及归档日期等等。其中，为解答咨询搜集和提供的资料及文献简目，如具有典型意义和推广价值，应迅速编印成专题书目、索引、文摘、题录、快报等专题文献通报，主动分发有关单位或个人用户参考。关于解决咨询课题效果与遗留问题一项，在读者研究课题取得阶段成果与最后成果时，发放效果调查表，及时搜集效果反映、评价材料，作为衡量咨询服务社会效果和经济效果的凭据。完整的咨询档案，既是一项咨询服务的原始记录和有价值的参考文献，又是一份具体的咨询服务经验总结材料。它对于改进工作，探索规律，开拓新的服务领域，具有指导意义。

三　咨询服务与书目服务的关系

咨询服务作为一种方法，它与书目服务方法并列，同属于参考咨询服务的范畴。咨询解答作为一种工作,它与参考书目工作并列,同属于参考咨询工作的范畴。如前所述,咨询服务是以个别解答的方式,针对读者的具体课题研究需求,查寻或提供有关文献、文献知识、文献线索;而书目参考服务,主要是根据研究课题的广泛需要,主动搜集、编制各种通报性和专题性书目、索引、文摘、快报等二次文献,提供给读者和用户参考利用。在服务实践中,咨询服务要利用书目参考的成果,而且本身就孕育着各种参考书目源;而书目的编制与利用,必须要适应更广泛的研究课题的咨询需求。所以,咨询服务与书目服务二者之间,相互交叉渗透,相互联系依赖,关系非常密切,常常共处于一个参考咨询服务部门,从各自方面共同为科学研究、经济建设服务。

第五节　检索服务方法

所谓文献检索服务,就是针对读者研究课题的实际需要,按照一定的标识系统与途径,从大量的书目、索引、题录、文摘等二次文献中,查找出与课题有关或有用的文献的服务活动。开展检索服务,必须建立完善的检索系统,合理地组织与整理各类型文献检索资料,作为文献检索的基础建设工作。

检索服务的实质,是文献资料查找服务,它是科学研究活动的前期劳动。这部分工作从科研人员自我服务发展到社会化的专业分工,成为以专门的图书馆专家、书目工作专家、文献工作专家为主体的职业服务体系。文献检索服务对于科学研究有着十分重要的意义。它代替了科研人员查找文献的工作,节省了读者检索文献的时间和精力,开拓了读者的视野,使科研人员在短时间内便能获得他们所需要的国内外有关的文献资料。

文献检索经历了手工检索、半机械化检索和电子计算机检索几个发展阶段。在我国,正经历着由手工检索到计算机检索的过渡时期。机检尚处在研究、试验阶段,手检仍占主导地位,并向着纵深领域发展。随着科学技术的发展和电子计算机技术的普及,机检终将代替手检。但是,无论现在或将来,手工检索都是计算机检索的基础。

一 文献检索的一般方法

各种文献出版类型,各种文献检索工具,都有许多特殊的检索方法,也有共同采用的方法。其中,主要方法有追溯法、常用法和分段法3种,为专门检索人员和读者所通用。

1. 追溯法

即利用文献著述末尾所附的参考文献,跟踪查找文献,扩大检索范围,最后取得适用文献。这种方法,不依赖于系统的检索工具,在缺乏检索工具或检索工具不全的情况下,只要能掌握少数重要文献著述,然后从一种文后引文到另一种文后引文跟踪追溯查找,就能获得一些所需的重要文献资料。这种方法的主要缺点是所得文献资料不够全面系统,并可能导致重要文献的遗漏。

2. 常用法

即利用各种检索工具,全面系统地查找所需文献资料,这是检索文献经常使用的常规方法,故称常用法。此种方法依赖于完善的检索工具,并严格按照检索工具规定的程序、途径和标识检索文献,能增强检索的广度和深度,使文献检全率、检准率取得可靠保证。常用法是为重大课题研究获得文献所必须采用的方法。

3. 分段法

即追溯法与常用法交替使用,循环查找文献的综合检索方法,亦称"循环法"。在检索文献时,既利用检索工具查找文献,又利用文后所附参考文献追踪查找,两种方法分期分段交替使用。这种方法比较适用于年代期限不长的专题。它的优点在于:当检索工具不全或缺期的情况下,结合采用文后引文索引追查,也能获得读者所需年限的文献资料。

一般说来,检索工具比较齐全的大中型图书馆和情报部门,多采用常用法检索文献资料,而检索工具不够齐全的小型图书情报部门与科研读者,较多采用分段法与追溯法检索文献资料。

二 文献检索过程与途径

文献检索是根据读者提出的特定需要,按照一定的过程、步骤和途径来查找文献资料。这反映在以下 4 个阶段中。

1. 分析研究课题

在进行文献检索之前,首先要对读者提出的问题作深入的分析,把握实质。根据读者提出的检索要求,一般可归纳为 3 种类型。

①特定文献检索

读者要求查找的某一篇文章、某一作者的著作、某个数据、或某一时期某种期刊上的文献等等。读者已知具体文献或知识或线索,只要按照具体线索去查找,一般比较容易检索到有关文献资料。

②特定主题检索

读者要求查找的属于某一主题方面的文献资料,它不是单篇文献,而是有关该主题的一组文献,甚至一群文献。究竟哪些文献是读者所需要的,这就要查明该主题的实质与内容范围,查明读者对该主题所需要的文献类型、时限、语种等具体要求,以便有针对性地进行特定主题范围的文献检索。

③特定课题检索

读者要求查找的属于某一研究课题的文献资料。这种课题文献范围反映的内容比主题范围更加广泛复杂,它可能涉及到几个学科,也可能包含着几个专题。这就必须对课题作深入的了解研究,掌握与课题有关的基本知识,查明该课题的内容在分类体系中的归属,查明读者所需文献范围、重点、时间及深度,以便准确地选择检索途径,有效地检索特定课题所需的全部文献资料。

2. 选定检索工具

经过课题分析,明确所需学科范围、文献类型,接着就要选定何种检索工具。这在很大程度上取决于检索人员对检索工具的熟悉程度。选择检索工具,应注意以下几点基本要求:

①检索工具的编辑质量、选题价值、收题内容是否实用;

②检索工具收录文献资料是否齐全;

③检索工具报道的文献信息是否迅速;

④检索工具揭示的文献特征是否准确、深入;

⑤检索工具提供的检索方法是否简便、多样等等。

一般说来,通常先利用综合性检索工具,再利用专业性检索工具。

3. 确定检索途径与标识

各种检索工具具有不同的检索途径,究竟采用哪种检索途径,视课题所需文献类型范围而定。归纳起来,有以下几种检索途径。

①内容途径

内容途径包括分类途径与主题途径两种,它是根据研究课题的内容性质需要提供的检索途径。

分类途径,是按照学科的分类体系检索文献的途径。主要从学科专业体系的角度查找文献,以便满足读者有关族性检索的需要。常用的检索工具有图书分类目录、文献资料分类索引等等。

主题途径,是从主题角度检索文献的途径。它适合于查找比较具体的课题文献,以便满足读者有关特性检索的需要。常用检索工具有主题索引、关键词索引、叙词索引、单元词索引等等。

②著者途径

著者途径是根据已知著者(个人著者或团体著者)名称检索

文献的途径。这种途径能比较准确地回答某著者或某机构团体的文献在检索工具中反映的程度,并在一定意义上,具有满足族性检索的需求。但围绕课题查找资料,绝不限于某人或某团体的文献,一般也没有必要查全著者所有的文献著述,而且著者检索工具反映的资料也不够全面。因此,它不宜作为查找文献资料的主要途径。常用的检索工具有著者目录、著者索引、机构团体索引、合同户索引等等。

③号码途径

号码途径是根据已知文献本身的专用号码(如专利号、标准号、科技报告号、合同号等)查找文献资料的途径。主要利用"号码索引"工具检索。这种索引一般是按照缩写字母中字顺和号码字顺的序列编排的,查找比较容易,可以满足课题中有关特种文献的具体需要。

④其他途径

利用分子式索引、地名索引、动植物名称索引、药物名称索引等专门途径来查找文献资料。这些专门索引,都是为某些自然科学、技术科学专业所特用的检索工具。它们的专指性强,是辅助性的检索途径。

检索途径选定后,应准确地找出相应的检索标识。各种检索途径有不同的检索标识。如采用分类途径,就应明确该课题所需文献属于什么类目及其分类号码,类目及其类号名称就是分类途径的检索标识。如采用主题途径,就应明确该课题所需文献的内容范畴,选用准确的主题词名词作为检索标识。确定检索标识之后,就可以使用有关工具,按照特定标识顺序检索文献资料。

查找资料是一个复杂的过程,查找的具体方法,一般说来主要有 3 种。

第一,顺查法。依文献发表的时间顺序顺查,由远及近,逐年往后查,按计划要求查到规定的年限为止。这种方法主要用于有关课题文献普查。

第二,逆查法。依文献发表的时间顺序倒查,由近及远,逐年往前查,按计划要求查到实用文献为止。这种方法主要用于研究课题的文献。

第三,循环法。上述两种方法交替使用的综合查找方法。这种方法主要针对课题所涉及的不同检索工具与文后索引,结合同时查找。

4. 检索结果的处理

通过各种检索途径,查找出所需文献资料后,还要将文献资料加以组织编排,并采用口头方式或编制书目索引等书面方式提供给读者。为了方便读者使用,最好能找到原始的文献出处、收藏单位及索书号码,以便读者采用外借、阅览、复制等方法,直接获取原始文献或文献复制品。

第六节　定题服务方法

所谓定题服务,就是图书情报部门根据经济建设和科学研究的实际需要,选定有关重点研究课题或亟待解决的关键问题为目标,深入其中,一跟到底,经常提供对口性文献资料,为用户服务,直到研究课题完成,或关键问题解决。这种服务方法也称"跟踪服务",或"对口服务"。在计算机检索系统服务项目中,定题服务("SOI",亦称定题情报选报)的具体含义是:以用户兴趣提问档形式出现的"长期的情报提问"被存贮在机读磁带上,同新增加到文献数据库中的文献描述体相匹配的结果,一旦同用户课题需求相吻合,就会定期地向用户提供最新的文献参考书目,产生高效率的经济效益。在计算机智能系统中,计算机处理系统,不仅能够将用户需求与文献之间相互匹配,而且能够将用户与用户之间的相同需求相互匹配,汇集起相同主题兴趣的一批用户,建立成组的兴趣提问档,定期地同某种数据库的更新资料进行匹配,定期打印出新的文献书目,交给订购这个特定提问档的各个用户。提供成组定题服务的图书情报部门,定期通报各种标准提问档所包括的一系列主题,为用户提供选购同他们需求相一致的一个或几个标准提问档文献资料。这样,成组的定题服务向用户收取的费用,比单个用户定题服务的收费要便宜得多。

一 定题服务的特点

定题服务的基本特点在于主动性、针对性和有效性。这些特点的发挥,使它在解决国民经济和科学研究领域一些重大的关键性的课题中,起着举足轻重的作用,受到国家和社会的重视。

首先,它是一种主动性的服务工作。图书情报人员深入实际,主动了解生产、科研进展情况,选择服务课题,主动与用户挂钩,加强与各方面的联系,主动搜集调研文献情报动态,编制专题文摘、索引,以及专题综述、述评、专题参考资料,主动定期向用户提供定题最新资料通报。

其次,它又是一种针对性很强的服务工作。从选题到调研以至文献服务,都体现了很强的针对性。它从大量的科研课题中,选择关键性的课题;从广泛的研究项目中,选择重点研究项目;从众多的咨询问题中,选择具有突破性的咨询问题,而排除那些一般性的课题、次要的项目以及其他的问题。一经定题,就只针对课题服务,不涉及读者的其他需求,并跟踪课题的进展,了解动向,围绕课题范围,搜集、查找、编制资料,针对课题需求,承包文献提供,服务到底。

再次,它还是一种效益很高的服务工作。大量事实表明,通过定题文献服务,解决了国民经济和科学研究中一系列重大难题(如设计方案的形成,工艺流程的缩短,新产品试制成功,技术革新的重大突破,最新成果的展出,经济收益的巨额增长等等),凝结了图书情报人员的辛勤劳动,展示了文献定题服务的重要贡献。

二 定题服务的要求

定题服务的基本要求,在于课题选择、跟踪调研和对口服务三个环节的有机结合。这是保证定题服务取得有效成果的关键所在。

1. 选准重点服务课题

在我国国民经济各部门,科学研究各个领域,都有大量的研究、设计、攻关、试制项目,其中,那些属于亟待解决的重大问题,影响着全局的关键课题,对国计民生和科学研究具有重要价值,这正是图书情报部门所要选择的主要目标。抓住这些主要目标,集中力量,重点服务,做出成效,这是定题服务的关键之一。

重点服务项目的选定,主要根据①国民经济发展规划;②国家各主管部门下达的生产任务和科研课题;③各生产系统、科研系统的重大项目、会战项目和攻关项目;④生产实践、科学实践中存在的亟待解决的重点问题;⑤国家引进新技术的实际需要等等。只有在深入实践,反复调查研究的基础上,才能选准、选好服务课题。

2. 深入课题,跟踪调查

调查研究贯穿在定题服务的全过程。仅仅靠一次调查是远远不能解决问题的,必须要采取多次性调查,跟踪调查,这是定题服务的关键之二。只有跟踪课题深入调查研究,才能了解课题的进展情况,做到心中有数;只有了解技术上存在的关键问题和研究中遇到的疑难问题,才能确定实际对策;只有了解技术人员、专业人员的专业知识、外文水平、掌握文献情况及具体需要,才能避免查找文献的盲目性和无效劳动,提高文献服务的命中率。图书情报人员只有深入课题,才能了解课题,学到本课题的有关专业知识和文献知识,掌握定题服务的主动权。

3. 配合课题,对口服务

在深入调查研究的基础上,应制订周密的切实可行的计划,配合课题的进展,有步骤地查找、搜集、提供有关资料,做好对口服务,这是定题服务的关键之三。图书情报人员要同用户加强联系,密切配合,共同研究,同步发展。做到每个阶段需要什么资料,就提供什么资料,遇到什么问题,就集中力量解决什么问题。查找文献的内容范围要对口,文献的起讫年限要对口,文献类型和文种也要对口。检索的资料,要经过用户的鉴定、筛选,并及时编辑、整理,制成文摘卡片,编印出专题索引,尽可能做到资料完整,内容新颖,报道迅速,对口实用。

如果真正按照以上三个关键要求开展定题服务工作,就有可能使图书情报服务在参与生产、科研活动中取得成效,做出贡献。

第七节 报道服务方法 展览服务方法

一 报道服务方法的含义与作用

报道服务,广义地说,就是图书情报部门利用二次文献工具,向读者揭示通报文献信息的服务方法。图书馆卡片式目录体系,是向读者揭示报道馆藏资源的初级服务形式,但它受到广度、深度的限制。在广度上,它揭示报道的仅限于一馆藏书,且只能在馆内查阅,而不能广泛传阅。在深度上,主要以"种"为单位揭示馆藏图书、期刊、资料,而以"篇"为单位揭示图书的章节、期刊的论文和资料的内容题录、索引数量、范围、比例极其有限。书本式馆际藏书联合目录,揭示报道文献资源的广度及传递空间有很大扩展,但仍限于馆藏范围,深度较差。它以揭示多馆藏书品种为限,只能供读者一般查阅利用。

狭义地说,图书情报部门通过各种报道刊物,编辑书本式题录索引、简介、文摘等二次文献以及部分三次文献,向本地区、本系统以至全国范围内广泛深入地通报文献资料,这种文献服务形式,即专门意义的报道服务方法。这实际上是编辑出版检索类刊物和译报类刊物的工作。

关于文献级别的划分,世界各国分别采用二级制和三级制两种体制。苏联、日本等国家采用二级制,因而将文献报道服务方法等一概纳入二次文献资料服务范畴。我国则采用三级制。全国科技情报编译出版委员会,把文献刊物划分为三类:即检索类(包括题录、索引、简介、文摘等),译报类(包括译丛、快报、消息等),研究类(包括综述、述评、动态等)。其中,检索类出版物属二次文献,译报类和研究类出版物均属于三次文献。而作为报道服务的直接成果——检索类刊物和译报类刊物,实际上分别属于二次文献和三次文献范畴。

编制小型专题性的检索类文献,图书馆和情报部门能够独立承担,并获得较高质量和良好的效果。但大型学科性、专业性的检索文献,则必须依赖于各学科的学术组织、专业文献团体专家专门编辑出版,图书馆和情报部门可以直接利用其成果为读者服务。至于译报类刊物则要求较高,只有精通本学科专业知识的专家,熟悉国内外研究水平动态、趋势及实际需要,才能编制出高水平的、针对性强的、参考价值大的快报、消息、译丛等文献资料。

报道服务方法,主要适用于生产、科研、教学等单位与读者,便于他们迅速了解本专业、本行业最新文献信息。这对于提高文献的情报使用价值,促进情报传递,加速学术交流,起着积极的作用。

二 展览服务方法的含义与作用

展览服务,就是利用陈列展览的直观形式直接宣传推荐图书文献的服务方法。它把大量原始书刊资料,直接展示在读者面前,宣传范围广泛,报道内容具体,利用方式简便、直观,发挥作用迅速及时,既充分开发利用了文献资源,又便利广大读者在短时间内浏览、选择、参考、搜集大批资料,节省时间,收效显著。

书刊展览作为一种主动服务方法,已经广泛运用到社会上所有的书业界,包括出版社、书店、图书发行公司,以及图书情报界等。运用展览形式为读者服务,将图书展览与销售,展览与参考结合起来,对宣传新书,扩大订户,广开销路,掌握市场信息起着积极作用。书市、书展活动深受读者和用户欢迎。图书情报部门运用展览形式为读者服务,将图书文献的宣传、阅览、外借、复制、咨询、参考等多种服务形式结合起来,搞得生动活泼,影响很大,同样深受读者欢迎。这在一定意义上可以说是开架借阅服务的延伸和发展。展览服务的内容形式灵活多样,不拘一格。有新书展览,也有陈书展览;有综合性展览,也有专题性展览;有一馆藏书展览,也有多馆藏书联合展览;有定点展览,也有巡回展览等等。书刊展览,对于各种最新图书文献来说,缩短了文献时差,及时发挥了最新的情报价值;对于过期图书文献来说,则由"死资料"变为"活资料",充分发挥了藏书资源的潜在使用价值;对于广大读者来说,则开阔了眼界,扩大了利用范围,满足了现实需要和潜在需要。

第八节 编译服务方法

编译服务,是指图书情报部门针对社会需要,组织专门力量,代替读者直接翻译和编写外文书刊资料,以帮助读者克服语言障碍,扩大外文文献利用为目的的服务。

一 编译服务方法的形式特征

编译外文文献有两种体例形式,一种是翻译体,即按照原文直接翻译。其来源语言与目标语言完全一致，译者不附加任何文外词语。如接受读者委托，翻译一本书，一本期刊，一篇文章，一份资料，或节译、摘译其中的章节片断，都要忠于原著，照实翻译，使译文与原文内容丝毫不改样，经校对审查，能相互对照阅读。另一种是编译体，即汇集若干同类外文著述，由编译者按照一定问题系统，用编译者的词语加以表述，来源语言内容只作为目标语言的参照系，成为一种经加工整理的编译文著述。这种编译文字，连译带编，编译结合，将有关外文文献在理解消化的基础上，重新进行分析、综合、组织、编排，成为一篇完整的文献。编译文献多用于对外文资料的报道、介绍、综述、述评、动态等方面的整理创制，比单纯直接翻译难度更大。

二 编译服务方法的发展趋势

当今时代，是人类科技活动更加开放的世界。各国之间相互学习，相互交往，相互引进科技成果，文献交流十分频繁。面对数量庞大，文种繁多的文献资料，语言障碍成为国际间疏通情报的屏障，成为读者掌握文献的一大难关。为克服语言障碍，让外语语种和外语水平有限的读者能更多更快地利用外文资料，从而扩大耳目，搜集各国科技情报，掌握其研究动态和研究成果，促进本国发展科技事业，而组织大规模的社会化的编译服务工作，不仅十分必要，而且完全可行。

第二次世界大战后，苏联、美国、日本、英国、联邦德国、法国等发达国家，以及欧洲共同体等组织，由于国家的干预，社会各界的普遍重视，各种类型、各个层次的翻译研究机构，翻译服务网络纷纷建立。人工翻译、机器翻译、计算机翻译同步发展；专业和业余翻译队伍日渐壮大；译文数量成倍增长。编译服务成为咨询、参考、检索、情报服务的补充和延伸，在科研活动中发挥出不可估量的作用。

我国的编译服务经过曲折发展,正走向开拓前进的阶段。全国各地区(尤其知识密集型产业,智力开发中心,文献信息中心,图书情报中心),开展交流性的编译服务,登记性的代译服务,已经成为读者服务体系中非常活跃的部分。如辽宁省图书馆,从1980年起就建立了"业余代译网",聘请大专院校和科技单位中级以上的外文翻译人员,组成20多名成员的翻译队伍,按专业、文种分工,能为读者代译英、俄、日、德、法及其他稀有语种的专业资料,每年为读者代译文献达百万字,通过参考使用,收效显著。数以万计的编译材料,散见在公开杂志上,内部刊物上,学术汇编中,译文论丛中,被读者查阅参考,研究交流,创作引用。其数量之大,比例之高,是前所未有的,并成为一种发展趋势。

三 委托代译与交流编译

图书情报部门的编译服务又称代译服务。当前仍然以手工翻译为主,机器翻译和计算机人机对译尚处在研究、试验阶段。人工代译服务过程分两个步骤:一是由读者申请登记,提出翻译的材料(或编译的课题)的具体要求,以及译文交付的期限;二是图书情报部门根据译文要求,组织翻译人员进行原文直接翻译,或课题参照编译,并按期保质保量提供给读者、用户参考使用。

交流性的编译服务,是广大编译人员将自己的编译著述作为学术成果公诸于世,或出版发行,或出席会议作为交流报告。其中,正式发表的或出版的译著,必须经过专业人员审查校订,为社会更广泛的读者、用户查阅参考,也为图书情报部门广泛搜集使用。

无论是委托代译,还是交流编译,都是图书情报部门为读者提供编译服务的重要情报资料来源。无论哪种翻译作业,其翻译成品都具有难度大、要求严的特点,都要求翻译成品质量高,速度快,情报价值大;都要求翻译人员具有一定的外语能力、广泛的文化知识、写作知识和熟练的翻译技巧。只有具备这些知识和能力,才能充当合格的翻译工作者。

第九节　情报服务方法

所谓情报服务方法,是指图书情报部门为用户搜集、处理、研究、提供情报信息的活动。它是人类社会信息时代情报传递与情报交流过程中不可缺少的服务形式,也是日益强化的高级服务方法。随着各种情报信息在广度、深度、速度、数量方面的增长,图书情报机构的使命,是从洪水泛滥般的情报资源中,迅速准确地搜集、处理情报资料,以适当的方式向情报需求者提供所需情报,以推动情报交流与传递活动,发展情报服务系统,促进科学技术的进步,从而促进生产的发展和社会生活水平的提高。

情报服务的范围非常广泛,广义地讲,图书情报部门所有的一、二、三次文献服务形式,包括借阅服务、复制服务、咨询服务、检索服务、定题服务、展览服务、报道服务、编译服务等等,都属于情报服务的范畴。但是这些服务方法,还不足以满足用户对特定情报信息高层次的需要。于是,专门意义的情报服务方法便应运而生。因此,狭义地讲,情报服务,是专指情报交流服务和情报调研服务两种方法。

一　情报交流服务

所谓情报交流服务,又称为正在进行的科研项目的情报服务,即图书情报部门为用户搜集、加工、分析、报道国内外正在进行的研究项目的有关情报(如研究课题,研究单位、个人及协作者投入的人力、资金与进展情况,设备情况,主要成果情况等),定期地提供正在进行中的研究项目目录,还可以答复咨询,使有关部门、有关人员及时了解同行的研究进展情况。这在制定政策,确定研究项目,人力安排,投入资金,开展交流,避免重复等方面,都有很大作用。简言之,就是图书情报部门向用户提供"谁在什么地方什么机关进行什么研究"的情报,并为情报的提供者和使用者之间,创造情报交流机会而进行的情报交换介绍服务,称为情报交流服务。为了获得最新情报,首先要了解成文前有关研究动向、研究构思等概要性的最新二次情报,得到这种情报的使用者再直接与研究者进行接触,取得有关研究进展的详细情报。

情报交流服务的主要目的和作用:

①向国家有关研究决策人,以及研究计划的制定者与赞助者提供必要的研究动向信息,以及研究课题是否重复等情报。

②向研究人员提供进行中的研究与发展情报。

③向有关部门和研究人员提供进行中的研究手段,国家规划方案,各研究单位、研究人员的具体计划,研究领域中人员分布情况,以及研究与发展计划中遗漏和重复的课题等情报。

二 情报调研服务

情报调研服务,指图书情报部门根据国家、地区、单位有关部门的需要,对大量的一次文献和二次文献进行系统搜集,分析研究,归纳整理,并将研究成果用综述、述评、研究报告、专题总结等三次文献形式编写出来,提供给决策部门和人员研究参考。情报调研服务,提供的是一种创造性的再生情报资料,属于高级形式的文献加工服务。它是以文献情报已有的知识成果为基础,以研究性和预测性情报内容为手段,以提供最新的文献情报资料为目标的情报服务方法。这是专业性强的高层次的情报服务。

情报调研的范围十分广泛,涉及经济、政治、国防、科学技术及社会发展各方面,包括战略情报和战术情报两种类型。情报调研的主要任务,正如国家科委副主任江明同志在全国科技情报工作第 5 次会议上讲话指出的那样："就是要紧密结合国民经济建设的需要,开展技术水平和动向的研究、预测情报研究、技术经济情报研究、科学管理情报研究、方针政策情报研究等,提供有情况、有分析、有观点的调研材料,为各级领导制订规划、决定方针政策、进行生产部署、加强组织管理服务,为科研选题,产品更新换代,提高产品质量提供切实的科技情报依据。"

情报调研,是一项学术性、专业性、政策性很强的情报服务工作,要求情报调研人员具有很高的业务知识水平,要求调研成果具有很大的情报实用价值。通过情报调研服务,使图书情报部门真正起到参谋、耳目的作用。我国图书情报界,把这项工作放在很重要的地位,在战略情报和战术情报研究与服务方面,都取得了很大成绩。

世界各国,战后建立起来的各种情报机构,开展的情报交流与情报研究活动,迅速而广泛地发展起来。战后,各工业发达国家,在各个领域,以巨额的投资,建立情报机构,发展情报事业。国家政府部门,商业界,贸易界,科学界,技术界,银行界,军事界等,纷纷建立了公开的或秘密的情报研究机构、交流机构、服务机构、咨询机构、管理机构、协调机构,组织了庞大的情报队伍与情报网络,开展了收集、处理、研究、提供情报的活动,并以电子计算机为中心的现代技术设备装备情报事业,使情报管理、情报咨询、情报服务向现代化和网络化的方向发展。

第十节　读者服务方法系统的功能

不同的服务方法,适应读者不同的文献需求,发挥着各自的特有功能。多种服务方法,适应读者多种文献需求,组成动态的多层次的方法系统,发挥着整体的综合性的服务功能。

一　读者文献需求的结构形态

不同类型,不同成分的读者群,有不同的文献需求类型、需求层次和需求级别。从需求类型上分类,可分为①学习型;②享受型;③应用型;④研究型。从需求目的上分类,可分为①学习科学文化知识;②浏览欣赏;③职业学习进修;④业余创作研究;⑤专业科学研究;⑥战略情报研究。从文献需求层次上分类,可分为①整体书刊的需求;②一次文献需求;③二次文献需求;④三次文献需求;⑤多次文献需求。从读者的文献需求类型、需求目的同需求层次之间对应关系考虑,可归纳为3级。

第1级,学习型与享受型。反映为学习科学文化知识与浏览欣赏的阅读目的,表现为第一个需求层次,即整本书刊的需求。这是一般性读者对图书文献最大量、最广泛、最基本的需要。

第2级,应用型。反映为职业性学习进修和业余创作研究的阅读目的,表现为第一和第二个需求层次,即整本书刊的需求和一次文献的需求。这是广大从业读者对图书文献最迫切、最现实的需要。

第3级,研究型。反映为专业科学研究和战略情报研究的检索目的,除表现出第一和第二个需求层次外,主要表现为第三、第四和第五个需求层次,即二次文献需求、三次文献需求和多次文献需求。这是专业研究读者和决策部门用户对图书文献在广度、深度、难度上高水平、高层次、高级别的需要。读者对文献需求的三个级别,代表着个别读者和整体读者对图书馆服务系统多种水平的需求,呈现出动态的多维的结构形态。这种需求结构形态,是图书情报部门读者服务方法系统存在和发展的依据。

二　读者服务方法系统的层次级别

在读者服务方法系统中,以读者需求为依据的10种服务方法

（即外借服务方法,阅读服务方法,复制服务方法,咨询服务方法,检索服务方法,定题服务方法,报道服务方法,展览服务方法,编译服务方法,情报服务方法),按照服务的水平程度,大体可归纳为三个层次级别。

1. 一级服务方法

主要满足大众读者对整本书刊自己挑选、获取、阅读的需要。一般说来,图书馆只提供完整成型的原始出版物,不必经过特殊的加工组织处理,不涉及文献深度的揭示,只要求满足读者对书刊品种、数量的需要,并为读者阅读在时间、空间及使用方式上提供方便条件。这是一种最基本的初级水平的服务工作,它包括外借、阅览、复制等三种服务方法。

外借服务,如前所述,通过个人借书、集体借书、馆际借书、预约借书、邮寄借书、馆外流动借书一系列具体方法,将整本书刊借给读者在馆外自由阅读,为读者提供了阅读书刊时间和空间上的便利,但受到借阅范围、品种和数量的限制。

阅览服务,则为读者提供了大批书刊资料,创造了良好的阅读环境条件,使读者在馆内较短的时间,能集中查阅大量的书刊资料,取得较好的阅读效果。尤其分科开架阅读体制,有区分地满足不同读者多层次的阅读需要,调动读者选择和利用图书文献的主动权,充分发挥各类书刊文献的使用价值和使用效益。但阅览服务方法,在接待读者,使用文献的时间、空间上受到较大限制。

复制服务,作为外借、阅览服务的补充和延伸,能满足读者对特定文献长期占有、自由使用的需要,节省了读者获取文献的时间,加快了文献传递的速度,开发了文献利用的深度,弥补了借阅服务的不足。

2. 二级服务方法

主要帮助读者查寻、检索、编制、通报特定的文献资料,满足读者科研课题的一次文献和二次文献需要。图书情报部门主动组

378

织、宣传,报道专门的书刊资料,有针对性地揭示、编制一定深度的文献资料,帮助读者解决有关文献咨询问题、检索问题和调研问题。这是一种中级和较高级水平的服务工作。它包括咨询服务、检索服务、定题服务、报道服务、展览服务、编译服务等多种服务方法。

咨询服务是阅览服务的深化。它主要针对读者在研究中的疑难,利用二次文献工具,帮助查寻或提供有关文献、文献线索。

检索服务主要是根据读者的课题需要,代替读者查找二次文献或一次文献,并提供检索结果。

定题服务主要是图书情报部门主动选择重点研究课题,深入实际,跟踪课题研究过程,配合研究人员,经常提供对口性文献,服务到底。

报道服务和展览服务,即图书情报部门主动组织专门书刊文献陈列展出,编制专题性检索文献,宣传报道最新的文献和文献信息。

编译服务即图书情报部门组织专门力量,代替读者翻译和编译外文文献,帮助读者克服语言障碍,扩大外文文献利用的服务方法。

二级服务方法系统,具有主动性、针对性和实效性强的特点。它是图书情报部门开展文献服务工作中范围广、深度高、难度大的一些方法。在为读者服务的过程中,这几种方法相互补充、相互交叉、相互结合、共同发挥作用。

3. 三级服务方法

主要代替读者和部门用户在科学研究、科学管理活动过程中有关情报交流、情报研究的前期劳动,编制并提供有重要情报价值的三次文献资料和多次文献资料。这是一种高级别高水平的服务工作。它包括情报交流服务和情报调研服务。通过情报服务,有关决策部门和科研人员,以及科研管理人员,可以越过搜集、查寻、处理、分析研究、编制等复杂的多次文献工作过程,直接利用最后的文献情报成果,开展制定政策、制订规划、组织管理、布置研究的一系列活动。而所有的战略情报、战术情报工作,都由图书情报部门组织专家独立承担。这种高水平高难度的情报服务工作,使图书情报部门充当科学研究机构的参谋、向导,成为科研活动的重要组成部分。

综上所述,读者服务方法系统的三个层次级别为主体,读者文献需求系统的三个层次级别为客体,二者相互适应,相互协调。它们反映了图书情报部门与读者、用户之间由简单到复杂,由单层次到多层次,由分散到集中,由博到约的同步发展过程。各种服务方法都有其存在的客观规定性,在服务方法系统中,既要发挥各自的特有功能,又要发挥其整体的综合性功能。

参考文献

1. 湖南省图书馆:《我们是怎样开展邮寄借书工作的》。《读者工作经验汇编》,1933 年“全国读者工作研讨班”编。
2. 文化部图书馆事业管理局编印:《图书馆工作文件选编》第 22 页。1983 年 1 月。
3. 教育部颁发:《中华人民共和国高等学校图书馆工作条例》。《全国高等学校图书馆工作会议文集》,1981 年。
4. 《美国百科全书》词条——图书馆。广东省中心图书馆委员会编译,1981 年。
5. 〔美〕F. W. 兰卡斯特著、陈光祚译:《情报检索系统:特性、试验与评价》第 40 ~ 42 页。武汉大学图书馆学系 1981 年编印。
6. 武汉大学图书馆学系编:《科技情报概论》第 12 章第 2 节。1980 年 7 月。
7. 关家麟等:《资料服务的方式与方法》。《资料工作通讯》1983 年第 1 期。
8. 中国科技情报研究所编:《日本科学技术情报手册》。科技文献出版社 1980 年版。

9. 国家科委副主任江明在第五次全国科技情报工作会议上的讲话:《加强科技情报工作,为四化多做贡献》。《科技情报工作》1980 年第 10 期。

第六章　读者工作的组织管理

　　"组织"一词,是指按照一定目标、任务和结构形式,对各种要素单元进行合理安排,使之顺利运行的过程。

　　读者工作组织,就是为了准确、迅速而又方便地满足读者利用图书馆资源,对读者、藏书、目录、设施等各要素单元进行合理安排,使之顺利运行的过程。也就是说,将读者、文献等要素单元合理地组织在一定的结构之中,并用一些规章制度固定下来,使之成为一个有机的整体。

　　"管理"一词,是指按照事物发展的客观规律,对客观对象施行组织、规划、控制、指挥、决策,并采用先进手段完成既定目标的过程。

　　读者工作管理,就是按照读者工作本身的客观规律,对读者与图书馆资源施行组织、规划、控制、指挥、决策等一系列措施,并采用先进技术手段,保证最大限度地满足读者和社会文献需求的过程。

　　读者工作的组织管理,是图书馆工作组织管理的组成部分,属于整个图书馆活动(包括图书馆工作、图书馆事业、图书馆学研究、图书馆学教育等)组织管理大范畴的组成部分。它有自身的范围、特点和发展规律。研究读者工作的组织管理,固然要从图书馆活动的整体性出发,尤其要从图书馆工作的整体性考虑,也要充分利用现代科学技术组织管理的实用性成果,但这里,着重研究读者工作自身组织的若干具体课题,从理论上和实践上探讨这些具体课题的现状及发展趋势。在论述中,将组织与管理结合在一起。

第一节　开架借阅体制

开架与闭架,是图书馆藏书向读者借阅开放的两种制度,也是读者使用藏书过程的两种方式。以书库直接向读者开放,或间接向读者开放,作为区分开架、闭架的界线标准。而开放的程度,是以书库向读者开放范围的大小,作为全开、全闭,半开、半闭,部分开、部分闭的界线标准。两种借阅体制,经历了不同的历史时期。图书馆产生的历史有多长,闭架借阅的历史就有多长。闭架借阅体制可谓历史悠久,历经千载而流传于今。而开架借阅体制不过方经百年,它在不平坦的道路上发展,却已形成为一种不可逆转的发展趋势。

一　开架借阅体制的发展

开架制经历了一个世纪的研究、争论、试验、总结、推广的发展过程。

据西方图书馆文献记载,最早提出并实行开架制的是美国,而最早遇到反对的也是美国。1877 年在英国伦敦召开的国际图联年会上,把这个争议问题提交国际会议讨论,由于美国权威人士勒义·杜威带头反对,多数会员国成员的抵制,结果被否决。但是主张开架的人士并未就此罢休,继续研究实验,用事实和效果证明开架的必要性和可行性。1879 年,美国罗得岛包塔克镇的图书馆实行开架。1890 年,美国克利夫兰市公共图书馆全面实行开架制,收到良好效果,开架制得到成功,后人称馆长威廉·柏烈特为公共图书馆的"圣徒"。经过 20 多年的摸索总结,人们对开架的本质含义有了新的认识,将开架借阅与读者"在书架上检索"视为同义语。此后,开架制的影响在逐年扩展上升。直到 1899 年和 1900年,分别在美国大西洋市和加拿大蒙特利尔市召开的两次国际图联年会上,由于多数与会会员的赞同,开架制终于被承认,并被正式决定在国际上推广,成为开架体制发展的重要转机。

20 世纪是世界范围内开架制普遍发展的时代。第一次世界大战前后,除美国、加拿大以外,先后在英国、德国、法国和斯堪的纳维亚各国范围内,都不同程度地实行了开架制。社会读者公众欢迎开架,拥护开架,将开架视为他们追求社会教育、政治平等地位的桥梁,要求同等分享以前闭架制时只有少数特权人士才能进入书库的权力。许多资产阶级的有识之士,也认识到开架制的作用,纷纷捐款资助,大力发展实行开架体制的图书馆。第二次世界大战后,开架制由经验总结向用立法形式全面推广的方向发展。50 年代以后,开架制在更多的国家普及。如印度、苏联、东欧各国、日本、澳大利亚及拉丁美洲各国,都得到程度不同的推广。尤其美国、加拿大、英国、日本等国家,在"公共图书馆法"、"学校图书馆法"中,将开架借阅作为一种服务体制,纳入立法条款,强制贯彻执行。高等学校图书馆类型中,90% 以上普遍实行开架制。西雅图市华盛顿大学图书馆负责人,1956 年就宣布取消闭架制,改用开架制,经馆方与读者通力合作,获得成功。70 年代以来,欧美、日本等国家,大、中、小城市公共图书馆系统,实行开架制的已占 90% 以上,而且规定了开架藏书占全馆藏书的最低限额比例。

在我国,开架制的宣传、试验、推广、发展,自辛亥革命以来,也有 70 多年的历史,但却经历着一条曲折反复的之字形的发展道路,至今仍然还是个悬而未决的问题。

据文献记载,最早论及开架借阅的,是 1912 年韦锡琛在《东方杂志》9 卷 5 期上发表的"近代图书馆制度"一文,指出:"自阅者之便利而言,必当开放书库,俾得亲就书架,任意取阅,惟书籍之缺少、纷乱,有所不免,顾征诸实际,实为利多于害。"这是辛亥革命后宣传开架制的最早论述记载。

1919年,李大钊同志兼任北京大学图书馆馆长时,主张"开架式",反对"文库式"。他指出:"旧图书馆采用文库式,取书的手续非常麻烦。阅书的人不能亲自拿书,只能在目录里查出书名填在单子上叫管理员拿来;若是拿的不合用,又要按从前手续去换。"认为"欧美各国采用的开架式"则利多弊少,不仅"节省无谓的手续和虚费的时间,并且给阅览的人一种选择的便利";其"弊处就是损失较多。不过,这是少数金钱的损失,算不得什么。"经过北大图书馆试验,李大钊同志认为开架式是"图书馆的新趋势"。

建国前的30多年,开架制只在少数小型图书馆局部范围实行,绝大多数图书馆仍然沿袭闭架借阅体制,变化甚微。

新中国建立后,开架制在发展中历经波折反复。1953年,杜定友先生写了一本小册子《开架式阅览室》,宣传开架制的理论,当时,影响波及中南、华东数省图书馆界,试行了一段,因受到批判而停止实行,1955年前后又恢复了闭架制。1954年12月号《文物参考资料》杂志,组织专文批判杜定友先生的开架理论,说什么"开架是资产阶级自由市场原封不动地搬到图书馆来","使非法思想取得公开传播的合法权利"云云。这种错误的批判和批判的错误,导致了严重的恶果。"左"倾思潮的所谓批判,扼杀了刚刚开始兴起的先进方法的研究试验,使服务体制的改革半途夭折,走回头路。1958年,在"一切为了读者"的口号下,强调方便读者,千方百计为读者服务,片面追求流通指标成为一种倾向。在大势所趋的情况下,许多图书馆准备不足就仓促上阵,实行全面开架,结果损失非常严重。经过两年多的实验,多数图书馆又由开架制转入闭架制。只有少数馆在认真总结经验教训的基础上,坚持开架制,并作了符合实际的调整。十年动乱时期,开架制再一次受到全面否定。1976年粉碎"四人帮"以后,开架制才重新提到日程上,开始走向稳步发展的道路。

从上述情况可以看出,开架制在世界上许多国家经历了不平坦的发展道路之后,无论在认识上、实践上以及法案行文上,都已经解决,不存在大的问题了。然而在我国,虽然也经历了 70 多年的曲折发展道路,但问题并没有真正解决,同国外还存在着一定的差距。实践表明,开架制终归是一种借阅服务体制的发展趋势。

二 借阅体制的类型及其含义

在借阅服务体制中,有开架、闭架、半开架、部分开架、自由开架、安全开架等。首先要明确这些概念的基本含义,才能自觉地认识它们在实践中的具体作用。

所谓开架借阅,就是图书馆允许读者进入流通书库并直接在书架上自己挑选书刊的借阅体制。开架制的关键有两条:第一,允许读者入库,第二,允许读者在书架上选书。

所谓闭架借阅,就是图书馆不允许读者入库和在书架上选书,必须通过馆员提取才能借阅书刊的借阅体制。闭架制的关键也有两条:第一,读者不能进入书库,第二,读者只有通过馆员作为传递媒介,才能借阅书刊。一般情况下,还需查目录、填写借书单,由馆员凭单到书库取书后交读者借阅。

所谓半开架借阅,就是图书馆利用陈列展览的形式,将部分流通量大的书或新书陈放在安有玻璃的书架里,读者能看到书脊或书面等外貌,并可浏览挑选,但不能自取,借阅时必须通过馆员提取。这种借阅体制,也称"亮架"制。半开架制,比起闭架制,对于读者放宽了开放尺度,可以浏览书架上的书,减少了查目填单的环节;比起开架,对读者又限制了一层:不能自己取阅,必须通过馆员传递。而且可供陈列亮架的藏书数量只是流通藏书的小部分,只能占有有限的空间,在外借处、阅览室、辅助书库内一部分地方展出,而大部分流通书不能采用这种体制。因此,半开架制是介于开架和闭架之间的一种辅助借阅体制。国外将半开架制称为准开架式。这种体制有它独特的作用,便于宣传推荐,组织管理部分藏书,在一定程度上方便读者直观性选择书刊,配合开架和闭架书库中需要特殊处理的部分藏书,是很有必要的。

所谓部分开架,是指图书馆的流通书库对大多数读者采用闭架制的情况下,允许一部分具有高级职称或特殊研究需要的读者,对于一部分书库藏书实行有限制的开架借阅方式。这是许多闭架图书馆普遍采用的办法,称为闭中有开的部分开架制。属于开架制范畴。

所谓部分闭架制,是指图书馆的流通书库对大多数读者采取开架制的情况下,对于其中部分藏书和部分读者采用闭架制的借阅方式。其作用是:既有利于部分藏书的安全保管,长期利用,又有利于有区分地为读者服务。这也是许多开架图书馆普遍采用的办法,称为开中有闭的部分闭架制,属于闭架制范畴。

在开架阅览室体系中,有两种开架形式:自由开架式和安全开架式。

所谓自由开架式,是指辅助藏书与阅览座位处于同一空间,读者可自由出入,直接在书架上随意挑选并提取所需书刊,就室阅览,不必办理任何借阅手续。这种形式对于读者最为方便自由,但藏书保护条件差。此种方式在美国比较流行,因此也称为美国式。

所谓安全开架式,是指辅助藏书单独设库,流通藏书与阅览座位处于两个相互连接的空间,读者可直接进库挑选并提取所需书刊,但要到阅览室阅读,需办理登记手续,阅毕后需归还给工作人员。这种方式对于读者比较方便,稍费点时间,但对于藏书的保护则比较安全可靠,并能保持安静的阅览环境。此种方式在英国比较流行,因此也称为英国式。

国外的学校和专业图书馆多采用自由开架式阅览体制,公共图书馆则多采用安全开架式阅览体制。我国也大体如此。

三　开架借阅的长处与弊端

开架的方式虽然历史不长，但是从它已经成为一种发展趋势的事实，可以说明它的确有许多公认的长处，是闭架制无法比拟的。

1. 读者直接接触丰富的藏书，能自由挑选适合自己需要的书刊。

闭架时，读者见目不见书，只能从卡片目录上查找"顾名思义"的书。要么，不理想，要么，已借出，而书架上适合需要的书又难以从目录中完全准确地反映出来，所以，满足的数量和满足的程度总会打折扣。而开架后，读者可直接进库，在一排排书架前，随着浏览，自由挑选，直到选到中意的书。藏书本身是揭示文献内容范围和水平程度最直观、最有效的手段，这是任何完善的目录和高明的工作人员无法取代的。开架制充分发挥了藏书的现身宣传功能，适应了读者选书的社会需要和心理需要，深受读者欢迎。

2. 读者与藏书直接接触，能开拓读者知识视野，提高阅读的积极性，吸引更多读者。

流通书库敞开大门，吸引着更多的读者进入图书馆。读者在开架书库除直接选择所需要的书刊外，还接触到许多原来所不了解的书刊，如相关学科、边缘学科及其他学科书刊，开阔了视野，启发了潜在需要，增长了知识，扩大了阅读范围，进一步提高了读者阅读的积极性。

3. 方便了读者，节省了读者的时间，缩短了读者获取图书的过程。

在开架书库，读者集中利用参考工具书，自由选择图书，随时向身边的馆员提出询问，省去了查目录、写索书单、排队等候取书的大量时间，缩短了查找、选择、获取图书的过程。据统计，一个读者在开架书库借书时间只占在闭架书库借书时间的1/3。同时，自己挑选不仅简便自如,还符合个人的心理特征。

4.扩大了图书流通范围,降低了图书拒绝率,减少了部分藏书不必要的外流。

许多边缘学科、新兴学科的书刊,在闭架时不被读者注意,有些书名不能反映内容,也不易被读者了解,借阅率很低,甚至长期压架而被埋没。由于开架,藏书广泛接近读者,许多未利用的书找到适合的读者,由"死书"变成活书,该利用的书都得到了利用。读者的借书要求,经过自己在书架上挑选,非此即彼,总可以选到自己满意的书,从而大大降低了拒绝率。真正需要又查不到的书可向馆内反映,通过其他方法解决。在选择过程中,有许多读者不需要全部阅读其书刊,只需查阅其中的章节片断,或只需在馆内大致浏览概貌,这就避免了一些藏书不必要的外流,保持了藏书使用的动态平衡。这是闭架借阅无法做到的。

5.馆员从进库找书的繁忙工作中解脱出来,有较多时间了解读者,开展咨询解答和阅读指导工作。

闭架借阅时,馆员每天为成百上千的读者往返书库找书,不出门却日行几十里。外借工作需要人员多,花费时间多,劳动强度大,常常处于被动应付而又高度紧张的状态,进行的大多是一些简单重复的事务性工作,真正需要开展的宣传辅导、咨询工作又无力进行。开架后,馆员摆脱了许多日常的繁琐事务,减轻了劳动强度,增强了指导读者的责任感,由藏书与读者之间的屏障变为藏书与读者之间的桥梁,由守门人变为引路人。这种转变根本上改善了馆员与读者之间的关系,改变了馆员在读者心目中的形象。读者对馆员更加信赖,更加亲近。

开架是方便读者借阅的体制,同时,开架又容易产生一些弊端,影响藏书的安全,带来管理上的麻烦(主要是丢书、破损和乱架三大毛病)。从图书馆的角度看问题,藏书的安全、完整、有序,方便管理,是闭架借阅的长处。开架的长处使开架成为发展趋势;

开架的弊病又使开架的实行受到很大限制。因此,要充分发挥开架的长处,有效地克服开架的短处,只有加强管理,采取必要的措施,将丢失、破损、乱架减少到最低限度,使藏书损耗降低到允许的合理限度,才能使开架借阅体制持久地巩固下去。

四　正确认识与处理开架借阅体制

正确认识开架体制,科学处理开架产生的具体矛盾,是实行开架必须解决的重要课题。

1. 实行以开架为主的开架与闭架相结合的借阅体制

在图书馆为读者服务的借阅体制中,无论开架还是闭架,本身都不是目的,只是达到借阅目的的有效方式、制度和手段。它们的共同宗旨,是方便读者,满足读者借阅需要,提高服务效率,服务质量,符合读者和图书馆的根本利益。因此,正确的认识,必须是按照实际情况,对不同藏书,不同读者,不同使用方式,区别对待,遵循图书馆藏用结合的规律,实行有条件的局部范围的开架制,实行开架与闭架有机结合的借阅体制。不方便读者借阅的全闭架,不讲条件的大开架,将开架与闭架对立起来的认识和作法,都是不正确的,也是不可取的。

适合在大多数读者中流通的藏书,应对广大读者开架借阅;只适合少数读者查阅参考的书刊,就不易对多数读者开架。一般性书刊,利用率高的,复本量大的书刊可开架借阅;珍贵书刊,单本书刊,利用率很低的书刊,以及内容不便公开的书刊,应对一般读者闭架,或对科研读者开架。并非图书馆所有的藏书都对所有的读者实行开架。即使全面实行开架借阅的图书馆,也有部分特藏书、保留本书,采用闭架借阅的方式;即使全面实行闭架借阅的图书馆,也有部分流通书刊和专科阅览室藏书,对部分读者实行开架借阅。绝对开架,一本不保留,或绝对闭架,一本不开的图书馆,实际上是不存在的。问题是该开架的书刊是否都开了,该闭架的书刊是否都闭了,藏书的选择,读者的确定,是否科学合理等等,都需要认真研究。

2. 做好开架的宣传教育、物质设施和组织准备

同闭架相比较,开架是工作体制的改革。开架后,大批读者进入书库,人的流动,书的流通都比较复杂多变。要保持书库长久而稳定的秩序,达到流通的良好效果,必须做好各方面的准备工作,不能仓促上阵,朝令夕改。要扎扎实实地开展宣传教育工作,发动读者参加管理,配合图书馆搞好开架工作。要制订开架借阅的规章制度,采取切实保护措施,建立岗位责任制,清点藏书。要按照开架制的要求,确定空间范围,配备开架书架,配置采光照明等施设。全面创造读者入库选书阅览的各种环境和条件,随时准备解决开架后可能出现的各种具体问题,同时在人员组织上做好充分准备。

3. 防止图书丢失,确保藏书安全

窃书是开架借阅的头号大敌,也是世界性的问题。尽管防范手段不断改进,采用最先进的防窃装置,也难以完全防止窃书和剪裁现象的发生,而且开架会给偷书和裁剪书刊以更多机会。偷书者窃走的都是珍贵书刊,一般很难补配。偷书者往往不择手段,乘虚而入,乘机而出,常常将书藏在大衣、内衣、裤子中携带出去,或从窗口传递出去。因此,防止图书丢失,确保藏书安全,是开架的首要任务。在一般情况下,加强常规防窃措施,控制入库读者人数,设立大衣、书包寄存处,做到库内有专人管理,出口有专人检查。有条件的图书馆,应配备复印设备,安装防窃自动设备,利用磁性检查器和利用心理作用进行有效的防窃试验。发现偷书行为,采用教育与惩治相结合的办法严肃处理。

对待丢书问题,既不能掉以轻心,又不能因噎废食。偷书和裁剪书只是个别读者的不良行为,不能因此而影响绝大多数读者享受开架借阅的权力。不能因为丢失部分图书而影响对更多藏书使

用价值的充分估价。丢书的损失和用书的作用二者相比较,无论从经济效益还是从社会效益而言,都能得出得大于失的结论。同时,要明确什么是合理的丢失率指标。如国外规定丢失率在 5% 以下,为合理损耗,我们可以定在 3% 以下为丢失率指标。不同类型类别的图书应有不同的合理丢失率指标,以便经过努力,将丢失率控制在最低限度,尽量减少人为丢失。这应该是可以做到的。

4. 防止人为破损,确保藏书使用寿命

开架借阅带来图书翻阅人数增加,翻阅次数增加,自然磨损率提高,这是正常的、不可避免的现象。但是,由于书库管理不善,条件太差,读者不爱惜图书所造成的人为破损,却是应当防止的。解决的办法,主要从加强管理、改善条件和宣传教育入手。通常的做法是,书库专人管理,经常清点。书架每格放书不超过 4/5,每架书陈放数量不超过规定的饱和指标。要开展护书宣传,定期加固和修补书刊封面,建立图书保留本制度,建立破损赔偿制度,减少人为破损,保证书刊正常使用寿命。

5. 减少图书乱架,确保藏书动态平衡

开架容易导致乱架现象。乱架是由于主客观原因引起的现象。如书库标示不醒目,藏书排架太密,排架顺序号码太细,书库光线暗,流通量大的书排架过于集中,以及个别读者为自己方便有意将藏书放在他处,造成有意错位等等,都是造成乱架的直接原因。解决的办法通常是:设计宽敞适用的开架书库,配置适宜开架用的书架,绘制开架书库平面图,设立醒目的类目标示牌。图书排架排到分类号,使同类书集中在一起就可以了,不必排得过于详细。或贴上不同颜色的书标,以示区别。经常定期剔除陈旧失效、复本过多的书刊。配备专人整理书架,指导读者找书。利用代书板临时取还书,或规定读者将看完的书放在指定的地方,由工作人员上架。将热门书、使用率高的书适当分散陈放。配备足够的书立和明亮的采光。保持书架整洁有序,清晰醒目。加强对读者护书宣传,防止读者有意无意乱放图书。

总之,以开架为主,开架与闭架相结合的借阅体制,是方便读者,保证藏书安全、有序、长期使用的行之有效的服务方式。各类型图书馆,应从本馆实际出发,创造条件,逐步实行以开架为主的多种借阅体制,使之发挥各自应有的作用。

第二节 外借管理

外借管理是指图书馆藏书在读者流通过程中一系列组织部署和技术处理工作,包括读者登记发展、借书记录排列、图书流通统计等项内容。

一 读者登记与发展

图书馆有多种类型,区分图书馆类型有多种标志。就发展图书馆读者队伍而言,以有无固定服务对象作为正式读者群为标志,将图书馆划分为两种类型:一种是单位图书馆。本单位的固定成员,原则上都是单位图书馆的正式读者群,只有登记工作,不存在选择发展的问题。另一种是公共图书馆,没有固定的服务对象,需要从本馆所属地区范围内,选择部分社会成员作为本馆的正式读者群。

单位图书馆的正式读者范围比较明确固定,凡是本单位的固定成员,都可以向本单位图书馆办理登记手续,领取借书证,成为图书馆的读者,享受借阅权力,经常固定地利用本单位图书馆。

公共图书馆的服务对象广泛、分散,数量很大,必须根据本馆和读者的实际情况,制定发展计划,将符合本馆条件的社会成员有选择地发展成为正式读者,经过登记发证,开展各种形式的借阅活动。

发展读者是一项复杂而细致的工作,需要制定发展计划,确定发展方法。读者发展计划,须依据社会的客观需要与本馆的任务、藏书、人员能力、馆舍条件等,明确发展范围、重点,发展读者总数量,各种成分、各个单位、各种类型读者的具体情况比例,发展读者的资格条件,发展读者的时间、步骤及其具体措施,做到有计划、有目的地发展读者。发展读者的方法有两种:一种是按照计划分配发展,即由图书馆按系统、按单位分配名额,再由单位按条件将名额分配到个人,个人凭证明到图书馆登记办理领证手续。另一种是读者个人申请登记自由发展,即由图书馆直接公布发展读者条件与办法,读者个人凭工作证或单位介绍信到图书馆申请登记,经馆方了解研究同意发给登记卡,然后办理正式登记领证手续。两种方法,各有利弊。一般图书馆发展读者是将两种方法结合起来,以便互相补充,扬长避短。除定期发展读者和调整读者队伍外,根据需要,还可以进行经常性的读者发展工作。

二　借书记录排检

读者借书记录凭证,有借书证(卡)、书袋卡、借书记录卡、索书单等。

借书证,是读者借书的凭证,也是图书馆与读者联系交往的媒介。获得借书证,就取得了正式读者的资格,享受使用图书馆藏书的权力,承担了维护图书馆藏书的义务。借书登记证记载着图书馆与读者联系的事项,以及对读者的要求。借书证分书本式和卡片式两种。书本式借书证作为借书凭证,由读者保存。卡片式借书证称借书卡,作为借书存根,借书后存放在外借处,借一本书,存留一张借书卡,回还一本书,就抽出一张借书卡由读者本人保存,再作下次借书的凭证。

书袋卡,是每本藏书流通记录存根。它记载着图书本身的有关事项。当书借出后,还要记载借书人的姓名、证号和借出日期等。它的作用,在于反映图书的去向,反映图书的使用情况,作为借还图书的凭证和研究流通的依据。当图书借出后,该书的书袋卡即保留在外借处存档。

借书记录卡,也称户头卡,是读者的借书记录存根。它的正面,记载着读者本身的事项,反面记载着每次借还图书的记录事项。它反映读者系统的借阅情况,可作为研究读者阅读倾向的参考依据。通过借书记录登记,可以查询读者借书数量、借书内容范围及借还期限,作为了解和催还图书的依据。

索书单,又称借书单,是馆员为读者取书借书的依据之一,是闭架借书的存根之一。它反映了读者借书的具体需要。通过索书单,可以了解满足了读者哪些需要,拒借了读者哪些借书要求,拒借的原因、数量和范围是什么,并为藏书补充提供参考依据。

图书馆在向读者借出图书后,一般将书袋卡、借书记录卡或借书卡留作借书记录档案,按一定顺序排列成一套或几套借书档案体系。借书后即排列归档备查,当读者还书时抽出各种记录存根各入其位。

完善的借书记录及排列系统,应当能够回答3个问题:

①某读者借了哪些书?回答读者的借阅情况,以便掌握读者的借阅倾向。

②某书被谁借去了?回答图书的去向,以便其他读者预约登记或急用催还。

③每天有哪些书须归还?回答每天须归还的具体图书及其数量,以便催还逾期图书,并计算停借日期,或罚款数量。

为了分别回答上述3个问题,图书馆借书记录档案有几种具体排列方法及制度。

①读者证号排列法。

将读者所有的借书记录存根,按借书证号顺序排列,同一读者的借书记录再按借书日期顺序排列。这种方法能直接回答第一个问题,可以迅速了解每个读者的借书情况,便于研究读者的阅读倾向。

②分类索书号排列法。

将读者所有的借书记录存根,按书袋卡上分类索书号顺序排列,同一书号复本借书记录再按图书个别登记号顺序排列,这种方法能直接回答第二个问题,可以迅速查到各类各种具体图书被谁借去了,何时应当归还,便于其他读者预借登记或急用催还。

③借书日期排列法。

将读者所有的借书记录存根,按借(还)书日期导卡顺序排列,同一日期再按借书证号顺序排列。这种方法能直接回答第三个问题,可以迅速统计每天借书册次,应归还图书的读者姓名,便于发催还图书通知,实行逾期停借或罚款。这种方法简便易行,节省时间,采用的图书馆比较普遍。

上述三种借书记录存根排列方法,简称为读者排列法,分类排列法,日期排列法。三种方法各有所长,又各有局限,都只能直接回答一个问题,不能同时回答其他两个问题。为了回答和查询一个问题、两个问题或三个问题,各图书馆视其需要和可能条件,分别采用单轨制、双轨制、三轨制等排列方法。

所谓单轨制,是指图书馆选择任何一种借书记录档案排列法(分类排列法、读者排列法或日期排列法),将读者所有的借书记录存根,排列成一套借书记录档案系统,直接回答一个问题。用卡片形式进行手工排检,故又称为单卡制。

所谓双轨制,是指图书馆同时选用两种借书记录档案排列法(如分类排列法与读者排列法,或分类排列法与日期排列法),将读者所有的借书存根,分别排列成两套借书记录档案系统,同时直接回答两个问题。用卡片形式进行手工排检,故又称为双卡制。

所谓三轨制,是指图书馆同时选用三种借书记录档案排列法(读者排列法,分类排列法,日期排列法),将读者所有的借书记录存根,分别排列成三套借书记录档案系统,同时直接回答三个问题。用卡片形式进行手工排检,故又称为三卡制。

上述三种借书记录档案排列卡片,在图书馆外借管理工作中,都程度不同地被采用。比较起来,使用单轨的最多,双轨的次之,三轨的最少。在手工操作情况下,三轨制虽然能同时回答三个问题,但排列三套系统,手续繁琐,费工费时,对馆员和读者都不太方便,因此极少采用。双轨制虽然能同时回答两个问题,但排列两套系统,也比较麻烦。全部读者借书记录存根采用双轨制排列的图书馆只是少数,而部分读者借书存根采用双轨制的图书馆比较多。单轨制虽然只能直接回答一个问题,但只排列一套卡片系统,省工省时,对馆员和读者都简便易行,因此采用的图书馆最为普遍。

随着电子计算机在流通管理系统中的运用,由电脑代替人工操作,实现流通管理系统的全盘自动化,不仅全面解决了借书记录档案三套排检系统,准确、及时和完满地回答了上述三个问题,而且还全面解决了借书程序、查询、统计等多种工作问题。外借流通过程中的全部数据,包括读者数据、流通图书数据、日期数据等,转换成机读代码,通过一定程序全部输入到计算机存储磁带中,经过转换系统输出打印显示,按照一定需要,可以完成更多的功能;可以办理借还手续;可以迅速记录出借图书信息;可以迅速排列各种借书记录档案系统;可以自动算出还书日期;可以帮助查询外借档案情况;可以自动打印催还图书通知单;可以及时办理预借登记和通知借书程序;可以提供流通统计数据等等。总之,实现电子计算机流通管理自动化系统,是图书馆外借管理工作的发展趋势。

三 流通管理统计

流通管理统计,作为图书馆工作统计的组成部分,是把一定时期内图书流通和读者借阅使用情况,用统计数字表达出表,用以反映对读者需求的满足程度、工作成效及存在问题,并通过对统计材料的分析与综合,求出有关计算比率指标,为检阅成绩,总结经验,改进工作,以及修订计划提供数量依据。

流通管理系统统计种类分为三个方面:读者统计,借阅统计,流通统计。

1. 读者统计

包括全馆读者总人数,各种类型、各种成分读者的人数比例;读者到馆总人数,各种类型、各种成分读者到馆数量比例等综合统计和分类统计。

2. 借阅统计

包括一定时期内读者借阅馆藏总数量,各种类型、各种成分读者借阅图书数量比例;读者借阅馆藏图书的分类统计,各种类型、各种成分读者借阅馆藏图书的分类统计。

3. 流通统计

包括一定时期内馆藏图书流通总数量,总册次,不同类型、不同类别藏书流通数量及比例;不同辅助书库藏书流通数量的综合统计与分类统计。

各种统计材料所提供的原始数据,有的可以直接用来说明问题,而有的必须加以分析、综合,进行计算比较,求出比率指标,反映流通工作的实际状况与质量水平,为加强管理,改进工作提供准确可靠的参考数据。

关于读者统计、借阅统计和流通统计比率关系,有以下几种计算方法:

1. 图书保障率

本馆正式读者平均占有馆藏图书数量的比率,是用一定时期图书馆藏书总册数除以读者总人数得出的比值。

$$\frac{全馆藏书总册数}{全馆读者总人数} \times 100\% = 图书保障率$$

2. 各类型读者比率

本馆正式读者中各类型读者所占的数量比率,是用一定时期内本馆各类型读者人数除以全馆读者总人数得出的比值。

$$\frac{全馆某类型读者人数}{全馆读者总人数} \times 100\% = 某类型读者比率$$

3. 读者到馆率

本馆正式读者平均到馆的次数比率,是用全年读者到馆总人数除以全馆读者总人数得出的比值。

$$\frac{全年读者到馆总人数}{全馆读者总人数} \times 100\% = 读者到馆率$$

4. 图书流通率(周转率)

全年读者借阅藏书数量占全馆藏书总数量的比率,是用全年藏书借出数量除以全馆藏书总数量得出的比值。

$$\frac{全年藏书借出数量}{全馆藏书总数量} \times 100\% = 图书流通率$$

5. 读者借阅率(阅读率)

全馆读者一年内平均每人所借藏书册次比率,是用全年藏书借出册次除以全馆读者借书人数得出的比值。

$$\frac{全年藏书借出总册次}{全馆读者借书总人数} \times 100\% = 读者借阅率$$

6. 读者拒绝率

本馆读者在一定时期内未借到藏书的数量占全部合理借书要求总数量的比率,是用读者未借到图书数量除以读者全部合理借书要求总数得出的比值。

$$\frac{读者未借到图书数量}{读者合理借书要求总数} \times 100\% = 读者拒绝率$$

7. 读者满足率

本馆读者在一定时期内已借到藏书数量占全部合理借书要求总数的比率,是用读者已借到图书数量除以读者合理借书要求总数得出的比值。

$$\frac{读者已借到图书数量}{读者合理借书要求总数} \times 100\% = 读者满足率$$

上述几种比率,是流通管理工作系统中最基本的统计方法,它们还可细分为许多具体的统计方法,彼此之间相互匹配,能够求出所需要的数据。有些统计数据,还须进一步分析,说明其性质、原因、内容,才能反映出具体面貌。如对拒绝率的统计,还应标明产生拒绝率的原因,拒借的内容范围等等,以便有针对性地提出改进工作的具体措施。

第三节　阅览管理

阅览管理有两种主导思想,一种是封闭式管理,另一种一是开放式管理。与此相对应的,存在着两种管理体制,两种管理方法,产生两种服务效果。

封闭式管理的特征,主要从藏的角度出发,从书的角度出发,从管的角度出发。"用"从属于"藏","人"从属于"书","读者"从属于"管理"。图书馆工作人员充当收藏员、管理员、守门人的角色,对书管得过死,对使用限制过严,对读者卡得过多,真是层层把关,处处设防。其管理体制,基本上是使藏书与读者隔离,查找与阅览隔离,收藏与使用隔离。书库的组织,书架的布局,藏书的排列,目录的设置,采用单线条,固定式模式,同读者需要、读者查询、阅览、使用严格区别而不能结合在一起。这不仅不能吸引读者,不方便读者使用,而且用种种"条规"限制读者,管卡读者。现代图书馆已告别封闭式管理体制,走向开放式管理体制。虽然,封闭式管理体制作为历史的陈迹,它的主导思想、体制和方法,依然在现实中残存,不肯轻易被废除掉,但是,时代的步伐在前进,开放式管理体制以不可阻挡的趋势发展成为现代图书馆阅览管理的主体。

开放式管理的特征,同封闭式管理相反,它主要从用的角度出发,从读者的角度出发,从咨询的角度出发。收藏为使用,书为人用,管理是为了方便读者,服务于读者。图书馆工作人员是读者公仆,充当助手、参谋、咨询员角色。通过科学管理工作,千方百计地吸引读者,层层引导读者,处处方便读者,为读者查找、阅览、使用藏书穿针引线,搭桥铺路。其管理体制,改变了藏书与读者隔离,收藏与查询、使用、阅览隔离的状态,变为藏书与读者接近,收藏与查询、阅览、使用相互融合的格局。书库与阅览室的空间结构,书架的布局,藏书的排列,目录的设置,适应读者利用图书文献的需要,采用多层次、组合式的模式。书库内有阅览桌椅,阅览桌旁有开架藏书,既可查阅参考,又能学习研究,互相联系,互不干扰,使图书馆阅览室成为理想的图书文献利用中心,适用、经济、美观的学习、研究场所。

一 阅览室的结构

阅览室是由阅览空间、阅览桌椅、辅助藏书、读者目录及其他阅读设备构成的设施。工作人员是阅览室的管理者、指导者和咨询者。读者是阅览室的查询者和使用者。

现代图书馆阅览室的空间设计构思,要从读者对藏书的使用出发。

第一,要考虑读者使用藏书的功能需要。即阅览室作为读者进行脑力劳动的场所,需要光线明亮、空气清新、安静、舒适的学习和研究环境,包括内部环境和外部环境的协调一致。

第二,要考虑设置适合读者看书学习的阅览桌椅,即适合读者个人阅读研究的阅览桌椅,包括单人研究用桌,双人研究用桌,多人阅读用桌,以及专室隔音个人用桌。分别为不同类型的阅览室和不同需求层次的读者配备不同规格的阅览桌椅。

第三,要考虑配备合理数量的阅览座位。除研究性读者阅览桌椅规格标准外,高等学校图书馆学生读者阅览座位数量定额,是长期以来比较突出的问题。按教育部原有规定,高等学校图书馆学生阅览座位数量,应占全校学生总人数的四分之一,每一阅览座位平均占有面积为 $1.7m^2$。实际上,绝大多数高等学校图书馆学生阅览座位数量与面积,远远没有达到规定指标。现在,教育部、国家计委、国家建委共同审定的"一般高等学校校舍规划面积定额"中,关于"阅览室的座位数及设计定额"规定:"高等学校图书馆的学生阅览室只解决学生借阅参考书的需要,学生做作业及自习宜在宿舍及教室进行。"这个规定虽然是合理的,但是,鉴于目前高等学校教室排课使用频繁,宿舍拥挤且学习条件普遍较差,学生习惯到阅览室学习,造成阅览座位数量严重紧缺,致使阅读参考书和自习做作业的矛盾更趋尖锐。于是,许多高等学校图书馆不得不采取分配阅览座位定时定位措施,作为暂缓矛盾的权宜之计。解决这一矛盾的根本办法,还在于适当增加阅览座位,增设自习室,开放教室,改善宿舍学习条件。

第四,辅助藏书的设计,要考虑与读者接近,与查找阅览有机结合。从发展观点考虑,以开架查阅为出发点,设计阅览室的辅助藏书,将藏书与阅览座位设置在同一空间,使书刊最大限度地接近读者,简化手续,方便使用。既使单独设立闭架借阅辅助书库,也要将辅助书库与阅览室相互连通,或在阅览室内设立"中间书库",使藏书与阅览在空间结构上融为一体。按专业分层组织,便于对部分研究性读者实行部分开架查阅,并可为将来由闭架转为开架创造灵活变通的条件,具有藏、查、阅三位一体的开放式结构功能。辅助藏书的内容范围,有多学科的专业藏书,有多学科的教学参考书,有研究查考性的样本书,也有检索咨询性二、三次文献工具书,还有新型知识载体——视听资料、缩微资料藏书。辅助藏书的组织,按三线典藏制布局为宜。最新的书刊,流通率高,借阅面广,应组织在开架的辅助藏书中,作为一线藏书,供读者自由选择阅读;近期的书刊,流通率较高,借阅面不广,有研究参考价值,应组织在闭架、半开架或部分开架的辅助书库中,作为二线藏书,供读者查目指名借阅参考。

第五,读者目录及检索工具的配置,作为阅览室辅助藏书的有机结合部分,应充分发挥其检索参考功能。读者目录系统,宣传报道、检索参考功能,不因藏书由闭架到开架方式的转变而代替,也不因读者使用多少而消失,只要有系统的辅助藏书,都应建立与之相对应的读者目录。闭架时,读者目录是揭示藏书的内容范围和借阅藏书的必要工具,查检目录作为借阅藏书的必经步骤。开架时,尽管读者目录被读者使用较少,查检目录不是借阅藏书的必经步骤,但是,它仍然是揭示报道辅助藏书必不可少的工具。在开架借阅的条件下,藏书的流动性增强,特定文献需求的读者,为了全面掌握藏书范围,及时准确地找到所需书刊,更需利用读者目录及各种书目检索工具。馆员接待读者咨询问题更加频繁,必须通过读者目录和参考检索工具,开展咨询解答工作。

第六,"视听阅览"的发展,改变了阅览室传统的布局结构。在国外一些大学图书馆,随着视听资料入藏量的增加,视听阅览和视听制作服务不断扩大,有的单独设立视听阅览室,有的将视听阅览扩大到全部开架阅览室,使阅览室的任何一个座位上都能视听阅览。传统的几个人合用的长条阅览桌逐渐消失,代之以一个一个单独使用的"研究厢",旁边书架上不仅放书,还可放各种视听软件夹,"研究厢"桌上设电源插销,配置阅读设备。读者无论阅读书刊,还是阅读显微资料,听录音,收看幻灯或录像带,都可以自由选取,十分方便。视听资料,视听设备,视听制作与视听阅览的发展,意味着增加阅览室的面积,提高阅览室内的采光、温湿度、空气调节等环境条件规格,改变着阅览室的空间布局结构,增强阅览室的综合使用功能。

二 书架排列方式

在自由开架式阅览室里,书架排列组合方式,呈现出 4 种设计形式:壁面式,并列式,梳式,辐射式。从便于管理,便于查找,便于阅览等三个目标出发,各具优点,也各有其缺点。在图书馆管理实践中,根据阅览室的建筑情况,可选择其中任何方式,也可以采用它们的组合方式。

1. 壁面式(图 6—1)

墙壁四周安置单面书架,阅览室中央陈放阅览桌椅,出入口旁边设咨询台。读者进入室内,到壁面四周书架上自由选取书刊资料,在室内中央桌椅上阅读,看完后再行更换。这种书架排列方式,使读者感到视野开阔,标示醒目,容易查取所需书刊资料,主要空间用作阅览,容纳读•者较多。其缺点是,壁面面积有限,除窗口外,四周面积很少,放置书架及陈列书刊较少,且读者经常来回走动,易分散阅读注意力,难以保持安静的阅读气氛。这种设计方式,适用于阅览空间较大的普通报刊阅览室,以及自修性阅览室布局。

2. 并列式(图 6—2)

在阅览室中央并列设置双面书架,靠近壁面四周陈放阅览桌椅,出入口旁边设咨询台。读者进入室内,集中到中央书架上自由选取书刊资料,然后在附近桌椅上就近阅读。这种排架方式,主要空间用作陈放和查找藏书,容纳书架和藏书较多,对读者阅读干扰小,起着某种程度的分散作用,读者可以安静地阅读。其缺点是,壁面面积有限,陈放阅览座位较少,且书架过于集中,读者查找资料容易互相干扰。这种方式适用于专业阅览室,或文献检索阅览室布局。

3. 梳式(图 6—3)

阅览室空间分成两边,一边竖直间隔排列双面书架,另一边对称陈放阅览桌椅,书架与桌椅面对墙壁垂直并列配置,咨询台设在出入口靠近阅览桌椅旁边。这种书架排列方式,将书架空间与阅览室空间明显地分开,查找资料与阅读书刊互不干扰,读者可以安静地阅读。其缺点是,读者随时查找资料随时阅读带来不便。这种方式适用于外文书刊阅览室或特种文献阅览室布局。

4. 辐射式(图6—4)

阅览室以咨询台和个人阅览桌为中心,将书架由中心向四周直接伸展排列,在书架间隔处陈放小型阅览桌椅,书架藏书与阅览桌椅融为一体。辐射式书架间呈不等距状态,靠近中心地区距离小,靠近边缘地区距离逐渐增大。其空间结构分三层:第一层,中轴设咨询台,圆心地区集中设置一圈个人阅览小桌,读者自由使用。第二层,书架与书架之间,交替陈放单人阅览用桌椅,双人或多人阅览用桌椅,在阅览桌椅周围排列同类书书架,并留有人行通道,便于读者穿行查找书刊和就近阅读使用。这一层的阅览用桌椅,为读者提供了查阅书刊的方便条件。第三层,圆周外围较大空间,比较密集排列书架,书架与书架之间只留人行通道,不设阅览桌椅,以便陈列数量较多的辅助藏书,但可以利用圆周外围的小空间建立个人阅览专用室,同时利用塔楼四角较大空间,设置几人共同阅读研究用讨论室,以配合读者研究工作。

辐射式书架排列方式,以至作为阅览室整体布局结构形式,使书库和阅览空间融为一体,既发挥了开架书库方便使用的特点,又发挥了阅览室满足不同层次读者阅读、研究、讨论、参考的综合作用,综合了书库与阅览室两者的优点。这种布局排列方式,用在一般长方形阅览室空间里,浪费面积较多,放置书架较少,只有在圆形或半圆形阅览室空间里才适用。美国西北大学图书馆1970年新建成的三座相连的塔楼建筑物,就采用辐射式排列法布局圆形阅览室书架和桌椅。

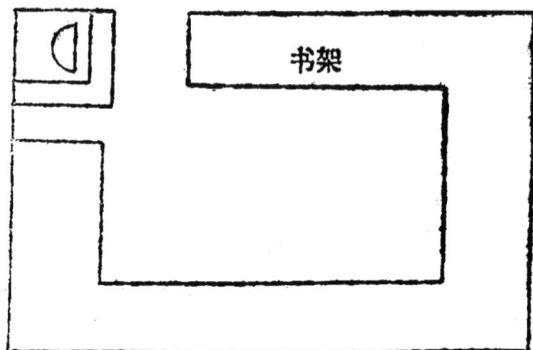

图6—1 壁面式

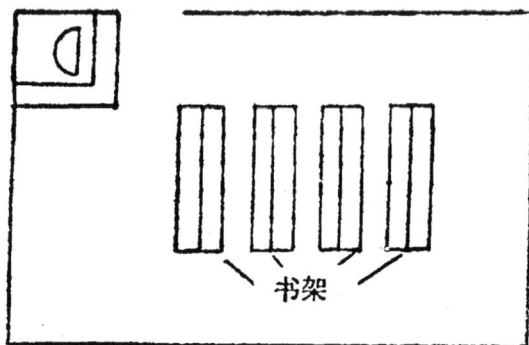

图6—2 并列式

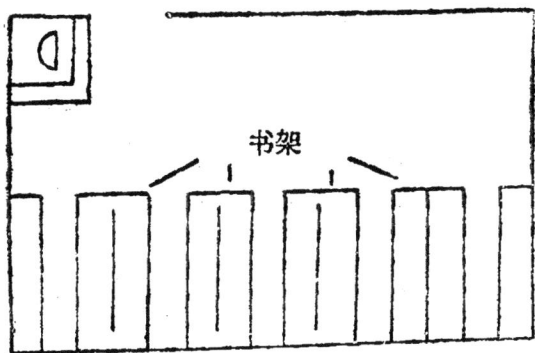

图6—3 梳式

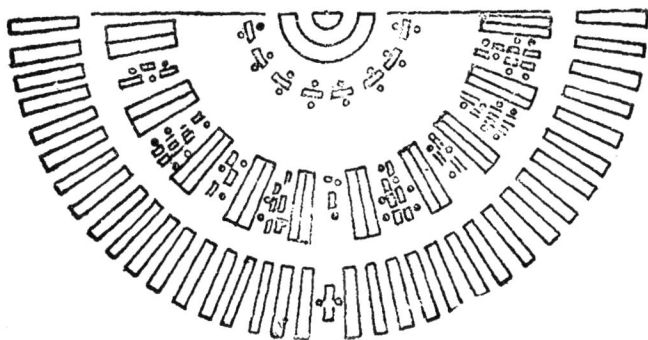

图6—4 辐射式

三 藏书排架与整架

辅助藏书具有开放性、流动性特点。其藏书的排架、标架和整架,要更多地考虑读者使用的因素,既要方便读者查找、取阅,又要方便馆员上架、整架。这是一个不断循环的流动过程,必须保持藏书的动态平衡状态。

1.排架法的使用

图书馆藏书的排架法很多,而适合辅助书库藏书排架的方法,只有其中的几种。根据读者对不同类型藏书使用的习惯,结合藏书本身的特征,主要采用以下几种排架法。

①中外文图书主要采用分类排架法和专题排架法。

对于一般图书,读者习惯于按类查找,按学科体系了解藏书,这也方便馆员取书、归架,熟悉藏书,宣传推荐图书。对于研究参考性图书,读者习惯于按主题范围查找。同一主题的书集中在一起,专架陈列,可方便读者根据课题参考研究需要全面查找,集中使用。如在专业阅览室的辅助书库,根据读者研究需要,将分散在各类的藏书按专题集中起来,供读者全面参考。同时,对于新到图书,可先组织专架单独陈列一个时期,引起读者注意,以后再按类排在藏书中。

②中外文期刊杂志主要采用分类排架法和刊名排架法。

未装订的单行本期刊与已装订成合订本的期刊应分别排架。合订本期刊先按文种分类,不同文种期刊采用不同排架法。外文期刊,一般按刊名的各文种字母顺序排列,同一期刊再按年代和卷期号码顺序排列。中文期刊,按刊名的字顺排列,如按笔划笔形、四角号码或汉语拼音顺序排,同一期刊再按年代卷期顺序排列。另外,采用分类排架法时,先将期刊按分类表中的大类顺序排列,再按刊名字顺顺序排列,并给每种期刊编制相应的排架号。

③零散资料和特种文献资料,主要采用主题排架法和文献序号排列法。

首先将小册子、活页资料、手稿、标准、样本、报告等陈放在文献夹或资料盒内,按资料的连续程度加以装订或汇集,再按主题范围标示号码,排列在资料柜或书架上。对于那些本身有连续序号的特种文献资料,则应按照文献本身的序号顺序加以排列。

④缩微资料、视听资料应陈放在专用的资料盒中,一般按资料盒本身的顺序号或主题范围加以划分排列。并采用开架或半开架的方式,让读者直接检索,自由提取使用。同时在资料盒上标明资料的主题名称,揭示其内容范围特征,以便读者能简便迅速地选用。

2. 标架

标架的作用,主要在于标明各书架上陈列书刊的内容范围,便于读者和馆员从标示上一目了然地了解藏书排列顺序,熟悉各种藏书的架位,并按照一定的规律,迅速在书架上检索、排架、取还书刊。

不同的藏书排架法,有各自相应的标架系统。按分类排架法排列书刊的书架,须将每一个书架,每一排书架用标示牌标明图书分类号的起讫号及类目名称。按专题范围或主题范围排列的书架,则须标明各架的专题或主题词名称。按书刊名称字顺排列的书架,则须标明各架书刊名称的字母起讫顺序,或汉语拼音起讫号顺序,或四角号码起讫号顺序,或笔划笔形起讫号顺序。按文献本身序号排列的书架,则须标明各架书刊的文献号码起讫顺序。

标架要求简明、醒目、美观,并与书架上书刊序列保持一致。当增加新书,剔除旧书,以及倒架或调整架位时,必须及时更改标架的标示,使标示与书架上的书刊相符合。

3. 整架

整架是排架工作的继续,是一项经常性、反复性的排架。整架的主要作用,在于经常保持藏书排架整齐,架位序列正确、有条不紊,便于读者查找取书,便于馆员清理还架。

书架上的书刊经常处于流动之中。读者翻动次数频繁的开架藏书,抽取和插入不断,时间一久,容易造成秩序颠倒,排面歪斜不齐,有的书造成破损和变形,不仅读者难以辨认,难以查找,而且致使某些错排的"死书"长期得不到正常利用。因此,通过经常及时地整架,一方面能开展正常流通,发挥藏书的作用,另一方面能随时发现问题,随时调整藏书,掌握流通动向,预测发展趋势,保持动态平衡。

整架工作要求做到以下几点:

第一,还回书刊必须及时归架。

第二,取书还架时,要随时检查排列顺序和排列部位,避免倾斜和损坏,配置足够的书立。

第三,发现损伤的书刊,及时提出修补和加固。

第四,发现失效和复本过多的书刊,及时清理剔除。

第五,建立岗位责任制,定人定期检查整理藏书。

除上述内容之外,读者工作组织管理的内容范围,还有关于读者工作的规章制度,关于读者工作的定额管理和岗位责任制,关于读者工作干部队伍建设等课题。由于这些课题目前尚处在发展和调整阶段,缺乏系统成熟的书面材料,留待以后继续开拓研究总结,以便将来进一步完善读者工作组织管理体系。

参考文献

1. 王西梅:《美国大学图书馆的开架借阅与世界图书馆的开架趋势》。中国科学院图书馆《国外图书情报工作》1982 年试刊号。

2. 李守常(李大钊)讲、予同记:《在北京高等师范图书馆二周年纪念会演说辞》。《平民教育》1919 年第 10 号。

3. 北京大学图书馆学系、武汉大学图书馆学系合编:《图书馆学基础》第 9 章第 5 节,"四、统计分析与几种比率的计算"。商务印书馆 1981 年版。

4. 范铮:《美国西北大学图书馆的新建筑及其布局》。中国科学院图书馆《国外图书情报工作》1982 年试刊号。

5. 丁树筠:《谈谈高等学校图书馆建筑设计中的几个问题》。《高等学校图书馆工作参考资料》1982 年。

6. 沈庄:《国外大学图书馆设计研究》。《图书馆学通讯》1982 年第 4 期。

7. 中国科学情报研究所编译:《日本科学技术情报手册》。《阅览室管理》,科技文献出版社 1980 年版。

8. 傅海启、傅启群编:《读者工作》第 3 讲第 2 节,"藏书排架"。重庆市图书馆学会、重庆市图书馆研究辅导部 1981 年 8 月印。